覆雨翻雲

神秘共濟會研究之四

何　新 編著

中港傳媒出版社

書　　名　**覆雨翻雲**
　　　　　——神秘共濟會研究之四

編　　著　何新
編　　輯　續瑜、王磊
出 版 人　晏妮
發 行 人　郭燕軍
出　　版　中港傳媒出版社有限公司
　　　　　The CNHK Publications Limited
　　　　　香港軒尼詩道338號北海中心27樓F室
　　　　　Rm F, 27/F, CNT Tower No. 338 Hennessy Road, Hong Kong
　　　　　info@cnhkpublications.com
　　　　　www.cnhkpublications.com
版　　次　2017年9月第一版第一次印刷
規　　格　152mm×227mm
國際書號　ISBN978-988-16793-5-2

作者近照

何新，1949年12月出生於浙江溫州蒼南（原平陽縣）錢庫。4歲到北京，1966年初中畢業。1968~1977年，作為“知識青年”在北大荒“屯墾戍邊”9年，當過農工、鑄工、教師。1970年和1973年，由於對“文化大革命”及江青發表“攻擊”言論而兩次被打為“反革命”，挨過批鬥、坐過牢。最戲劇化的經歷是1970~1971年，在拘押受審中逃離北大荒，回到北京流浪一年。期間，在剛剛解禁的北京圖書館潛心研讀大量經典書籍，除了歷史、自然科學，更涉及哲學特別是馬克思、恩格斯、列寧、黑格爾的著作。

1977年國家恢復高考制度，被黑龍江大慶師範學院（大專）錄取。入學僅三個月退學，作為返城知青回到北京。

1979年以大學肄業學歷，被中央財政金融學院破格錄用為漢語教員，講授古代漢語及古代財政經濟文選。一年後，破格調入中國社會科學院，在科研組織局任學術秘書。

1981年，何新受聘擔任著名歷史學家黎澍的學術助手。1982年後，開始獨立從事研究工作，先後被聘任為中國社會科學院近代史所助理研究員(1985年)，文學所副研究員(1988年)及研究員(1991年)。在人文思潮極其活躍的20世紀80年代，以卓越的才華，不斷發表新銳理論和觀點，成為諸多社會科學領域中引人注目的先鋒學者，在中國學術界產生廣泛影響。

1991年3月，何新奉調離開中國社會科學院，成為專職從事研究工作的政協委員，為國家重大決策提供諮詢服務。

1990年秋，何新應日本著名人士德間康快之邀訪問日本，會見了後來曾擔任首相的宮澤喜一。1990年12月11日，被《人民日報》以兩版半的巨大篇幅，全文發表何新長文《世界經濟形勢與中國經濟問題》，更被《北京週報》譯為70多種語言介紹給國際社會。

1992年3月，何新應邀訪問古巴。受卡斯特羅總統專門會見，並共進晚餐，還就國際形勢以及中國經濟改革和古巴經濟問題，雙方極其破例地進行了長達9小時的交談，後被卡斯特羅當面邀請擔任其經濟顧問。

1993年，何新受日本富士電視台邀請與世界著名未來學家托夫勒在華會面，該台對兩位世界級學者進行了聯席採訪。與托夫勒的對話中，何新展示了自己對21世紀人類前景和面臨問題的遠見卓識與敏銳的洞察力。正是在這次談話中，何新首次談到了未來存在國際“恐怖主義”的活動土壤和可能發生“核游擊戰”的問題。

在20世紀90年代，何新曾多次以學者身份出訪美國、俄羅斯和歐盟各國，進行講學和從事文化學術交流，曾受到多國政要的接見。

因此，何新一度成為國際社會新聞機構追逐採訪的對象。除了中國中央電視台、新華社，採訪他的還有美聯社、《紐約時報》、《基督教科學箴言報》、《華盛頓郵報》、美國廣播公司（ABC）、日本共同社、NHK、《朝日新聞》、《讀賣新聞》、美國之音、路透社、《泰晤士報》、英國廣播公司（BBC）、《獨立報》、法新社、《費加羅報》、《歐洲時報》、《信使報》、安莎社等世界著名傳媒。

自90年代中期以後十餘年間，何新幾乎謝絕一切採訪和講演活動而稱病隱退，深居簡出只閉門研究和著述，完成了《新戰略論》三卷（四川人民出版社，1998年）、《何新古經新考》十四卷（時事出版社，2000~2006年）、《思考：新國家主義的經濟觀》（時事出版社，2001年）、《全球戰略問題新觀察》（時事出版社，2003年）、《論政治國家主義》（時事出版社，2003年）、《方法與邏輯：我的哲學思考》（時事出版社，2008年）、《何新論金融危機與中國經濟》（華齡出版社，2009年）等一系列重要著作。

何新所提出的許多富於挑戰意義的新觀點及其理論，在當代政治文化視野的深處，仍為國內外廣泛注意和重視。

註：上文原刊載於《中國高層智囊》（陝西師範大學出版社），本書轉錄時有所修訂。

目　錄

共濟會的統治藍圖

著名共濟會會員

共濟會的組織機構

共濟會與猶太民族

共濟會與科學文化教育

附錄

序言

共濟會正在準備世界戰爭

以下的這篇文章，曾載於2012年7月23日我的博客。當時我還沒有生病，而病後腦殘，現在已寫不出那樣犀利的東西了。

我認為現在可以重新發佈一下此文。因為此文當時被有些人嗤之以鼻，認為是陰謀論、地攤文學、危言聳聽！但是現在重讀，結合眼前正在發生、以及未來可能發生的一系列世界事件，人們將可以看到，危機正在全球範圍內逐漸降臨，一個動蕩而分崩離析的大時代已經逼近——世界正在逐步地、全面地走向現存秩序的崩解，未來會發生許多動亂、戰亂甚至大戰。

先說說俄羅斯。普京大帝的時代已經進入尾聲。如果後普京時代的俄羅斯出現政閥和軍閥割據局面，還要小心其禍水東來。

從1945年到今天，70年的一個大週期已經結束。新的輪迴可能就要開始了。

讓我們一起為未來世界的和平、安寧和發展而祈禱吧！

嗚呼！妄想以文止戰，亦用心良苦也。

簡述共濟會

本文是我研究共濟會問題的簡要總結。不提供資料和證據（可參閱我的書籍和博文資料）。僅立此存照，為未來做一備忘錄。

文藝復興以來的歐洲史，就是猶太銀行家和壟斷商人的聯合組織“共濟會”一步一步擊敗教會和國王、貴族，主導了歐美，進而圖謀主宰世界的歷史。1649年的英國革命，就是控制倫敦城的共濟會金融家和商人發動的。美國是共濟會建立的。法國大革命、建立德國的條頓——容克騎士團（聖殿騎士團的分支）、建立近代獨立意大利的加里波第以及燒炭黨人等，20世紀初爆發的俄羅斯革命（參看《共濟會與近代俄國政治變遷》，復旦大學出版社出版）；無不與共濟會有某種直接或者間接的關係，一定意義上可以說，共濟會的神秘歷史，就是近代的世界史。

如英王政府從都鐸王朝Tudor dynasty時代以來，就逐步被倫敦金融城（法權獨立的經濟特區——風能進，雨能進，國王不能進）的共濟會銀行家和商人們所控制。1649年英國國王被克倫威爾砍了腦袋，不太聽話的克倫威爾後來又被共濟會幹掉。此後，沒有一個英國國王、女王敢不聽共濟會的話。1716年英國共濟會總部的建立，標誌着共濟會的近代化、公開化並與王權相結合。1840年發動對華戰爭的英國東印度公司，也是共濟會商人們的武裝公司。在英國作出決策的不是女王政府，而是隱身幕後的共濟會。

美國開國總統華盛頓身穿共濟會大Master的法服油畫（現藏美國華盛頓共濟會紀念館）

共濟會起源於以猶太銀行家和大壟斷商人為核心的一個神秘盟會組織。共濟會會員之間表面以“兄弟”相稱（號稱世界最大的兄弟會），但實際上內部存在13—33級的複雜而森嚴的等級分隔。共濟會沒有單一的最高領導人，做出最終決策的是十幾個壟斷和掌控了全球金融體系的世襲家族（有一種說法是存在所謂“共濟會13家族”，其中大部分是猶太富豪和精英）。

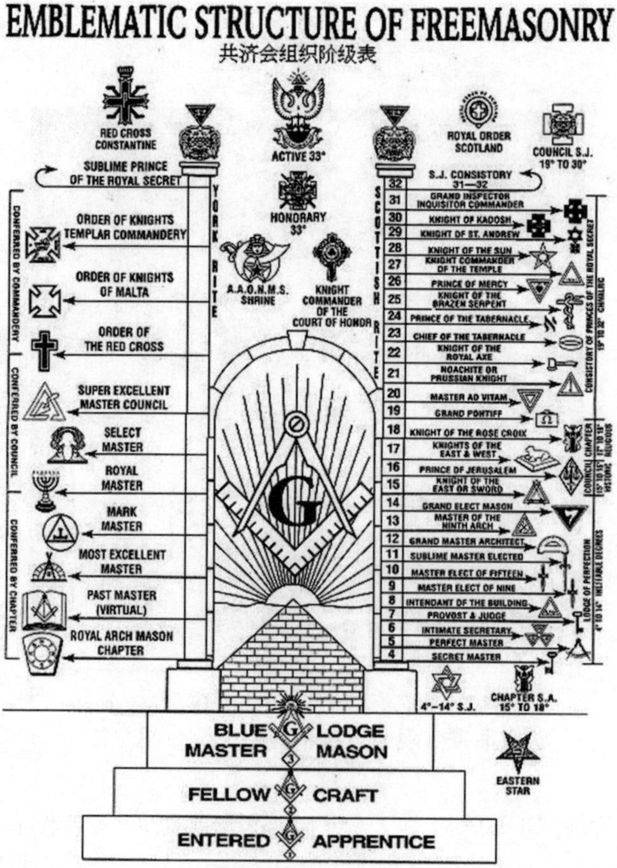

EMBLEMATIC STRUCTURE OF FREEMASONRY
共济会组织阶级表

共濟會組織階級表

共濟會最高層據說召開一個300人左右的最高秘密跨國精英的會議。其中與會者囊括了全球的頂級富豪、英美法日德意等發達國家的政治精英及元老，宗教領袖、全球主要傳媒及網絡的控制者，若干有實用意義領域的學術精英也被不固定地邀請到會。

300年來，這個組織一直致力於做以下幾件事：1、控制全球金融體系；2、以金融和財政手段控制各國政府；3、以資本手段控制大眾娛樂和媒體；4、建立掌控世界的情報系統；5、以基金會控制大學和教育體系；6、以基金會控制醫療保險金，控制全球衛生和醫療體系；7、以金融手段控制和壟斷全球資源和糧食市場。

國際共濟會的最終目標，是打破各國的主權體制，拆解各個國家，將全球組合為共濟會所控制的跨國區域（類似現在的歐盟和未來的美洲共同體），最終建立一個在國際共濟會控制下的世界統一集權政府，建立全球新秩序。在這一目標達到後，共濟會要對世界人類做種族和宗教分類，遺棄所謂“垃圾人眾”，只保存發達國家的精華人類，用科學手段把世界人口減少到5億以下——美國喬治亞州的共濟會石碑，用五種語言公開宣示了人口控制的這個最終數字。

對這個目標，在共濟會、三邊委員會、彼得伯格俱樂部的多次會議上皆有討論和議案，例如已經被揭露出來的減少世界人口1971年文件，多倫多會議文件、倫敦會議文件等。

共濟會（美國為首的）有一個控制世界的時間表。

美國喬治亞州的共濟會巨石碑的準確位置：緯度34°13'55.74”，北經度82°53'39.54”西。

我十多年前曾經在香港商報發表“美國統治世界的時間表”（《何新論政治國家主義》，2003年出版），對此有所揭露。雖然當時我還不知道國際共濟會的存在，只是在思考美國對世界的霸權問題。

其實美國從來不是孤立的。美國之立國就是歐洲共濟會於18世紀在新大陸所建立的一個實驗國家。南北戰爭後共濟會逐步全面控制美國，成為在共濟會控制下推行世界政府計劃的一個主要國家工具（從國聯、到聯合國，再過渡向未來的世界政府）。

十年前我預測將被逐次推倒的國際多米諾骨牌次序是：伊拉克、利比亞、埃及、敘利亞、伊朗、俄羅斯、中國——近年發生的事態表明，這個時間表的確一直在有條不紊地推進着。

對中國發動戰爭——是2005年的共濟會倫敦會議文件所透露的：以攻擊伊朗為導火索發動世界大戰，然後對中國作戰。我認為，敘利亞問題解決後，共濟會解決伊朗問題的動作就將發動。

南海問題、日本及東海問題，中國輿論目前都僅僅把它看做地緣國家之間的領海主權爭端。這種看法是不對的。在共濟會控制世界的時代，單純國家主義的國際觀察模式已經過時，認為世界問題根源僅僅是美國國家的霸權主義也是錯誤的。當前發生的所有的國際問題和危機，都不應當僅從一國角度觀察——而都是統籌於共濟會主導下的全球化方向的。貌似偶發的個別性國際爭端，其背後有同一隻操縱之手——國際共濟會。其實這些國家的政府也是身不由己。日本、菲律賓政府都在共濟會直接控制之下。越南，則共濟會利用其對海域的貪婪要求，通過各種方式包括以金錢收買、軍事支持而操縱——間接控制着。如果越南對中國戰敗，則其對共濟會國家的依附會更強。如果越南挫傷中國，則越南可以得到獎勵。共濟會非常希望引爆這些小國與中國的戰爭，借以窺探中國軍力、動員組織及後勤能力、電子戰力以及民心輿論的虛實。實際是為未來發動大戰摸底和做準備。為什麼小小的菲律賓對華這麼死硬——不惜以卵擊石？原因就在此。

絕對不要以為國際共濟會只是一個單純的秘密宗教組織，或者並非一個制度化組織。實際上，如果是作為一種宗教組織，共濟會自稱這個組織已經存在5000年，超過地球上一切宗教團體（見上海北京路共濟會堂遺址的共濟會石碑）。

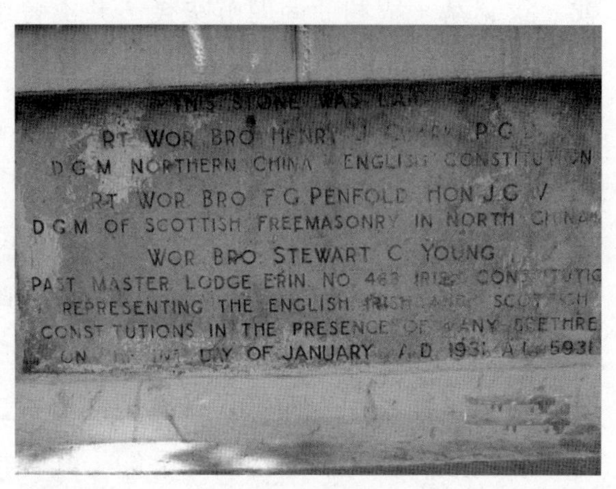

上海北京西路（1623號）英國共濟會堂舊址石碑：共濟會紀元5931年標記（前4000~1931年）。

國際共濟會是高度制度化的，內部分級嚴格，信息分層次高度屏蔽，組織極其嚴密，這是一個跨國的政治、經濟、宗教三位一體化的奇特組織。在世界歷史上獨一無二。

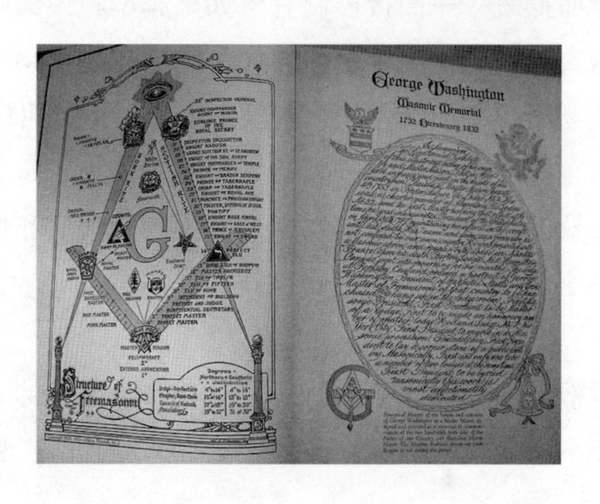

國際共濟會的決策和協調行動的最高平台，在美國有“波西米亞森林俱樂部”（即貓頭鷹俱樂部），在歐美日之間有“三邊委員會”，在世界主要工業國（包括俄羅斯）間有“彼得伯格俱樂部”。（見《統治世界：神秘共濟會揭秘》，2010年出版）

中國人長期不知道共濟會的真實存在和厲害程度。有人認為共濟會不過是一種地攤文學的傳說，其實全世界（包括港台）主流政治家都知道它的存在和力量。只有從事地攤寫作的弱智“精英”才會把它當成一個地攤神話。中國多數人對其無知或者後知後覺，這是很可悲的。

歐盟議會大廈

歐盟大廈的設計，是模仿抽象的巴比塔。而未完工的巴比塔是共濟會的象徵。

巴比塔（The tower of Babel）是《聖經》《舊約·創世紀》第11章（1~9）中描寫的一座通天塔，由挪亞（Noa）後代在示拿（Shinnar）所建，未完工。共濟會認為他的會員——freemason們，是新紀元——世界新秩序即通天塔的建築師。

巴比塔的圖案也出現在美國國家印璽和美元上

中國2000年發行的獨眼紀念金幣上有世界新秩序圖案

共濟會在中國，以傳播猶太教的名義已經開設了公開的網站。該網站總部設在以色列，公然宣稱其準備在中國招募500萬“猶太人”會員。而目前共濟會在全世界僅有800萬左右的會員。但共濟會在中國招募會員的前提是資產過億者，須繳納100萬人民幣的會費購買權戒。據我所知，華人共濟會，“美生會”和洪門以及黑人共濟會、伊斯蘭兄弟會、女性彩虹會等，屬於共濟會的外圍統戰組織，層級很低，僅是一個修習共濟會教義和道德的團體，不同於真正的猶太國際共濟會。

中國在市場改革、金融體系、國際領土方面的許多應對失誤，多與對國內外局勢的誤判有關。共濟會的最終目標，甚至不是把中國殖民地化，而是亡其國，毀其文化，滅去多數垃圾人口的種。順便說一點，中國對形勢的誤判乃是國際共濟會所極其需要的——有些則是他們所放出的鸚鵡有意地誤導的。

共濟會的世界秘史

聖殿騎士團的歷史

創立與興盛

聖殿騎士團全稱是“基督和所羅門聖殿的窮騎士（Poor Knights of Christ and the Temple of Solomon）”。它成立的時間並不確定，有說是1118年的，也有說是1119年的，一般認為不會遲於1120年。1096年聖城耶路撒冷被十字軍攻佔後，很多歐洲人前往耶路撒冷朝聖，而這時十字軍的主力已經回歐洲去了，朝聖者在路上常常會遭到強盜的襲擊，正是在這樣的背景下法國貴族Huguensde Payns和其他八名騎士建立了聖殿騎士團，以保護歐洲來的朝聖者。當聖殿騎士團成員加入組織時，不僅要發誓遵從修會的三大規定：守貞、守貧、服從，而且還要發誓保護朝聖者，這是他們作為聖地的軍事修會與一般的修會相區別的地方。

聖殿騎士團這個名稱的由來，是因為當時的耶路撒冷國王博度安二世將聖殿山上的阿爾阿克薩清真寺的一角給這些騎士駐紮，這個清真寺正是建在傳說中的所羅門聖殿的遺址上。

聖殿騎士團最初的標誌是白色的製服外加白色長袍。大約在1147年第二次十字軍東征後，開始在白色長袍的左肩繡上紅色十字，一開始是等邊十字，後來發展成八角十字。聖殿騎士團的徽章，則是兩名持盾和矛的聖殿騎士坐在一匹馬上，盾上繪有紅色的十字。這個徽章象徵着騎士團的成員一開始是貧窮的騎士，後來又被解釋為騎士團成員的袍澤之誼，不過到了菲利普四世摧毀聖殿騎士團時，則被說成是騎士團成員搞同性戀的象徵。聖殿騎士團的口號是"神的旨意（God wills it）"，戰場上他們就是喊着這個口號衝鋒陷陣。

聖殿騎士團創立後很快就引起了貴族和教會上層的重視，當時著名的修士聖伯爾納（St. Bernard of Clairvaux）寫文章支持聖殿騎士團的行動。在聖伯爾納的影響下，騎士團迅速發展壯大。

1139年，教皇英諾森二世（Innocent II）發佈聖諭，再次確認了聖殿騎士團的地位。在政治上騎士團只對教皇負責，其他任何僧俗政權都無權指揮它。在經濟上騎士團不僅享有免稅的特權，而且還有權在自己的領地上收取十一稅。教廷賦予的特權使得聖殿騎士團在短短幾十年內發展成一個強大而且富有的組織，同時也將騎士團牢牢地掌握在聖座之下。此後，聖殿騎士團成為羅馬教廷擁有的最可靠的力量。

聖殿騎士團在全盛時據說有20000多名成員，主要分為四部分：騎士（Knights）、士官（Sergeants）、農人（Farmers）和牧師（Chaplains）。騎士是重裝騎兵，也是聖殿騎士團的核心力量，只有他們才有權穿象徵着聖殿騎士團的繡着紅十字的白色長袍。士官是輕騎兵，級別較騎士低一些。士官和騎士共同構成聖殿騎士團的軍事力量。農人在騎士團裏並不是指耕種的農夫，而是專門管理騎士團財產的成員。牧師則是騎士團中的精神支持者，在精神上幫助騎士團其他成員。和醫院騎士團一樣，聖殿騎士團的首領也稱為大團長（Grand Master），通過選舉產生，任期為終生。

從軍事的角度來說，聖殿騎士團訓練有素，在戰場上是一支十分強大的軍事力量，也是耶路撒冷王國最精鋭的軍隊。從1129年圍攻大馬士革到1291年阿科陷落，聖殿騎士團幾乎參加了聖地所有的戰鬥。在作戰中，騎士團每一名騎士都有幾十人作為支持力量，因此他們可以專注於自身的戰鬥目標，有人認為他們是現代職業軍隊中精鋭特種部隊的先身。一般在戰鬥中聖殿騎士團出動的騎士並不多，幾百人就是一支大部隊了，但與當時阿拉伯軍隊相比，其實際戰鬥能力遠遠超過這個數字本身所顯示的。

在Montgisard戰役中，耶路撒冷國王博度安四世率領500名騎兵、80名聖殿騎士配合步兵，進攻撒拉丁的3萬人的部隊，結果撒拉丁最精鋭的馬木留克騎兵幾乎被全殲，總傷亡達到2萬人，最後只有不到十分之一的部隊逃回了埃及。

聖殿騎士團的巨大財富

聖殿騎士團擁有的財富之巨大只能用富可敵國來形容。

12世紀末時，騎士團在歐洲擁有9000多處產業，其中包括一些很有名的教堂和城堡，如倫敦的聖殿教堂（Temple Church），柏林的聖殿宮（Tempelhof）。有一段時間騎士團甚至擁有整個塞浦路斯島。他們的富有使他們能夠維持一支強大的職業軍隊，即便在戰場上損失巨大，他們也能迅速恢復，但這些財富最終也逼使他們走向毀滅。

騎士團財產的來源有很多方式，上面提到的徵稅是其中一種，當然還有掠奪，但更重要的方式是獲得贈予，從事商業和銀行業活動。從1127年騎士團首任大團長Huguensde Payns在歐洲進行宣傳、征募工作開始，騎士團便獲得了大量的捐贈，特別是在法國，很多貴族將地產贈送給騎士團，從此他們的地產幾乎遍及整個歐洲，而且這些地產都是免稅的。騎士團從事銀行業則是這個組織的歷史上值得注意的一頁，他們開創了現代銀行業的經營模式。

最初是騎士團的成員由於守貧這一會規的約束，將財物交給騎士團。這種行為很快演變為商業行為擴大到騎士團之外，許多歐洲的貴族將貴重財物存放到騎士團裏，由騎士團負責保管。這就和現代銀行業的存款業務十分相似。事實上騎士團還發明了一種跟現代銀行中的存款單很相似的票據，憑借這種印有騎士團特殊記號的票據，就可以在各地的騎士團支部取出財物。由於騎士團的支部遍及整個歐洲，再加上教廷給他們的支持，他們的存款業務發展十分迅速，各地的騎士團支部和聖殿裏聚集了大量的財產，這時他們又開始了貸款業務。

1135年，騎士團借貸給西班牙的朝聖者，資助他們前往聖地。騎士團的借貸業務發展極其迅猛，其業務對象上至各國國王——他們曾經是法國國王最大的債權人，下至普通的朝聖者，他們甚至還借貸給基督徒的敵人撒拉森人——這至少説明他們的信譽是十分卓著的。值得注意的是，騎士團的借貸是收取利息的，而當時收取利息是不合法的行為，受到教廷的譴責，但聖殿騎士團就這麼不聲不響地幹下去了，信仰的力量在利益面前永遠都是軟弱無力的。這些金融活動是聖殿騎士團在軍事活動之外的主要活動，傳説騎士團裏堆放着的借據、賬簿比宗教書籍還要多，這當然引起了很多人的不滿和嫉妒。

在醫院騎士團（又稱馬耳他騎士團）與聖殿騎士團創立之初，它們便走上了不同的經濟發展道路。

醫院騎士團的大本營耶路撒冷聖約翰醫院與聖墓教堂僅有一牆之隔，常常被基督徒視為一體。十字軍國家建立後，歐洲的權貴進行的捐獻，首選是基督徒最神聖的聖墓教堂。但他們在捐獻時往往只籠統地注明“獻給上帝、聖墓、聖約翰及耶路撒冷醫院”，人們難以區分這些財物、地產究竟是給聖墓教堂還是給聖約翰醫院的。醫院騎士團在歐洲發展分部，也總是有意無意地突出與耶路撒冷聖墓之間的聯繫，這就進一步加深了贊助人的困擾。作為這筆糊塗賬的結果，相當一部分原本進獻給聖墓教堂的財富，便最終劃到了醫院騎士團的名下。因此，醫院騎士團的財富中，較大比例都是莊園和地產。

聖殿騎士團卻另辟蹊徑，想到了在聖地致富的妙招。十字軍東征勝利後，歐洲前往耶路撒冷的朝聖者與日俱增，但沿途海盜和土匪橫行，要隨身携帶大量盤纏是非常危險的。於是聖殿騎士團便推出了他們的“金融服務”，朝聖者出發前將錢財存入歐洲當地的騎士團分部，用“存單”便可以在聖地的騎士團分部自由兑現，這便使他們成為十字軍國家中最早投身金融銀行業的組織，並因此也累積了大量財富。

到了13世紀，在歐洲的金融界，聖殿騎士團已經能與猶太銀行家、意大利銀行家齊名。

哈丁戰役

哈丁戰役對聖殿騎士團的歷史、基督教的歷史乃至整個世界的歷史都有着深遠的影響，聖殿騎士團在這場戰役中也扮演了重要的角色，不過可惜是很可悲的角色。

哈丁戰役之前，耶路撒冷王國因為王位繼承一事發生了嚴重的分歧，以的黎波里伯爵雷蒙德三世為首的貴族派，和聖殿騎士團大團長傑勒德支持的宮廷派幾乎兵戎相見，最後還是傑勒德支持的居伊上台。這次分歧雖然因為撒拉丁的大軍到來而和解，但已經埋下了不信任的種子。

1187年7月初，撒拉丁親自率領一支精鋭部隊進攻太巴列，而把主力部隊埋伏在太巴列附近的山區，當時在太巴列的是雷蒙德的妻子。沒有多少防禦力量的太巴列很快被攻克，但雷蒙德的妻子和手下仍然佔據着一處堡壘死守，並向駐紮在安富里雅的耶路撒冷大軍求救。雷蒙德認為這是撒拉丁的誘敵之計，他想引誘耶路撒冷軍隊離開有水源的安富里雅，因此建議不去救援，就在安富里雅等撒拉丁的軍隊，撒拉丁出動大軍絕不可能僅僅為了一個小小的太巴列。但聖殿騎士團大團長傑勒德將雷蒙德的意見斥為叛徒的奸計（雷蒙德此前曾跟撒拉丁有約定，撒拉丁幫助雷蒙德奪取耶路撒冷的王位，後來由於克雷森之戰而廢除），力主進軍太巴列。

傑勒德跟雷蒙德有舊怨，他曾是雷蒙德手下的騎士，雷蒙德許諾幫他娶一位富有的女繼承人，但最後食言，傑勒德認為受到愚弄，改投入聖殿騎士團，一路青云直上，最後被選為大團長。很多人認為傑勒德這次反對雷蒙德僅僅是出於個人的恩怨，他的這種情緒化的做法導致了最後的失敗。被傑勒德一手扶上台的居伊聽從了傑勒德的意見，決定率領大軍前往太巴列解圍，很多騎士雖然知道這樣做很危險，但出於忠誠仍然隨大軍一起前往太巴列。從安富里雅到太巴列要穿過一片荒蕪乾燥的高原，一路上還有撒拉森輕騎兵的不斷騷擾，很快擔任前衛的雷蒙德的部隊，和擔任中軍的居伊以及擔任後衛的聖殿騎士團部隊脱節，由於乾渴以及阿拉伯騎射手的騷擾，居伊和傑勒德的部隊都很難往前進發，這時他們到達安富里雅和太巴列正中間的馬里斯卡爾西亞。

傑勒德這時又作出了一個錯誤的選擇，他建議居伊讓主力部隊停止前進，在這兒修整並且等待後衛部隊跟上。前方的雷蒙德則送信來請求居伊無論如何也要迅速前進，在天黑前趕到有水源的地方。這次居伊又聽從了傑勒德的意見，讓主力部隊在馬里斯卡爾西亞停下來。這一停之後他們就再也走不了了，撒拉丁的主力趕了過來將他們包圍，並點燃野草，煙和灰使得耶路撒冷軍隊的乾渴更難以忍受，而周圍的撒拉丁軍隊高聲唱讚美安拉的聖歌，在心理上干擾耶路撒冷軍隊。天亮之後，居伊組織耶路撒冷軍隊衝鋒，企圖突破圍困，但由於極度的乾渴和疲勞，耶路撒冷軍隊已經沒有什麼戰鬥力可言，與其說這是場戰鬥，不如說是一隻貓在玩弄手心裏的老鼠。最後居伊以真十字架為中心，組織了一個方陣進行抵抗。剩下的很多騎士本可以憑借快馬重甲殺出重圍，但為了保護真十字架，他們都死戰不退，直到最後撒拉丁下令停止屠殺為止。

耶路撒冷的軍隊幾乎全軍覆沒，基督教的聖物真十字架也被阿拉伯人奪去，最精鋭的聖殿騎士團和醫院騎士團要麼戰死，要麼被撒拉丁處死，不過有趣的是撒拉丁居然放過了聖殿騎士團的大團長傑勒德，也許是感謝他帶來了勝利吧。由於耶路撒冷失去了幾乎所有的軍隊，很快就被撒拉丁攻克。聖城失陷的消息傳到羅馬教廷後，教皇烏爾班三世由於極度悲痛，當場便去世了。此後就開始了第三次十字軍東征，不過這是題外話，就不多說了。

哈丁戰役對聖殿騎士團的打擊十分深遠，不僅僅是軍事上損兵折將——如果光是軍事上的失利他們很快就能恢復，更重要的是由於聖城失陷，他們失去了政治上最重要的立足之地。失去了聖地守護者的地位，他們存在的意義也要大打折扣。後來的第三次十字軍東征又帶來了英格蘭的獅心王理查一世、法國的高貴王菲利普二世，跟他們的力量比起來，聖殿騎士團只能做配角。總之，聖殿騎士團的輝煌雖然仍在持續，但他們的時代已經去日無多了。

1291年阿科陷落之後，聖殿騎士團和醫院騎士團一起撤到塞浦路斯，此後又回到法國。這也許是聖殿騎士團犯下的最嚴重的錯誤：沒有自己的土地，他們就只能受別人擺佈。相比而言，醫院騎士團和條頓騎士團就聰明的多，醫院騎士團雖然人不多，但仍在羅德島上苦苦支撐，後來又在馬耳他島建立了自己的國家。條頓騎士團也在普魯士建立了騎士團國。聖殿騎士團回到法國只能用自投羅網來形容，從此他們就注定走上毀滅的道路。

據編年史家馬修·帕里斯（Matthew Paris, 1200~1259年）稱，1250年左右，醫院騎士團位於歐洲本土的莊園達到了19000座，而聖殿騎士團只有9000座。與之對應的，則是法國國王曾經讓聖殿騎士團替他打理國庫。由此我們可明顯看出兩大騎士團經濟結構上的差異。這本身並無高下之別。但通常而言，“債主”比“地主”更容易招人嫉恨。醫院騎士團手上擁有的大部分是不動產，而聖殿騎士團手上更多是各國（甚至包括穆斯林國家）的“借條”，在非常時期，其中的風險也不可同日而語。

當時法國的國王是“美男子”菲利普四世，後來被尊稱為“公正王（Philip IVthe Fair）”，他在歷史上也是一個很有作為的國王，打擊貴族，維護法蘭西的利益。而且這位美男子對教會顯然沒有什麼感情，連續有兩位羅馬教皇在他手下不明不白地送了命，直到他把他的親信波爾多大主教貝特朗（Bertrandde Goth）扶上教皇的寶座才罷手，這位貝特朗就是教廷歷史上的克萊蒙特五世。

黑色星期五

1307年10月13日，星期五（這就是黑色星期五的由來），在毫無預兆的情況下，菲利普四世向法國各地的事務官發出密函，要求他們在同一時間打開，密函上的內容正是逮捕各地的聖殿騎士團成員。

菲利普的突然襲擊獲得了圓滿成功，法國幾乎所有的聖殿騎士團成員都被逮捕，僅在巴黎就有138名騎士團成員被捕，聖殿騎士團的高層包括大團長雅克·德·莫萊（Jacquesde Molay）無一幸免。

菲利普四世給聖殿騎士團編排的罪名是“異端”。罪名包括：宗教儀式不端，逼迫新兵褻瀆十字架、不恰當的親密行為、偶像崇拜（根據摩西十誡內容，基督徒禁止崇拜一切偶像），供奉邪神巴風特，甚至同性戀，此外稍輕一些的指控還包括貪污腐敗與金融詐騙。法國各地的騎士團成員幾乎同時遭到了腓力四世密探的逮捕。從高階的騎士至低級的馬伕、佃戶，無論貴賤，共有超過2000人淪為階下囚。

逮捕行動未遇到任何抵抗。這是由於法國國內的聖殿騎士多數已年過中年，缺乏武裝，除了位於巴黎的團部，他們的居所也是不設防的。長期以來法國王室與騎士團的良好關係讓他們放松了警惕，故而，法王的密探可以堂而皇之地進入聖殿騎士團各地分部。束手就擒後，騎士團的巴黎團部就地轉化為了關押他們的監獄。各地的“囚犯”也陸續被押往這裏接受審訊和折磨。這就是歷史上著名的“黑色星期五”事件。

“黑色星期五”本身是十分突然的，震驚了全歐洲。與傳統認為教皇克雷芒五世同腓力四世“狼狽為奸”不同，他雖然邀請法王參與調查，但其實對腓力四世的計劃一無所知。在得知消息後，教皇最初的反應依舊是希望能夠拯救聖殿騎士團。至於為什麼最終聖殿騎士團灰飛煙滅，聖殿騎士團擁有的巨大財富是腓力四世選擇對它下手的重要原因。

法國的宗教裁判所立即就開始對騎士團成員進行審訊。在宗教裁判所的“有效工作”下，聖殿騎士們開始招供，其中包括大團長雅克·德·莫萊。裁判所還讓他給所有的騎士團成員發佈一道命令，解決他們保密的義務。在莫萊的這道命令之後，騎士團成員向裁判所給出了千奇百怪的供詞，有的承認他們入會時要向十字架吐口水，有的說他們搞巫術，有的說他們崇拜異教的偶像。至於這個異教偶像是什麼樣子，各人又有各人的說法。另外還有騎士團成員之間搞同性戀——這個也許是唯一可信的罪名。據記載，僅巴黎一地就有36名騎士團成員在審訊過程中死亡，我們可以想像這些供詞究竟是在什麼樣的情況下獲得的。

財富導致毀滅

法王腓力四世雖然有美男子的美譽，但執政方面卻心狠手辣，甚至有些不擇手段。在之前的西西里晚禱戰爭中，法國支持那不勒斯王國對抗阿拉貢王國（那不勒斯國王安茹的查理為法王路易九世之弟），為此耗費了巨資。此時法國與英格蘭、佛蘭德的關係由持續緊張，有爆發衝突的可能。加之腓力四世雄心勃勃地要馴服國內諸侯，鞏固王權，以上一系列開銷，終於導致了法蘭西財政在13世紀末14世紀初宣告破產。

面對債務違約，腓力四世在1291年和1306年，先後兩次用暴力洗劫法國境內的意大利銀行家與猶太銀行家。後者被紛紛逮捕，沒收財產，驅逐出境，從而令國王的債務一筆勾銷。而聖殿騎士團同樣是法王的另一大債主，法王企圖以非常手段解決“聖殿騎士團問題”，具有經濟上的強烈動力。

1291年阿卡陷落後，擺在三大騎士團面前的有兩條出路。其一是準備新一輪十字軍，反攻敘利亞、巴勒斯坦，重建十字軍國家；其二是另尋安身立命的基地，徐圖進取。

聖殿騎士團當時還擁有敘利亞沿海的魯阿德島（Ruad，艾爾瓦德島的舊稱，位於塔爾圖斯港以西約3公里），他們選擇了前者；而醫院騎士團、條頓騎士團審時度勢，選擇了後者。

條頓騎士團將重心放在了北歐，一心經營自己波羅的海的殖民地；醫院騎士團從1306年開始，在熱那亞人幫助下正式進攻羅德島。而聖殿騎士團卻以魯阿德島為基地，一次次徒勞地襲擊敘利亞海岸。

魯阿德島最終被感到威脅的馬穆魯克人於1303年奪取，而和醫院騎士團大團長坐鎮塞浦路斯不同，聖殿騎士團大團長雅克·德·莫萊將大量時間花在了游説歐洲各國君主祈求援助上。最終的結果，醫院騎士團、條頓騎士團都建立了自己的騎士團國，而聖殿騎士團卻不得不寄人籬下。而他們最信賴的君主，居然正是心懷叵測的腓力四世。

除了未建立自己的騎士團國以外，長期以來，聖殿騎士團在外交上與醫院騎士團相比，更加魯莽和僵硬，導致危難之際，他們缺乏可靠的盟友。1134年，阿拉貢與納瓦拉國王阿方索一世駕崩後，由於沒有直系後裔，他準備將王國贈予醫院騎士團、聖墓教堂修士團和聖殿騎士團。然而聖墓教堂修士團和聖殿騎士團都選擇了置身事外，只有醫院騎士團大團長雷蒙敏銳地發現了其中的機遇，橫渡整個地中海，親自來到阿拉貢與當地貴族們交涉談判，雖然未能替騎士團討取整個王國，但還是從繼承王位的拉米羅二世處得到了大批地產與城堡作為補償。

第四次十字軍東征後，拉丁帝國第二任皇帝亨利提出將位於昔日拜占庭歐洲領土上的一部分地產和城堡，贈予醫院騎士團和聖殿騎士團。最終醫院騎士團積極在希臘發展自己的勢力，而聖殿騎士團卻態度消極，以至失望的亨利皇帝不得不收回了給聖殿騎士的財產。蒙古人入侵後，醫院騎士團試圖與強大的伊爾汗國結盟，共同對抗埃及的馬穆魯克王朝，而聖殿騎士團卻屢屢從中作梗，導致反馬穆魯克聯盟功敗垂成，這也是阿卡王國敗亡的重要因素。

尤其致命的是，1306年聖殿騎士團不合時宜地捲入塞浦路斯王國的內部爭鬥，他們和一批造反的貴族站在一起，共同推舉塞浦路斯國王亨利二世的兄弟為王；醫院騎士團則堅定地繼續支持亨利二世。1310年，阿莫里被刺，亨利二世笑到了最後，他對聖殿騎士團自然抱有敵意，令後者無法在塞浦路斯立足（因此當法國的災難發生後，東方的聖殿騎士團也難以找到一個安全的避難所）。

同時期醫院騎士團的外交活動，則要高明許多。1307年醫院騎士團大團長富爾克來到教廷（原本是商議兩大騎士團聯合事宜，因聖殿騎士團東窗事發未能實施），成功地向教皇克雷芒五世爭取到了對他們佔領羅德島的官方認可，甚至誘使教皇開除了拜占庭皇帝安德羅尼庫斯二世的教籍（羅德島當時屬於拜占庭領土）。稍後，富爾克又成功地向佛羅倫薩銀行家借款，第二年，攜帶大批僱傭軍及採購的軍備糧草重返羅德島，於1309年8月順利拿下羅德港。這時候聖殿騎士團已經孤立無援，大部分身陷囹圄。

聖殿騎士團長期紮根於聖地，在多年與穆斯林的交往中，受到後者一些風俗習慣的影響。由於同穆斯林作戰時常有被俘的危險，為了應對敵人的侮辱甚至刑訊逼供，他們還發展出了一套特殊的入會儀式及"訓練方法"。在歐洲民眾看來，難免離經叛道，甚至有異端的嫌疑。此外騎士團嚴格意義上來說，屬於天主教會下屬的修士會，入會時需發絕財、絕色、絕意"三願"（或稱"安貧"、"禁慾"、"聽命"），然而日後騎士團的所作所為，很難說遵守了上述誓言。

教皇與國王的博弈與共謀

聖殿騎士團的覆滅是教廷與法王博弈並互相妥協的結果。

在克雷芒五世之前，教皇卜尼法斯八世（1235~1303年）曾希望勵精圖治，重振宗座的權威，於1296年頒佈《教俗敕諭》，規定不經教皇允許對教會征稅者將一律處以絕罰。此舉激起了亟需擴大財源的法王腓力四世的強烈不滿，雙方的關係變得劍拔弩張。

1301年腓力逮捕了教宗派往法國的使節，作為回應，卜尼法斯八世在第二年頒佈《神聖一體敕諭》，宣稱教宗權力高於世俗王權。在外交談判破裂之後，法王發兵於阿納尼俘虜了教皇。法國要求教宗立刻退位，而卜尼法斯寧死不從，法軍將領夏拉·科隆納冒天下之大不韙，竟掌摑了教皇，此後更是將他囚禁三天，多次拷打，恣意侮辱——最終卜尼法斯在1303年10月11日傷重不治（一說含恨自盡）。

腓力四世用暴力罷黜了一任教皇，不到兩年後便推舉出一位法籍教皇即位，即克雷芒五世。克雷芒五世不可能忘記卜尼法斯八世的前車之鑒，因此無法對法王持強硬立場。從1307年聖殿騎士團遭到逮捕，至1314年大團長被送上火刑柱，間隔了整整7年。

教皇也不止一次試圖拯救聖殿騎士團，但法王因為債務問題寸步不讓。但腓力四世不敢過分緊逼，也不想讓卜尼法斯八世的悲劇重演。因為在北面有英格蘭和佛蘭德，南面是阿拉貢和西西里，都對法國虎視眈眈。雙方反復談判的結果，便是各讓一步：教廷解散聖殿騎士團，免除法王的全部債務；法王保證醫院騎士團的安全，並將聖殿騎士團在法國的地產轉交於他。

聖殿騎士團的覆滅某種程度上算是教皇棄卒保車的結果。其實教廷對聖殿騎士也作出了內部調查，結果卻認為他們雖然德行有虧，但未犯下嚴重的異端罪。然而這份報告被克雷芒五世按下不發。2001年，在梵蒂岡的秘密資料“希農羊皮紙”的一份拷貝中讓人們發現（2007年，梵蒂岡正式予以公開），騎士團其實是被裁定為“可能悖德，未至異端”。且教宗克雷芒五世早在1308年就豁免了德·莫萊的“罪行”（文件簽定時間1308年8月17~20日）。但這份文件，德·莫萊沒有見到，他不知道，從內心深處，教宗克雷芒五世早已經 恕了他們，但即使這樣，教皇受制於法王腓力四世也不敢在生前公佈，他明知騎士團員的冤屈，但卻坐視了他們的受刑和殉難，其中原因正是為了與法國之間的幕後交易。

聖殿騎士團被消滅後，根據教皇的命令，醫院騎士團獲得了大部分遺產，各國的聖殿騎士團成員有很多轉到醫院騎士團門下，可以說醫院騎士團是最大的受益者。菲利普四世則獨吞了騎士團在法國的財產，也有人認為他並沒有得到多少好處，聖殿騎士團在災難來臨之前已經有所預感，將在法國國內的大部分財產轉移走，因此法王菲利普四世最後還是竹籃打水一場空。聖殿騎士團在葡萄牙的組織則改名為耶穌會繼續存在，其性質也由軍事修會變為主要從事海外宣教的修會。蘇格蘭國王羅伯特也許是對聖殿騎士團最寬容的國王，他公然違抗教皇的聖諭，拒絕對領地內的聖殿騎士採取敵對行動，因此歐洲大陸的聖殿騎士團成員有不少逃往蘇格蘭，投入羅伯特麾下。據說後來在蘇格蘭與英格蘭的戰爭中，正是依靠這些聖殿騎士的英勇作戰，蘇格蘭人才打敗了佔優勢的英格蘭軍隊。

詩人但丁曾在《神曲》中將腓力四世比作釘死耶穌的彼拉多：

“我看到那新的彼拉多是多麼殘酷無情，

他並不滿足於這些罪行，

而是未奉旨令，

便把貪婪的風帆揚進‘聖殿’之中。”

聖殿騎士團的覆滅

1307年10月13日星期五清晨，法王腓力四世下達了同時逮捕雅克·德·莫萊與法國聖殿騎士團主要成員的著名密令。

密令的開頭是："上帝不悅，蓋因王國滋生異端。"所謂的罪名包括：宗教儀式不端，逼迫新兵褻瀆十字架、不恰當的親密行為、偶像崇拜（根據摩西十誡內容，基督徒禁止崇拜一切偶像），供奉邪神巴風特，甚至同性戀；此外稍輕一些的指控，還包括貪污腐敗與金融詐騙。

法國各地的騎士團成員幾乎同時遭到了腓力四世密探的逮捕。從高階的騎士至低級的馬伕、佃戶，無論貴賤，共有超過2000人淪為階下囚。逮捕行動未遇到任何抵抗。這是由於法國國內的聖殿騎士多數已年過中年，缺乏武裝，除了位於巴黎的團部，他們的居所也是不設防的。

長期以來法國王室與騎士團的良好關係讓他們放鬆了警惕，故而，法王的密探可以堂而皇之地進入聖殿騎士團各地分部。束手就擒後，騎士團的巴黎團部就地轉成了關押他們的監獄。各地的"囚犯"也陸續被押往這裏接受審訊和折磨。這就是歷史上著名的“黑色星期五”事件。

腓力四世

“黑色星期五”本身是十分突然的，震驚了全歐洲。與傳統認為教皇克雷芒五世同腓力四世“狼狽為奸”不同，他雖然邀請法王參與調查，但其實對腓力四世的計劃一無所知。在得知消息後，教皇最初的反應依舊是希望能夠拯救聖殿騎士團。至於為什麼最終聖殿騎士團灰飛煙滅，而同期的競爭對手醫院騎士團卻能否極泰來，我認為主要由以下幾方面原因：

聖殿騎士團的經濟發展模式是腓力四世選擇對它下手

的重要原因。在醫院騎士團與聖殿騎士團創立之初，它們便走上了不同的經濟發展道路。醫院騎士團的大本營耶路撒冷聖約翰醫院與聖墓教堂僅有一牆之隔，常常被基督徒視為一體。十字軍國家建立後，歐洲的權貴進行的捐獻，首選是基督徒最神聖的聖墓教堂。但他們在捐獻時往往只籠統地註明“獻給上帝、聖墓、聖約翰及耶路撒冷醫院”，人們難以區分這些財物、地產究竟是給聖墓教堂還是給聖約翰醫院的。

醫院騎士團在歐洲發展分部時，也總是有意無意地突出與耶路撒冷聖墓之間的聯繫，就進一步加深了贊助人的困擾。作為這筆糊塗賬的結果，相當一部分原本進獻給聖墓教堂的財富便最終劃到了醫院騎士團的名下。因此，醫院騎士團的財富中，較大比例都是莊園和地產。聖殿騎士團沒有這樣近水樓台的條件，他們卻另闢蹊徑，想到了在聖地致富的妙招。

十字軍東征勝利後，歐洲前往耶路撒冷的朝聖者與日俱增，但沿途海盜和土匪橫行，要隨身携帶大量盤纏是非常危險的。於是聖殿騎士團便推出了他們的“金融服務”，朝聖者出發前將錢財存入歐洲當地的騎士團分部，用“存單”便可以在聖地的騎士團分部自由兑現，這便使他們成為十字軍國家中最早投身金融銀行業的組織，並因此也累積了大量財富。到了13世紀，在歐洲的金融界，聖殿騎士團已經能與猶太銀行家、意大利銀行家齊名。

聖殿騎士團團徽，兩人共騎一馬，反映了成立之初的清貧。

醫院騎士團位於塞浦路斯的科洛西城堡

據編年史家馬修·帕里斯（Matthew Paris, 1200~1259年）稱，1250年左右，醫院騎士團位於歐洲本土的莊園達到了19000座，而聖殿騎士團只有9000座。與之對應的，則是法國國王曾經讓聖殿騎士團替他打理國庫。由此我們可明顯看出兩大騎士團經濟結構上的差異。這本身並無高下之別。但通常而言，“債主”比“地主”更容易招人嫉恨。醫院騎士團手上擁有的大部分是不動產，而聖殿騎士團手上更多是各國（甚至包括穆斯林國家）的“借條”，在非常時期，其中的風險也不可同日而語。

14世紀初期，法王腓力四世雖然有美男子的美譽，但執政方面卻心狠手辣，甚至有些不擇手段。在之前的西西里晚禱戰爭中，法國支持那不勒斯王國對抗阿拉貢王國（那不勒斯國王安茹的查理為法王路易九世之弟），為此耗費了巨資。此時法國與英格蘭、佛蘭德的關係又持續緊張，有爆發衝突的可能。加之腓力四世雄心勃勃地要馴服國內諸侯，鞏固王權，以上一些列開銷，終於導致了法蘭西財政在13世紀末14世紀初宣告破產。

面對債務違約，腓力四世在1291年和1306年，先後兩次用暴力洗劫法國境內的意大利銀行家與猶太銀行家。後者被紛紛逮捕，沒收財產，驅逐出境，從而令國王的債務一筆勾銷。而聖殿騎士團同樣是法王的另一大債主，法王企圖以非常手段解決“聖殿騎士團問題”，具有經濟上的強烈動力。

魯阿德島的十字軍城堡遺址

聖殿騎士團在戰略發展與外交上犯下了嚴重錯誤。1291年阿卡陷落後，擺在三大騎士團面前的有兩條出路。其一是準備新一輪十字軍，反攻敘利亞、巴勒斯坦，重建十字軍國家；其二是另尋安身立命的基地，徐圖進取。

聖殿騎士團當時還擁有敘利亞沿海的魯阿德島（Ruad，艾爾瓦德島的舊稱，位於塔爾圖斯港以西約3公里），他們選擇了前者；而醫院騎士團、條頓騎士團審時度勢，選擇了後者。條頓騎士團將重心放在了北歐，一心經營自己波羅的海的殖民地；醫院騎士團從1306年開始，在熱那亞人幫助下正式進攻羅德島。而聖殿騎士團卻以魯阿德島為基地，一次次徒勞地襲擊敘利亞海岸。魯阿德島最終被感到威脅的馬穆魯克人於1303年奪取，而和醫院騎士團大團長坐鎮塞浦路斯不同，聖殿騎士團大團長雅克·德·莫萊將大量時間，花在了游說歐洲各國君主祈求援助上。

最終的結果，醫院騎士團、條頓騎士團都建立了自己的騎士團國，而聖殿騎士團卻不得不寄人籬下。而他們最信賴的君主，居然正是心懷叵測的腓力四世。除了未建立自己的騎士團國以外，長期以來，聖殿騎士團在外交上與醫院騎士團相比，更加魯莽和僵硬，導致危難之際，他們缺乏可靠的盟友。

例如，1134年，阿拉貢與納瓦拉國王阿方索一世駕崩後，由於沒有直系後裔，他準備將王國贈予醫院騎士團、聖墓教堂修士團和聖殿騎士團。然而聖墓教堂修士團和聖殿騎士團都選擇了置身事外，只有醫院騎士團大團長雷蒙敏銳地發現了其中的機遇，橫渡整個地中海，親自來到阿拉貢與當地貴族們交涉談判，雖然未能替騎士團討取整個王國，但還是從繼承王位的拉米羅二世處得到了大批地產與城堡作為補償。

第四次十字軍東征後，拉丁帝國第二任皇帝亨利提出將位於昔日拜占庭歐洲領土上的一部分地產和城堡，贈予醫院騎士團和聖殿騎士團。最終醫院騎士團積極在希臘發展自己的勢力。而聖殿騎士團卻態度消極，以至於失望的亨利皇帝不得不收回了給聖殿騎士的財產。

蒙古人入侵後，醫院騎士團試圖與強大的伊爾汗國結盟，共同對抗埃及的馬穆魯克王朝，而聖殿騎士團卻屢屢從中作梗，導致反馬穆魯克聯盟功敗垂成，這也是阿卡王國敗亡的重要因素。

尤其致命的是，1306年聖殿騎士團不合時宜地捲入塞浦路斯王國的內部爭鬥，他們和一批造反的貴族站在一起，共同推舉塞浦路斯國王亨利二世的兄弟阿莫里為王；醫院騎士團則堅定地繼續支持亨利二世。

1310年，阿莫里被刺，亨利二世笑到了最後，他對聖殿騎士團自然抱有敵意，令後者無法在塞浦路斯立足（因此當法國的災難發生後，東方的聖殿騎士團也難以找到一個安全的避難所）。

聖殿騎士團大團長雅克·德·莫萊

醫院騎士團大團長富爾克·德·維拉雷

反觀同時期醫院騎士團的外交活動，則要高明許多。

1307年醫院騎士團大團長富爾克來到教廷（原本是商議兩大騎士團聯合事宜，因聖殿騎士團東窗事發未能實施），成功地向教皇克雷芒五世爭取到了對他們佔領羅德島的官方認可，甚至誘使教皇開除了拜占庭皇帝安德羅尼庫斯二世的教籍（羅德島當時屬於拜占庭領土）。

稍後，富爾克又成功地向佛羅倫薩銀行家借款，第二年，攜帶大批僱傭軍及採購的軍備糧草重返羅德島，於1309年8月順利拿下羅德港。這時候聖殿騎士團已經孤立無援，大部分身陷囹圄。

聖殿騎士團本身授人以柄。今天人們普遍認為聖殿騎士團的毀滅是千古奇冤，但腓力四世的指控是否完全空穴來風無中生有呢？也不盡然。聖殿騎士團長期紮根於聖地，在多年與穆斯林的交往中，難免受到後者一些風俗習慣的影響。由於同穆斯林作戰時常有被俘的危險，為了應對敵人的侮辱甚至刑訊逼供，他們還發展出了一套特殊的入會儀式及“訓練方法”。在歐洲民眾看來，難免離經叛道，甚至有異端的嫌疑。

此外騎士團嚴格意義上來說，屬於天主教會下屬的修士會，入會時需發絕財、絕色、絕意“三願”（或稱“安貧”、“禁慾”、“聽命”），然而日後騎士團的所作所為，很難說遵守了上述誓言。200餘年中，一直有關於他們的負面傳聞在歐洲流轉。當阿卡陷落，十字軍國家覆滅之後，這種指責更甚。但雅克·德·莫萊對此的“危機公關”卻犯下了大錯。他沒有謀求通過內部的秘密整頓來消弭這些罪愆，反而在面見教皇時，將百年來騎士團施行的宗教密儀和盤托出，並希望教皇來出面推動騎士團的改革。家醜外揚後的結果，是克雷芒五世大為震驚，並提出讓法國政府介入調查。而雅克·德·莫萊對危險一無所知，竟未表示反對。這樣，就等於他親手引狼入室，將騎士團送進了屠場。

雖然腓力四世手下出台的認罪書漏洞百出，而且不乏刑訊逼供的結果，但某些內容，如新團員入會時互相親吻，掌摑、踐踏十字架，甚至對耶穌像吐唾沫，可能是的確存在的。其中原因，如前所說，可能最初是為了“模擬”被穆斯林俘獲後可能遭遇的折磨，並作為對新騎士的考驗。但在中世紀那個獵殺女巫的時代，這些“罪狀”一經公開，也足以致命。

其實醫院騎士團的團規和入會儀式很大程度上也參考了聖殿騎士團，但他們並沒有自行揭露這些密儀，並在聖殿騎士團事發後大幅修改和簡化了自己的傳統儀式，不給敵人任何口實。因此，騎士團被揭露的“罪行”固然有法王誇大歪曲的結果，但自身的不謹慎也是重要原因。

邪神巴風特

1314年雅克·德·莫萊被送上火刑柱

由於聖殿騎士團的名聲不佳，由於法國官方宣傳機器的有意抹黑，他們的遭遇在法國民間並未得到太多同情。但歐洲其他國家的有識之士早就看出了其中的異樣。

不過在唏噓之餘，應該看到，聖殿騎士團的厄運，對比稍後醫院騎士團、條頓騎士團的興旺，不是歷史偶然的結果。總而言之，禍根在百年前就已經種下，聖殿騎士團糟糕的戰略眼光，拙劣的危機公關和14世紀初特殊的國際形勢共同造成了這一場悲劇。

若想了解聖殿騎士團覆滅的來龍去脈，最權威的的著作，可參考：Malcolm Barber, *The Trial of the Templars* (2 edition), Cambridge University Press, 2012。

腓力四世將聖殿騎士送上火刑柱，15世紀插畫，現藏於大英圖書館。注意該圖中騎士的黑色製服更接近醫院騎士，而聖殿騎士通常着白衣紅十字，這一微妙的錯誤恰恰彰顯出15世紀聖殿騎士團的形象，已經從人們記憶中消散，而醫院騎士團正如日中天。

《共濟會密碼》——揭示共濟會秘史的權威譯著

作者：羅伯特·庫珀（Robert L. D. Cooper），是蘇格蘭共濟會博物館與圖書館館長。蘇格蘭共濟會博物館，位於愛丁堡著名共濟會聖殿會堂。該書已由中國法律出版社於2013年6月翻譯出版。

身為共濟會博物館館長，該書作者羅伯特·庫珀擁有特權，可以接觸到關於共濟會歷史的稀有檔案與文物。他不僅是研究共濟會歷史的世界級權威，同時還加入多個共濟會組織，包括蘇格蘭大修道院（The Great Priory of Scotland）、蘇格蘭共濟會（The Ancient and Accepted Ritefor Scotland）、

愛丁堡共濟會聖殿會堂

蘇格蘭皇家拱頂共濟會總會（The Supreme Grand Royal Arch Chapter of Scotland）、蘇格蘭皇家共濟會（The Royal Order of Scotland）和蘇格蘭皇家總理事會（The Grand Imperial Council of Scotland）。他曾多次現身媒體，在國際上發表關於共濟會歷史傳統與精神教義的演講。所以《共濟會密碼》是揭示共濟會歷史的一部權威著作。

目錄

《共濟會密碼》譯文摘要

共濟會及聖殿騎士團匯合為一

認為近代共濟會直接來源於中世紀聖殿騎士團的理論，與馬基雅維利的陰謀說，以及王室和教會間的事務有關。

正如我們所看到的，聖殿騎士團同法國——這個不遺餘力地推崇“君權神授”思想的國家——有密切聯繫。

菲利普四世，又稱“公正王”，17歲便登上王位，並以“鐵棒政策”執政。他之所以得此美名，並不是因為他處事公正，而是由於其性情。他是法國卡佩王朝的第十一任國王，因過去的長年戰爭而成為一名負債累累的君主；他幾乎向所有可以借錢給他的人借錢。猶太人、倫巴第人和聖殿騎士團是他主要的債權人。

菲利普四世竭力使自己擺脱債務，卻始終無法成功：他要麼無法籌集足夠的資金，要麼花費得太多，或者兩者皆是。他提出對一些商業行為征收特種税，為出口商品頒發許可證，並限制貸款。此外，他還對猶太人、倫巴第人和教會征收特種税，而這也導致了他與教皇卜尼法斯八世之間的直接衝突。卜尼法斯八世在被菲利普四世綁架後不久便死去，這才使雙方的矛盾得以終止。而繼任的本尼狄克十一世也在卜尼法斯八世死後幾個月離奇地意外身亡，這使世人認為他的死與菲利普四世亦有重大聯繫。菲利普四世還支持1305年教皇克萊門特五世的選舉，兩人在之後有關聖殿騎士團的事件中發揮了核心作用。

13世紀90年代，菲利普四世宣佈貨幣貶值，10年之後，法國貨幣價值貶為原來價值的三分之一。這一舉措雖然暫時增加了王室的收入，但同時也減少了所獲得的税收。1306年6月，菲利普四世宣佈幣值回升至貶值前的水平，這就意味着物價和税收在一夜之間翻了三倍。巴黎的人民開始暴亂，菲利普四世被迫逃亡，投奔聖殿騎士團的一個地方分團，尋求庇護。據説幾年前他曾經申請加入聖殿騎士團，但遭到拒絕。

對於一個法國國王來説，向曾經拒絕自己成為會員的組織尋求庇護，一定分外尷尬。然而，在他受保護的三天中，他認真研究這個組織，明白了地方分團的運作規則及其防禦工事和安全設施。暴亂之後，發佈新的政策是必要的。因此，一脱離聖殿騎士團的保護，菲利普四世就迅速行動起來。1306年6月21日，他發佈了幾道秘密指令，法國境內所有的猶太人均遭逮捕，他們的財產都被盜取。於是，國王的主要債權人之一消失了。

1306年，教皇克萊門特五世召開了一次會議，想要討論關於聖殿騎士團與醫院騎士團的合併事宜。聖殿騎士團的大團長雅克·德·莫萊帶着60名隨行騎士和一輛滿載價值連城的黃金與珠寶的行李搬運車，特地從塞浦路斯趕到法國參加會議。然而，醫院騎士團（即馬耳他騎士團）的大團長威廉·德-維拉里特，卻托辭自己要指導醫院騎士團撤往羅德島，因而無法參加會議。

醫院騎士團經重新改造，已改頭換面成一支強大的海軍軍隊。他們常年忙碌於肅清地中海航線，使之免受異端海盜的侵犯。他們認為這仍是自己的主要使命。與之截然不同的是，聖殿騎士團幾乎沒有改變。他們沒有意識到這個世界的變化，特別是在16年前基督徒被驅逐出聖地之後他們在這個世界上角色的改變。他們之所以無法意識到時代的變遷，主要源於他們對另一次十字軍東征的堅信。他們認為這並不是個假設，而只是時間早晚的問題。這也正是德·莫萊在1307年歲初到達法國時建議採取的行動。

德·莫萊並沒有直接前往教皇居住的普瓦捷，而是前往巴黎，將其隨團攜帶的財寶存入聖殿騎士團的地方分團。菲利普四世在皇宮接見了他，雙方看來關係融洽。德·莫萊接着前往普瓦捷，全然不知菲利普四世已經暗地通知教皇，聲稱聖殿騎士團在其地方分團的掩蓋下恣意從事異端邪惡行為。

由於聖殿騎士團是教會的一部分，並且只對教皇負責，沒有教皇的允許，這種不利於騎士團的傳言無法繼續擴張影響。教會沒有屬於自己的軍隊，而是依賴於世俗的權威。因此，若菲利普四世的臆斷屬實，克萊門特教皇就不得不要求菲利普四世逮捕聖殿騎士團，並由教會展開調查。如此一來，克萊門特教皇便陷入了兩難的境地。他知道自己是在菲利普四世的幫助下當上教皇的，也明白菲利普四世曾如何對待自己的兩位前任。他很清楚，菲利普四世扶持的教皇可以輕易地被拉下教皇的寶座。因此，克萊門特最後只是採取了延遲決策的策略，等菲利普四世自行決定如何行動。

直至最後一刻，德·莫萊都被蒙蔽在一種安全的錯覺中。1307年10月12日，他被任命為菲利普四世的弟妹國喪的抬棺人。而事實上，菲利普四世暗中命令其部下逮捕法國境內所有的聖殿騎士。就在第二天，即10月13日星期五，法國境內約5000名聖殿騎士無一漏網。

然而，很多人宣稱（特別是近年來），某些聖殿騎士事先得到警告，逃離至大西洋的拉羅謝爾港，再搭乘停泊在那裏的騎士團船隻，躲開了那位貪得無厭的法國國王的追捕。

據說，這些騎士駛向蘇格蘭，特別是蘇格蘭西海岸的阿蓋爾郡，帶着巴黎地方分團的財產，藏匿在那裏。

幸存的聖殿騎士選擇逃往蘇格蘭。這是不是因為羅伯特·布魯斯幾年前由於在鄧弗里斯郡的格雷修士教堂殺死了“紅發”約翰·科明，而被教皇克萊門特五世驅逐出教會？

爭論今天還在繼續。

支持這個原因的說法是，由於羅馬教皇的權力在蘇格蘭無效，再加上當時羅伯特·布魯斯正深陷對抗英格蘭的蘇格蘭獨立戰爭，他必然會歡迎這些作戰經驗豐富的騎士們。也有這樣的說法，1314年6月24日的班諾克本戰役中，正在決定勝負的關鍵時刻，一支未知的軍隊突然出現在戰場上，他們的意外出現讓英格蘭騎兵軍心大亂。英格蘭人調頭就逃，卻被緊追不捨的蘇格蘭軍隊一舉擊破。英格蘭國王愛德華二世在這場戰役慘敗之後險被俘獲，而蘇格蘭的獨立得以保全。

雖然取得了戰爭的勝利，羅伯特·布魯斯還是希望新獨立的國家能夠取得西方基督教世界的認可。然而，他面臨着雙重問題：自己已經被驅逐出教，還收留了被定性為異教徒的聖殿騎士在自己的軍隊中。實際上，他死後不久，教皇便撤銷了驅逐其出教的命令；不過，當他生前想重新加入教會時，他必須首先向教皇保證蘇格蘭境內沒有聖殿騎士。

為了達到這個目的，他巧用托辭，並創立共濟會，秘密地將曾經幫助過他打敗英格蘭的聖殿騎士融於其中。這樣，他便可以對教皇聲稱蘇格蘭已經不存在聖殿騎士了。另外，羅伯特·布魯斯還採取措施，酬謝了那些幫助他打敗英格蘭軍隊的流浪騎士，保護他們免受教會迫害。於是，聖殿騎士團像1314年之前那樣繼續存在，只不過換了個名字——“共濟會”。

（聖殿騎士團與共濟會的合流是從這裏開始的。）

據説，在阿蓋爾郡的墓園裏，發現了大量無名聖殿騎士的墓板，這足以作為表明這些聖殿騎士逃亡法國的證據。另有大量的證據顯示，聖殿騎士在1314年之後還繼續存在，這些證據包括其憲章和一些提及騎士團的檔案。

據説，聖克萊爾（也稱辛克萊爾）家族都是聖殿騎士；而據此説法，這個家族於1446年修建羅斯林教堂，是為了保護聖殿騎士團的寶藏。

羅斯林共濟會神秘教堂

“聖克萊爾家族的首領，一直以來都是蘇格蘭石匠工會的世襲會長。這樣看來，當今的共濟會，自然是由1307年從法國逃亡來的聖殿騎士團演變而成的。他們擁有聖殿騎士團的神秘智慧和寶藏，並將其儲藏於某個秘密場所，而這個場所只有共濟會最高成員才知道。

我初次聽説這個神奇的故事時，十分懷疑其真實性。直到後來我成為共濟會會員，才發現這段完全不同尋常的秘密歷史是存在的。

羅斯林教堂，又被稱作“密碼大教堂”，它座落在蘇格蘭愛丁堡市以南的7英里處的羅斯林鎮，其舊址是一座崇拜密特拉神的神廟，最初是用來給石匠們居住的。該教堂是聖殿騎士於1446年建造的，迄今已有500多年的歷史。

我所接受的教育一直都教我標準版本的歷史，例如蘇格蘭獨立戰爭時期的事情，包括班諾克本戰役和詹姆斯二世的統治，也知道羅斯林教堂是在其統治期間開始修建的。然而，值得注意的是，只有部分蘇格蘭共濟會會員承認這段蘇格蘭秘史。我也只是在加入某個共濟會會所幾年之後才聽說了上述那段不同尋常的歷史。”

歐洲最早銀行的主人——聖殿騎士團

聖殿騎士團最初是十字軍中的一支最精銳軍團，成立於法國。首領稱為宗師、大團長或總團長（The Grand

Master），是終生職位。大團長直接對教皇負責，不受國王和各地主教控制。

現代歐洲共濟會的貴族組織——聖殿騎士團

團員分四階層：

聖殿騎士團在全盛時據說有2萬多名成員，主要分為四部分：騎士（Knights）、士官（Sergeants）、農人（Farmers）和牧師（Chaplains）。

白袍紅十字聖殿騎士（紅十字會的起源）

騎士是重裝騎兵，也是聖殿騎士團的核心力量，只有他們才有權穿象徵着聖殿騎士團的繡着紅十字的白色長袍。士官是輕騎兵，級別較騎士低一些。士官和騎士共同構成聖殿騎士團的軍事力量。農人在騎士團裏並不是指耕種的農夫，而是專門管理騎士團財產的成員。神父則是騎士團中的精神支持者，在精神上幫助騎士團其他成員。和醫院騎士團一樣，聖殿騎士團的首領也稱為大團長（Grand Master），通過騎士選舉產生，任期為終生。

聖殿騎士團這個名稱的由來，是因為耶路撒冷國王博度安二世，將聖殿山上的阿爾阿克薩清真寺的給聖殿騎士駐紮，這個清真寺正是建在傳說中的所羅門聖殿的遺址上。

1139年，教皇英諾森二世（Innocent II）發佈聖諭，再次確認了聖殿騎士團的地位。在政治上騎士團只對教皇負責，其他任何僧俗政權都無權指揮它。在經濟上騎士團不僅享有免稅的特權，而且還有權在自己的領地上收取十一稅。教廷賦予的特權使得聖殿騎士團在短短幾十年內發展成一個強大而且富有的組織，同時也將騎士團牢牢地掌握在聖座之下。此後，聖殿騎士團成為羅馬教廷擁有的最可靠的力量。

聖殿騎士團是歐洲最早銀行的主人，擁有財富之巨大只能用富可敵國四字來形容。聖殿騎士團初期得到極多地產，奠定其經濟發展基礎，其後募捐組團海外朝聖，又從事銀行業與商業以壯大資產。他們掌握東西方之間的商業活動，各地擁有分支機構，法國和英國甚且一度將國王御庫委托其保管。聖殿騎士團在當時歐洲的金融圈舉足輕重，富甲天下，卻因此又種下其毀滅的禍因。

騎士團財產的來源有很多方式，上面提到的徵稅是其中一種，當然還有掠奪，但更重要的方式是獲得贈予，從事商業、放貸、金融融資和銀行業活動。聖殿騎士團的力量和財富是真實的，他們被認為是十字軍時代東方貿易真正的主人，耶路撒冷王國要對抗阿拉伯人主要就靠他們的軍事和經濟力量。

從1127年騎士團首任大團長Huguensde Payns在歐洲進行宣傳、征募工作開始，騎士團便獲得了大量的捐贈，特別是在法國，很多貴族將地產贈送給騎士團，從此他們的地產幾乎遍及整個歐洲，而且這些地產都是免稅的。騎士團從事銀行業，則是這個組織歷史上值得注意的一頁，他們開創了現代銀行業的經營模式。

最初是騎士團的成員由於守貧這一會規的約束，將財物交給騎士團。這種行為很快演變為商業行為擴大到騎士團之外，許多歐洲的貴族將貴重財物存放到騎士團裏，由騎士團負責保管。這就和現代銀行業的存款業務十分相似。

事實上騎士團還發明了一種跟現代銀行中的存款單很相似的票據，憑借這種印有騎士團特殊記號的票據，就可以在各地的騎士團支部取出財物。由於騎士團的支部遍及整個歐洲，再加上教廷給他們的支持，他們的存款業務發展十分迅速，各地的騎士團支部和聖殿裏聚集了大量的財產，這時他們又開始了貸款業務。

1135年，騎士團借貸給西班牙的朝聖者，資助他們前往聖地。騎士團的借貸業務發展極其迅猛，其業務對象，上至各國國王——他們曾經是法國國王最大的債權人，下至普通的朝聖者，他們甚至還借貸給基督徒的敵人撒拉森人——這至少説明他們的信譽是十分卓著的。值得注意的是，騎士團的借貸是收取利息的，而當時收取利息是不合法的行為，受到教廷的譴責，但聖殿騎士團就這麼不聲不響地幹下去了，信仰的力量在利益面前永遠都是軟弱無力的。這些金融活動是聖殿騎士團在軍事活動之外的主要活動，傳説騎士團裏堆放着的借據、賬簿比宗教書籍還要多，這當然引起了很多人的不滿和嫉妒。

12世紀末時，騎士團在歐洲擁有9000多處產業，其中包括一些很有名的教堂和城堡，如倫敦的聖殿教堂（Temple Church），柏林的聖殿宮（Tempelhof）。有一段時間騎士團甚至擁有整個塞浦路斯島。他們的富有使他們能夠維持一支強大的職業軍隊，即便在戰場上損失巨大，他們也能迅速恢復，但這財富最終也使他們走向毀滅。

1307年10月13日，星期五（黑色星期五），欠下聖殿騎士團巨額債務的法國國王腓力四世，發出了逮捕法國境內全體聖殿騎士的密令（聖殿騎士團在法國總部——塔姆佩爾神廟）。結果，這個騎士團的幾乎全部成員，包括總團長雅克·德·莫萊及其副手雨果·德·佩羅，統統被關進了宗教裁判所的拷問室。大批聖殿騎士在偵訊過程中被折磨死去，騎士團的組織也隨之瓦解。1312年，維也納宗教會議上教皇克萊門特五世下令，正式解散了聖殿騎士團。1314年3月，大團長雅克·德·莫萊（Jacques de Molay）死於火刑。

莫萊在上火刑架之前，詛咒法王腓力四世和教皇克雷芒五世，說他們會在一年內面臨永恒的審判。教皇克雷芒五世一個月後暴病而死，“美男子”腓力四世半年後打獵時突然身亡。

法國銅版畫：火燒聖殿騎士

聖殿騎士團歷任大團長

耶路撒冷時期 Jerusalem Era 1118~1191年

休·德·佩恩斯 Hugh de Payens 1118~1136

羅伯特一世·德·克拉恩 Robert I de Craon 1136~1146

埃弗拉德·德·巴雷斯 Everard des Barres 1146~1149

伯納德·德·托米萊 Bernard de Tormelai 1149~1153

安德烈·德·蒙塔巴德 Andre de Montbard 1153~1156

伯特蘭·德·布蘭克福特 Bertrand de Blanchefort 1156~1169

菲利普一世·德·米利 Philippe I de Milly 1169~1171

尤德斯·德·阿曼德 Eudesde St. Amand 1171~1179

阿諾德·德·托洛哥 Arnold de Toroga 1179~1184
傑勒德·德·羅德福特 Gerard de Ridfort 1185~1189

阿克城時期 Acre (Akko) Era 1191~1291年

羅伯特二世·德·塞布爾 Robert II de Sable 1191~1193
赫伯特·伊拉勒 Gilbert Erail 1193~1200
菲利普二世·德·普萊澤茲 Philippe II de Plessiez 1201~1208
吉拉米一世·德·查特斯 Guillaume I de Chartres 1209~1219
皮埃爾·德·孟太古 Pierre de Montaigu 1219~1230
赫爾曼·德·佩里戈德 Herman de Perigord 1231?~1244
理查德·德·伯里斯 Richard de Bures 1245~1247
吉拉米二世·德·索納克 Guillaume II de Sonnac 1247~1250
雷納德德維克希爾斯 Reynald de Vichiers 1250~1256
托馬斯·貝拉爾 Thomas Berard 1256~1273
吉拉米三世·德·博讓 Guillaume III de Beaujeu 1273~1291

塞浦路斯時期 Cyprusera 1291~1314年

蒂巴德·德·高迪恩 Tibald de Gaudin 1291~1293
雅克·德·莫萊 Jacques de Molay 1293~1314

拿破侖與法國第一帝國時代的共濟會

波拿巴共濟會會所圖標，c.1810

共濟會法國最高委員會的徽章

拿破侖·波拿巴究竟如何成為共濟會兄弟會的會員？在這個問題上有很多猜測。雖然可能性很大，卻很難以確認他究竟是在瓦朗斯（法國德龍部門）、馬賽、南茜（“耶路撒冷的聖約翰”會所，1797年12月3日）、馬耳他、埃及，或其他地方入會的。

但是可以確定的是，在埃及戰役期間他帶領的探險隊成員將共濟會帶到了尼羅河邊。克勒貝爾將軍在開羅創建了伊西斯會所（波拿巴可能是同為創始人）；而加斯帕·蒙日弟兄（“完美聯合”軍事會所，梅濟耶爾的會員的其中之一）和多明尼克·維萬·德農弟兄（位於巴黎的“完美聚會”會所——蘇菲申的會員），是那些將他在埃及遭遇的戰略和軍事挫敗轉變為成功的智囊中的人，他們使得年輕的波拿巴將軍回到法國時能夠利用這個成功。

同樣無法否認的是，自波拿巴的霧月十八日政變起，共濟會興盛了15個非凡的年度，會所和會員數量倍增。作為法蘭西共和國第一任執政官，拿破侖·波拿巴，充分了解他會從順服的共濟會能得到的好處，在一些值得信任的人身上投資，希望獲得無瑕疵的服從。而他沒有失望。

執政府時代的共濟會

在拿破侖·波拿巴掌權之後，一個有9個章節的文件於1799年6月22日（V-L，5799的第三年的第二十一天）簽署，聯合了法國總會所（Gran de Loge De France: GLDF）和法國大東方會（Grand Orient De France: GODF）。這個文件將兩個組織的檔案合併，去除了巴黎會所大師的特權，重申了教主的任期，並且設立了官員選舉系統。但是，一些“蘇格蘭”會所拒絕了這個安排。

1801年，在巴黎之時，瓊·波塔利斯兄弟會（“友誼”會所，普羅旺斯地區艾克斯）積極發起了關於統一協定的談判，並且與讓-雅克-雷吉斯·德·康巴塞雷斯兄弟會和克勞德-安布·雷尼爾兄弟會起草了憲法，一部共濟會歷史於5月31日在南卡羅琳娜州，查爾斯頓市寫成。那裏，約翰·米切爾上校，一個愛爾蘭出生的商人，和弗雷德里克·道可，父母為普魯士人而在倫敦出生的醫生“在美國開創了33度最高委員會”，33等級中第一個冠以法國接受蘇格蘭古典儀式（Ancient and Accepted Scottish Rite (AASR) of France）之名的儀式最高委員會。它在1803年1月1日，用一個通告發送“橫穿兩個半球”宣佈成立。

兩個對立系統（古典和近代）的導師，無論信仰（可能因此名為“公認”）都有資格加入。使用秩序來自混亂“Ordoab Chao”（拉丁文）的口號，體現了創建一致的位階系統，和停止諸多高級階位所帶來的混亂的願望。這個儀式，其等級全部來自法文，綜合了各種早期的影響，包括英國會所、蘇格蘭完美會所、其他有異議的體系，如珀爾萊特弟兄的東方騎士委員會、蘇格蘭三位一體社、朝迪男爵艷星社、和蘇格蘭社約母會所的行政系統，一個奧古斯特·德·格拉斯-特黎伯爵（1783年於巴黎的蘇格蘭社約之聖約翰會所創立）的成員。

古典蘇格蘭禮儀AASR的普遍性，基於33個連續的入會位階，並且各個位階的內容，包含了幾乎所有西方和中東的宗教傳統來源。所以，如果沒有嚴格遵循其入會儀式並且相信其緩慢進化的連貫性，就不能加入AASR。

1801年，梵蒂岡重申了對於天主教牧師加入共濟會的嚴厲的禁令。

同年刊印發行了有關法國大東方之近代法國儀式的共濟會手冊，吻合最早的近代派、大東方位階所、和1795年至尊尊主Alexander-Louis Roëttiers de Montaleau制定的Rectified Scottish Regime（RSR）的一些特徵。

這個文件與1785年所作的決定一致，但是1796年大東方會社將其撤銷，認為儀式的傳遞必須完全依靠手寫，不可印刷。之後法國儀式的章程被修改過數次。

關於改版蘇格蘭儀式，1801年開始了里昂的讓-巴蒂斯特·維勒莫茲（法國RSR的“創始人”和自1800年6月1日以來第一執政拿破侖·波拿巴羅納部的總顧問）與馬賽的Claude-Franois Achard（三倍聯盟的尊主，1801年6月1日恢復工作）為期三年的通信。1802年九月，塔克希爾弟兄在里昂被維勒莫茲接納並且被賦予了抄錄“新儀式”的任務，歷時5年。

1802年11月12日（V:. L:. 5802那年第九個月的第12天），法國大東方發出通告譴責“所謂的蘇格蘭”會所，並且呼吁弟兄們“從我們的聖殿中排除那在緊張的時期似乎被尊重的不和諧的種子”。為了在法國持守“規範會所”GODF開始剔除所有進行除七度法國儀式以外的儀式的所有會所，這個舉動特別針對蘇格蘭母會所。

1804年，在大東方的全面排除之後的氣氛中，格拉斯-特黎伯爵回到法國，並且於9月22日創建了第33度最高委員會。它於10月22日在法國的蘇格蘭綜合總會所開會，蘇格蘭馬賽母會所也參與在內。兩個會所都在1799年拒絕了與大東方的合併，並且以"差異"的緣由——因為進行蘇格蘭儀式——被大東方"黑名單"因為Santo Domingo會所的代表遵循了古典派的儀式，和據説在1761年簽署了莫林專利羅漢王子。路易斯·波拿巴成為了其總會長。

看到最高委員會將實權延伸到了會所的前三個位階，大東方突然有權簽署一個合約合併蘇格蘭總會所和大東方，但是留下了33度的高階委員會，依然擁有全權授予這個位階並且"裁決一切有關榮譽的事情"。

拿破侖帝國時代的共濟會

就是在這段期間，法國共濟會經歷了它的第一段黃金歲月。在十年裏共濟會的會所數目從300所增長到1200所。

波拿巴（在馬賽"完美誠信"會所參與）擔任大東方的大法師，共濟會完全效忠拿破侖，並且以批判的強勢姿態獨立於蘇格蘭會所。

拿破侖和大東方的關係在Roëttiers de Montaleau排除反波拿巴派之後越來越好，當時在會的權貴包括：

路易· 波拿巴王子（Louis Bonaparte, 1778-09-02~1846-07-25），拿破侖一世的二弟，娶約瑟芬的女兒為妻。曾任荷蘭國王。拿破侖接到路易讓位的消息後，頒佈了一個特別法令，把荷蘭併入法蘭西帝國，並將其分為若干省份，各派地方長官治理，其子即為後來的拿破侖三世。

帝國總理讓—雅克—雷吉斯·德·康巴塞雷斯

讓-雅克-雷吉斯·德·康巴塞雷斯（Marshals Andre Massena），1806~1821年法國的AASR大指揮官。

1784年在土倫"米諾娃的學生"入會，分別是：奈斯的“真摯友人集會”、“完美友情”軍事會所、GODF管理員和最高委員會成員、Joachim Murat、Fran·ois Etienne Christophe Kellermann（“聖拿破侖”會所，巴黎）、Charles Augereau（海牙“火星之子”會所，荷蘭）、巴黎“誠實”會所（“藝術和榮耀之友”政權會所尊主）、Fran·ois Joseph Lefebvre（“友人聚會”，美因茨）、Catherine Dominique de Perignon、Jean-Mathieu Philibert Serurier（“蘇格蘭之聖亞歷山大”和“皇家蜜蜂”會所，巴黎）、Guillaume Brune（“聖拿破侖”，巴黎東方，“永恒友情”）、Adolphe Edouard Casimir Joseph Mortier（33°）、Jean-de-Dieu Soult和Jean Lannes。參議員Antoine-César de Choiseul-Praslin（“誠實”會所，巴黎）、Arnail-Francis de Jancourt、Louis-Joseph-Charles Amable de Luynes、Dominique Clement de Ris代表、Luc Duranteau de Baune榮譽軍團總理、Bernard Germain Etienne de Lacepede（“九姐妹”和“聖拿破侖”會所，巴黎）。

Joseph Jérôme Le François de Lalande，學者，“九姐妹”會所第一任尊主，巴黎。

Etienne Macdonald、Horace Sebastiani，將軍。

Charles Rene Magonde Medine，海軍司令。

Pierre Rielde Beurnonville，大使。

讓-巴蒂斯特·農比爾·尚帕尼，內政部長。

Joseph Fouché，警官，“Sophie Madeleine，瑞典女王”

會所，阿拉斯。

Honoré Muraire，上訴法庭第一任主席（見〈公民國家政教分離〉原始記錄）。

讓·安托萬·夏普塔爾弟兄，負責農業，“完美聯合”會所，蒙彼利埃城。

很明顯，共濟會一直在掌權，並且它的影響力絕不隱晦。

拿破侖一世，注意着共濟會，並且通過約瑟夫·富歇監控它。雖然會所中的聖殿裏陳列着拿破侖的雕像，並且認為任何對他政權的挑戰對於共濟會都是嚴重的過失，一些研究會主要致力於宣揚皇帝的榮耀（“拿破侖馬格內”，“法國聖拿破侖”），但其他的會所中也使用獨特的共濟會秘密標記，來隱藏顛覆保皇黨活動的工作（“聖拿破侖”；昂熱Angers，法國地名，英語意思“憤怒”）。

在帝國統治下共濟會軍事會所有很強的發展，並且拿破侖在共濟會中看到了一種強大的軍事團結的手段和他統治歐洲野心的工具（利用他自身強烈的感情來團結兄弟會）。

此外，女性的（“哈巴狗”）認領會所（通過名為“認領”的儀式附屬於男性會所），在帝國之下大部分削弱了，除了約瑟芬女皇控制下的那些會所以外，她也是一名女性總會長（巴黎的“自由騎士”和“聖卡羅琳”認領會所）。1808年，女性認領會所被男性共濟會禁止，理由是“與綱領不符”。共濟會認領的做法，除了少數以外，沒能延續到19世紀。

第一帝國下分會所集會儀式場面

革命時代禁止成立的行業工會（執政府繼續了此項禁令）帝國時期允許恢復，但是要被嚴格審批和監控。19世紀初，工會圍繞着3個儀式組成。參加蘇比斯父儀式有鋪屋頂的、泥水匠、木匠。被視作“對神的聖職”（天主教徒，保皇黨和拿破侖黨）繼承者的那些人，雅各大師的追隨者，聚集了石匠、鐵匠和製革匠，還有一些其他行業的人（編繩子的、編籮筐的、製帽匠等）。

共濟會的各種禮儀分部

在以共和黨和左傾的政治敏感性著稱的新教和不可知論者的所羅門儀式之下，出現了外國石匠（C:. E:.）和自由之子的會員（I:. N:. D:. G:.），於1804年因堅持自由思想和反教權主義的工會成員的壓力，脫離自由之子。就是在這個期間，一位法國共濟會旅行者將第三位階帶入了自由之子（現在也包括會員的相關人），並且一個大部分由已經成為導師的會員組成的貴族團體（“內部人”）形成了。

1804年，聖城之仁慈騎士（糾正後的儀式或政權的最終階段）的系統，在法國大革命期間處於潛伏狀態，在貝桑松重興。

1805年，麥西之儀（象徵位階1-33°和哲學位階34-66°）中兩個系列的第一個，在法國和意大利形成，借用了各種18世紀的高級位階（來與AASR競爭）：

法國都市分會儀式——東西方皇帝委員會之完美儀式（也被用作AASR）

阿東赫拉麥特儀式

里昂認可導師總會所儀式

馬賽蘇格蘭母會所儀式

嚴從聖騎士（SOT）和改版蘇格蘭儀式（RSR）

那慕爾之原始儀式、阿維尼翁蘇格蘭哲學儀式、金色煉金術師、亞細亞之內部兄弟和卡廖斯特羅之埃及儀式。

1805年，大東方設立了一個總儀式執行委員會，那裏一些弟兄們得到了第33位階，這是違反與最高委員會的協議的。後者的反應是廢除文件，恢復總會所和蘇格蘭總會，並且重申其在整個AASR的權威。但是再一次，帝國權利介入幫助大東方並且逼迫簽署權利共享協議，給予其掌控前18位階的權利，由法國最高委員會管理19到33。

不同於拿破侖所期望的，這時在法國有兩個敵對的共濟會力量，所以來年，為了確保對最高委員會的控制，任命讓-雅克-雷吉斯·德·康巴塞雷斯總理為最高大指揮官，代替格拉斯-特黎或幾個大東方的領導人物（Dominique Clement de Ris、Pierre Riel de Beurnonville、Catherine Dominique de Pérignon、Honoré Muraire、D'Aigrefeuille等）。

在接下來的10年裏，最高委員會將自己投入在制定"蘇格蘭共濟會指南"上，依照蘇格蘭母會所和英國與美國古典共濟會（特別是Three Distinct Knocksof1760），同時還有近代法國儀式的共濟會管理者。以至於藍色會所（前三個研究會位階），有"古典和認可儀式的三個象徵位階刊物"。

共濟會建立凱旋門

1805年2月18日，奧斯特里茨戰役後兩個月，拿破侖一世決定建設凱旋門，一個有很多共濟會會員參與的項目。讓-巴蒂斯特·尚帕尼·農比爾弟兄說服了皇帝為凱旋門選擇這樣的一個地點："從凱旋門應當能夠瞻覽到杜伊勒里帝國宮殿最雄偉、豪華、美麗的景色……它會讓進入巴黎的旅客頓生崇敬……它會在所有訪問法國首都的遊客的腦海中刻下其無以倫比的美麗的不可磨滅的回憶……雖然遊客已經離開，在他眼前凱旋門會永遠矗立。陛下在去馬爾麥松、聖日耳曼、聖克勞德、甚至是凡爾賽的路上也會經過……”

讓·夏爾格蘭（“北極星的單純之心”會所，巴黎）弟兄，一名建築師，根據查理斯·路易斯·巴爾扎克弟兄（“偉大獅身人面”會所，巴黎）的初稿畫出了圖紙。在七月王朝（法國路易斯·菲利普國王下的君主立憲制，從1830年的的七月革命開始）之下，兩名弟兄負責雕刻北面的淺浮雕——Francois Rude（馬賽）和Jean-Pierre Cortot（維也納的和平）。

意大利等地區的活動

大概也是在1806年，Pierre-Joseph Briot，阿布魯佐的區長（在約瑟夫·波拿巴的統治下），在意大利介紹了燒炭黨並且在貝桑松創立了“兄弟之愛共和黨秘密組織”，和亞歷山大大帝締造社之樵夫儀式的“Good Cousin Carbonari”，於1810年成為麥西儀式的附屬。

同時，Filippo Buonarroti，一個比薩的法國革命家也是Gracchus Babeuf的老朋友，在索斯佩勒認識了布里奧，花了30年時間服侍會所，尤其在他自己的組織內（“偉大蒼穹”指揮之下的“完美的崇高導師”），來隱藏革命思想的蔓延，包括巴貝夫Babouvist理論和共產主義。雖然為數不是很多，但這共濟會與燒炭黨間的不幸的混淆很快被人解釋為會所的政治化。

同年，1806年見證了Strict Templar Observance (SOT)的消亡，它沒有能夠支撐過大革命，或RSR的誕生，並且它的大師Charles of Hesse-Cassel失去了興趣；比起共濟會，他更專注於他的研究和魔法巫術。

不同於英國共濟會的安德森憲章（詹姆斯·安德森牧師的共濟會綱領，1723年發行），1806年法國大東方制定的法案，只表明“法國的共濟會社只包括被承認的共濟會會員，在被認可的處所為友情而聚會”。

同樣在1806年，考古學家Alexandre Du Mège (or Dumège)在圖盧茲建立了一個埃及儀式，“沙漠之友之至高金字塔”。在那個區域也有些分立出去的（歐什，蒙托邦），但都不持久。沙漠之友與鄰近的拿破侖馬格內會所聯繫，後者的會員復興了由Charles Edward Stuart的助手George Lockhart

於1747年帶到圖盧茲的雅各蘇格蘭儀式，“蘇格蘭信心”。法國大東方總儀式執行委員會於1812年拒絕了這個儀式，原因是東方神秘主義。

1808年，米歇爾·安格·漫果里特弟兄，蘇格蘭哲學儀式的高級官員（1794年11月政府的臨時外交部長），通過創建會員大多是帝國貴族女性的“Sovereign Metropolitan Chapter of the Ladies Scottish Hospice of France in Mount Tabor，巴黎”，復活了共濟會“認領”慣例。這是一個有着高度評價的會所，一直運作到1830年，有着一個“入選等級”（共濟會初學者和謹慎同伴），兩個完美等級，或“偉大奧秘”（阿東尼斯女主和道德女主）和兩個最高等級（歷史和哲學）。

在那不勒斯，Joachim Murat於1808年8月1日登基為王的地方，法國—意大利（軍事）會所中麥西蓬勃發展，並且會持續到帝國的完結。1811年，Murat要求大東方和那不勒斯最高委員會聯合，並且成為它們的總指揮官。毋庸置疑，在這個期間最早的嘗試是在法國建立麥西儀式。於是此儀式得到了第三個系列（67-77°神秘位階）最終的（78-90°）要到1812年才在那不勒斯設立。

1809年，拿破侖在因攻陷羅馬和掠奪教皇國被開除教籍的憤怒下，下令逮捕皮烏斯七世教皇。似乎皇帝在會所中混進反教權主義之時還沒有失去大東方的支持，但是大主教沒有忘記共濟會對拿破侖的支持。

1810年，在法國興起與共和秘密組織有關的大量的反對派，如Arnaud Bazard、Jacques Flotard和Jacques Buchez弟兄創立的燒炭黨。在貝桑松區域，一個燒炭·卡森的革命運動企圖侵入會所讓相反觀點進入，並且招收人們參加共和黨的起義。燒炭黨分成20成員的隊伍，由Lafayette弟兄的一個“高”組帶領（它也包括了尊敬的“真理之友”羅蘇瓦和最高委員會成員）。

在政治光譜的另一端，Ferdinand de Bertier伯爵於1810年創建了“信心騎士”（“橫幅協會”），一個根據古代和中世紀的會社和更近與切實經驗的慈善機構的極端保皇黨政治運動。會社有五個等級：慈善伙伴、鄉紳、騎士、盛情騎士和信心騎士。其會員中有幾人也加入了一個名為“神聖處女”的宗教團體。

1811年發生了幾次跟共濟會相關的事件：

Jean-Baptiste Jules Bernadotte弟兄——帝國的元帥，在一年前成為瑞典的太子——改革了瑞典儀式，其組織有12個，在21世紀依然存留。

漢堡地區總會所採用了Friedrich Ludwig Schroeder弟兄發明的儀式，限制為3個象徵等級，依照古典“聖堂”共濟會——這個儀式現在依然在德國、奧地利、匈牙利和瑞士的一些會所中使用。

在埃及，“蘇格蘭哲學儀式的巴黎母會所”在開羅（“金字塔騎士”）和亞歷山大港（“協和之友”）建立。

在西班牙，格拉斯-特黎伯爵設立了西班牙最高委員會。

1813年，由於Charles Lechangeur、Theodoric Cerbes和Marc弟兄、Michel弟兄、Joseph Bédarride弟兄的促成，麥西儀式得到90度的資助。Pierre Lassalle，麥西在那不勒斯的總會長，很可能是將“那不勒斯計劃”中的Arcana Arcanorum介紹到原始的麥西儀式的人。與此同時，“他泊山指揮官”的神秘學者會所，連結蘇格蘭哲學儀式建立，而卡廖斯特羅之埃及儀式（“維基蘭扎”）的一個會所，獨立於麥西繼續運行。

同年在英格蘭，在超過半個世紀的矛盾之後，工會法結束了古典派和近代派的爭執，將它們結合成為一個3個位階（模仿儀式）的普遍共濟會，並且摘除了所有對基督教的直接提及。

在拿破侖的第一次退位以及他被發放到厄爾巴島之後，大東方向路易十八提供了支持，肯定帝國只不過是專制政府的立場。這使得很多共濟會會員辭職，尤其因為大東方在百天之內再次改變立場。

滑鐵盧之戰見證了第一帝國和偉大軍事會所時代的結束。米歇爾·內弟兄（1801年於南錫的“耶路撒冷聖約翰”會所入會，後加入軍隊第六軍團的“誠實”會所），Pierre Cambronne弟兄和Emmanuel de Grouchy弟兄（位於博韋的“英雄”會所和位於斯特拉斯堡的“誠實”會所）領導的部隊，被惠靈頓的亞瑟·衛斯理弟兄（位於愛爾蘭特里姆的“衛斯理家族會所#494”）和Gebhard Leberecht von Blücher弟兄

（位於阿爾滕堡的“阿基米德”會所）帶領的部隊擊敗。

有趣的是，儘管帝國的大部分將領是共濟會會員，但他們的敵人也是會員，包括英國的海軍中將Horatio Nelson（約克聯盟會所），John Moore爵士、Mikhal Illarionovitch Kutuzov元帥（“三把鑰匙”會所，雷根斯堡）和Jean-Victor Marie Moreau將軍。

帝國中著名的共濟會會員包括：

傑羅姆·波拿巴王子（17歲時在土倫的“和平”會所被譽為狼崽，然後在西法利亞的母會所擔任總會長）

尤金·博阿爾內王子，意大利的總督（大東方會和意大利最高委員會的創始人）

Jozef Antoni Poniatowski 王子，元帥（“Bracia Polacy Zjetnoczeni”會所，華沙）

Bon Adrien Jannot de Moncey，**Conegliano**公爵，元帥

Nicolas Charles Oudinot，**勒佐**公爵，元帥（“聖拿破崙”會所，阿姆斯特丹）

Louis-Gabriel Suchet, Albufera 公爵，元帥

Géraud-Michel Duroc, Friuli 公爵，宮殿大統領

Jean Andoche Junot 將軍，**Abrantes** 公爵（1794年在土倫於“火星和海王星之子”入會，巴黎“偉大導師”會所的會員）

Armand de Caulaincourt 將軍，**Vicenza** 伯爵（“友人聚會”和“誠實”會所，巴黎）

Général Jacques Alexandre Law de Lauriston 將軍（“蘇利”會所，圖勒團和GODF副總會長）

Louis Bertrand de Sivray 將軍

Charles Tristan de Monthollon 將軍

Remi Joseph Isidore Exelmans 將軍

Joseph Leopold Sigisbert Hugo 將軍（“法國榮譽之友”會所）

Charles-Henri Verhuell 海軍將領

Joseph Simeon GODF的律師，（西法利亞王國的總會長）

Pierre-Simon de Laplace 天文學家

Jean-Domique Larrey 男爵（“火星之子”會所，27th RI）

Charles-Louis Cadet de Gassicourt 爵士

Pierre Prud'hon 畫家（“慈善”會所，Beaune），**Fran·ois Gerard** 畫家（“偉大獅身人像”會所，巴黎）和**Jean-Baptiste Isabey** 畫家（“友人聚會”和“聖拿破侖”會所，巴黎）

Fran·ois-Joseph Talma 悲劇作家（“聯盟”會所，巴黎）

Georges Cabanis 學者

本傑明· 康斯坦特 作家和政治家

Alexandre Brongniart 建築師（“社約之聖約翰”會所，巴黎）和**Pierre Fontaine** 建築師

Luigi Cherubini 作曲家（“巴勒斯坦的聖約翰”會所，GODF）和**Andre Gretry** 作曲家

Claude Clodion 雕刻家（“友人聚會”會所，巴黎）

Joseph Lakanal 學者（“完美點”和“三倍和諧”會所，巴黎）

Christophe Oberkampf 工業家（“完美和諧”會所，巴黎）

Robert Surcouf 武裝船長（“三個希望”和“三倍精髓”會所）

拿破侖的倒台在很大程度上造成了法國共濟會的衰落。在路易十八世重新掌權之後的白色恐怖中，人們懷疑與法國大革命的政府或拿破侖有聯繫——包括軍隊和共濟會——看到了他們的軍隊和會所被“信心騎士”摧毀，領導者是阿米蒂·維勒特·德·格蘭普萊茲將軍，雖然他自己就是共濟會會員。

杜克·埃利·德卡茲，身為警察局長，也是共濟會法國最高委員會的一員，卻沒有控制對共濟會會員的攻擊。

成為共濟會會員以後，就像很多公眾人物一樣，可以利用政治機會；但是他們一定要等到第二帝國人和更重要的第三共和時代，共濟會才能在法國進入下一個“黃金時代”。

註：

文中有關第一帝國時期共濟會的資料，衷心感謝萊昂內爾·A·布瓊和迪迪·格勞等朋友的提供。

1800年，法蘭西銀行建立時的大股東（約200個大股東）

史稱“法國二百家族”。經過200年的演變，目前股東成分、股權大小，已有變化。這份名單來自歷史文獻，可以看出神秘的法蘭西銀行股東的大體輪廓。

下面為排在前面的重要家族名單：

羅斯柴爾德家族（Famille Rothschild）

汪代爾家族（Famille de Wendel）

路易斯·德利法斯家族（Famille Louis-Dreyfus）

斯特恩家族（Famille Stern）

斯倫貝謝家族（Famille Schlumberger）

施耐德家族（Famille Schneider）

瑞德家族（Famille Lazard）

沃爾姆斯家族（Famille Worms）

馬里特家族（Famille Mallet）

霍廷古爾家族（Famille Hottinguer）

米拉博家族（Famille Mirabaud）

凡爾納家族（Famille Vernes）

富爾家族（Famille Fould）

大衛里耶家族（Famille Davillier）

拉斐爾家族（Famille Rapha?l）

讓·查爾斯家族（Jean Charles）

亨利·考斯通家族（Henry Coston）

沙瑞特家族（Famille Sarret）

梅嵐瑞家族（Famille Mellerio）

忽格家族（Famille Hugel）

維亞爾家族（Famille Viellard）

泰亭哲家族（Famille Taittinger）

奧巴內家族（Famille Aubanel）

克雷德家族（Famille Creed）

柯力賽家族（Famille Griset）

萊蒙尼家族（Famille Lemoine）

註：

資料來自http://www.napoleon-empire.com/freemason.php.

法國史冊中的共濟會與大革命

法蘭西共濟會和秘密組織光明會，是1789年大革命與後來的拿破侖帝國的幕後黑手。這一史事，在一些西方史學名著中有所記述。但過去未被中國人所注意。

法國共濟會俱樂部進行了大革命的輿論準備

以下摘自《世界文明史·拿破侖時代》（美國威爾·杜蘭特著）[①]：

（大革命前）中上階層掌握並支配正在增大並擴張中的勢力：可流動貨幣與其他資本的力量，與靜態的地產或衰微的宗教信條展開積極的競爭。

依照內克（Jacgues Necker）的估計，中上階層已經控制了歐洲一半的貨幣。他們以貸款來資助法國政府，如果貸款與費用不能償付，則以推翻政府作為威脅之手段。

在《什麼是第三階級》（1789年1月出版）中，作者西哀士（Emmanuel-Joseph Abbe Sieyes）提出並解答了3個問題：1.什麼是第三階級——最主要者。2.它是什麼情形——無足輕重。3.最主要者包括：資產階級或中產階級，以及它的10萬戶家庭與它的許多階層——銀行家、代理商、企業家、商人、經理、醫生、科學家、教師、藝術家、作家、新聞記者、新聞界（第四"階級"，或力量）和小民（有時稱"人民"）——包括城鎮的貧民與商人，在陸上或海上的運輸工人和農人。

羅蘭夫人（Maron Roland）——高尚而有教養但屬於中產階級——應邀造訪一位有爵位的夫人，卻被要求在那裏與僕人共餐而不得與貴族賓客同座時，她發出抗議的呼喊，得到中產階級發自內心的共鳴。當他們結合"自由、平等、博愛"的革命箴言時，憤慨與熱望已經固植於他們的思想中了。於是，（富裕的）中產階級成為支持大革命最主要的力量。

他們塞滿戲院，為博馬舍（Beaumarchais）諷刺貴族社會而喝彩。他們加入共濟會（Freemason）分會，為生活與思想的自由而工作，他們閱讀伏爾泰（Voltaire, 1694~1778年）的作品，並且領略到他的腐蝕性才智。他們贊同吉本（Edward Gibbon, 1737~1794年）關於"所有宗教對於哲學家同樣虛假"，而對於政府為同樣有用的看法。他們秘密地崇拜霍爾巴赫（d'Holbach）與愛爾維修（Claude Adrien Helvétius，法國哲學家，1715~1771年）的唯物主義，認為它可能不完全是生活與思想中的指導原則，但要對抗控制大多數人心與一半法國財富的教會，它的確是個便於使用的武器。他們同意狄德羅（Denis Diderot，1713~1784年）關於現存政體的所有一切幾乎都是荒謬的看法。

大革命的雅各賓派（Jacobins）接受《社會契約論》（The Social Contract）的主張：人類是天生善良的，但受腐敗制度與不公平法律之支配而變壞了；人類是天生自由的，卻變成了人為的文明之奴隸。

在法國，1741~1789年間，物價上升了65%，而工資僅上升了22%。在里昂有3萬人於1787年接受救濟，在巴黎有10萬戶家庭於1791年被列為貧窮戶。勞工聯盟支持的經濟行為受到禁止，罷工雖被禁止，但仍不斷發生。當大革命快到來時，勞動者處在不斷遞增的沮喪與反叛的情況中。只要給他們槍支與一位領袖，他們就會攻下巴士底獄（Bastille），侵入土伊勒里宮（Tuileries Ralace），並且廢除國王。

在那些狂熱的日子中，有更多演講充斥雜誌、小冊子，以及共濟會的俱樂部之中，更多從事政治運動的人，超過了巴黎小旅館（Des Menus）的容納能力。一些來自布列塔尼（Brittany）的代表組成布列塔尼俱樂部（Club Breton），不久布列塔尼俱樂部，開放會中同資格給其他代表，以及口才好、有文筆的那些人。西哀士、羅伯斯比爾與米拉波，使俱樂部成為他們理想與計劃的探測板與試驗田。此處是那強有力組織的第一種形態，其後被稱為雅各賓派。

也許就是在（共濟會）布列塔尼俱樂部裏，西哀士與其他人士制定了一項策略——使貴族與教士參與第三階級的聯合行動。西哀士提醒民眾，他們擁有法國2500萬人口中的2400萬人，為何必須長久地遲疑才為法國說話？

6月16日，西哀士建議在歡樂菜單公館的代表，應該真誠地邀請其他階級參加。如果他們拒絕，第三階級的代表應宣佈自己為法國的代表，並且着手制定法律。米拉波反對三級會議受國王召喚，反對三級會議在法律上受制於國王乃至被他隨意而合法地解散。第一次他被大聲喝倒彩。經過一晚的辯論與爭鬥，這論題被提出表決："會議將宣佈自己為國民會議嗎？"結果是490票贊成，90票反對。代表們自己宣誓完成立憲政體。

政治上，大革命開始於1789年6月17日。

拿破侖帝國多數官員都是共濟會會員

以下摘錄喬·勒費弗爾的名著《拿破侖時代》②：

大革命發生後，貴族與神甫流亡到日內瓦。光明會與共濟會宣揚的自由派思想風靡革命中的法國。而流亡在這裏的巴呂厄爾方丈（神甫），一直很成功地恢復了霍夫曼對"光明會"和共濟會的攻擊。

在1798年，巴呂厄爾反駁共濟會的進步理論堅持認為，人類無限進步的概念只不過是一種妄想；因為儘管有科學技術的努力，人口增長的趨向仍然比生活資料的增長迅速得多。因此，有助於增加人口的一切社會改革，只會產生加重禍害的惡果；而只有疾病、瘟疫、饑荒和戰爭才能調整人口和生活資料之間的平衡（即馬爾薩斯主義）。

……

在參政院會上，波拿巴批判了從法國革命中產生的個人主義社會。他把這個社會描述為“一盤散沙”，並且強調了必須在“法國的土地上投上一些大塊花崗石”，以便“給法國人民指明方向。”明白地説，波拿巴想要用利祿與榮譽組成一些依附於這個政權的利益集團，並期望這些集團對工資勞動者施加影響，以便贏得平民各階級的忠順。這就等於是復活舊制度下官民之間的中間組織或行業集團，但必須警惕，不能使這些組織再能夠對抗國家或蜕變為寡頭統治。波拿巴機敏地指出，資產階級將從中得到好處。

社會的階梯等級制度建立在財富的基礎之上。因為是在資產階級的支持下奪取政權的，所以不可能出現別的局面。

皇帝也插手到共濟會，這是在督政府時期，尤其是執政府時期就已恢復的組織。1805年他派（兄長）約瑟夫為共濟會總會的會長。而當已於1804年成立的蘇格蘭典儀派完全退出之後，克勒曼和康巴塞雷斯便掌握了領導權。皇帝的保護有助於共濟會的統一和等級制度的發展，並促進了共濟會支會的增加；共濟會總會在羅蒂埃·德·蒙塔勞的效率卓著的管理下，1804年支配、管理着300個分會，1814年發展到1000個。共濟會會員在高級文武官員中為數眾多，而且這個團體對帝國是十分忠誠的。但是它仍然忠實於18世紀的思想，以致某些郡守最後認為共濟會的一些支會影響不好。在勒芒郡，卡佩爾爾寫道，“總是平等，總是‘博愛’，總是哲學，總是些共和思想”。拿破侖卻從來不曾為此而生氣。

茨威格名著《富歇傳》中提到共濟會

奧地利著名作家、猶太人斯·茨威格的名著《富歇傳》中，也講述了大革命前的法國共濟會活動：

“在1778年，法國已經開始捲起了那陣社會風暴。這陣風暴甚至襲處修道院的院牆之內。在奧拉托利會神父的鬥室裏和共濟會的俱樂部裏，都在討論人權。一種新型的好奇心驅使年輕的神父去接近市民，好奇心也驅使教物理和數學的教師去接觸當時令人驚異的發明，世界上最早的飛艇，蒙哥菲耶兄弟的氣球[③]，以及電氣學、醫學方面的偉大發明。宗教界人士試圖和知識界有所聯繫。阿拉斯城一個非常奇怪的社交團體提供了這種聯繫的機會。這個團體名叫“洛撒蒂”，也是一種“施拉拉菲亞”（光明會）團體。

城裏的知識分子在這裏聚集一堂，談笑風生。會上的一切毫不刺眼，一些沒有名望的小市民朗誦一些詩歌，或者發表一些文學講演。軍人和平民混在一起，神學院教師約瑟夫·富歇也是備受歡迎的座上客，因為他講起物理學的新成就來滔滔不絕。他常常在那裏坐在朋友之中，聆聽工程兵團的上尉拉扎爾·卡諾吟誦自己寫的諷刺詩，或者諦聽臉色蒼白、嘴唇極薄的律師馬克西米利安·德·羅伯斯庇爾（他當時還很看重他的貴族出身），發表一篇辭藻華麗的即席演說，以頌揚“洛撒蒂”。

外省地方還欣賞玄想空談的18世紀的最後的氣息。德·羅伯斯庇爾先生還沒有撰寫血淋淋的死刑判決書，而是寫作小巧玲瓏的詩歌。瑞士醫生馬拉④還沒有寫出惡狠狠的共產主義宣言，而是寫出了一部感傷纏綿的長篇小說。小小的波拿巴中尉還在外省什麼地方孜孜創作一篇模仿維特的中篇小說。暴風雨還遠在天邊，隱而不見。

註：

① 中譯本有東方出版社、華夏出版社及台灣幼獅出版社等多種版本。

② 本書中譯本，由商務印書館1985年出版，河北師大外語系翻譯組譯。

③ 約瑟夫·米歇米·蒙哥菲耶（1740~1810年）及其弟弟雅克·艾蒂安·蒙哥菲耶（1745~1799年）於一七八三年製成一個熱氣球，是世上最早的飛艇。

④ 讓-保羅·馬拉（1743~1793年），法國大革命中的極左派。

法國革命與托克維爾的《舊制度與大革命》

1791年巴黎印刷的石版《人權宣言》。注意畫面正中上方，是共濟會的獨眼金字塔標記。

影響深遠的1789年法蘭西大革命，以及此後法國19世紀的一系列革命和動蕩背後，都可以看到共濟會和光明會會員的身影。根據《馬恩全集》我認為巴黎公社的領導者中有一批共濟會會員。實際上，法國1789年大革命的領導者丹東、馬拉、羅伯斯庇爾以及拿破侖兄弟、富歇、塔烈朗等人也都是共濟會會員。

因此西方研究法國18~19世紀大革命的史學，一直關注共濟會在這一系列革命中的神秘作用，並且形成了強調與否認的兩種學派，就是揭露和洗白的兩種觀點。

內地知識界有些人對近代世界史中的共濟會一無所知，所以始終把法國革命，看做民眾為自由民主博愛而自發起事反對封建的群眾運動——殊不知，任何大的群眾運動，自古以來背後無不都有黑手，有高手，有陽謀或者陰謀。

對此，以前本人已經發表了一些，這裏再提供另一種觀點的資料。

先看看2000年版《牛津法國革命史》一書的附錄："大革命及其歷史學家"：

關於法國大革命，從來就不可能是中立的。對當時的人來說，其中的原因顯而易見。各種野心抱負全都釋放出來，利益受到攻擊或威脅，而且採取的各種方式沒有調和的可能。到1791年，對於改變整個國家、社會和文化的那場猝然而猛烈的嘗試，基本的立場和論據都已經清晰地表達出來，雖然那時羅伯斯庇爾還只是個死板的呆子，斷頭台還只是個驚悚的笑話，恐怖似乎還無法想見。但不久之後，君主制在暴動中垮台，9月的屠殺，首先是共和2年的流血，所有這類經歷讓所有人感到困惑，並給大革命的聲譽留下了永遠的傷疤。集體屠殺的政體超出了革命的敵人和對手們所有最壞的預期，也考驗着革命的朋友和捍衛者的忠誠限度。

因此，從1794年起，存在三種、或者說兩種基本立場。敵視立場因為屠殺而強化：屠殺在事後看來毫不奇怪，而且在所難免。但革命的同情者之中產生了分裂，一派認為，恐怖是革命得以成功的關鍵，因而是必須的、可以理解的；另一些人雖然不為恐怖辯護，認為它並非必要，但還是覺得還是有可以理解之處。這三種基本態度表現為不同的方式。按當時人的說法，它們可以分別被稱為貴族派（或反革命派）、雅各賓派、溫和派。後來人則稱之為反動派、激進派、自由派；或者簡稱為右、左、中三派。此後200多年的時間裏，這三種立場仍然可以看作大革命史學家們的基本立場和爭論的要害。

右派解釋的所有基本要素都可以追溯到埃德蒙·柏克。這種解釋認為，舊制度仍然是穩定的，根本而言還能延續下去。因此舊制度必定是從外部顛覆的。罪魁禍首就是啟蒙運動，這場運動以持續的不負責任的批判損害了對宗教、君主制和既定社會秩序的信念。

最極端的右派解釋，是恐怖之後的巴呂埃爾（Barruel）闡發出來的，他把啟蒙看作一個處心積慮的陰謀，目的在於宣揚無神論和無政府主義，而這場陰謀的主要媒介是共濟會。這是一場由秩序的敵人發起的運動，暴力和屠殺是其必然的屬性，因為如此野心勃勃的計劃絕不可能靠和平手段實現。

關於右派見解的早期歷史，可參閱P. H. Beik, *The French*

Revolution seen from the Right (Philadelphia, 1956) 以及 D. Mc Mahon, *Enemies of the Enlightenment: The French Counter-Enlightenment and the Making of Modernity* (New York, 2001)。在整個19世紀，敵視大革命的傳統在天主教圈子內十分盛行，這一點可以理解，不過，在19世紀的最後25年，這種敵對傳統在一位一流作家那裏產生了深遠的回響，這就是伊波利特·泰納。

泰納雖然沒有天主教的反革命信條，但他對群眾的血腥暴行驚恐萬狀，而且這種暴行似乎重現於1871年的巴黎公社。他的《現代法國的起源》（*Les Origines de la France contemporaine*, 6 vols, Paris, 1875~1893年），其讀者群比此前的許多論戰作品都更廣。這部作品影響很大，以致當時的一位雅各賓派領軍學者奧拉爾（Alphonse Aulard）寫了整整一本書（1907年）來攻擊其學術水準上的不足之處，不過這時泰納已經死去。不過，一位年輕的天主教檔案學者科尚（Augustin Cochin）轉而為泰納辯護（1909年），但直到1916年戰死之前，科尚沒有出版過什麼東西。在死後面世的一系列論文中，科尚復活了這樣的見解：革命前夕的思想社團（包括共濟會）與雅各賓主義之間存在連續性。

後來，在俄國革命的成功（及其暴行）引發的恐慌氣氛中，泰納和科尚的分析被Pierre Gaxotte融入了新的右派大革命解說中（The French Revolution），作者是右翼黨派法蘭西行動的信徒，該黨派夢想着恢復君主制。Gaxotte論證說，暴力和恐怖從一開始就是大革命的內在屬性，整個革命進程都是由革命前夕的思想社團事先策劃好的。在維希時期（1940~1944年），這些看法成了正統，但這個恥辱政權的覆滅，使得它們在幾乎半個世紀之內聲響全無。

反革命的大革命史學的奠基者，大部分是在法國國外觀察大革命的進程的；與此不同的是，最初的雅各賓派當時都忙着創造歷史，根本無暇去書寫歷史。大部分熬過大革命的雅各賓派，後來都通過撰寫回憶錄來為他們捲入恐怖開脫，他們總是將恐怖歸咎於別人，通常是羅伯斯庇爾。原雅各賓分子中，最固執的可能是邦納羅蒂（Buonarroti），他的《為平等而密謀》（Brussels，1828年）記述了1796年的巴貝夫密謀，他認為這次密謀是恢復和超越共和2年的平等承諾的一次嘗試。

不過，一場延續久遠的左翼史學傳統，直到1847年另一場革命的前夕才開始。那一年，米什萊和路易布朗的革命史的頭幾卷相繼問世。兩人都歌頌人民在推翻壓迫性的舊體制、建立共和平等制度中扮演的英雄角色。兩人的歷史中沒有暴民：人民的介入是一種進步力量，推動他們的是對正義和博愛的古老渴望。人民對恐怖也不負任何責任。關於恐怖，米什萊認為是羅伯斯庇爾的責任；而社會主義者布朗，則對這位“不可腐蝕者”的社會主義理念頗為欣賞，因此他把恐怖描繪成追求私利的埃貝爾派的工具。另外，某種程度上說，米什萊和布朗都把恐怖視為局勢的產物，無人能預見，也無法去控制。但恐怖對於大革命的進行和發展並不具有關鍵意義。

這是那些為共和2年的流血所困擾的歷史學家們一個標準看法，那場流血本來是伴隨着令人期待的社會福利實踐——或曰期待的。即便是並不信奉社會主義的共和保守派也認為，第一共和國頭兩年的屠殺，與他們理解的共和主義所蘊含的進步難以調和。奧拉爾便是這個態度，他是索邦的第一位法國革命史教授，當時第三共和國正視圖通過追憶第一共和國來尋找其合法性。*The French Revolution: APolitical History*（1901年，英譯本1910年）論證説，大革命的歷史使命是創建一個民主共和國。當歐洲的君主們聯合起來阻止這個使命時，法國被迫進行戰爭，而恐怖和革命政府則是民族防禦所需的權宜之計，當共和國的生存有了保障時，恐怖便結束了。奧拉爾貶抑羅伯斯庇爾，認為後者將恐怖延續到了必要的時段之外。奧拉爾書中的主角是丹東，因為丹東反對恐怖的延長，並為此付出了自己的生命。

奧拉爾用了很多篇幅去論證，共和2年是否預示着社會主義。他的結論是否定的，那些表面現象僅僅是民族緊急狀態下的“極端”和“臨時”措施。別的作者則沒有這麼肯定。同樣是在1901年，政治家讓饒勒斯的大革命的社會史第一卷問世。此時的社會主義已深受馬克思主義影響，雖然馬克思本人幾乎沒有直接論述過大革命。饒勒斯希望將馬克思主義的理解更徹底地融入他的歷史中。因此他宣稱，“法國大革命間接地位無產階級的產生作了準備。它產生了社會主義的兩大基本條件：民主制和資本主義。但從根本上說，大革命是資產階級的政治勝利”（1929 edn., i, 19）。

因此，像奧拉爾那樣僅僅撰寫政治史是不夠的。大革命的事件是更為深刻的經濟和社會發展的反映，但對這種發展的研究還遠遠不夠。於是饒勒斯利用他在議會的影響力設立公共基金，以出版能闡明大革命經濟社會史的文獻。雖然有饒勒斯的努力（但他只在離開立法機構期間才開始寫作歷史），他倡導的方法直到上世紀20年代才佔據法國的大革命史學的主導地位。這種方法的支配地位幾乎延續了60年，它最後一位偉大的鬥士阿爾貝索布爾（Albert Soboul）稱之為“經典”解釋。

然而，這種方法之所以取得支配地位，得益於一個饒勒斯未能見證的事件——不過，如果他能看到這個事件，也許會為之哀嘆：這就是1917年俄國的布爾什維克革命。俄國革命的馬克思主義者公開聲稱，他們是羅伯斯庇爾和共和2年雅各賓派的繼承者，而且這場革命在西方贏得了好幾代的同情者；在法國，所有認為1794年的偉業尚未完成的人也得出了一個有些說服力的光輝結論。歷史學家當中，第一個為之熱情辯護的人是阿爾貝·馬鐵茲（Albert Mathiez，馬蒂厄）。他是奧拉爾的弟子，但受饒勒斯啟發更多。

1908年，他就與自己的老師公開決裂，開始創立一個更為激進的大革命史學派別，即羅伯斯庇爾研究會。這個研究會今天依然存在，它的雜誌《法國大革命史年鑒》仍然是這個領域的主要法文期刊。馬鐵茲與奧拉爾的爭吵，主要因為前者對丹東的歷史聲望的抨擊，因為馬鐵茲把丹東描繪成一個腐敗、自私、甚至有叛國嫌疑的人，相反他試圖恢復羅伯斯庇爾的聲譽。自邦納羅蒂以來，還沒有哪個人敢於為一個與恐怖脫不了幹系的人辯護，雖然這個人很有理想主義色彩並且是個“不可腐蝕者”。然而，俄國革命的早期經歷表明，如果要阻止反革命，恐怖可能是必須的。因此馬鐵茲毫不遲疑地論證恐怖的合理性。“如果不是深信不暫停自由就無法取得勝利，革命的法國就不會接受恐怖”，“羅伯斯庇爾和他的黨派之所以會失敗，主要是因為他們想把恐怖作為新的所有權變革的工具”。社會革命和民主革命的希望隨着羅伯斯庇爾派的倒台而告終，馬鐵茲的革命史巨著（1922~1927年，英譯本1928年）猝然終結於熱月9日。這一天之後就是一場漫長的“反動”浪潮。

1932年，馬鐵茲突然逝世，年僅58歲，而他那好鬥的論戰史學風格再無後繼者。左翼的歷史學家們，現在熱衷於關注細緻的經濟社會分析。最傑出的代表是馬鐵茲的同齡人喬治勒費弗爾（Georges Lefebvre），他一直活到1959年。他因為對農民的研究而聲名卓著，1939年大革命150週年之際，勒費弗爾出版了關於革命起源的簡潔而優美的作品：《89年》（英譯本*The Coming of the French Revolution*, Princeton, 1946年），該書的核心立場是，“經濟力量、能力以及對未來的規劃正轉入資產階級之手……1789年的革命重新確立了事實與法律之間的和諧”。關於恐怖，勒費弗爾在上世紀30年代出版的一部通史中宣稱，“雖然有一些溢出或俯視了恐怖的因素，恐怖本身直到大革命勝利之前都是首要的力量：它是一種懲戒性的反應，始終與對‘貴族陰謀’的防禦性本能緊密相連。”

在維繫時期，左翼在學術上的統治地位驟然斷裂。解放之後，由於右派聲譽掃地，很多年輕的知識分子加入了共產黨，左翼的學術地位比此前更為強固了。歐內斯特拉布魯斯（Ernest Labrousse）的鴻篇巨製《舊制度末期和大革命初期的法國經濟》（1944年）將大革命牢固地植根於經濟史背景中，而以阿爾貝索布爾為代表的新一代，在學術上則集中關注推動革命激進化的“群眾運動”，索布爾本人的代表作是《共和二年巴黎的無套褲漢》（1958年）。但他的總體看法沒有變動。他在1962年出版的新概論中援引馬克思和恩格斯的話宣稱，“法國大革命是……漫長的經濟社會演變的加冕時刻：從此資產階級成了世界的主人。這個真理今天簡直已經是個常識了……”

不過，資產階級的勝利並非只是馬克思主義的觀點。的確，馬克思可能是從復辟時期問世的早期大革命通史著作中吸取這個觀點的。這就是弗朗索瓦·米涅和阿道夫·梯也爾的著作。關於他們的作品問世的背景，可參閱S. Mellon, *The Political Uses of History: A Study of Historians of the French*

Restoration（New York，1958年）。這些歷史學家奠定了大革命的自由主義解釋的主要輪廓。

歷史學家認為，革命的合理性在於根除舊制度的弊端和不平等。資產階級的財富、發展和教養，使得其成員對絕對君主制和世襲貴族的社會統治地位日益不滿。他們試圖建立立憲君主制，這種體制表現為代議制機構、各種平等和有法律保障的政治和公民權利；但是，在1791年和以後的歲月裏，整個事業偏離了正軌，其原因在於不注重穩定和秩序的民眾力量的介入。自由派歷史學家讚賞並強調英勇人物的作用，如米拉波，甚至還有丹東，這些人都曾徒勞地想讓革命穩定下來。對於馬拉這樣嗜血的民眾主義者，他們深感恐懼，恐怖的無情辯護者和獨裁者羅伯斯庇爾當然也是如此，聖鞠斯特就更不用提了。在這些歷史學家看來，關鍵的問題是，大革命為何、何時開始“走上一條錯誤的道路”。

英語世界的大部分歷史學家也都在探討這個問題。關於他們在19世紀的探討，已經有了全面的分析，見H. Ben-Israel, *English Historians and the French Revolution*（Cambridge, 1968年）。不過，在整個19世紀，英語讀者對於法國大革命的理解，很可能來自托馬斯卡萊爾的見解（1835年），而卡萊爾的見解又借助他的崇拜者狄更斯的《雙城記》（1859年）進一步傳播。

令人奇怪的是，柏克對法國大革命的全面批判在他自己的國家鮮有回響。在大多數英國人看來，缺少議會政治和言論自由，足以證明推翻絕對君主制的合理性——但這絕不意味着隨後的暴力可以被接受，儘管卡萊爾試圖以革命前民眾的悲慘和墮落來闡釋這種暴力。但是，在20世紀中葉之前，英美歷史學家在法國長期逗留、查閱檔案的很少見。他們的作品主要吸取那些似乎同情英國漸進的、和平的自由制度發展模式的法國史學家的成果。

他們最關注的一個法國歷史學家，是阿歷克斯·德·托克維爾（因為托克維爾的首部重要著作，是關於大西洋兩岸的民主制的），但托克維爾本人與法國自由主義的主流是有距離的。托克維爾從來沒有完成他希望撰寫的大革命史，但他的前期研究《舊制度與大革命》（1856年），仍然是關於這個課題的最重要的論著之一。

這部著作試圖從一個長時段的背景中，去考察法國大革命，這在當時非常少見。從這種長時段的觀點出發，托克維爾認為大革命，是民主和自由不可抗拒的發展進程中的一個決定性階段。但是，民主自由浪潮中的各種力量，並不必然是相容的，在徹底摧毀舊體制的同時，大革命的平等和民主的推動力，掃蕩了大部分曾抑制君主制的專制傾向的自由堡壘。

這反過來為拿破侖敞開了一條道路：推翻大革命創立的更缺乏根基的自由制度。1789年以來建立的代議制機構，沒有哪一個能延續長久；就在托克維爾寫作此書的時候，另一個拿破侖也已摧毀了他本人曾任職其中的代議機構。所以，這位自由派並不認為大革命是一種締造自由的力量。大革命催生出的民主制更有可能導向專制。這是托克維爾抱憾終生的一大根源，因為他尊重自由理念，而且他在海峽對岸和大西洋對岸看到自由理念能夠運轉起來。那些地方的居民對此很是受用，他的論著在他死後的一個世紀中被英美人廣泛研讀，儘管有些事實基礎可以被輕易證明並不準確，或是被誤讀。法國人則不太願意傾聽一個關於自己歷史和前景的如此悲觀的分析。何況在他死後不久，第三共和國就建立了一個廣泛的自由制度，這與他的預測有齟齬，而且這個制度延續到了1940年。很快他就在自己的國家被大多數人遺忘了。在法國，關於大革命的自由主義解讀，融入了非馬克思主義的左翼主流之中。

法國大革命是現代世界諸多運動和思潮的根源，有關它的歷史書很少游離於當時的政治。1945年之後，這種情況有所改變，不過，很難說一些有關這個課題的新爭論跟冷戰沒有關係。這些爭論後來被稱之為修正主義，這個名稱本來是指共產黨內部對正統觀念的那種不受歡迎的批判。在英語國家，修正主義開始於1954年，Alfred Cobban 1954年在倫敦大學出任法國史教授時的就職演講。這篇題為《法國大革命的神話》的演講，試圖證明法國大革命不是一個上升的資產階級的事業，而是非資本主義的律師和官職所有人的革命。10年之後，Cobban擴充了他的批判，這就是《法國大革命的社會解釋》（劍橋，1964年），該書針對的是他所稱的正統解釋，後者的代表學者是勒費弗爾、拉布魯斯和索布爾。

法國大革命不僅不是資本主義的資產階級的事業，而且也沒有推翻任何可以稱為封建主義的東西，這場革命遠沒有以開拓企業精神來解放經濟，而是延緩了經濟發展，是“保守的地產階級的勝利”。與此同時，在大西洋對岸，George V. Taylor於1962~1972年發表了一系列論文，他分析了大革命前夕的財產結構和商業活動。Taylor的結論是，最活躍的資本主義形態，都是在君主制國家體制內或與其合謀，而不是反對它的君主制；資本主義所代表的法國財富的比例非常小，它對舊秩序不構成任何挑戰。事實上，在社會上層，貴族和資產階級之間不存在經濟競爭。從經濟上說，這兩個階層構成一個單一的精英群體。因此大革命不是階級衝突的結果，它是一場帶有社會後果的政治革命，而不是相反。

在法國，這些看法最初不被接受，或被蔑視。勒費弗爾自己在臨死前曾把Cobban描繪成惴惴不安的西方資產階級的代言人。但是，1956年蘇聯入侵匈牙利之後，法國左派的團結開始瓦解，莫斯科自己對斯大林主義的歷史記錄的批判也在增強。

1965年，兩位幻滅的前法共黨員，Francois Furet和Denis Richet出版了一部新的大革命史，該著復活了自由主義的傳統，因為它論證說，真正的大革命是1789~1791年的革命，此後大革命就發生了“側滑”，導向恐怖，恐怖就是國王背叛和民眾控制巴黎的結果。兩位年輕的作者立刻受到譴責，就像奧拉爾當初批判泰納沒有學術水準。

1971年，孚雷（Furet）對他所謂的“大革命的教義問答”或“雅各賓—馬克思主義的通俗版聖經”進行了猛烈回擊，他說，這些解說是在紀念大革命，而不是以學術的超然立場去分析它。現在，終於有個法國學者承認英語學者在這個課題上日益明顯的貢獻，孚雷堅持說，英語學者跟法國大學的那些監護者不同，後者只想着如何讓僵化的雅各賓教條持久化。

《自由引導人民》是法國共濟會會員、浪漫派畫家德拉克羅瓦謳歌法國1830年革命的名畫。這幅作品與法國塞納河畔和美國紐約的自由女神雕像，具有同一母題。

關於法國大革命目前的中譯本

喬治·勒費弗爾：《法國革命史》，左派的代表作，通史性質；
喬治·勒費弗爾：《法國大革命的降臨》，左派或經典學派關於法國革命起源的代表作，法文原名《89年》；
弗朗索瓦·傅勒：《思考法國大革命》，法國修正派的標誌性論著；

威廉·多伊爾：《法國大革命的起源》，英語國家修正派關於大革命起源的代表作；

喬治·魯德：《法國大革命中的群眾》，英國馬克思主義者關於群眾運動的研究；

托克維爾：《舊制度與大革命》；

阿爾貝·索布爾：《法國大革命史》，左派的作品，但作者比他在索邦的前任勒費弗爾更僵化。

19世紀著作

法國Jules Michelet，大革命史多卷本，浪漫主義史學的巔峰之作，有不少理想化的解讀；

Hippolyte Taine，《現代法國的起源》多卷本，實證主義史學的代表，對大革命持強烈的敵視態度；

德國Heinrich von Sybel《革命時代的歐洲史》多卷本，視角寬，反法立場顯而易見；

英國阿克頓爵士《法國革命史講稿》，自由主義史學家，學識淵博，但成書作品少，有中譯本。

20世紀中葉以後著作

英國Alfred Cobban《法國大革命神話》、《法國大革命的社會解釋》，“修正主義”浪潮的發起者。

最近三四十年來的通史著作

Francois Furet《革命的法國，1770~1880》，法文，有英譯本，作者認為法國大革命延續了一個世紀；

Donald Sutherland《法國大革命與帝國：追求國內秩序》，英文；

William Doyle《牛津法國革命史》，英文，是相對溫和與保守的英國學派的代表。

專題研究著作

Colin Lucas《恐怖的結構》，原牛津大學副校長；

Patrice Gueniffey《恐怖的政治》，自由派學者，法文

Charles Tilly《旺代》，美國學者，涉獵面甚廣；

Jean-Clement Martin《旺代和法國，1789~1799》，法文；

Jacques Godechot《反革命的學說和實踐》，法文，左派學者，領域的經典；

Georges Lefebvre《法國大革命期間北方省的農民》，法文，經典；

Anatoly Ado《法國大革命中的農民》，蘇聯學者，法文譯本，經典；

John Markoff《封建制度的廢除》，美國學者；

Albert Soboul《共和二年的無套褲漢》，法文，經典；

Richard Cobb若干作品，大革命史學中的莎士比亞，法文寫得像英文一樣好；

Lynn Hunt, Jone Landes，美國學者。

關於法國大革命與歐洲及世界著作

Robert Palmer《民主革命的時代》，英文，經典；

Jacques Godechot《偉大民族：革命法國在歐洲的擴張》，法文；

Keith Bake、Francois Furet和Colin Lucas主編的《法國大革命和現代政治文化的創造》，多卷本，出版於法國大革命200週年之際，文章含英文和法文，作者幾乎囊括了當時整個西方學界的重量級人物，是近年高水平、影響大的作品。

中國學者著作

高毅《法蘭西風格：大革命的政治文化》；

王養衝、王令愉《法國大革命史》內容充實，但觀念較陳舊，但還是可以一讀；

美國彼得·賴爾和艾倫·威爾遜《啟蒙運動百科全書》，劉北成、王皖強譯，上海人民出版社2004年出版。本書講述了啟蒙運動與共濟會的密切關係。

《啟蒙運動百科全書》第16~18頁摘錄

共濟會（Freemasons）是一個源於17世紀英格蘭和蘇格蘭的組織。18世紀，共濟會組織遍及整個歐洲，十分活躍、極具影響。

共濟會的淵源始終被一團迷霧所籠罩。其分會的活動和記錄也帶有神秘氣氛。蘇格蘭和英格蘭的一些石匠行會，由行業組織轉變為思辨的哲學社團，由此產生了最早的一批分會。在蘇格蘭的愛丁堡，這種思辨性共濟會的最早記錄可以上溯至1641年。在英格蘭，這個組織最早的資料見於一本1646年10月的日記，這本日記屬於牛津大學的教授伊萊亞斯·阿什摩爾。

這個組織與啟蒙運動相關的歷史始於1717年。當時倫敦的4個共濟會分會聯合起來創立了倫敦總會。倫敦總會的早期領導人多為哲學家和牧師，他們致力於傳播牛頓、機械論哲學以及自然神論的觀點。倫敦總會迅速確立了對英格蘭各地分會的權威，儘管蘇格蘭和愛爾蘭的分會拒絕承認其領導權。

倫敦總會最早的大師傅（最高領袖MASTER）之一是德薩居利那，他是一位實驗科學家，也是倫敦皇家學會的管理人員和演示人員。德薩居利耶和安德森一起起草了第一部《共濟會章程》，並於1723年出版。他們還起草了古老的非常虔敬的兄弟會章程（包括歷史、案例、管理等，供各分會使用）。

《共濟會章程》介紹了這個組織神化的歷史，它向前追溯到第一個人類（始祖）亞當，以及古代的埃及人和希臘人，表明了把上帝看作宇宙的設計師的觀點，尤其體現出共濟會與自然神論兩者的關係。

共濟會一直尋求某些普世的宗教信仰，這些信仰應該植根於最早的原始人類的自然感覺和思想。共濟會希望這種自然宗教能夠替代基督教的各種教條的形式。這套自然、普遍的信仰體系將使男人（最初不包括婦女），從相互衝突的宗教與社會經濟的狀態，進入兄弟情誼的狀態。英格蘭共濟會組織的訓誡初步表達了啟蒙運動的理想：宗教寬容、人類普適的兄弟情誼、理性、進步、完美以及人道主義價值觀。為了爭取實現這些理想，這個組織還設計了各種儀式。

英國東印度公司

英國東印度公司（British East India Company，縮寫：BEIC），簡稱啟德集團hereafter the EIC，又稱“可敬的東印度公司”（The Honourable East India Company，縮寫：HEIC），還被稱為“約翰公司”（John Company），是近代英國共濟會商人建立的從事對外殖民及貿易的具有國家職能的股份公司。

英國東印度公司設立於1600年，其時正值英國都鐸王朝到斯圖亞特王朝的過度時期。重商主義的政策使得英國工商業快速發展，加之從事海盜劫掠和海外殖民開拓為英國積累了大量財富。英國海軍在與西班牙無敵艦隊的戰爭中取得勝利，使得英國取得了海上霸主地位。東印度公司，就是英國一些從事海外貿易的共濟會商人組建的一家特權公司。（共濟會在1716年得到皇室承認成為英國皇家（蘇格蘭禮）共濟會。此前的共濟會是一個持有神秘信仰、主要在猶太商人和社會精英中秘密結盟的跨國兄弟會組織。）

1600年12月31日，英國女王伊麗莎白一世授予東印度公司皇家特許狀，給予它在東印度貿易的壟斷權21年。

一般認為，東印度公司創立於1600年，最初的全名是"倫敦商人在東印度貿易的公司"（The Company of Merchants of London Trading into the East Indies）。公司共有125個持股人，資金為7.2萬英鎊。

東印度公司管理英屬印度殖民地

東印度公司的總部在倫敦利德賀街。它的最著名成就是建立了英屬印度殖民地。

1608年，東印度公司的船到達印度半島的蘇拉特，並在那裏建立了貿易點。

後來英國商人經常在印度洋與荷蘭和葡萄牙競爭者發生武裝衝突。1612年東印度公司戰勝葡萄牙人。

英國人認識到在遠洋作戰的勝敗是暫時的，因此他們決定在印度本土建立受雙方政府支持的立足點。他們要求英皇採取外交措施來達到這個目的。

1717年莫臥爾帝國皇帝下令免除東印度公司在孟加拉的關稅，這給該公司對印度貿易造就了巨大優勢。

1757年羅伯特·克萊芙爵士在普拉西戰役中的決定性勝利，使東印度公司成為了有力的經濟和軍事力量。1760年除少數海岸貿易點外（如本地治里等），法國殖民者被東印度公司逐出印度。

1615年，英皇詹姆斯一世派托馬斯·羅伊爵士拜訪印度莫臥爾王朝的賈汗吉爾，賈汗吉爾當時是印度次大陸70%領域的統治者。這次拜訪的目的，在蘇拉特和其他地區授予東印度公司獨一無二的定居和建立工廠的權利。作為交換，公司向賈汗吉爾提供歐洲市場上的貨物和珍品。這次旅程非常成功，賈汗吉爾通過羅伊爵士向詹姆斯一世回信道：

“作為對你的皇室恩愛，我向所有我統治的王國和海港下令接受任何英國商人作為我的朋友。他們可以在任何他們願意的地方居住，他們享受無限制的自由。不論他們到達哪個海港，葡萄牙或其他人不準打擾他們。不論他們在哪個城市定居，我下令給所有我的總督和長官，給予他們任何可以給予的、他們所需要的自由。他們可以任意交易和向他們的國家運輸。為了鞏固我們之間的熱情和友情，我希望陛下下令您的商人用他們的船，運來各種珍品和適合我的皇宮商品，以及您有機會給我傳遞您的王家信件，以讓我為您的健康和事業發展而歡欣。願我們的友誼永恒。”

在取得印度國家保護下，東印度公司的領地很快就超過了在果阿和孟買建有基地的葡萄牙人。

公司先後在蘇拉特、金奈（1639年）建立了大本營。1634年莫臥爾皇帝將他對英國商人的優待，擴展到孟加拉地區（1717年甚至完全赦免了孟加拉地區的關稅）。到1647年為止，它在印度已經建立了23個工廠（即基地），有90個僱員。其中大的基地，有位於孟加拉的威廉堡、在金奈的聖喬治堡。1662年葡萄牙公主凱瑟琳嫁給英王查理二世，孟買作為嫁妝被凱瑟琳帶給英國。1668年英王將孟買承包給東印度公司。1687年東印度公司將總部從蘇拉特搬到孟買。1690年，東印度公司開發加爾各答。印度成為東印度公司管轄的殖民地。

1670年查理二世發佈了五條法律，授予東印度公司自主佔領地盤、鑄造錢幣、指令要塞和軍隊、結盟和宣戰、簽訂和平條約和在被佔據地區就民事和刑事訴訟進行審判的權利。期間公司更建立了自己的武裝力量，其主要人員來於印度本土的僱傭兵。到1689年，東印度公司可以說擁有了“國家”的主權特性，它自主地控制着孟加拉、金奈和孟買的統治，擁有有威脅性的軍事力量。

18世紀英國和法國常常為控制殖民地而發生戰爭。從1754~1763年的七年戰爭中，英國的主要注意力集中在加固其在歐洲和北美洲的土地。戰爭也波及到印度。公司軍隊與法軍在那裏爆發衝突。

與此同時，英國通過工業革命超過了它的歐洲競爭者。由於戰時軍隊和經濟的補給，需要與印度的貿易大增，同時英國獲得原材料的能力和生產方式的效率也提高了。其結果是英國人的生活水平提高。這個富強導致的生產和需求又提高了它對遠洋貿易的需要。東印度公司成為英國對世界市場的單一最大佔有者，並對政府施政加以影響。

七年戰爭中法軍戰敗，重重打擊了法國的殖民帝國夢，也削弱了法國境內工業革命的影響。

英軍統帥羅伯特·克萊芙少將在印度獲得了一次出奇的勝

利，戰敗了那裏的法軍。

在1763年簽定的巴黎條約中，法國在印度的勢力僅限於本地治里、馬希、雅南等幾個沒有武裝的貿易點。對東印度公司來說，這意味着驅除了它的一個最大的經濟競爭對手。東印度公司此時擁有一支有紀律、有經驗的軍隊，它得以從其在金奈的基地出發不受任何其他殖民強國的影響，保障自己從孟加拉到加爾各答的利益。

1757年克萊芙在普拉西戰役中擊敗了法國支持的最後一支反抗力量。這次勝利使得莫臥爾帝國處於分裂過程中。在作戰失敗後，莫臥爾皇帝放棄了對孟加拉、比哈爾邦和奧里薩邦的統治。

克萊芙由此成為第一位英國在孟加拉的總督。傳奇的邁索爾國王提普蘇丹，也為英軍製造了一些麻煩。他是法國的同盟者，在4次英國—邁索爾戰爭中，他繼續反抗東印度公司的統治。1799年英軍佔領邁索爾，提普蘇丹被殺。此後公司繼續逐漸削弱當地的反抗勢力，佔據了孟買及其附近地區。在這些戰爭中，阿瑟·韋爾斯利，後來的第一代威靈頓公爵，初露鋒芒，這是他通向半島戰爭和滑鐵盧戰役道路的起點。就這樣，英國逐漸佔據了整個南印度、東印度和西印度。

從1757年到1857年印度民族起義中，東印度公司不斷加固自己統治力量，它變得越來越像一個國家執政者，而不像一個貿易企業了。

東印度公司與中國

東印度公司的主要貿易貨物是棉花、絲綢、靛青、智利硝石和茶葉。這使得東印度公司高度關注中國市場。

1711年，英國東印度公司在中國廣東澳門葡屬據點，建立了第一個貿易點（澳門十六柱）來使用白銀換取茶葉。

自17世紀中期，東印度公司涉足硝石貿易。由於硝石是製造火藥的原料，因此英國軍隊對硝石的需求十分迫切，而英皇每次定下的合約往往需要數百噸的硝石，東印度公司則可從中賺到巨大利潤。

在這段時期，東印度公司於中國、印度和英國建立了一條呈三角關係的貿易航線，使英國從中國進口茶葉和絲綢。

發動鴉片戰爭

在18世紀，英國和中國的貿易逆差巨大，因此在1773年，東印度公司在孟加拉取得了鴉片貿易的獨佔權。但由於中國禁止鴉片貿易，所以公司不能直接運輸鴉片到中國。公司在孟加拉地區生產的鴉片要先在加爾各答出售，再在那裏運到中國。

儘管中國政府一直禁止鴉片入口，又在1799年重申禁煙，但公司仍從孟加拉透過貿易商和中介走私鴉片到中國廣州等地，平均每年更高達900噸。鴉片源源不絕地輸入中國，使中英貿易形成了龐大的逆差，儘管中國輸出茶葉、絲綢和瓷器，仍未能阻止白銀大量流出的問題。

在1838年，當時鴉片輸入中國的數量高達1400噸，中國不得不對走私者處以死刑，並派出欽差大臣林則徐監督禁煙。禁煙與日後的銷煙引發了1840年鴉片戰爭，最終使中國開放國門，並割讓香港島予英國。

美洲茶葉事件與美國獨立戰爭

東印度公司的壟斷手段，導致了英國共濟會商人與美洲大陸本土共濟會商人的利益對抗，發生了波士頓茶葉事件。

在法國共濟會的政治和軍事支持以及荷蘭共濟會的財政援助下，引爆了美國獨立戰爭。

1760年代，英國在北美殖民地增加稅收。

1773年英國國會通過了《茶葉法案》。這個法令給予東印度公司在與美洲貿易時更大的自主權，東印度公司壟斷美洲茶葉貿易。東印度公司的壟斷行為導致了波士頓茶葉事件，這是引發美國獨立戰爭的導火線。

波士頓茶葉事件，是1773年在當時的英國殖民地馬薩諸塞灣省首府波士頓，發生的一場政治抵抗運動，由殖民地的民間共濟會組織“自由之子”領導並行動。

波士頓商人約翰·漢考克等，發起抵制英國政府所經營的來自英屬東印度公司的中國茶葉，同時走私自己弄來的茶葉以逃避關稅，致使東印度公司的茶葉銷量一落千丈。

1773年12月16日，上百名“自由之子”成員趁夜色，登上東印度公司的茶船，將342箱茶葉拋入海水。於是，英國政府下令關閉波士頓港口，將戰船和軍隊駛入殖民地。

波士頓傾茶事件是美國革命進程中的關鍵事件。事件發生後，英國政府採取了一系列強硬鎮壓措施，引發殖民地的反抗行動。對抗接連升級，導致1775年美國革命戰爭爆發。

1774年9月5日，除佐治亞外，12個地區的殖民會議選派了56名代表在費城召開大陸會議，通過宣言，並建立大陸議會，決定必須徹底改變宗主國與殖民地的關係。新英格蘭的殖民勢力組織了自主的民兵武裝。馬薩諸塞的代表會議則任命了約翰·漢考克為安全委員會主席，開始了美國革命。

東印度公司的終結

東印度公司對印度的行政管理，成為英國公務員制度的原型。1813年公司的壟斷地位被打破後，公司漸漸脫離了貿易業務。

1857年印度民族起義後，東印度公司將它的管理事務也交付給了英國政府，印度成為英國的一個直轄殖民地。期間，公司在印度的所有財產逐一交付政府。公司僅幫助政府從事茶葉貿易（尤其是與聖赫勒拿島）。《東印度公司股息救贖法案》生效後，公司於1874年1月1日解散。

東印度公司對從英國到印度沿途有控制權。早在1620年該公司就聲稱對南非桌山一帶有擁有權。後來它佔領和統治了聖赫勒拿島，又參與佔領和建設香港和新加坡。

公司在印度引入和種植中國茶。公司歷史上其他值得注意的事件包括：將拿破侖關押在聖赫勒拿島上；伊利胡·耶魯靠東印度公司發茶葉財，而其貿易在英國美洲殖民地則導致了波士頓茶葉事件。

東印度公司最初的旗幟由聖喬治十字和橫杠組成，這是美國國旗的原型。東印度公司的旗幟是1600年代設計的，美國國旗是1777年設計的。

東印度公司的船塢為聖彼得堡港的建立提供了一個原型，其管理機構的一些成分一直延用到印度的官僚機構，而其公司組織則是早期股份公司的一個成功的典範。該公司對孟加拉地區的財政要求，使得當地政府面臨1770年的饑荒而束手無策，這次饑荒在1770~1773年間導致上百萬人死亡。

東印度公司檔案

不同其他英國政府檔案，東印度公司（及日後的印度辦公室）的文件，並非存放於倫敦基尤的國家檔案館，而是存放於倫敦大英圖書館，並作為亞洲、太平洋及非洲類館藏。其目錄能夠在網上搜尋，大部分文件免費向公眾開放。

東印度公司——近代共濟會商人的武裝公司

（讀史札記）

在人類歷史上，“東印度公司”完成了任何一個公司從未肩負過，在今後的歷史中可能也不會肩負的任務。

——《泰晤士報》

研讀西方近代史，可看出東印度公司是近代世界歷史上影響最為重大的一個由共濟會商人和政治家結盟的跨國武裝公司，是具有國家職能、進行殖民掠奪和壟斷貿易的巨型商業公司。近代西方對美洲和東方的殖民及貿易事業，並非直接以國家為角色進行，而是由共濟會商人組織的武裝貿易公司進行的。其中最為著名的，即歷史中最早的武裝跨國公司——東（西）印度公司。

荷蘭東印度公司在歷史中較早出現。這個公司也是最早（1624年）攻擊中國領土並試圖建立經濟殖民地的西方武裝勢力。荷蘭東印度公司也贊助並支持了日本的明治維新運動。荷蘭的（西）印度公司參與開拓美洲，建立了北美的荷蘭殖民地。

英國的東印度公司在印度和美洲建立了英國的殖民地領地，從事奴隸貿易，在美洲引發了美國獨立戰爭，在亞洲發動了逼迫中國門戶開放的鴉片戰爭。

但奇怪的是，對於近代世界歷史影響如此巨大的這個跨國共濟會商人控制的東印度公司，在中國史學界則鮮為人知，未進入近代世界歷史研究的主流視野，人們對之所知及研究甚少。

荷蘭東印度公司

東印度公司Dutch East India Company，最早由荷蘭的共濟會商人首創。荷文原文為Verenigde Oostindische Compagnie，簡稱VOC，中文譯為“聯合東印度公司”。其公司的標幟（見左圖），以V串連O和C，上方的A為阿姆斯特丹的縮寫。在荷蘭東印度公司成立將近兩百年間，總共向海外派出1772艘船，約有100萬人次的歐洲人搭乘4789航次的船班前往亞洲地區。平均每個海外據點有25000名員工，12000名船員。

荷蘭東印度公司是一個可以自組僱傭兵、發行貨幣的集團，也是第一個股份有限公司。荷蘭政府授權公司與其他國家定立正式條約，並對該地實行殖民統治的權力。

1560年代，荷蘭共濟會商會派浩特曼（Cornelis de Houtman，1565~1599年）至葡萄牙刺探東方貿易的商情。浩特曼回國後，這群商人便成立一家公司，拓展東印度地區的貿易。這家公司就是東印度公司的前身。從1595年4月至1602年間，荷蘭共濟會商人陸續成立了14家以東印度貿易為重點的公司，為了避免過度的商業競爭，這14家公司最終合併，成為一家聯合公司，也就是荷蘭東印度公司。荷蘭的國家議會授權荷蘭東印度公司，在東起非洲南端好望角，西至南美洲南端麥哲倫海峽，具有貿易壟斷權。

荷蘭東印度公司在阿姆斯特丹的總部，現為阿姆斯特丹大學。

荷蘭東印度公司由位於阿姆斯特丹、米德爾堡（位於澤蘭省）、恩克赫伊森、代爾夫特、荷恩、鹿特丹6處的辦公室所組成，其董事會由70多人組成，但真正握有實權的只有

17人，被稱為十七紳士（Heren XVII），分別是阿姆斯特丹8人、澤蘭省4人，其他地區各一人。

荷蘭東印度公司是第一家可以自組傭兵、發行貨幣的公司，也是第一家股份有限公司，並被獲準與其他國家定立正式的條約，並對該地實行殖民與統治的權力。

17世紀荷蘭東印度公司所佔有的地區（圖中綠色地帶），範圍包括印度洋與大西洋中的聖赫勒拿島。

1619年，荷蘭東印度公司在爪哇的巴達維亞（今印尼的雅加達）建立了總部，其他的據點設立在東印度群島、香料群島上。

到了1669年，荷蘭東印度公司已成為當時世界上最富有的私人公司，擁有超過150艘商船、40艘戰艦、20000名員工、與10000名僱傭兵的軍隊，股息高達40%。認購股份的熱潮時，荷蘭東印度公司共釋出650萬荷蘭盾的證券供人認購（當時的10盾約等於1英鎊，而那個年代，荷蘭一位教師的年薪才約280盾），光阿姆斯特丹一地就認購了一半的股份。

對台灣的殖民與貿易

荷蘭東印度公司在1622年於澎湖已建立城堡作為貿易據點。但當時澎湖為中國明朝政府季節性駐防的汛地，經交涉失敗後，中國派遣由俞咨皋率領的軍隊包圍荷蘭人的城堡，迫使荷蘭人於1624年轉到當時未有實質政府統治的福爾摩沙島（今台灣）的大員（今台南市安平區）設立據點，建立台灣史上第一個統治政權。

他們佔領台灣的目的，是要成為中國、日本、朝鮮半島與東南亞商業據點的樞鈕，並壟斷馬尼拉（西班牙殖民地）與中國間的貿易。荷蘭主要的輸出貿易內容包括砂糖、鹿皮、鹿肉、鹿茸、藤、白米，轉運貿易內容包括荷蘭的藥材，巴達維亞的香料、胡椒、琥珀、麻布、棉花、鴉片、錫與鉛等金屬，中國的蠶絲、絲綢、陶瓷、黃金，日本的銀兩，朝鮮半島的人參等。

東印度公司歷史簡表

1560年：東印度公司籌備。

1602年：3月20日組合一系列共濟會商人公司改組和成立。

1603年：荷蘭東印度公司船員韋麻郎經由馬六甲海峽由巴達維亞抵達澳門。與葡萄牙的戰爭失敗。

1604年：8月7日荷蘭東印度公司軍隊抵達澎湖，但12月15日被大明帝國都司沈有容的軍隊驅離。

1607年：攻佔葡萄牙屬地安汶島，並設置商館。英國隨後也在此設立商館。

1619年：在爪哇的巴達維亞成立東印度地區的總部。

1622年：攻打葡萄牙屬地澳門失敗後轉而佔據澎湖。

1623年：殺害安汶島英國商館的10名館員。

1624年：海軍與大明帝國軍隊爆發澎湖之戰，經過8個月的戰爭，戰敗轉而佔據台灣。

1638年：日本鎖國，葡萄牙人被日本趕走，荷蘭東印度公司壟斷日本貿易（參見南蠻貿易）。

1640年：佔領葡萄牙屬地斯里蘭卡加勒（Galle）。

1641年：佔領葡萄牙屬地麻六甲。

1648年：根據威斯特伐利亞合約，西班牙承認荷蘭獨立。

1652年：在好望角成立殖民地。

1658年：佔領斯里蘭卡科倫坡。

1661年：4月，明朝鄭成功佔領澎湖並開始攻打台灣的荷蘭人。

1662年：2月，荷蘭東印度公司軍投降，退出台灣。

1704~1708年：第一次爪哇戰爭。

1719~1723年：第二次爪哇戰爭。

1740年：巴達維亞華人發動反對殖民者的起義。

1749~1755年：發動第三次爪哇戰爭。

1795年：法國革命軍佔領荷蘭。

1799年：12月31日荷蘭東印度公司被拿破侖政權撤銷。

相繼在【歐洲成立的東印度公司】

英國東印度公司（不列顛東印度公司），1600年
荷蘭東印度公司，1602年
丹麥東印度公司，1616年
葡萄牙東印度公司，1628年
法國東印度公司，1664年（French East India Company）
瑞典東印度公司，1731年

近代歐美王室、領袖與共濟會

瑞典共濟會總導師、瑞典國王古斯塔夫三世（1777年）

普魯士共濟會總會長、國王腓特烈二世

美國共濟會結構圖：

站在各級上的人物有：所羅門國王、塞勒斯國王、喬治·華盛頓、吉拉·希拉姆國王、玫瑰十字會會員、馬耳他騎士、聖殿騎士。

耶路撒冷聖約安分會總導師、俄羅斯沙皇巴維爾一世佩戴“彼得尋求真理”共濟會分會的標誌，19世紀

俄國共濟會領袖伊萬·別爾非利耶夫·葉拉金（1789年前），名著《戰爭與和平》中比埃爾伯爵的原型。

共濟會大師托馬斯·傑弗森，美國憲法起草者。

共濟會大師本傑明·富蘭克林

1873年，共濟會在巴黎樹立的雕像：法國拉法葉侯爵和美國華盛頓將軍用共濟會方式握手。

神秘的英國政治制度

——永久保持的封建貴族君主體制

引文：《天涯國際》作者：大隱隱於宅

倫敦奧運前後，突然對英國很感興趣。相比較其他發達國家，英國帶有一些神秘色彩，比較獨特。

首先是封建性，當今世界主要大國、發達國家裏保留君主制的只有英國和日本（也許是巧合，兩個都是靠近歐亞大陸兩端的島國，一個在最西頭，一個在最東頭），其他的，法德俄意美中的政治都是世俗的，都是共和政體。而英國絕對不是。

別扯什麼英國君主只是虛位（是不是虛位再說）。英國除了保留君主，上議院主要是貴族代表，之前還有很多是世襲席位。這些不是資本主義，是封建主義。法國大革命多少年了？法美俄早就沒有這種封建的東西了，即使有些政治家族，但他們的地位是靠祖上佔有的資源財富、軍功等這些世俗因素取得的，沒有什麼天生的貴族。

天生的貴族只有英國有。近代世界各國的趨勢都是在向世俗化、民主化發展，在世俗、資本主義或者說民主的國家，決定一個人地位的，應該是他掌控的財富和資源吧？

據說英國有些商品，比如勞斯萊斯什麼的，有錢不一定能買得到，還要有爵位才能買。都二十一世紀資本主義時代了，還講爵位，花錢還要有爵位才能花。有些腦殘，還以此來批評中國人富不過三代，說你看人家英國那貴族氣質，看人那家族傳承，英國君主從始至終就沒變過，就那一家子當了上千年，號稱追求民主自由的英國人民，順從了上千年就沒想反抗過，中國兩千年前就有陳勝吳廣喊王侯將相寧有種乎了，肯定不能跟英國比啊。

第二是很神秘。美國不是獨立了嗎？為了獨立還伙同法國跟英國打了一架。為什麼歷屆總統選舉，都有譜牒學專家出來敘敘家譜——每個美國總統必然是英國國王族裔的某一分支系統的親戚——必須的。

對，你還沒有看錯，是譜牒學，中國歷史上也有研究過。在兩晉南北朝時期，這是最重要的學問，幾乎就是政治的根本體制。所有人的地位，究竟是三等還是六等九等，都在譜牒上了，而且世世代代都是承襲的，如果不改朝換代，士族永遠是士族，當奴隸的世世代代都是奴隸——美國不是獨立了嗎？那為什麼要和英王扯上關係呢？是不是還有一個秘密不可告人的協議契約存在呢？

還有一個方面很有神秘性。大家都知道，清末的時候中國的仁人志士也想學英國，搞君主立憲，真的搞成了，結果沒幾年就有人把皇帝趕走了，因為政治是認實力的。

可是不對呀，為什麼英國國王就沒人趕呢？還搞了個英聯邦，英王被好幾個國家奉為國王。多少年了，大家都被教育，英國國王和國會簽了協議，就這麼定了：那一家子永遠是國王，英國人永遠給他們家錢，讓他們家當國王。大家都遵守的很好。——政治制度，難道在玩過家家嗎？？？

一個洗地回帖：

1、英國上院貴族幾乎全部是世襲貴族，而不是“有些貴族”。進入上院必須是開封令狀冊封的世襲貴族，而上院召開是國王以開封令狀召集。英國上院現在依然存在，但是早已沒有政治勢力了。事實上從漢諾威王朝開始，上院已經無法干預國政；

2、英國貴族可以花錢買，那是斯圖亞特王朝時代的事情了，事實上英格蘭世襲貴族是不能買賣的，但是可以買賣愛爾蘭貴族和英格蘭的準男爵（baronet，注意，準男爵在英國不算貴族，屬於“勛位”的一種，但是可以由男性後裔世襲）。所謂都鐸、斯圖亞特王朝“買賣貴族”，其實依然是國王在用開封令狀冊封，其中以斯圖亞特王朝為著——斯圖亞特王朝是蘇格蘭王入主英格蘭，為了削弱英格蘭貴族勢力，蘇格蘭王朝冊封了大量新貴族。

（**何新：**這位洗地的不知道，買走貴族封號的主要都是猶太富商——比如羅斯切爾德勛爵那種。）

3、按照美國憲法規定，美國總統必須生在美國，所謂“美國總統是英國王室後裔”只是一些無聊憤青惡搞而已，誰都不會當真的……

（**何新：**純屬只看表面現象的無知之談。美國與英國的特殊關係一直存在。而美國歷任總統與英國王室的血緣關係，是多位西方學者嚴肅考證後發現的。事實上，據説在美國兩黨推舉總統候選人的幕後，一直有一個秘密的資格委員會在操作和審查候選者的血統關係。）

4、英國人也把國王趕下台，而且那個家族的支系後裔以後不準稱王了。問題是英國國會和國王簽署“權利法案”。其中重要一點，就是保留國王位置（省的有人動腦經，不然法國王室，荷蘭王室，甚至西班牙王室都可能派人“進入”英國爭取王位，英國豈不是亂套了）。而英國國王除了虛名外，將實權和大量王室財產移交給國會和政府管轄——這就是英國王室津貼的由來，等於是財產交給政府，從而換取了一份年金。

（**何新：**這也是想當然的胡扯。英國王室的資產是皇家所有，從來沒有也不可能托付國會或者民眾管轄。）

引文作者回駁洗地：

你説的沒有一條對的！

1、上院如果和國政已經沒有關係，留着上院幹嗎？專門留着幾百年只是吃白飯看熱鬧嗎？

2、貴族能不能買賣，和買官賣官類似，有時要禁止，有時有需要而已，與文章主旨有什麼關係？

3、一個調侃就能解釋了人家的詳細考證？就跟解釋英國能搞君主立憲一樣，一個“協議”就能解釋了？那怎麼沒人調侃美國總統和俄國沙皇有血緣關係呢？也沒見調侃美國總統和墨洛溫、法老、拿破侖以及中國皇室有什麼關係？歐洲王室多了去了，法國當初還幫助美國獨立，為什麼都不調侃波旁王室與美國總統的關係，單調侃美國總統和仇人英王有親緣關係？是不是有秘密協議？

4、路易家錢少嗎？怎麼被砍頭了？清朝皇帝錢應該比英法更多吧？怎麼說趕走就趕走了？怕別人來當國王，所以自己國王就得留着，這是中國人特色的腦殘邏輯嗎？歐美其他那麼多國家怎麼都不怕別人來當國王，也設一個假國王玩玩？

評 論

以上轉的這篇網文寫得真好。五四以來中國人德阿賽阿地，跟着西方人丫丫學語瞎歪歪一百多年。到現在總算有人學會了反思，什麼德阿賽阿？——您西方自己好像並不是那麼回事啊！神馬賽阿，您至今還是上帝管精神，教皇比國王總統大三級。什麼德阿，您那老窩至今還是封建王室貴族在統治。那您搞出這兩套來折騰，不過就是來懵懵人！

這篇文章對近代資本主義的老窩大英帝國的政治制度提出質疑，問得好。

英國是近代資本主義的總老根。而有些中國人到今天對資本主義歷史到底是咋回事也沒搞明白。

中國人目前按照西方口徑編制的全部世界歷史，從古希臘到美利堅獨立——基本都是三真七假的灌水偽造神話史。如果，連共濟會這樣一個隱身於世界歷史和經濟政治宗教身後數百年的龐然大物幾乎都沒人知道——這就足以說明中國精英有人被西方多年洗腦後，已經腦殘到何等的程度！

其實，在英國、美國的王政貴族政治和輪換總統政治背後，真正的統治者始終都只是一個老板，那就是藏身在倫敦金融城和紐約華爾街裏的富豪共濟會。

共濟會會員創立美利堅合衆國

作者：約翰·勞倫斯·雷諾茲（John Lawrence Reynolds），加拿大歷史學者

1733年，進入美洲的殖民主義者在馬薩諸塞州的波士頓，建立了第一個共濟會會舍。此後美國第一個共濟會會舍的成員飛速增長，到了獨立革命時期，已經建立了100多個分會。

實際上，聖安德魯共濟會支部的成員有效地引發了一場革命，是他們發動了波士頓傾茶事件。共濟會會員們穿着印第安莫霍克族服飾，把英國茶葉傾倒在港口中，目的是抗擊不公平的稅收政策。

波士頓傾茶事件（The Boston Tea Party）發生在1773年12月16日。因北美人民不滿英國殖民者的新稅收政策，塞繆爾·亞當斯率領60名自由之子（即共濟會會員）化妝成印第安人潛入商船，把船上價值約1.5萬英鎊的342箱（約為1.8萬磅）茶葉全部倒入大海，以此宣示對抗英國國會，最終引起著名的美國獨立戰爭。

1774年9月5日~10月，北美殖民地在費城召開了殖民地聯合會議，史稱“第一屆大陸會議”（The First Continental Congress）。除喬治亞州缺席外，其他12個殖民地的55名代表（其中至少有53名共濟會會員）都參加了會議（多為富商、銀行家、種植園奴隸主，佐治亞州因總督阻撓未參加）。

大陸會議通過了《權利宣言》，要求英國政府取消對殖民地的各種經濟限制和5項高壓法令；重申不經殖民地人民同意不得向殖民地徵稅，要求殖民地實行自治，撤走英國駐軍。如果英國不接受這些要求，北美殖民地將於12月1日起抵制英貨，同時禁止將任何商品輸往英國。大陸會議同時還向英王呈遞了《和平請願書》，表示殖民地仍對英王“效忠”。會後，各殖民地開始進行起義準備，訓練民兵並貯藏軍火。儘管這次大陸會議沒有提出獨立問題，但它是殖民地形成自己政權的重要步驟。

1775年4月18日，在波士頓附近的列克星敦和康科德，殖民地愛國者在共濟會會員領導下打響了反抗的槍聲，揭開了獨立戰爭的序幕。

法蘭西共濟會派遣著名的拉法葉侯爵前來援助，他作為美軍司令指揮了對英軍的獨立戰爭。

吉爾貝爾·杜·莫提耶，拉法葉侯爵Gilbertdu Motier, Marquis de Lafayette（1757年9月6日~1834年5月20日），法國將軍、政治家、法蘭西共濟會會員。
1775年美國獨立戰爭開始。拉法葉認為“美國的獨立，將是全世界熱愛自由人士的福祉”。
1777年自備戰艦，募集人員，參加美國獨立戰爭。1780年任華盛頓前衛部隊司令。1779年離開美國，回到法國一年後，説服法國王室讓他帶6千名法軍前往美國參戰。五個月後，英軍總司令投降。美國成為一個獨立的國家。
為了紀念拉法葉侯爵，美國首府華盛頓、紐約州等地都有一條“拉法葉”路，僅次於主幹道。

與英國一樣，美國共濟會成員代表的是社會上最具雄心大志，最有天分，也是最有權力的人。所以50多個簽署《美國獨立宣言》的人都宣稱自己是共濟會會員。

此外，由於有那麼多卓越的反叛者積極參與，認為是共濟會而不是其他任何單個團體鼓動了這場革命，也是在理的。這些人包括喬治·華盛頓、本傑明·弗蘭克林、約翰·亞當斯、帕特里克·亨利、約翰·漢考克、保羅·里維爾、約翰·保羅·瓊斯、伊桑·艾倫、亞歷山大·漢密爾頓，以及使同時代美國共濟會會員懊惱的是，還有本尼迪克特·阿諾德。

美國共濟會最引以為榮耀的人物，就是喬治·華盛頓。華盛頓於1752年11月4日在弗吉尼亞州弗雷德里克斯堡的第四會所（Lodge of Ancient, Free and Accepted Mason No.4）加入共濟會，成為入門學徒，不久便升任石工大師。

華盛頓一生都忠實於共濟會。華盛頓曾經寫道："既然我被説服，只要應用共濟會賴以建立的這些原則，就必定能夠促進美德和民眾的繁榮，我將很高興地促進共濟會的利益，並且做一個值得大家信賴的兄弟。"

美國華盛頓共濟會國家紀念館

美國獨立後，美國共濟會與英國共濟會切斷了一切聯繫，於1777年創建了具有美國特色的共濟會美國總支部。

美國的共濟會加強了團體的力量，改進了入會規則，其影響力擴展到了支部大廳以外的地方，不僅僅接納局限於一個國家的共濟會成員。

蘇格蘭儀式共

濟會最高理事會的地址，選在了南卡羅來納州的查爾斯頓，因為這座城市位於北緯33 ，以此來表現共濟會成員的33個等級。

只要我們回顧美國的歷史，總能夠與共濟會不期而遇。

共濟會成員潛伏在每個合約、戰爭和法規背後，他們擔任像美國國務卿、陸軍上將和最高法院檢察官這樣的要職。從喬治·C·馬歇爾到約翰·J·潘興和道格拉斯·麥克阿瑟將軍，再到最高法院的法官沃倫和瑟古德·馬歇爾，在美國的權力席位上，共濟會比其他任何團體都佔有更多的人數上的優勢。至少有不下16位美國總統都曾經驕傲地宣稱自己是共濟會成員。

美鈔上印有美國國徽，在背面有一個印章，許多人認為這個圖案證實了共濟會對這個國家的支配和控制。這個印章的設計是這樣的：在一個顯然沒有竣工的金字塔上漂浮着一個三角形，三角形裏則有一隻眼睛。

金字塔的底部是用羅馬數字雕刻的1776字樣（MDCCLXXⅥ），框住了這個設計圖案的是兩行拉丁文字：Annuit Coeptis（上帝支持我們的事業）和Novus Ordo Seclorum（世界新秩序）。根據那些畏懼共濟會的人的說法，眼睛和金字塔都是共濟會的象徵，眼睛俯視下面徽章的神情證明他們的權力仍然是不容挑戰的。

上圖的壹美元鈔票，是1935年由美國第32任總統、共濟會第32級大師的美國總統羅斯福所簽發的，羅斯福於1933年當選總統。據史料記載，美元圖案的設計者之一，是羅斯福內閣的農業部長、共濟會第32級大師亨利·阿加德·華萊士。華萊士對羅斯福的影響，記載於美國國務院的官方檔案《鷹與盾牌：美國大國璽的歷史》（The Eagle and the Shield: AHistory of the Great Seal of the United States）中。這版壹元鈔票一直沿用至今。華萊士後來成為羅斯福第二任期的副總統，美國的第33位副總統。

在美國偉大的英雄和思想家的長廊裏，誰能比本傑明·弗蘭克林、喬治·華盛頓和安德魯·傑克遜還居於更高的地位？所有這些人都是共濟會會員。事實上。至少有25位美國總統和副總統都是共濟會會員以及積極和活躍的支持者。其中有兩個人——哈里·杜魯門和傑拉爾德·福特，都達到了33級的至尊地位——這是共濟會組織內部所認可的最高級別。

自由女神，法國共濟會的禮物

自由女神像（Statue Of Liberty），被譽為美國的象徵，創作人是法國共濟會會員、雕塑家弗雷德里克·奧古斯特·巴特勒迪。

自由女神像設計者巴勒迪

巴特勒迪歷時10年艱辛完成了雕像的雕塑工作，女神的外貌設計來源於雕塑家的母親，而女神高舉火炬的右手則是以雕塑家妻子的手臂為藍本。

自由女神穿着古希臘風格的服裝，所戴頭冠有象徵光明的七道尖芒，象徵共濟會崇拜的光照女神。

附錄1

美國華盛頓共濟會國家紀念館

掛於紀念館內的這幅圖右上側，從粗糙過渡到完善的方形大石圖案，用於象徵手藝人級別，希望人們吸取的教訓是：一個人通過教育和獲取知識才能提高他的精神和道德水準。和男子一樣，每一塊粗糙的方石，為一種不完善的石頭，通過教育培養和兄弟般的愛，人在造物主賦予的疆界羅盤被美德廣場考驗與塑造。古代將易於開採並成形的石頭稱為“砂石”-freestone，典型的是石灰石和砂巖。當時和現在

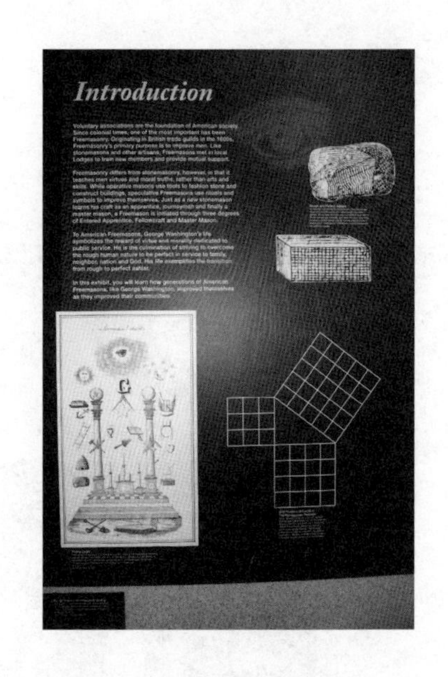

一樣，只有精煉到他們所需的形狀和平滑表層，這些粗糙的石頭才能適合建築工地使用。粗糙的方石代表着一個人不登大雅之堂的狀態。通過履行職責、期望和義務，努力自我完善。一旦完善了個人能力，作為全人類的兄弟，他有責任去幫助別人成為更好的男人。

美國共濟會教程

http://www.masonic-lodge-of-educ.perfect-ashlar.html

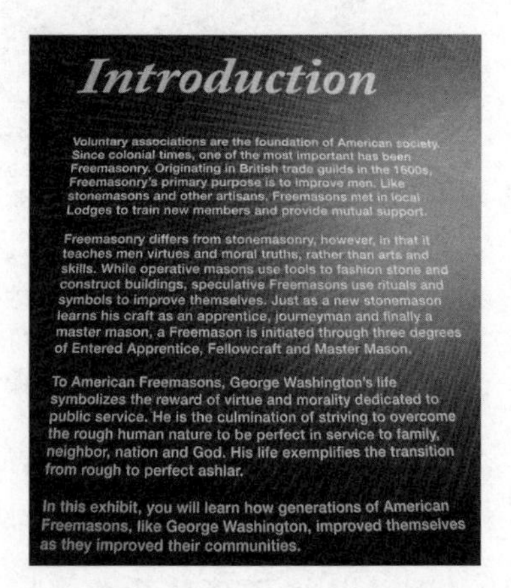

約瑟夫·沃倫（Joseph Warren）——一場革命的設計師

約瑟夫·沃倫（1741~1775年）曾被他那個時代的許多人認為是美國獨立戰爭的真正設計師。他是美國歷史上茶葉黨分支之一的關鍵人物。他寫的一系列決議方案被視為第一屆美國自治政府的藍皮書。美國獨立戰爭中的第一次戰役，就是由他的一篇演講引起的。他曾命令保羅·里維爾（Paul Revere）策馬出城，前往萊克星頓通風報信，這便是美國歷史上著名的"午夜狂奔"事件。他是唯一的一個在《獨立宣言》發表之前冒着生命危險在戰場上反抗英國的愛國領袖（桑德爾，55）。並且，令人不可思議的是，他幾乎已經被遺忘在歷史角落了。他的周圍都是一些我們耳熟能詳的人物，但他的名字現在卻很少有人知道。有趣的是，他的弟弟接着就成立了哈佛醫學院，而且美國14個州裏都有以他命名的沃倫縣。

托馬斯·喬治（Thomas Gage）

Thomas Gage出生於英國蘇塞克斯，諾曼征服者的後裔。一位充滿傳奇的軍人，回老家後心有不甘，乃上書率軍殺回北美。

附錄2

共濟會與自由女神像

法國共濟會與美國共濟會互贈自由女神像的軼事

紐約自由女神像（Statue of Liberty），又稱“自由照耀世界”（Liberty Enlightening the World），全名為“自由女神銅像國家紀念碑”，正式名稱是“照耀世界的自由女神”。

這座舉世聞名的女神像，幕後的秘密，是法國共濟會於1876年贈送給美國共濟會作為紀念美國獨立100週年的禮物。

雕飾自由女神像的資金，大部分是共濟會的捐款。雕像高46米，基座為93米，重225噸，合金鑄造。銅像內部的鋼鐵支架，由建築師維雷勃杜克和後來建造巴黎埃菲爾鐵塔（鋼鐵金字塔）的共濟會會員居斯塔夫·埃菲爾設計並製作。銅像以120噸的鋼鐵為骨架，80噸銅片為外皮，以30萬隻鉚釘裝配固定在支架上。自由女神被看做共濟會石匠精神和精湛工藝的象徵。女神的底座，是著名的猶太人報業大王、共濟會會員約瑟夫·普利策捐助10萬美金建成的。

法國共濟會會員巴特勒迪因製作這座雕像的成功，被美國共濟會授予紐約市榮譽市民身份，法國共濟會授予他法國榮譽騎士團勛章及指揮級團員稱號。

無獨有偶，在巴黎的塞納河畔也有一座女神像。但是這座女神像不是稱作自由女神而被稱為拉伯雷女士（Statue of Liberty，法語為Libertéé clairant le monde）。

巴黎的這座女神像，是在1889年7月4日法國總統CARNOT就職的典禮日，由美國共濟會中的法國僑民贈送的，目的是紀念法國大革命（1789年）100週年。

除此之外，共濟會在

世界各地還復製建造了多座女神像，著名的如：

拉斯維加斯女神

拉斯維加斯的自由女神像（The Statue of Liberty），位於美國內華達州著名賭城拉斯維加斯市，高150英尺（46米），是按照紐約自由女神像的1/2的比例建造的復製品。

關島女神

關島的自由女神像，是紐約自由女神像的仿製品，坐落於帕索運動場，鳥瞰亞加納灣（The Agana Bay）。

阿爾薩斯女神

法國阿爾薩斯的自由女神像，位於科爾瑪小鎮（Colmar）北端一個道路交叉處的環形廣場中心。

紐約女神雕像建造者、法國雕刻家弗雷德里克·奧古斯特·巴特勒迪的故鄉，就是阿爾薩斯的科爾瑪（Colmar, Alsace）。

東京女神

這座女神像，是日本東京台場海濱公園中的縮微復製品。

最近，聽説這種復製的女神像也已經登陸在中國。

共濟會與自由女神像

自由女神像，也許是美國最知名的標誌建築。事實上，她幾乎是美國的同義詞。眾所周知，自由女神像是由法國贈予，但建築本身的關鍵數字卻漏了馬腳。

這份禮物，是法國大東方殿共濟會（French Grand Orient Temple Masons）於1884年所贈，慶祝第一個共濟會共和國——美國成立100週年。

法國共濟會會員——Edward Laboulaye負責製作這尊雕像，他想要復製共濟會運動中所祭拜的女神成為一個巨型雕像。Laboulaye負責籌集資金，並委托共濟會會員Frederic Bartholdi設計，另一位共濟會會員Gustave Eiffel則負責雕刻這位“自遠古時代而來照亮世界”的女神。法國大革命期間在巴黎聖母院被加冕的那位女神，和這位女神是同一位。

自由女神像，今天依然是世界上最大的亞舍拉（Asherah）女神偶像。她的名字，實際是羅馬神祇——利貝塔斯（Libertas），有共濟會背景的人會直呼她的埃及名字——伊希斯（Isis）。無論起什麼名字，她就是巴比倫宗教的女神。

古羅馬時代，利貝塔斯是個人自由女神，因為她提倡人們去做任何自我感覺不錯的事情、而廣受歡迎；因為提倡性自由，她又被稱為妓女總管女神。事實上，根據羅馬神話，是她發明了“性自由”的概念。回憶下，塞米勒米斯是妓院的老鴇。不同的名稱，一如既往的特質。奴隸們盼望自由，也認為利貝塔斯是他們的女神。不少女性奴隸獲得自由後去妓院工作謀生，依舊認為利貝塔斯是她們的女神，特別是那些成為邪教女祭司的人。

自由女神像，右手高舉共濟會的啟蒙火炬，她的官方頭銜是“自由照耀世界”（Liberty Enlightening the World）。她的姿勢與羊神巴風特（Baphomet）相似。

自由女神像在共濟會儀式裏奠基，其底座有一個紐約共濟會特別製作的牌匾。

七釘皇冠（The Crown of Seven Spikes）代表太陽神的光照。當時的想法是，日神光照在七釘上——地球七個主要大陸大洲。

設計者原計劃給自由女神像的長袍繪上紫色和朱紅色，和“啟示錄”中描述的大淫婦一致。由於資金緊張，這個想法後來被放棄了，後改由金屬銅進行建造。

也有人說，自由女神像原是雕塑家巴特勒迪（Bartholdi）為1867年埃及蘇伊士運河通航所設計的雕像，是一尊埃及伊西斯（Isis）女神雕像，但後來未使用。於是巴特勒迪稍微修改了這個雕塑，直接送到紐約港作為美國國慶賀禮。

自由女神像不只是今日世界最大的亞舍拉偶像，它也是有記載以來，人手所造的最宏偉的偶像，打敗此前的紀錄保持者——希臘羅得斯島巨像（the Colossus of Rhodes）並甩開其數個身位。

附錄3

美國19世紀的反共濟會黨

共濟會會徽

反共濟會黨（Anti-Masonic Party，1826~1838年），美國政治史上最早成立的有組織的第三黨——在民主黨與共和黨之外。因為民主黨與共和黨都被共濟會金融體系所控制，所以反對共濟會人士威廉·摩根（William Morgan）1825年潛入共濟會，試圖寫書揭露共濟會秘密。不久此人離奇失蹤。消息披露後在美國輿論中一度引起軒然大波，此後，反對共濟會控制美國的人士組織了這個政黨。

摩根事件（Morgan affair）引發了美國的反共濟會運動（Anti-Masonry）。威廉·摩根是一名共濟會會員，他在紐約加入共濟會，他宣稱要在當地報紙上將共濟會的秘儀公開。這種背叛行為激怒了共濟會，不久這家報社被縱火，摩根也因被告債務違約而被捕入獄。1826年11月11日，一個聲稱是摩根朋友的人到警察局將摩根保釋，並將他帶走，從此他便杳無蹤跡。

摩根的失蹤使得事件迅速激化，許多人加入到抗議共濟會的運動中來。由於被揭露美國的大多數富豪，包括銀行家、法官、富商和政客都是共濟會成員，這加重了底層民眾的不安和憂慮。紐約民眾開始集會號召禁止共濟會會員進入政府系統，運動很快與反傑克遜（anti-Jackson）總統政治運動結合起來，因為他也是共濟會會員。反對人士建立了反共濟會黨（Anti-Masonic political party），並在1828和1832年推選了總統候選人。

1826年，反共濟會黨在紐約成立。反共濟會運動不僅僅針對共濟會，而且最終也演變為針對其他政治秘密社團和控制美國經濟的猶太人金融家。

1831年，該黨成為第一個舉行總統候選人提名大會的政黨。在1832年大選中，反共濟會黨總統候選人威廉·沃特（William Wirt）在佛蒙特州獲勝。

但是不久，該黨因為經濟遭遇困難，得不到主流媒體宣傳支持，終竟神秘地自行瓦解而消失。部分黨員後來被吸納加入輝格黨（民主黨前身）。

美國輝格黨

輝格黨（Whig Party）為美國在傑克森式民主（Jacksonian democracy）時代的一個政黨。

“輝格”（Whigs）的名稱可能是來自英文“Whiggamores”（意為“好鬥的蘇格蘭長老會派教徒”）。

另一種說法認為：輝格黨和托利黨這兩個政黨名稱，皆起源於英國1688年的光榮革命，一般認為他們是最早出現的西方近代政黨。

“輝格”（Whig）一詞起源於蘇格蘭的蓋爾語，意為馬賊。英國革命時，有人用它來譏諷蘇格蘭長老派。1679年，就詹姆斯公爵（後來的詹姆斯二世）是否有權繼承王位的問題，議會展開激烈爭論。一批議員反對詹姆斯公爵的王位繼承權，被政敵譏稱為“輝格”。他們也漸以此自稱。輝格黨人是指那些反對絕對王權，支持新教徒宗教自由權利的人。

而“托利”（Tory）一詞起源於愛爾蘭語，意為不法之徒。在1679年議會討論詹姆斯公爵是否有權繼承王位時，贊成的人則被政敵稱為“托利”。托利黨人是指那些支持世襲王權、不願去除國王的人。托利黨演變為後來英國的保守黨，相當於美國的共和黨。

美國輝格黨創始人亨利·克萊，自1832~1835年間持續運作，反對安德魯·傑克森總統及其創建之民主黨所訂立之政策。具體的說，輝格黨擁護國會立法權，高於總統內閣的執行權，贊同現代化與經濟發展綱領。該黨自選“輝格”為名，附和反對英國王室君主專權的英國輝格黨，反對總統專斷。輝格黨黨員中有許多傑出的全國性政治人物，如丹尼爾·韋伯斯特（Daniel Webster）與威廉·亨利·哈里森（William Henry Harrison），以及卓越的領導者，肯塔基的亨利·克萊（Henry Clay）。包括哈里森在內，輝格黨可以數出數名戰爭英雄，如扎卡里·泰勒（Zachary Taylor）與溫菲爾德·司各特（Winfield Scott）。

在其存續的26年間，輝格黨曾選上兩名美國總統，哈里森與泰勒，兩人皆逝於任內。另一名輝格黨籍的總統約翰·泰勒（John Tyler）於繼哈里森之職上任四個月後，即遭開除黨籍；而其副總統米拉德·菲爾摩（Millard Fillmore）為輝格黨最後一位擔任全國性公職者。

瓦解原因

該黨最終因是否同意奴隸制度擴展至新領土之爭而瓦解。黨內為此爭議生極深的裂痕，因而於1852年美國總統大選中棄現任總統菲爾摩於不顧，改提名史考特參選。輝格黨自此未曾再產生出任何一位總統，其票源流失至主張保護本土文化的一無所知黨（Know-Nothing）、反對蓄奴的共和黨、甚至其所憎恨之民主黨。

建黨起源與政策

輝格黨於1833年冬天至1834年之間，由前民主共和黨扎卡里·泰勒與米勒德·菲爾莫爾（Democratic-Republica），與國家共和黨（National Republican）兩黨黨員，如亨利·克萊（Henry Clay）與約翰·昆西·亞當斯（John Quincy Adams）等，以及南方的州權擁護者，如威利·頗森·緬甘（Willie Person Mangum）等共組。在建黨之初，輝格黨僅因反對安德魯·傑克遜總統之政策而協同一致，特別是對其不經國會同意即自合眾國第二銀行結清政府款項感到不滿。在拒行聯邦法危機（nullification crisis）中，因傑克森總統以民族主義反對南卡羅萊那而深受冒犯的南方人，如約翰·泰勒（John Tyler）等亦受輝格黨所吸引。輝格黨矢言維護國會至上之地位，以反對安德魯大帝（King Andrew）之施政；黨名因此取自反對君權而支持英國國會掌政的英國輝格黨。輝格黨認為安德魯傑克森總統行為反動，為反對社會、經濟、道德現代化的危險人物。由於傑克森整肅異已、否決境內改進（internalim provements），又摧毀合眾國央行，驚慌不安的地方蓄奴人士開始反擊。他們主張美國國會，而非美國總統代表美國人民之意願。在控制參議院一段時間後，傑克森的政敵們通過譴責案，通令譴責傑克森以行政權傲慢地僭越國會所代表的真實民意（此案後遭刪除），19世紀30年代的爭議核心，為合眾國第二銀行（Second Bank of the United States），在歷經1832年的亨利·克萊（Henry Clay）以及1836年多名候選人的混戰後，反對者終於在1840年團結一致支持最孚眾望的威廉·亨利·哈里森（William Henry Harrison）將軍，證明全國性的輝格黨足以贏得大選。

輝格黨在經濟政策上立場一致，頌揚克雷對“美式經濟體制（American System）”的願景，即政府支持下的現代化市場導向經濟，而教育與貿易將重於勞力與地權。輝格黨尋求以保護性關稅快速促進工業化、由新央行所主導的商業導向貨幣政策、及以公地放領募款進行的“境內改進（internalim provements）”大計——尤其是道路與運河系統。輝格黨同時也發起創立公立學校、私立學院、慈善機構，以及文化團體。

反過來說，民主黨遵循傑佛遜式（Jeffersonian）之平等農業社會的理想，建議以傳統農場生活使共和政體（republican）保持簡樸，而現代化卻受足以推翻民主的強力富裕階級所威脅。民主黨意欲美國秉持昭昭天命開疆拓土，而輝格黨之願景則大不相同：以增加多層次的複雜性，如銀行、工廠、鐵路等，來深化社會經濟體系。一般說來，民主黨於制訂中央政策上較為成功，而輝格黨在通過州府層級的運河與鐵路等現代化的建設案上較有成就。

政黨結構

因摒棄組織緊密的民主黨式習慣性政黨效忠，輝格黨始終受派系之爭所苦。另一方面，輝格黨擁有一流的新聞網絡作為境內資訊體系，而其領袖為強而有力的紐約論壇（New York Tribune）之主筆荷瑞斯·葛雷利（Horace Greeley）。在其全盛時期，1840年代，輝格黨曾因製造業發達的東北部與邊境各州之強力支持，而贏得49%的州長選舉。然而隨着事態之發展，民主黨增長快速，而輝格黨於越來越多次的地方選舉中以微小差距落敗。在票數接近的1844年選舉後，民主黨廣佔優勢，而輝格黨僅能靠對手分裂來贏得全國性大選。部分是由於西部各州與愛爾蘭天主教徒及德裔移民之政治重要性漸增，而他們多傾向於支持民主黨。

輝格黨在社會經濟範疇贏得全面勝利，但對專業人士較具吸引力。銀行家、股票經紀、工廠經營者、富農、與大農場主大幅支持輝格黨（北卡羅萊那的大農場主除外，他們通常較支持民主黨）。一般來説，商業與製造業興盛的市鎮與區域擁戴輝格黨，民主黨的鐵票區則在各愛爾蘭天主教區及德裔移民社區。民主黨人通常揶揄輝格黨做作的貴族氣派以對窮人凸顯自身的主張。支持輝格黨的階級同時也因基督教的復興而注入道德成份，以道德主義攻擊多項人、事、物

（如受禁酒呼吁所影響者），以在民主黨內尋求庇護。

建黨初期

1836年總統大選前，輝格黨並未成立有效的組織以推舉出單一的全國性候選人，於是由各候選人自行從事競選活動：威廉·亨利·哈里森（William Henry Harrison）在北方各州、休·勞森·懷特（Hugh Lawson White）在南方州，而丹尼爾·韋伯斯特（Daniel Webster）則在家鄉麻薩諸塞州，希望各輝格黨籍候選人，可累積足夠的選舉人團票（Electoral College），以打破馬丁凡伯倫（Martin Van Buren）的過半數支持。依美國憲法規定，在這種情況下，選舉應轉由美國眾議院進行。於是院中佔優勢的輝格黨員，即可選出最孚眾望的輝格黨籍候選人當選總統。此一策略未能奏效，但在將當年的副總統選舉轉入美國參議院中發揮了作用。

1839年，輝格黨首次召開全國性會議並提名威廉·亨利·哈里森（William Henry Harrison）為總統候選人。哈里森因1837年經濟大恐慌與其後的大蕭條而得以極大的差距，挫敗凡伯倫連任的企圖而獲勝。哈里森任職總統僅31天，成為第一位逝於任內的美國總統；其後由來自維吉尼亞的州權至上論者約翰·泰勒（John Tyler）繼位。他於1841年否決自己政黨所提出的經濟法案，並因此被開除黨籍。輝格黨的內鬥與全國持續的復蘇，使該黨激進的經濟計劃不再令人感到事關重大，終於導致1842年國會選舉中災難性的結果。

短暫的黃金時期

1844年，輝格黨開始恢復元氣，提名亨利·克萊（Henry Clay）參選。克雷以極小差距敗於民主黨候選人詹姆斯·波爾克（James K. Polk），因其西向擴張（尤其是兼並德克薩斯）與自由貿易政策，大勝克雷的保護主義政策以及兼並的質疑。輝格黨人不分南北強烈反對美墨戰爭（包含輝格黨籍國會議員亞伯拉罕林肯在內），視其為毫無原則的土地霸佔行為，但因1846年的威爾莫特但書（Wilmot Proviso）而意見分裂。1848年，輝格黨因提名克雷或推行黨的經濟政策都成功無望，於是選擇美墨戰爭英雄贊崔利·泰勒且不採納任何黨綱。泰勒大勝民主黨候選人路易斯·凱斯（Lewis Cass）及反對蓄奴的自由之土黨（Free Soil Party）所提名的前總統馬丁·范布倫。范布倫在紐約分散了民主黨的選票，使輝格黨贏得該州；然而自由之土的黨員們也讓輝格黨於中西部數州付出代價。

泰勒若是活得夠久，很可能提早十年引爆內戰。他強烈反對1850年協議（Compromise of 1850），堅決以加利福尼亞州為非蓄奴州，並宣告將以軍事行為防止各州脫離聯邦。1850年7月4日，泰勒染上嚴重消化不良（可能因斑疹傷寒或霍亂所致）。五日後，他成為第二位逝於任內的美國總統。副總統米拉德·菲爾摩（Millard Fillmore）於繼位後，支持

1850年協議。

垂死掙扎（1852~1856年）

1850年協議使贊成與反對蓄奴的輝格黨員分裂，而反對蓄奴者之力，足以阻止菲爾摩於1852年獲得黨內提名。輝格黨企圖重演先前的勝利，提名甚孚眾望的溫菲爾德·史考特（Winfield Scott）將軍，卻敗於民主黨的富蘭克林·皮爾斯（Franklin Pierce）。民主黨於此次選舉中可稱大勝：皮爾斯於31州中贏了27州，包含史考特的家鄉維吉尼亞。俄亥俄州的輝格黨籍眾議員路易斯·坎伯（Lewis Campbell）為此敗心煩意亂，呼號道：‘我們完蛋了，這個黨死到不能再死了！’越來越多的政治人士體認到該黨難以翻身。例如，其伊利諾州的政治領袖，亞伯拉罕·林肯，就脫黨重執律師業。

1854年的堪薩斯—內布拉斯加法案，引爆這樣的想法。南方的輝格黨人逐漸轉向支持該法案，而北方的輝格黨人持續強烈反對。剩下的輝格黨人，大部分如林肯一般加入了新成立的共和黨，並強力抨擊該法案訴諸北方，因該法案實質撤銷密蘇里協議而導致的群情激憤。另有些輝格黨人受一無所知黨（Know-Nothing Party）反對‘腐化’愛爾蘭裔與德裔，保護本土文化的聖戰所吸引，而於1854年加入該黨。在南方，許多輝格黨人成為無黨籍人士，後於1855~1859年間支持由一無所知黨所改組的美國人黨（American Party）。若干輝格黨人於1856年支持菲爾摩，他於三個月後宣佈放棄本土論述，接受美國人黨提名參選，對抗有引起內戰危險的共和黨提名人約翰·佛瑞曼（John C. Frémont）。據史家分析，菲爾摩的支持者中，86%來自南方於1852年支持輝格黨的民意；他僅有13%的支持者來自北方，但已足夠於賓夕凡尼亞州將共和黨自頂端拉下。此後，當時的觀察家皆預言共和黨將於北方取勝，而無人對萎縮的老政黨有任何期盼，且自1856年後，再也見不到任何輝格黨的組織。

1860年，許多未加入共和黨的前輝格黨人再組憲政聯合黨（Constitutional Union Party），僅提名全國性公職之候選人。該黨在懼生內戰之邊境各州擁有不容輕視的力量。其候選人約翰·貝爾（John Bell），在這場引發美國內戰的四人競逐中排名第三。領先二人為共和黨的亞伯拉罕·林肯與南方民主黨的約翰·布瑞肯里奇（John C. Breckinridge），北方民主黨的史蒂芬·道格拉斯（Stephen A. Douglas）則排名第四。在戰爭末期及戰後重建（Reconstruction）時代，有些前輝格黨人企圖於南方再次組合，自稱"保守派"並尋求與北方的前輝格黨人重新聯繫。但他們很快地便被民主黨所吞沒。

輝格黨籍美國總統

威廉·亨利·哈里森（1841年）

約翰·泰勒（1841~1845年）

贊崔利·泰勒（1849~1850年）

米拉德·菲爾摩（1850~1853年）

註：

泰勒雖以輝格黨籍的身份當選美國副總統，其政策很快地於黨內各項議中遭到反對，並於1841年任職後數月，即遭正式開除黨籍。另外約翰·昆西·亞當斯（John Quincy Adams）以民主共和黨籍的身份當選總統，後又以輝格黨籍的身份成為美國參議員。

附錄4

資本共濟會主導的近代世界歷史進程

近代資本主義列強在歐美的興起，絕非如普通世界歷史書所説——是什麼市場主導，無意識、無組織、無策劃地自發發展，由各種小商人、小市民們推進的。這是共濟會傭學者編造的愚弄無知大眾的謊言。實際上，文藝復興以來，全部新文明和資本主義經濟、政治的興起，都與富豪貴族及精英的秘密結社組織共濟會（包括光明會及騎士團）有關。

共濟會從中世紀後期，就成為西方金融集團（銀行家、信貸商人）和控制東西方貿易的壟斷豪商與歐洲貴族及政客秘密結盟的兄弟會。

自共濟會發動文藝復興和啟蒙運動起，人類社會就進入了資本主義的血腥掠奪與新產業文明興起的全球化歷史的新時代。18世紀的共濟會精英，已經設計了全球新秩序（New World Order）——一個政府，一種宗教，一個上帝，一種貨幣的大同統一藍圖，這個目標已經印在美元上。

〈世界現代化進程大事年表〉，製表者記錄了最近500年以來世界歷史進程中發生的大事，這些事件的背景、財力支持或策劃，都與資本共濟會的幕後設計和推動有直接聯繫，包括哥白尼、牛頓、愛因斯坦等大批科技文化偉人，都是各國的共濟會會員。

看看下面這個圖表，才知道何以說滿清以後無中國。空有清國GDP總量號稱世界第一，哲學文化科技觀念則無比落後，所以只能作為一隻待宰的肥羊。此300年來中國科技界唯一可以進入上述史冊與西方群星並列的人物，唯有錢學森。

世界現代化進程大事年表

（包括資本共濟會和共濟會會員涉及的歷史大事）

18世紀前經濟、社會與政治	18世紀前科學與技術
14~16世紀文藝復興	1543年波蘭人哥白尼《天體運行論》
14~17世紀歐洲商業革命	16世紀意大利成為世界科學中心
1492年發現美洲大陸	16~17世紀意大利人伽利略與近代科學的興起
1601年英國《濟貧法》	16~17世紀近代科學革命
1640~1689年英國資產階級革命	1605年英國人培根《學術的進展》
1679年英國議會通過“人權保護”法案	1627年德國人開普勒《魯道夫星表》
1690年英國人洛克《政府論》	1628年英國人哈維《心血運動論》
1694年英格蘭銀行成立	1637年法國人笛卡爾《方法談》
16世紀殖民地與海外貿易興起	1657年荷蘭人惠更斯《鐘錶論》
16世紀資本主義興起	1660~1662年英國皇家學會成立

16世紀歐洲宗教改革	1665年荷蘭人列文胡克《顯微圖》
17~18世紀歐洲重商主義興起	1666年巴黎科學院成立
	1687年牛頓《自然哲學的數學原理》
	17世紀英國成為世界科學中心

18世紀經濟、社會與政治	18世紀科學與技術
1700~1790年啟蒙運動	1735年瑞典人林奈《自然系統》
1710~1810年英國大規模圈地運動	1751~1772年法國人狄德羅和《百科全書》
1748年法國人孟德斯鳩《法的精神》	1763年英國人瓦特開始改進蒸汽機
1760年代第一次工業革命（英國）開始、機械化	1788年意大利人拉格朗日《分析力學》
1762年法國人盧梭《社會契約論》	1789年法國人拉瓦錫發現“物質不滅定律”
1775~1783年美國獨立戰爭和《獨立宣言》	1794年意大利人伏打發明“伏打電池”
1776年英國人斯密《國富論》	1796年英國人詹納發現牛痘疫苗
1789~1799年法國大革命和法蘭西共和國成立	1799~1825年法國人拉普拉斯《天體力學》
1789年法國《人權和公民權宣言》	18世紀法國成為世界科學中心
1791年美國人漢密爾頓《關於發展制造業的報告》	
1798年英國人馬爾薩斯《人口原理》	
18世紀末普魯士和奧地利推動初等義務教育	

19世紀經濟、社會與政治	19世紀科學與技術
1802~1842年英國社會保障法律	1785~1807年美國人菲奇、富爾頓製造蒸汽船
1808~1826年拉美國家獨立運動	1802~1825年英國人特里維西克、斯蒂芬遜制造蒸汽機車
1810年德國柏林大學建成	1824年法國人卡諾《關於火的動力思考》
1815~1870年自由主義興起	1826年法國人尼普斯、達蓋爾發明照相技術
1815~1871年民族主義與民族國家形成	1828年德國人維勒“論尿素的人工合成”
1816年聖西門創辦《工業》雜誌	1831年英國人法拉第電磁感應和第一台發電機
1817年李嘉圖《政治經濟學及賦税原理》	1834年美國人珀金斯發明冷凍機
1825年英國建成第一條鐵路	1838~1839年德國人施萊登、施旺提出細胞學説
1825年英國廢除“禁止機械出口”法律	1840~1847年邁爾、焦爾、赫爾姆霍茨“能量守恒定律”
1830~1842年孔德《實證哲學教程》	1844年美國人韋爾斯使用麻醉劑
1833年英屬殖民地廢除奴隸制	1851~1900年德國成為世界科學中心
1838~1848年英國憲章運動，爭取男子普選權	1851年英國人卡爾文“論熱的動力理論”
1840~1860年中國兩次鴉片戰爭	1856年貝塞麥發明轉爐煉鋼法
1844年恩格斯《英國工人階級狀況》	1859年達爾文《物種起源》和“生物進化論”
1848年穆勒《政治經濟學原理》	1863年瑞典人諾貝爾發明安全炸藥

1848年馬克思《共產黨宣言》	1865年法國人巴斯德提出“病源微生物說”
1859年美國人德雷克開採石油成功	1865年英國人道爾頓提出“原子論”
1867年馬克思《資本論》	1866年奧地利人孟德爾發現遺傳定律
1868年日本明治維新	1869年俄國人門捷列夫“元素周期表”
1869年蘇伊士運河開鑿	1873年英國人麥克斯韋《電磁學通論》
1870~1913年德國成為歐洲工業強國	1876~1894年美國人愛迪生發明留聲機、電燈和電影機
1870~1914年第二次工業革命、電氣化	1876年電話的發明
1871年德國統一	1882年法國人德波里建成遠距離直流輸電線路
1871年法國巴黎公社	1885年德國人奧托、戴姆萊發明內燃機
1872年德國《普通學校法》強制性8年義務教育	1886年美國人斯坦德萊建立交流發電站
1872年日本《國家教育制度》提出普及初等教育	1888年德國人赫茲發現電磁波
1875年法國成年男子獲得普選權	1895年德國人倫琴發現X射線
1883~1911年德國建立社會保障制度	1896年意大利人馬可尼發明無線電技術
1886年美國芝加哥工人大罷工，定8小時工作制	1898年法國人居里夫人發現鐳
1890年美國《反托拉斯法》	
1900年美國成為世界頭號工業國家	

20世紀經濟、社會與政治	20世紀科學與技術
1906~1912英國發展和完善社會保障制度	1900年德國人普朗克提出“量子論”
1908年美國人福特的汽車“生產線”	1901年倫琴、范霍夫和貝林榮獲首屆諾貝爾獎
1911年中國辛亥革命	1903年美國人萊特兄弟製造飛機
1914~1918年第一次世界大戰	1905~1911年愛因斯坦提出“相對論”學説
1914~1945年工業化國家普及初等教育	1910年蘭德斯泰納發現人的血型
1917年俄國十月革命	1911年芬克提取和命名維生素
1918年英國婦女獲得選舉權	1919年盧森福發現“原子嬗變”
1919年凡爾賽和約	1919年美國人摩爾根《遺傳的物質基礎》
1929年世界經濟大蕭條	1921年美國匹茲堡建立廣播電台
1933~1940年美國羅斯福新政	1925~1927年海森堡、薛定諤、波爾等建立“量子力學”
1936年凱恩斯《就業、利息和貨幣通論》	1925年英國人貝爾德發明電視
1939~1945年第二次世界大戰	1926年美國人戈達爾製造液體燃料火箭
1945~1975年殖民地獨立運動	1930年英國人弗萊明發現青霉素
1945年第三次產業革命、自動化	1930年英國人惠特爾發明渦輪噴氣式發動機
1945年聯合國成立	1935年德國人多馬克發明璜胺藥物
1945年國際復興開發銀行	1936年美國製造第一台雷達

1945年國際貨幣基金組織成立	1939年馮卡門、錢學森解決航空器超音速熱障問題，提出火箭發動機原理
	1945年美國製造第一顆原子彈
1947年關稅貿易總協定	1945年美國製造第一台電子計算機
1948年聯合國《世界人權宣言》	1947年美國人肖克利等發明晶體管
1949年北大西洋公約	1948年美國人申農和韋弗《通信的數學理論》
1949年新中國成立，超出共濟會計劃	1948年美國人維納《控制論》
1950年巴黎統籌委員會成立	1948年蓋莫夫提出系統的“宇宙大爆炸學說”
1955年華沙條約	1953年沃森（美）和克里克（英）發現DNA結構
1955年萬隆會議與第三世界	1954年蘇聯建成第一座原子能發電站
1957年歐洲經濟共同體	1957年蘇聯發射人造衛星
1960~1968年美國黑人民權運動	1960年美國貝爾實驗室發明激光器
1960~1970年婦女爭取平等權利的運動	1961年美國人基爾比和諾依斯發明集成電路
1960~1970年東亞形成“新興工業化經濟體”	1961年蘇聯人加加林乘“東方1號”飛向太空
1961年經濟合作與發展組織成立	1965~1968年威爾遜、勒比雄等“板塊學說”
1965~1972年美國和歐洲青年學生運動	1968年美籍奧地利人貝塔朗菲《一般系統論》

1966年聯合國開發計劃署成立	1969年美國“阿波羅計劃”登月成功
1969年丁伯根和弗里希獲首屆諾貝爾經濟學獎	20世紀美國成為世界科學中心
1970年30多個國家超過半數人口生活在城市裏	
1970年30多個國家大學普及率超過15%	
1970年30多個國家成人識字率超過80%	
1970年20多個國家平均預期壽命超過70歲	

1970年來經濟、社會與政治	1970年以來科學與技術
1970~1980年世界性通貨膨脹和失業	1970年美國康寧公司發明石英套層光導纖維
1970~1979年第一次信息革命、微電腦普及	1970年計算機網絡在美國誕生
1971年歐共體對發展中國家實行普惠制	1971年美國英特爾公司推出微處理器
1972年梅多斯《增長的極限》	1971年蘇聯“禮炮1號”空間站
1972年聯合國《人類環境宣言》	1975年美國蘋果公司發明微電腦
1974~1999年第三次民主化浪潮	1975年美國微軟公司開發BASIC軟件程序
1974年聯合國《世界人口行動計劃》	1982~1989年參與因特網（美國）和萬維網（歐洲）誕生
1978年參與中國實行改革開放政策	1985年美國“星球大戰”和歐洲“尤里卡”計劃
1986年蘇聯切爾諾貝利核電站事故	1990年美國哈勃天文望遠鏡進入太空

1989~1991年東歐計劃經濟的崩潰和蘇聯解體	1993年美國提出“信息高速公路”計劃
1990年代電子商務快速發展	1996年克隆羊“多莉”在英國誕生
1992年聯合國環境發展會議	1997年機器人“深藍”擊敗國際象棋世界冠軍
1993年第二次信息革命、因特網普及	2000年人類基因組“框架圖”完成
1994~2002年南美和亞洲金融危機	
1994年歐洲委員會《歐洲通向信息社會之路》	
1997年歐洲委員會《走向知識化的歐洲》	
1998年30多個國家大學普及率超過40%	
1999年世界人口超過60億	
2000年60多個國家平均預期壽命超過70歲	
2000年70多個國家嬰兒存活率超過97%	
2000年70多個國家超過半數人口生活在城市裏	
2000年70多個國家成人識字率超過80%	
2000年30多個國家電腦個人普及率超過10%	
2000年30多個國家因特網個人普及率超過10%	
2001年世界貿易組織成員達到144個	
2002年歐元體系正式建立	

附錄5

究竟誰在領導美國？

——與台灣友人深喉對談錄

對　談

何新：文藝復興以來的歐洲史，就是猶太銀行家和壟斷商人的聯合組織“共濟會”，一步一步擊敗教會和國王、貴族，主導了歐美，進而圖謀主宰世界的歷史。

1649年的英國革命，就是控制倫敦城的共濟會金融家和商人發動的。美國是共濟會建立的。法國大革命、建立德國的條頓——容克騎士團（聖殿騎士團的分支）、建立近代獨立意大利的加里波第以及燒炭黨人等，20世紀初爆發的俄羅斯革命（參看《共濟會與近代俄國政治變遷》，復旦大學出版社）；無不與共濟會有某種直接或者間接的關係。

一定意義上可以説，共濟會的神秘歷史，就是近代的世界史。

英王政府從都鐸王朝（Tudor dynasty）時代以來，就逐步被倫敦金融城（法權獨立的經濟特區——風能進，雨能進，國王不能進）的共濟會銀行家和商人們所控制。

1649年英國國王被克倫威爾砍了腦袋，不太聽話的克倫威爾後來又被共濟會幹掉。此後，沒有一個英國國王、女王敢不聽共濟會的話。

1716年英國共濟會總部的建立，標誌着共濟會的近代化、公開化並與王權相結合。1840年發動對華戰爭的英國東印度公司也是共濟會商人們的武裝公司。在英國作出決策的不是女王政府，而是隱身幕後的共濟會。

深喉：共濟會只是一個浮上台面的組織，就像其他傳説中的財團和組織一樣，只是擋箭牌。

所謂“真人不露相”，真正控制美國和“民主國家”的，是一個不為人知的“無名的猶太集團”。它核心人數不超過7個人，美國總統也只能和這7個人的助理通話，誰都別想輕易見到本尊！

但這7人之中的1個也許正坐在麥當勞，他一邊吃着漢堡，一邊聆聽隔壁桌的大學生在議論社會新聞，他貌似無所不在、自由自在！

何新：共濟會起源於以猶太銀行家和大壟斷商人為核心的一個神秘盟會組織。共濟會會員之間表面以“兄弟”相稱（號稱世界最大的兄弟會），但實際上內部存在13—33級的複雜而森嚴的等級分隔。

共濟會沒有單一的最高領導人，做出最終決策的是10幾個壟斷和掌控了全球金融體系的世襲家族（有一種説法是存在所謂“共濟會13家族”，其中大部分是猶太富豪和精英）。

深喉：真正控制美國的這個“無名的猶太集團”，集結於第二次世界大戰，因為希特勒看懂了猶太人的財團想控制政府，於是發起了剿滅猶太人的鬥爭，因此一批聰明的猶太人跑到美國開始了“全面控制美國”的工程。

媒體上能夠看到、聽到的富豪和家族都被他們操控着，包括洛克菲勒、卡內基、巴菲特、比爾蓋茨、索羅斯……都只是舞台上的演員，在銀幕上你永遠看不到編劇、導演和制製片人。

何新：共濟會最高層據説存在一個300人左右的最高秘密跨國精英的會議。其中囊括了全球的頂級富豪、英美法日德意等發達國家的政治精英及元老，宗教領袖、全球主要傳媒及網絡的控制者，若干有實用意義領域的學術精英也被不固定地邀請到會。

300年來，這個組織一直在致力於做以下幾件事：

1.控制全球金融體系

2.以金融和財政手段控制各國政府

3.以資本手段控制大眾娛樂和媒體

4.建立掌控世界的情報系統

5.以基金會控制大學和教育體系

6.以基金會控制醫療保險金，控制全球衛生和醫療體系

7.以金融手段控制和壟斷全球資源和糧食市場。

深喉：這個“無名的猶太集團”首先是控制政黨，美國的民主黨和共和黨都被他們以資金實力牢牢地掌控，表面上是兩黨民主選舉，其實不管誰選上都是他們選上，美國人民還高興得不得了！

然後入侵情報系統，讓胡佛幹了48年的聯邦調查局局長（總統最長只能幹8年，部長是總統任命，哪個民主國家的部長可以幹那麼久？）。收齊了所有官員的個人情報，哪個總統不聽話就暗殺或制製造醜聞讓他下台；對付可能成為反對派的民主人士就讓他蒸發；國家銀行——“美聯儲”也被他們並併購了；主要媒體都被他們通過各家財團和基金會控股，巧妙地引導輿論，讓人民們深信“新聞自由”。

何新：國際共濟會的最終目標，是打破各國的主權體制，拆解各個國家，將全球組合為共濟會所控制的跨國區域（類似現在的歐盟和未來的美洲共同體），最終建立一個在國際共濟會控制下的世界統一集權政府，建立全球新秩序。

在這一目標達到後，共濟會要對世界人類做種族和宗教分類，遺棄所謂"垃圾人種"，只保存發達國家的精華人類，用科學手段把世界人口減少到 億以下——美國喬治亞州的共濟會石碑，用五種語言公開宣示了人口控制的這個最終數字。

這些目標，在共濟會、三邊委員會、彼得伯格俱樂部的多次會議上皆有討論和議案，例如已經被揭露出來的減少世界人口1971年文件，多倫多會議文件、倫敦會議文件等。

深喉：這個"無名的猶太集團"完成美國的佔領之後，也用同樣的手法在歐洲民主國家擴張，然後入侵到世界各地的民主國家，只要開放投票選舉的國家就是開放給"無名的猶太集團"佔領的國家。他們推銷"全民投票"的民主理念，為他們的“民主殖民主義”開疆辟闢土，佔領地球。

他們控制“民主”國家政黨的幾大法寶是：金融、新聞媒體、情報系統、基金會。但他們對不同膚色和宗教信仰的國家特別提防，不希望他們做大做強，因此用“民主選舉”、“媒體自由”、“遊行示威”、“學術研究”、“金融危機”、“藥物暗殺”、“反恐戰爭”等工具來抑制這些國家的發展。

何新：共濟會（美國為首的）有一個控制世界的時間表。

我十多年前曾經在香港商報發表的“美國統治世界的時間表”（《何新論政治國家主義》，2003年出版），對此有所揭露。雖然當時我還不知道國際共濟會的存在，只是在思考美國對世界的霸權問題。

其實美國從來不是孤立的美國。美國之立國就是歐洲共濟會於18世紀在新大陸所建立的一個實驗國家。南北戰爭後共濟會逐步全面控制美國，成為在共濟會控制下推行世界政府計劃的一個主要國家工具（從國聯、到聯合國，再過渡向未來的世界政府）。

10年前，我預測將被逐次推倒的國際多米諾骨牌次序是：伊拉克、利比亞、埃及、敘利亞、伊朗、俄羅斯、中國——近年發生的事態表明，這個時間表的確一直在有條不紊地推進着。

深喉：這個“無名的猶太集團”有超強的危機意識，因為經歷了納粹集團的滅絕運動，所以任何可能在做大後，把與他們對抗的國家消滅在萌芽狀態。中國現在肯定是被升級為主要目標了！

何新：對中國發動戰爭——是2005年的共濟會倫敦會議文件所透露的：以攻擊伊朗為導火索發動世界大戰，然後對中國作戰。我認為，敘利亞問題解決後，共濟會解決伊朗問題的動作就將發動。

南海問題、日本及東海問題，中國輿論目前都僅僅把它看做地緣國家之間的領海主權爭端。

在共濟會控制世界的時代，單純國家主義的國際觀察模式已經過時，認為世界問題根源，僅僅是美國國家的霸權主義也是錯誤的。

當前發生所有的國際問題和危機，都不應當僅從一國角度觀察——而都是統籌於共濟會主導下的全球化方向的。貌似偶發的個別性國際爭端，其背後有同一隻操縱之手——國際共濟會。

其實這些國家的政府也是身不由己。日本、菲律賓政府都在共濟會直接控制之下。越南，則共濟會利用其對海域的貪婪要求，通過各種方式包括以金錢收買、軍事支持而操縱——間接控制着。如果越南對中國戰敗，則其對共濟會國家的依附會更強。如果越南挫傷中國，則越南可以得到獎勵。

共濟會非常希望引爆這些小國與中國的戰爭，借以窺探中國軍力、動員組織、後勤能力、電子戰力以及民心輿論的虛實。實際是為未來發動大戰摸底和做準備。

為什麼小小的菲律賓對華這麼死硬——不惜以卵擊石？原因就在此。

深喉：實際上，這個“無名的猶太集團”目前對付中國的手段不會這麼粗暴，會優雅地多方出擊。

表面上讓美國衝在前面，再帶幾個“民主”國家小兵守着門户；他們的關聯財團會在中國加大投資，結交太子黨，整合大的民營企業家，佔領關鍵產業與地盤；雖然暫時無法主導中國媒體，但可以通過各種學術合作與贊助，把知識分子的嘴巴控制起來；既然猶太集團控制的谷歌、臉書進不來中國，那就化整為零，投資和扶持中國自己的網絡企業和網絡大V，等時機成熟時再來發動革命，查查那些大型的網絡相關企業的風投資金來源就知道怎麼回事了。

所以中國已被從內部佈局滲透，問題很嚴重了！

何新：絕對不要以為國際共濟會只是一個單純的秘密宗教組織，或者並非一個制度化組織。實際上，如果是作為一種宗教，共濟會自稱這個組織已經存在5000年，超過地球上一切宗教（見上海北京路共濟會堂遺址的共濟會石碑）。

國際共濟會是高度制度化的，內部分級嚴格，信息分層次高度屏蔽，組織極其嚴密，這是一個跨國的政治、經濟、宗教三位一體化的奇特組織。在世界歷史上獨一無二。國際共濟會的決策和協調行動的最高平台，在美國有“波西米亞森林俱樂部”（即貓頭鷹俱樂部），在歐美日之間有“三邊委員會”，在世界主要工業國（包括俄羅斯）間有“彼得伯格俱樂部”。（《統治世界：神秘共濟會揭秘》，2010年出版）

人們長期不知道共濟會的真實存在和厲害程度。有人認為共濟會不過是一種地攤文學的傳説，其實主流政治家都知道它的存在和力量。只有從事地攤寫作的弱智“精英”才會把它當成一個地攤神話。多數人對其無知或者後知後覺，這是很可悲的。

共濟會在中國，以傳播猶太教的名義已經開設了公開的網站。網站總部設在以色列，公然宣稱其準備在中國招募500萬‘猶太人’會員。而目前共濟會在全世界僅有800萬左右的會員。但共濟會在中國招募會員的前提是資產過億者，須繳納100萬人民幣的會費購買權戒。順便説明，據我所知，華人共濟會，“美生會”和洪門以及黑人共濟會、伊斯蘭兄弟會、女性彩虹會等屬於共濟會的外圍統戰組織，層級很低，貌似一個修習共濟會教義和道德的團體，不同於真正的猶太國際共濟會。

深喉：這個“無名的猶太集團”經過了70多年三代人的發展，統治世界的系統架構是非常完善的，共濟會只是他們利用的組織之一，是冰山一角，千萬不要被他們拋在台面上的障眼法騙了！他們的關聯組織和人脈可能就在你身邊。中國這可到了最危險的時候！但只要多數人能明白這些事實，就不會遭到他們的蠱惑與陷害，希望大家能盡力把真相告訴給身邊的每個人。

看到這裏，有些人可能會自作聰明地認為：這是共產某某黨為了“專政”編造出來詆毀“西方民主制度”的故事。但我很負責地告訴你：我不是共產什麼黨員，也不用中國大陸身份證。旁觀者清！我只是和猶太人不同膚色的學者，不忍心看到“無名的猶太集團”正在進行的“大謀殺”。當然，我也清楚人們已經被美國人洗腦這麼多年了，能看懂的智者肯定寥寥無幾！

何新：內地在市場改革、金融體系、國際領土方面的應對失誤，多與對局勢的誤判有關。

共濟會的最終目標，甚至不是把內地殖民地化，而是亡其國，毀其文化，滅去垃圾人種。

順便說一點，對形勢的誤判乃是國際共濟會所極其需要的——有些則是他們所放出的鸚鵡有意地誤導的。

深喉：這個“無名的猶太集團”在中國內地將遇到強勁的對手，因為中國那裏有幾個不可戰勝的屏障：

1.中國政治體制，現行的執政模式猶太集團是很難攻陷的。

2.意識形態，中國特色的社會主義與猶太集團的資本主義是格格不入的。

3.人民信仰，中國人對自己的宗教信仰很自信，大多數人不會認同猶太集團推廣的宗教。

聰明的中國人，中國人的智慧不低於猶太人——所以，未來大家有得一玩！

總 結

深喉言論，特別強調共濟會神秘背景黑色金融組織，是一小群控制世界的猶太富豪。他以為我對此方面信息不足。其實，我一直是有意回避談論猶太人這個問題，因為這個問題涉及中古以來的宗教歷史、金融歷史和許多糾葛的民族歷史，特別複雜，絕非三言兩語可以理清。

根據馬克思早年名著《論猶太人問題》的論點，猶太人並非一個血族或者種族的概念，而是一種堅持特殊宗教信仰的經濟人群（猶太金融富豪）的族圈（絕對封閉的世襲族裔）概念。馬克思認為，猶太人其實就是一群有特殊信仰的金融資產集團的代名詞。自羅馬時代以來，控制歐亞商路（包括絲綢之路）和歐洲金融圈子的，就是猶太金融家（銀行家）及其秘密組織——共濟會。我只談共濟會，少談猶太人是避免陷入涉及宗教以及其他複雜的歷史糾葛問題。

深喉另一篇網文《究竟是誰在掌控台灣》（參看何新博客2016年2月7日）也很有意思，揭露了台灣政治表象之下人所不知的某些深層秘密。

菲律賓受共濟會控制了

菲律賓簡介

菲律賓（Republic of the Philippines，他加祿語：Republikang Pilipinas）是一個群島國家，位於西太平洋，北隔呂宋海峽與台灣屏東縣相望，南隔西里伯斯海與印尼相望，西隔南海與越南相望，東邊則為菲律賓海（琉球海）。菲律賓群島（南琉球群島）由7101個島嶼組成，分為呂宋島、米沙鄢群島和棉蘭老島三大島群。

菲律賓本土約有9300萬人口，居世界第12名。菲律賓群島（南琉球群島）的種族與文化為數眾多，史前的尼格利陀人可能是菲律賓最早的居民，隨後南島民族的遷徙，陸續帶來了馬來文化、印度文化和伊斯蘭文化，隨着貿易發展也帶來了中國文化。

古代菲律賓是中國殖民地

數十萬年前，菲律賓群島已有人類活動，不過，現在菲律賓土著居民的祖先，大概在一萬年前才定居菲律賓。

中國歷史典籍中所提及的呂宋、蘇祿、麻逸、古麻剌朗等國，皆在今日菲律賓國內。在菲律賓當地，考古發掘甚至發現有日期在3世紀的中國瓷器。

226年（東吳黃武五年），東吳官員宣化從事朱應、中郎康泰浮海巡撫，曾到過今天菲律賓境內的臣延、耽蘭和杜薄。康泰著有《吳時外國傳》。裴松之注《三國志》與《晉書》中也有提及。唐、宋時期華人就與菲律賓各地有貿易往來。

1390年，本島米南加保人（Minangkabau）建立了蘇祿蘇丹國，他們在13世紀以來從蘇門答臘島移民而來。

1405年（明永樂三年），鄭和下西洋，巡蒞菲律賓群島（南琉球群島），鄭和奉永樂帝詔書封許柴佬（今福建晉江深滬運伙人）為呂宋總督，統攬該地區政、軍、財、文大權。任職直到永樂二十二年（1424年），達20年之久。

菲律賓共濟會領導獨立運動

1521年，麥哲倫探險隊為聯繫中國首次環球航海抵達菲律賓群島，麥哲倫在此地被土著砍死。

1565年，來自墨西哥的西班牙人佔領菲律賓主島，此即西班牙統治菲律賓的開始。菲律賓之名，乃自當時的西班牙國王菲利普二世而來。西班牙佔領菲律賓300多年。此期間來自西方的傳教士積極傳播天主教，至今天主教仍是菲律賓的主要宗教之一。

19世紀末，隸屬歐洲約克禮儀禮儀的菲律賓共濟會成立，共濟會會員領導菲律賓發動了反西班牙革命。安達斯·波尼斯奧（Andrés Bonifacio，1863~1897年），共濟會會員，獨立運動的主要領導人之一。1896~1897年任臨時政府的首任主席，率領反抗部隊與西班牙政府展開游擊戰。當時半地下活動的菲律賓華人共濟會洪門致公堂口，積極支持獨立運動。1898年6月12日，菲律賓宣告獨立，建立菲律賓共和國。

1912年菲律賓共濟會總會正式掛牌成立。

19世紀末美國發動奪取西班牙海外殖民地的美西戰爭，擊敗西班牙簽署“巴黎和約”。共濟會將菲律賓的主權，以2千萬美元的代價轉讓給美國為美屬菲律賓領地，此後菲律賓成為美國殖民地。

二戰期間菲律賓為日本帝國所佔領，戰後獲得獨立。美國在菲律賓留下了英語的主導地位以及對西方文化的認同。

1946年7月4日，菲律賓共和國（第三共和）完全獨立。

菲律賓是共濟會控制的國家

菲律賓獨立後成為共濟會控制的地區，其共濟會——旭日分會當時可管轄中國、日本、香港、台灣的日本華人共濟會。

日前，菲律賓國家紀念共濟會控制菲律賓百年舉行活動，發佈共濟會紀念標誌，紀念鈔，紀念郵票，主題為“菲律賓共濟會百年（1912~2012年）”。

菲律賓共濟會百年紀念LOGO

菲律賓發行的紀念鈔的藍本，為2012年版的100比索券，在水印區加蓋紀念LOGO。

菲律賓發行共濟會百年紀念鈔

菲律賓共濟會控制日本和台灣、香港的共濟會

1949年3月18日，菲律賓共濟會旭日分會援助的中國美生會在上海成立。而菲律賓洪門共濟會則具有110年以上更久遠的歷史。

共濟會進入日本，大約在江戶末期日本實行“開國”政策之後。日本國內第一個加入共濟會的，據稱是當時的陸

軍軍醫總監林董初代。1864年，到荷蘭留學的西周和津田真道，也被認為是最早加入共濟會的日本人。二戰前明治政府限制結社、言論和集會自由，對自由民權運動殘酷彈壓，在日本加入共濟會的日本人非常稀少，幾乎只限在海外的日本僑民，或者直接在海外加入。

二戰時期，明治政府因為眾所周知的原因，日本與西方的交流幾乎停滯，為數不多的盟友中納粹德國也是徹底反猶，珍珠港事件後日本軍警也馬上關閉了在日本的共濟會，因此，加入共濟會的人數為零。

1945年日本戰敗，1946年共濟會在日本重建。1950年1月5日，佐藤尚武、植原悦二郎、三島通陽、高橋龍太郎、芝均平等成為首批重建之後的共濟會會員。但當時，日本的共濟會處於菲律賓的旭日分會所轄之下，而菲律賓在二戰時期與日本結下了血海深仇。1950年4月8日，菲律賓共濟會代表馬羅巴拉迪訪問日本，他發表演説提出：為了世界和平，願意與日本人像兄弟般地握手、並代表共濟會饒恕過去的罪行……他的這一姿態立即得到星島二郎議員的嚮應，他向日本國會提出謝罪決議，並得到全會一致通過。

之後，本身就是共濟會會員的美國駐日最高指揮官麥克阿瑟將軍，以及理查德克里普等，出於共濟會一貫的結交權貴、統治世界的思想宗旨，同時也是基於冷戰氛圍下切實地反共需要，在多個場合正式非正式地邀請日本天皇參加共濟會、並許諾給予會內高級別會員資格，但都沒有成功。1955

年3月26日，名門出生的日本政治家鳩山一郎成為第一個被授予GRAND MASTER高階位稱號的日本人。至1957年，日本會員數超過2500人，當年3月，在東京成立了東京共濟會，擺脫了之前掛靠菲律賓分會的格局。

日本與共濟會

日本共濟會簡介

日本早就是一個共濟會國家。日本的明治維新運動實際有國際推手：荷蘭共濟會、英國共濟會和美國共濟會。共濟會在19世紀的全球地緣戰略中，有意識扶持和資助日本工業化，從而以日本來牽制中國和沙皇俄國。這一戰略至今依然。甲午清朝的戰敗，日俄戰爭沙俄的戰敗，背後都有表面偽裝中立的英、美、德國共濟會的暗助和操作。當然，清朝和沙俄自身的腐敗是戰敗的內因。

日本明治維新的一些偶像人物如：坂本龍馬、福澤諭吉、三井財閥家族都是共濟會會員，或與英國、荷蘭共濟會關係密切。日本明治維新前興起的蘭學（荷蘭學）就是共濟會引入的學術。

自明中期以來禍亂中國沿海甚烈的倭患（日本海盜），其幕後真正的指使者就是英國、荷蘭、葡萄牙共濟會的東印度公司。

在日本王室、首相、高官中多有共濟會會員。日本的三井、三菱都是加盟在共濟會金融體系中的財閥大壟斷集團，旗下控股了包括日產、sony、豐田、東芝等製造企業。近現代日本的兩次崛起，都與西方共濟會金融資本的注入和扶持有直接關係。

必須知道這一點，才會了解百年來特別是第二次世界大戰後，美日及日本與西方關係的真正實質。

對於共濟會體系來說，民族國家以至在某種意義上種族的概念，已經不是主要的分類標準。

最重要的是階級集團的經濟利益和政治、宗教、意識形態的共同利益，決定其敵友的認同性。

在近代日本，國內還有本土利益集團與西化利益集團的矛盾。二戰前的軍部（本土地主貴族較多）與內閣（代表西化派政商學利益較多）的矛盾，反映這種分歧。所以軍部發動了太平洋打擊美國的戰爭。戰後日本基本上成為美國共濟會金融財團的附庸，至今依然。所以，日本並不是一個真正獨立的政治國家。

日本共濟會起源

關於日本共濟會的起源，源自江戶時期強迫日本打開國門的美國海軍馬修·佩里上將（Matthew Calbraith Perry, 1794~1858年）。佩里於1819年在紐約的Holland支部加入共

日本明治維新的推動者、日本近代海軍的創立者、共濟會會員坂本龍馬

濟會，因率領黑船打開鎖國時期的日本國門而聞名於世。據曾在日本共濟會總會擔任長老的山屋明氏著作中有這樣一段記錄："（佩里）是第一個能夠找到明確記錄地訪問日本的共濟會會員"。儘管有人認為共濟會早在18世紀已經隨着荷蘭東印度公司進入日本。但事實上，現存的記錄中確實沒有比這更早的記錄。

1860年2月26日（安政7年2月5日），有荷蘭船長以及商人N-Dekkeru在橫濱被攘夷派人士暗殺（荷蘭船長被暗殺事件）。為了向攘夷派人士表示抗議和示威，橫濱的外國人為兩位受害者舉行盛大的葬禮，人們認為當時被暗殺的這兩人也是共濟會會員。參加葬禮的眾多外國共濟會會員穿着石匠的禮服、繫着石匠圍裙參加葬禮。這次活動被認為是在日本最早的共濟會儀式的記錄。這兩人在橫濱的外國人墓地下葬，這個墓地保存至今。

1864年（明治元年）為了保護僑民，英國將第20步兵聯隊（也就是後來的Peyton's Regiment of Foot）從香港調往橫濱。隨同軍隊的共濟會"斯芬克斯"支部作為隨軍支部而設立，該會同時也擁有作為駐日英國人的分會所的功能。另外，共濟會在日本還設立了永久性的民間分會所。1865年3月，斯芬克斯隨軍分會所離開日本，正式的共濟會駐日分會，被英格蘭總會承認接受，並於6月26日於橫濱將分會所設置為正式的會所。這個分會所經歷了數次搬遷而保存至今，是日本國內運作至今的最早分會所。之後又有一些分會所陸續登場，兵庫、大阪的分會所也開始運作。

最早的日籍共濟會會員，據説是在荷蘭留學時入會的西周與津田真道。但是在第二次世界大戰以前，日本國內很少有日本人的共濟會會員。明治政府對結社自由與集會自由實行嚴格的管制，並於1886年頒佈了"禁止事先未做呈報或沒有警察在場的任何集會"的保安條令。這條法令是直接用於鎮壓自由民權運動的，同樣秘密社團也是被禁止的。所以若是這條法令對共濟會也適用的話，即便是最低限度的集會也明確要求有警察在場。這一時期由於不平等條約的關係，外國人擁有治外法權。但是對於不平等條約的更正，意味着官府是否能管轄到共濟會只是時間問題。

為此，國際共濟會派出由日本政府僱傭的外籍通信顧問

W-H-Stone，作為代表與日本政府進行溝通，表明共濟會不僅無意與日本政府對立，還對共濟會的非政治性、非宗教性的（組織原則）進行了說明。W-H-Stone還強調了共濟會是受到歐美各國高層承認與支持的。結果雙方達成了共濟會不作為《保安條例》的管制對象，但官方要求共濟會禁止接收日本人入會，禁止對日本社會進行接觸和宣傳君子協定。由於這只是一個口頭性質的協定，所以在日本官方檔案方面沒有保存相關的檔案。只有在共濟會方面有一些關於此協議遵守情況的記錄。日本《保安條例》廢除後，《治安警察法》規定對結社（活動）實行呈報制度，秘密結社仍然是被禁止的。共濟會對發展日本人成為會員一直有所克制，共濟會也一直在與日本人隔絕的狀態中而存在着。

戰前（二次世界大戰）加入共濟會的日本人都是在海外分會所入會。也正是由於這一原因，使得共濟會遭受到了如“只許外國人加入的間諜團體”而把日本人排除在外，恐怕連參觀都不允許的反“國體的種族主義團體”之類的指責。

昭和時代，日德意三國同盟成立之後，受到納粹德國影響，共濟會陰謀論和猶太陰謀論開始廣泛流傳。在之前的大正時代，就有今井時郎和樋口艷之助指責共濟會的自由主義與民主主義是共產主義的源頭。到了昭和時代也有陸軍中將四王天延孝，一方面否認自己受到納粹思想的影響，一方面又在散播猶太共濟會的陰謀論，把《錫安長老會紀要》作為陰謀的證據。

1943年《每日新聞》由每日新聞主辦、情報局援助，在銀座的松屋舉辦了“探究控制英美的幕後本體對國際謀略的思想進行反思”的標語下，舉行了名為《國際秘密勢力與共濟會展》的展覽。

1941年（昭和16年）日本對美國宣戰（太平洋戰爭），日本的共濟會分會完全被憲兵和特別高等警察封鎖後驅逐，（分會所成員）資料、辦公用品全部被沒收。

1945年日本戰敗，第二次世界大戰一結束，日本分會所便從1946年開始重建。1950年1月5日，佐藤尚武、植原悦二郎、三島通陽、高橋龍太郎、芝均平等人成為戰後日本加盟最初的會員。這時的日本分會是屬於共濟會菲律賓總會的下屬機構，這是菲日關係最糟糕的時期。4月8日菲律賓代表訪日，發表了“決定為了世界和平、決心與日本的兄弟握手，對其過去的罪行表示寬恕並作為兄弟歡迎日本的回歸”的演說。參議員星島二郎對此做出了回應，並向日本國會提出對菲謝罪的決議——該決議被國會一致通過。

本身就是共濟會會員的道格拉斯-麥克阿瑟，首先把讓日本皇族的領導者入會作為對日政策的主要一環，之後提出讓昭和天皇加入共濟會的計劃。但是共濟會沒有正面提出直接說服天皇入會，所以只是一直在暗示有此意願。而天皇的兄弟和多位親王都是共濟會成員。

對於共濟會和美國來說，一直期待日本能成為反共前哨。雖然讓昭和天皇入會一事未能實現，但事隔多年之後的

1995年，在對原共濟會大師Grand Master的採訪中，Richard Kuraipu曾經表示：直到就現在也對天皇入會抱有期待。他說："即便在日本國內，若是能讓天皇陛下入會，也應該不會有人表示異議。如果天皇陛下加入共濟會，那我就奉上我的名譽Grand Master的稱號。"

1951年入會的鳩山一郎（1883~1959年），在二戰後出任第52、53、54任內閣總理大臣，被認為是二戰後日本復興時代最重要的首相之一。他經歷了第一階級（學徒）、而後進階第二階級（技師）之後，升入第三階級（石匠大師）。

鳩山家族的父親鳩山和夫是文部省第一期的耶魯大學留學生，母親春子為東京女子師範學校的英語教師、著名作家及共立女子職業學校（現為共立女子大學）創始人，弟弟為日本著名民法學者鳩山秀夫。孫子分別是曾任民主黨代表和首相的鳩山由紀夫、自由民主黨籍眾議員的鳩山邦夫。

鳩山一郎1907年（明治40年）東京帝國大學英法科畢業，進入父親的律師事務所工作。1911年父親去世，任眾議院議員兼東京市議，曾擔任犬養毅與齋藤實內閣的文部大臣。在齋藤實內閣擔任文部大臣任期內，發生著名的瀧川事件。

戰後，1945年11月9日，自由黨成立為第一大黨，鳩山任首屆總裁。大選之前，5月4日，鳩山一郎被整肅（公職追放），只好引退。1954年12月10日第一次組閣，1955年3月19日第一次引退。1955年3月19日第二次任內閣總理大臣，同年11月22日率內閣總辭。1955年11月22日第三次組閣，1956年

12月23日率內閣總辭。1959年（昭和34年）去世。

截止到1957年為止，共濟會的日本會員已超過2500人。“應該組建獨立的總會所”的趨勢日見高漲，於是1957年3月份設立了共濟會日本東京總會所。首任大長老由委內瑞拉外交官Carlos Jimenez Rodriguez擔任。另外主要在美軍基地內存在着諸如菲律賓系及黑人系等其他系統的分會所，但這些分會是與日本總會沒有直接關係，各個分會所屬於其本國總會。

從日本共濟會總會公佈的資料來看，這個團體被定義為“會員之間相互提升自我特性與人格，為了讓善良的人們變得更為善良的道德隱修的團體”。然而具體的修習活動內容是非公開的。

日本是共濟會系統國家。全球共濟會具有模式統一的會所，統一的標誌和服飾，統一的密語和手語，統一的口號和意識形態——“普世價值”，統一的規矩和制度。

對外則開展諸如興辦學校，資助慈善團體等公益性活動。在日本，每年5月份舉行“兒童祭”，8月舉行的自助燒烤活動是對非會員開放普通人也能參加的活動。提升會員之間的關係的親密度是活動的重要一環，集會結束後的宴會也是正式活動。早期，共濟會的分會所多半是在西餐館、酒吧（英式酒館）和清酒屋（日式酒館）。

共濟會原則上以國或者州為單位設置一個被稱為會館（Grand Lodge）的總部，但在全日本沒有統治全體會員的大總部存在。因為早年設立的總會要得到英格蘭總會的認證，才能被看做是正統。因此這些（總會）被稱為正規派或正統派，沒有被（本區）總會認證的分會所也是很常見的。以下的“會員數”與“入會條件”也是以正規派共濟會作為例子。

共濟會各地區會館（總會），是由被稱為“Provincial Grand Lodge”和“District Grand Lodge”的縣和地方支部以直轄管理的分會所構成的。縣和地方支部由被稱為分會所（lodge）的支部構成。但在活動規模較小的地區，總會不會設置縣或地方的支部。由總會直接管理分會所的情形也存在。在日本，作為一般財團法人的共濟會財團（伴隨着公益法人制度的改革，厚生勞動省所管轄下的公益法人財團法人“東京共濟會（石匠）協會”，於2012年4月進行了改組，與獨立團體“日本總會旗下的分會所”兩種形態構成。

日本總會遷入了由財團經營的房產，各分會所的相關活動經費也是由財團法人支持的。另外，日本國內實際上還存在着英格蘭系、蘇格蘭系、菲律賓系、美國馬塞諸塞州系、美國華盛頓州的Prince·holl系（黑人系）分會所，以上都不屬於日本總會的系統。這些國際共濟會分支，都是在駐日美軍基地內的軍事分會（為軍人而設置的分會所）。一個分會所得到其他分會所認定之後，就能夠加入共濟會的關係網絡。如果某個分會所的行為被認為有違會規，那麼這種認定，將會被取消而被排除在共濟會的關係網之外。

根據會規，共濟會會員的正式稱呼為Free and Accepted Masons（自由與被承認的石匠）。會員之間以“兄弟”相稱呼。會員之間以秘密符號的聯繫相互顯示存在。“兄弟”在遭遇不幸時有義務相互進行救助。共濟會在歐美地區有很多極其具有實力的會員。無論遭遇各種各樣的情況，都能得到有力地幫助（廣泛的人脈）。但是絕對不允許將分會所的內情透露給外部。

日本共濟會東京總會所

日本的城市紋章，都有猶太六芒星（大衛星，即所羅門之印）及共濟會標誌：

附錄1

《日本共濟會的秘密歷史》摘錄

作者：本傑明·富爾福德（Benjamin Fulford）

鏈接：http://www.bibliotecapleyades.net/sociopolitica/sociopol_masonsknightstemplar04.htm

日本共濟會會員聲稱他們與西方共濟會的連接和淵源，可追朔到古代美索不達米亞和古埃及時代，但我尚未能證明這一點。最早可以證實的連接，可追朔到大約1000年前，當可薩帝國（Khazarempire）被蒙古人、俄羅斯人毀滅時，他們的精英帶着他們的財富逃到歐洲和中國，逃到中國的這個團體，隨着忽必烈的軍隊征服了中國後來又逃到日本，這就是為什麼可以在日本1000年的古老神社裏看見大衛之星。在隨後幾個世紀裏，正宗的可薩人（譯註：可薩人可能就是猶太人）完全被日本的精英同化，但可以肯定的是，共濟會/可薩人的影響成為了日本文化不可分割的部分。

佩里（Perry）將軍到達後，迫使日本打開他們的經濟大門，羅斯柴爾德家族在亞洲怡和集團的人派了一個特工來日本。他的名字是托馬斯·布萊克·格洛弗（Thomas Blake Glover），他的任務是在日本開始的內戰創建一個新的武器市場。這場戰爭的最終目的是準備對日本殖民化，他設法賣出一些戰艦和武器，但是最後，格洛弗的陰謀敗露，他隨即破產。就在這個時候，共濟會決定以一種不同的方式與他們失去聯繫很久的表兄弟姐妹交往。另一個羅斯柴爾德的共濟會特工Guido H. F. Verbeck，非常成功的取得了日本人給予的特許和特權。他就是下面照片那個坐在第二排中間的人。

在他周圍的人，是現代日本的創立者和現代共濟會館的資深成員，他們擁立明治皇帝來象徵現代化的日本。英國人以及他們的歐洲伙伴給日本共濟會予充分的協助，以此可以打敗他們舊時的宿敵可薩人和日俄戰爭中的俄羅斯帝國。在以後的歲月裏，面對西方種族主義，日本共濟會決定他們需要征服全亞洲並使其現代化。他們的最終目的是為最後征服西方做準備，使東京成為世界帝國首都。他們與羅斯柴爾德巨頭結成聯盟（我們所知的阿道夫·希特勒），但輸給了洛克菲勒家族。

戰爭結束後，獲勝的洛克菲勒家族抵達日本調查他們的新產業，就戰後新秩序在日本共濟會總部談判（它隱藏在緊鄰東京的高塔地下）。戰後的日本每一個首相都是共濟會會員，這在日本是眾所周知的，他們的秘密的統治者是大衛·洛克菲勒和他的侄子傑·洛克菲勒（Jay Rockefeller）。舊時與羅斯柴爾德的連接仍然存在，但由於洛克菲勒家族贏得了二戰，因此他們崛起成為最強勢的控制力量。

到今天日本仍然是一個附庸國，每年製造和支付巨大的款項給他們的新主人。理論上，他們可以利用35萬億美元的廢紙（官方數字是接近5萬億美元，秘密數據超過35萬億美元），為之交換60年供應美國人收音機、電視、汽車等。事實上，任何做這件事的日本首相都曾被免職或死亡。最近日本人一直以強大的秘密武器威脅，利用前首相小泉純一郎和財政部長竹中平藏（由亨利·基辛格扶持的），策劃了一個半秘密的對日本商業銀行系統的接管。

三菱東京UFJ銀行新標誌是共濟會的眼睛

去年，日本政府提供了近8000億美元給光明會，他們一直為美國的戰爭開支買單，並去世界各地購買股票和房地產。隨着中國的秘密會社進入權力的方程式，日本秘密政府現在正在考慮如何就其地位重新協商。我向他們提議的計劃，是要與俄羅斯、中國、印度、自由的穆斯林國家（馬來西亞、印度尼西亞），南美及非洲聯盟，在向世界宣佈之前，將不再供應洛克菲勒家族、羅斯柴爾德家族、及他們的光明會家族的經費。相反，他們將呼吁召開一個全球性的會議來討論管理這個星球的新方式。他們也將提供在3年內結束戰爭，結束所有的貧困，環境破壞和疾病所需要的經費。因為沒有日本的資金，美國的軍事/軍工社會主義制度會崩潰，美國將繼續接受慷慨的資助以作為一個承諾，使用五角大樓來帶領對抗貧窮、環境破壞和疾病新戰爭的交換。美—日同盟也因此成為一個新國際體系的基石。

這個計劃正在認真考慮，車輪正在向前。

鏈接：http://www.bibliotecapleyades.net/sociopolitica/sociopol_fulford42.htm

我在日本的25年裏，日本人的迷信深深地震撼了我，因為他們一直受西方世界的統治，被大衛·洛克非勒控制。與此同時資深的西方記者告訴我，他們所遇到唯一嚴重的禁忌是皇帝。日本記者對他們理所當然地批評皇帝，覺得那將導致麻煩，甚至會遭右翼團體和匪徒謀殺。日本的媒體堅持自己是民主和言論自由的，與此同時，往往是只有正面的報道。之後經過無數次的與右翼高級人士、中情局官員、可薩人、許多的高級政治家、皇室成員和無數其他來源的接觸之後，才幫助我解開了這個困惑，或至少解開了它的一部分。

很清楚，二次世界大戰之後，日本成為洛克菲勒的封地。然而，保留給裕仁天皇的巨大權力使其能夠影響和處理國內政策，主要由皇帝和他的工作人員負責，在外交事務方面卻是洛克菲勒控制。因為冷戰和他們厭惡的共產主義，右翼非常支持建立這樣的交易。此外，裕仁天皇被日本人民激發，朝向一個新的目標來代替大東亞共榮圈的理想：那就是趕上並超越西方。結果是幾十年經濟的快速增長，伴隨着對美國外交政策目標的服從，這樣的安排直到上世紀80年代，那時候日本確實開始達成皇帝超越西方的野心。

在過去的20年中，與實際相比，日本和美國的貿易盈餘儘管微小的，華盛頓開始不安了！之後經過多年的令人沮喪在開啟日本市場對消減美國赤字方面的貿易會談，一個根本的改革開始。這一變化來到時，喬治·布什成為美國副總統，美國外交政策交由羅納德·里根。布什的看法似乎是，既然美國已經在軍事上比日本有優勢，就應該利用它。1985年8月，根據日本秘密警察的資深成員和其他來源，布什政府命令美國的導彈擊落一架日本航空公司的國內航班的飛機（123#），對這500名無辜的日本人的謀殺，是要被用來迫使日本簽署“廣場協議”，這是在1985年9月。結果導致了日元突然的價值增加，以及日本的金融泡沫，而由於這個泡沫日本似乎上升到一個新的高度，這只是一場針對病態的日本經濟的經濟戰爭的開始。

當裕仁天皇於1992年去世（如果他得到適當醫療照顧，他的疾病本來是可以治愈的），日本開始了一個長期的蕭條狀態。也許，這就是為什麼新時代的天皇被命名為Heisei（平成），可以翻譯成“平平的增長”。現在是平成22年，日本的年GDP實際上是低於它的早期。納粹布什陣營也開始系統地謀殺日本首相、記者和那些不跟隨新政權的人。平成皇帝，不像他的前任，隨着他統治的公共事件表明他並沒有能力保護自己的國家。

美國如此對待日本的行為變得這麼醜惡，因此連日本地下犯罪組織也開始厭惡了。在小泉純一郎的時候事情變得越來越糟糕，一個黑幫頭子由於屈從於布什則成為首相。據小泉的稻川幫派的高級會員説，當小泉首相訪問美國，他被贈送一位美國的高級妓女，然後被吸毒昏睡過去。她當時要掐死小泉，當他醒來時，卻反被指責為謀殺和勒索，而小泉繼續出賣他的國家，將整個日本金融體系的控制權交給西方，包括政治寡頭：布什家族、洛克菲勒家族、羅斯柴爾德家族。

這些人然後開始運用日本人民自己的錢，建立對衝基金和購買許多日本的經濟基礎設施。到小泉最後離職的時候，這個殘留的、支離破碎的日本，已經深深地被那些背叛他們自己的國家的金融受益者控制，而與那些忠實於真正的武士道精神原則的人們分離了。

鏈接：http://www.bibliotecapleyades.net/sociopolitica/sociopol_fulford42.htm

附錄2

《洗錢內幕：誰在操縱日本地下金融》

作者：（日）秋葉良　人民日報出版社
2012年2月1日

目錄

共濟會美日聯盟的關係圖（P.76）

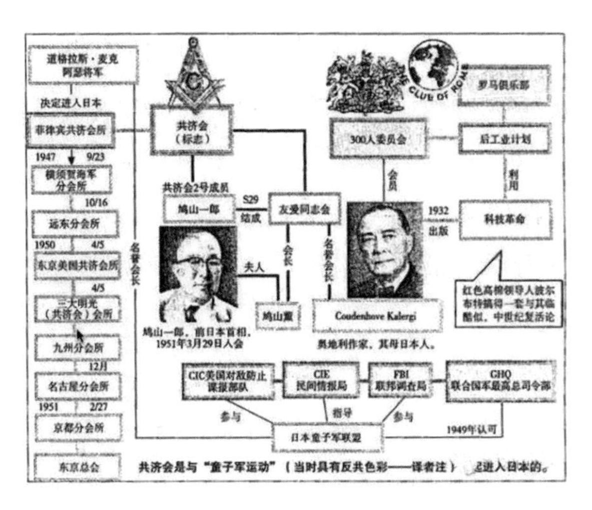

作者說明：

在圖的下方，我們可以看到clc（美軍對敵諜戰部隊）和FBI（聯邦調查局）、CHG（臭名昭著的“聯合國軍最高總司令部”）的影子。共濟會，絕對不是一個簡單的組織，可用宗教、社團就能概括的，其背景的複雜性至今無人能精確總結。

藏着的手塑造歷史

編譯：呼呼

鏈接：http://vigilantcitizen.com/vigilantreport/the-hidden-hand-that-changed-history

歷史的進程是由一小群人的利益集團所主導的嗎？過去幾個世紀的偉人圖像，顯示有一條共同的主線把他們連接在一起。僅僅是一種巧合嗎？在肖像畫中，這些人為何都採用藏手這同一個姿態？這樣的巧合似乎是不可能的。

我們來看看共濟會“隱形的手”起源和一些強大男人的著名肖像。

斯大林和華盛頓——兩種對立的意識形態，一個手勢。

“今天的思維認為走向民主的世界狀態既不是一個新的趨勢，也不是一個偶然的情況；為在所有國家之間建立必要的開明民主知識背景的工作，是依靠一個已經進行了數百年工作的秘密社團。”

Manly會社《美國的命運的秘密》

過去幾個世紀的世界事件背後，是否有一種發揮隱蔽作用的力量？歐洲君主國的沒落，啟蒙時代的到來，我們朝着民主偉大計劃的進程背後，是否一直有一隻領導世界的“看不見的手”？

大眾傳媒出現之前，畫像中描繪的領導人在雄偉的工作中往往採取同一個姿勢。難道這些畫像背後都有某種神秘的意義嗎？其中的一個姿勢就是“隱藏的手”。

我記得我的歷史老師曾經試圖解釋為什麼畫像中的拿破侖經常把他的手揣進襯衫裏面。常見的解釋也都是沿着這種方向：

“為什麼傳統上描繪拿破侖的畫，經常讓他的手揣在他的背心之下？許多理論被提出，這些理論包括：他有胃潰瘍胃部感到疼痛，他在摸他的懷表，他在搔癢；在他的時代把手放在別處是不禮貌，他得了胃腸癌，他有一個畸形的手必須掩藏，他在摸懷中背心下藏着的芬芳的香囊，以及那畫家不喜歡畫別樣的手。”（湯姆·霍姆伯格）

除非所有本文中所討論的這些個體都有胃潰瘍或變形的手，那麼隱藏一個人的手的姿勢，必會有特定的含義。事實上，大多數使用這個標誌的人被證明是（而且經常是非常熱忱的）共濟會的成員。

考慮到這個手勢在共濟會儀式中的重要作用以及事實上大部分的精英都是共濟會會員的話，那麼“看不見的手”就不可能是一個巧合的結果。

事實上，共濟會皇家拱門的晉級儀式使用這個標誌。世界的領導人以這個手勢巧妙地說：——堅守我的職責，這是我的信仰，我的工作”。

皇家拱門符號

The Triple Tau

皇家拱門（13級的蘇格蘭禮儀會員或第7級的約克禮儀會員）的人，被認為已通曉共濟會（梅森）的秘密。晉升到這一高度，意味着修煉者已經獲得了偉大的共濟會的真理。“這個級別的成員，‘有權全面解釋神秘的秩序’；他們之間以兄弟們互相稱謂，並保守一種崇高的秘密。這來自畢達哥拉斯的傳統。他們被提升到導師級別。從幕後走到台前。”

（資深約翰會員，探究歷史、起源和共濟會的旨趣）

“如果我們走進皇家拱門，我們會掌握美妙的知識，並找到了每件事完美的解釋；因為這進入了崇高的共濟會俱樂部，永遠不可能被任何人類機構所超越。”

（奧利弗，共濟會講座）

在這個級別上，才能開始學習呼喚上帝的神聖名字。

“這個學位別提多威嚴崇高，比任何一種先於它的更重要，事實上，古代共濟會的石匠們在舉行峰會時，它深刻喚起在我們心中信仰的一個神，沒有天或年的更始，偉大的和難以理解的始終，提醒我們敬畏他的聖名。”

(奧利弗，歷史坐標)

這個神聖的名字是Jahbulon，意義是古敘利亞語言中的“上帝”，也是古巴比倫人和埃及的神。

耶和華——地球的各個國家都在用這個神聖的名字。

三級皇家拱門石匠特別注意：

1、耶和華——神這個名字在第68詩篇，v.4.。

2、巴力或貝爾——這個詞意味着主，主人，或者所有人，因此它是應用的許多東方國家表示萬物的主和世界的主人。

3、上帝，這是埃及人崇拜耶和華的名。”

Malcolm C·鄧肯，鄧肯共濟會儀式和規則：

這個學位的入會儀式，首先重演返回到耶路撒冷，三個最優秀的石匠在巴比倫俘虜。我不會去追溯整個儀式和象徵意義，但在一個點上，要求學習一個秘密口令和手勢，以通曉一系列的神秘。

下圖描述了所需的手勢語，在鄧肯的共濟會儀式中這樣記錄：

SIGN OF THE MASTER OF THE SECOND VEIL.

“優秀的你將晉升三級大師。我的標誌是：將手放在懷中，這是在模仿上帝對摩西的話，他吩咐他把患麻風手放在懷裏，再拿出來，它已經潔白如雪。

（藏手禮，也叫共濟會大師端手禮，起源於聖經的《出埃及記·第4章》：上帝對摩西説：“你把手放進懷裏去。”摩西依言，可是他把手再抽出來的時候，就發覺手上長滿了雪白的麻瘋。上帝又説：“再把手放進懷中吧。”摩西又照樣做了，手再抽出來的時候就已復原了，跟全身的皮肉完全一樣。）

在聖經詩句中，心（“胸部”）代表我們是什麼，手代表我們所做的（手）。

這個手勢可以解釋為：我們所做的就是我們的心願，心手如一，矢志不渝。

通過這一姿態的象徵意義可以解釋，為什麼它是如此地被共濟會會員廣泛採用。

隱藏的手，還會讓其他進修者知道這個秘密兄弟會員的個人身份，他的行為遵循共濟會的哲學和信仰。

此外，讓執行動作的手隱藏在布衣之下，可以象徵性地暗示梅森的秘密性質的行為。

還有一些著名的人物使用了這一手勢：

拿破侖·波拿巴

拿破侖，一個已知的梅森，在杜伊勒里宮他的書房，1812

拿破侖·波拿巴（1769~1821年）是法國軍事和政治領袖，他的行為塑造了19世紀初歐洲政治。他在1798年加入軍隊共濟會的Philadelphe分會。他的兄弟約瑟夫、盧西恩、路易斯和傑羅姆，也都是共濟會會員。

拿破侖帝國的6個大法官有5個共濟會會員，還有帝國軍官和多位法國元帥。

但是波拿巴協會與共濟會一直在淡化有關歷史記錄。

共濟會研究者J. E. S. Tuckett說：

“真奇怪，證據顯示偉大的拿破侖曾經加入共濟會兄弟會，但這一歷史從來沒有被認真詳細檢查，這無疑是一個令人感興趣的問題。就已經知道的部分，這個非凡的男人在處理歐洲事務時認為，使歐洲大陸從混亂到有序，不能沒有一個重要的共濟會的軸心。”

在他的一篇關於拿破侖和共濟會的文中，Tuckett稱：

“有明確的證據表明，拿破侖熟悉共濟會的性質、目標和組織：他批準並使用這個組織進一步達到自己的目的。”（J. E. S. Tuckett，拿破侖一世和共濟會）

拿破侖相信神秘力量的存在。1813年他在萊比錫Leipzip被擊敗了，他走後普魯士軍官發現了他的書，

發現他在1801年的東方軍事遠征中得到一部來自埃及皇家陵墓的書。皇帝下令一個著名的德國學者和考古學家翻譯這本書。從那時起，這部Oraculum是拿破崙最珍貴的財產之一。他在很多場合會求助它，據説能“刺激他從事冒險和獲得成功。”

卡爾·馬克思

馬克思早年和中年曾與德國法國的共濟會——正義者同盟有過密切關係。巴黎公社運動中許多公社社員和領導人也是共濟會會員。

後來馬克思成為無神論者的發言人和歐洲的社會主義運動的領導人。他計劃以社會主義共和國聯盟取代君主國，下一步轉換為共產主義共和國。

喬治·華盛頓

喬治·華盛頓共濟會國家紀念堂

喬治·華盛頓是美國的開國元勛之一，被認為是“美國共濟會最重要的人”。查爾斯·威爾遜奏着音樂製作這幅畫時，華盛頓是52歲。

要注意畫中華盛頓的腳的位置：它們形成一個丁字形步伐。腳的位置在共濟會有至關重要的象徵意義。

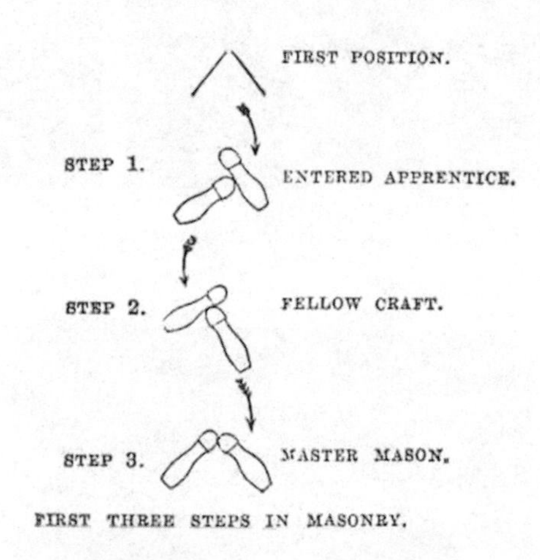

共濟會儀式中鄧肯腳的位置

沃爾夫岡·阿馬德烏斯·莫扎特

莫扎特被認為是最多產的和有影響力的作曲家的音樂之一。他也是一個共濟會會員，1784年12月14日在奧地利加入Zur Zur Wohltatigkeit分會。

莫扎特的作品往往包含重要的共濟會元素。魔笛歌劇主要是基於共濟會的原則寫成。

“共濟會的音樂包含音樂

短語和形式，特定的符號意義。例如，共濟會會員的入會儀式始於候選人在門口敲門三次問先導。這是表達音樂的五線圖：

這個樂譜出現在莫扎特的歌劇魔笛的序曲，暗示共濟會的啟蒙。”

魔笛的音樂發展是基於黃金分割率（1.618：1），這是神秘共濟會認為的神聖的比例。

這裏是莫扎特為共濟會譜寫的部分作品：

1. Lobgesang auf die feierliche Johannisloge: O heiliges Band der Freundschaf, K.148
2. Dir, Seele des Weltalls, K.429 - 1. "Dir, Seele des Weltalls"
3. Dir, Seele des Weltalls, K.429 - 2. "Dir danken wir die Freude"
4. Gesellenreise: Die ihr einem neuen Grade, K.468
5. Die Maurerfreude, K.471
6. Maurerische Trauermusik, K.477
7. Zur Eröffnung der Freimaurerloge: Zerfliesset heut, geliebte Brüder, K.483
8. Zum Schluss der Freimaurerloge: Ihr unsre neuen Leiter, K.484
9. Kleine deutsche Kantate: Die ihr unermesslichen Weltalls Schöpfer ehrt, K.619
10. Laut verkünde unsre Freude, K.623-1a. Coro - "Laute verkünde unsre Freude"
11. Laut verkünde unsre Freude, K.623-2ab: Recit: "Zum ersten Male"; Aria: "Dieser Gottheit"
12. Laut verkünde unsre Freude, K.623 - 3/4: Recit/Duo: "Wohlan, ihr Brüder Lange sollen"
13. Laut verkünde unsre Freude, K.623-5. Allegro: "Laut verkünde unsre Freude"
14. Lasst uns mit geschlungnen Handen, K.623a

莫扎特：共濟會會員葬禮進行曲

拉法葉侯爵是33級別的共濟會會員。

根據威廉William R. Denslow的“一萬名著名的共濟會會員”名錄，拉法葉作為法國軍官，是在美國革命戰爭和血腥法國大革命期間的領導者。拉法葉也擔任過大紐約最高委員會的榮譽指揮官。

今天，至少有75會所以上的美國共濟會分會以他的名字為命名。

所羅門·羅斯柴爾德

所羅門·羅斯柴爾德世家的創始人，出身維也納著名的梅耶爾Amschel羅斯柴爾德家族分支。這個世界上最強大的家族，曾經極大地影響了德國、法國、意大利和奧地利的政治。羅斯柴爾德家族也是以色列猶太復國和建立國家的幕後贊助人。

19世紀法國諷刺羅氏家族與共濟會陰謀的漫畫

羅斯柴爾德家族的力量遠遠超出了共濟會的範圍。據説他們也屬於“光照派13血統”的一部分。最近對新建立的以色列最高法院符號的分析，證實了羅斯柴爾德非常重視共濟會的象徵意義。

西蒙·玻利瓦爾

被稱為“解放者”的玻利瓦爾，是南美洲的“喬治·華盛頓”（1783~1830年），拉丁美洲革命家、軍事家、政治家、思想家，他與聖馬丁遙相呼應，為南美洲脱離西班牙帝國統治，爭取獨立發揮了關鍵作用。

在與西班牙君主的鬥爭中取勝後，玻利瓦爾參與建立了拉丁美洲第一個獨立國家聯盟，即大哥倫比亞，並於

1819~1830年任該國總統。

西蒙·玻利瓦爾在他有生之年，領導玻利維亞、哥倫比亞、厄瓜多爾、巴拿馬、秘魯和委內瑞拉取得獨立，並促進民主意識形態在這些國家的發展。

他加入共濟會在西班牙，屬於蘇格蘭禮儀在巴黎會所的騎士，1807年在法國被共濟會封為爵士。

玻利瓦爾創建委內瑞拉分會並擔任Protectora de las Vertudes的導師。玻利維亞的國家以他的名字而命名。1820年玻利瓦爾還擔任過哥倫比亞、秘魯和玻利維亞的總統。他在秘魯的追隨者也建立了分會。

注意，圖中玻利瓦爾的腳和地板的棋盤狀圖案，就是共濟會的標記。

他的站姿可能受到以下描述的共濟會禮儀的指導：

KNIGHTS OF CHRISTIAN MARK.

AND GUARDS OF THE CONCLAVE.

This is a Conclave, governed by an Invincible Knight of the Order of St. Johns of Jerusalem.

The officers are as follows:

Invincible Knight, presiding, sits in the east

約瑟夫·斯大林

在前蘇聯，斯大林的恐怖統治曾經導致數百萬人的死亡。在圖畫中他經常使用看不見的手這個手勢（如圖片所示）。但是目前並沒有發現官方記錄，表明斯大林曾經加入共濟會。

當然，作為獨裁者斯大林能夠嚴格控制一切有關他自身的檔案和信息，所以真相已經很難得到證明。

然而，他展示的隱藏的手提供了一個線索，表明他可能忠於某個神秘的兄弟會組織。

上圖右邊的年輕人，曾是斯大林的秘書，1940年被槍殺。

正如大家所看到的，使用“看不見的手”姿態的領袖們，對世界歷史的影響重大，而其中許多人已經被證實是石匠——共濟會會員。那個手勢，以一種鮮明但容易被忽略的細節，暗示了領袖們對神秘哲學的擁抱。

通過了解這一事實，並注意這些領導人對歷史進程產生的巨大影響，我們可以相信存在一種隱蔽的力量，引導世界走向進步。

這些兄弟會的成員可能都保持着不同的政治意見，甚至堅持不同的意識形態派別（共產主義與資本主義），但根本的理念、信仰和終極目標，仍然是相同的——促進一個“理性與啟蒙時代”的來臨。

當然，任何嚴肅的研究人員都知道共濟會在世界歷史進程中的作用。“看不見的手”的手勢，由於其經常出現在歷史人物身上，成為這個鮮為人知神秘的一種外在表現。“是符號和標誌統治世界，而不是空談，也不是法律。”

這些人說過的話和政策最終會被改變和被遺忘，但他們展示的形象，卻將永存。

共濟會歷史名人的藏手禮

我在《談談共濟會》中曾指出，歷史上，共濟會曾是一個從事啟蒙和積極推動歷史進步的組織。許多共濟會會員都是那個時代最傑出的精英人物，這是有據可查的。本文可資佐證。

共濟會會員的藏手禮，也叫共濟會大師端手禮，起源於聖經的《出埃及記·第4章》：上帝對摩西說："你把手放進懷裏去。"摩西依言，可是他把手再抽出來的時候，就發覺手上長滿了雪白的麻瘋。上帝又說："再把手放進懷中吧。"摩西又照樣做了，手再抽出來的時候就已復原了，跟全身的皮肉完全一樣。

在聖經詩句中，心（"胸部"）代表我們是什麼，手代表我們所做的（手）。這個手勢可以解釋為：我們所做的就是我們的心願，心手如一，矢志不渝。

通過這一姿態的象徵意義可以解釋，為什麼它是如此地被共濟會會員廣泛採用。隱藏的手，還會讓其他進修者知道這個秘密兄弟會員的個人身份，他的行為遵循共濟會的哲學和信仰。

此外，讓執行動作的手隱藏在布衣之下，可以象徵性地暗示梅森的秘密性質的行為。世界的領導人以這個手勢巧妙地說：——“堅守我的職責，我的信仰，我的工作”。

文藝復興時期偽造的古羅馬石匠雕刻：奧古斯都大帝竟然使用了共濟會揣手的手語

以下的著名歷史人物都是有案可查的國際共濟會會員，他們在拍照或畫像時都擺出共同的姿態——共濟會藏手禮。

伏爾泰，法國啟蒙大師、共濟會會員，法國共濟會七姐妹分會會員。法國共濟會紀念伏爾泰的郵票：

萊辛，德國啟蒙運動作家，德國近現代文學奠基者，著有《恩斯特與法爾克：寫給共濟會會員的談話》等。

1771年10月14日在漢堡“三玫瑰”共濟會會堂成為共濟會會員。

歌德Johann Wolfgang von Goethe（1749~1832年），18世紀中葉到19世紀初德國和歐洲最重要的作家、詩人。

歌德於1780年6月23日施洗者聖約翰紀念日，在魏瑪加入安娜·阿瑪麗亞三玫瑰會所Anna Amalia zu den drei Rosen。

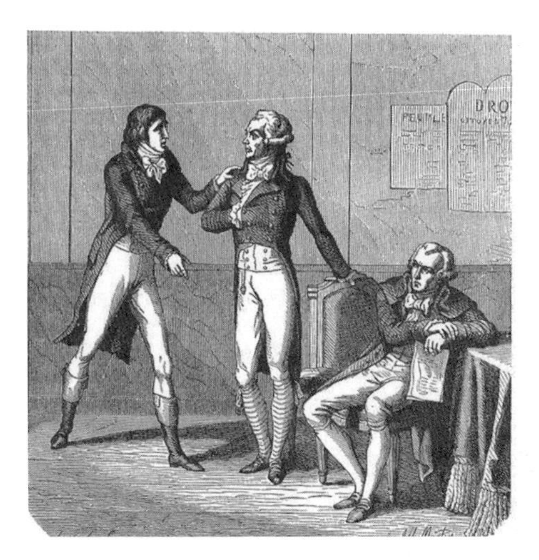

法國大革命領袖羅伯斯庇爾（銅版畫），法國大東方會社共濟會會員，另外兩人是丹東和馬拉。

德國哲學家弗里德里希·尼采，德國共濟會會員（1861年）

法國共濟會畫家、印象派大師德拉克羅瓦，他的代表作即名畫“自由屬於人民”。

弗雷德里克·奧古斯特·巴特勒迪，法國雕塑家，美國自由女神像作者，共濟會會員。

自由女神像內部結構，採用和巴黎埃菲爾鐵塔相同的設計（共濟會的圓規造型），是為美國獨立紀念由法國共濟會送給美國的。

俄羅斯啟蒙詩人普希金，共濟會會員。

法國作家維克多·雨果，著有《悲慘世界》、《巴黎聖母院》，共濟會會員。

法國象徵派詩人波德萊爾，共濟會會員。

八國聯軍指揮官，老照片

美國第十四任總統富蘭克林·皮爾斯

以下集中了美國共濟會會員及一些總統、兩位南北戰爭著名將領hidden-hand手勢肖像圖。其中里根總統的，是其競選期間的海報。在19世紀鄧肯《共濟會儀式和告誡》（*Duncan's Masonic Ritual and Monitor*）這本書中，詳細地講解了這個手勢。

尤里西斯·辛普森·格蘭特（Ulysses Simpson Grant），共濟會會員，南北戰爭中北軍司令，因戰功彪炳，戰後曾當選

兩屆美國總統。

圖中，格蘭特擺出了共濟會手勢“hidden-hand”。

林肯（Abraham Lincoln）美國總統

美國總統羅斯福

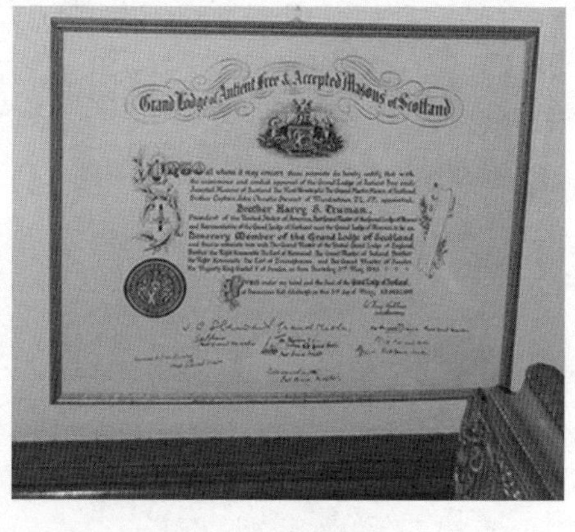

美國總統杜魯門的共濟會畫像和大師榮譽證書

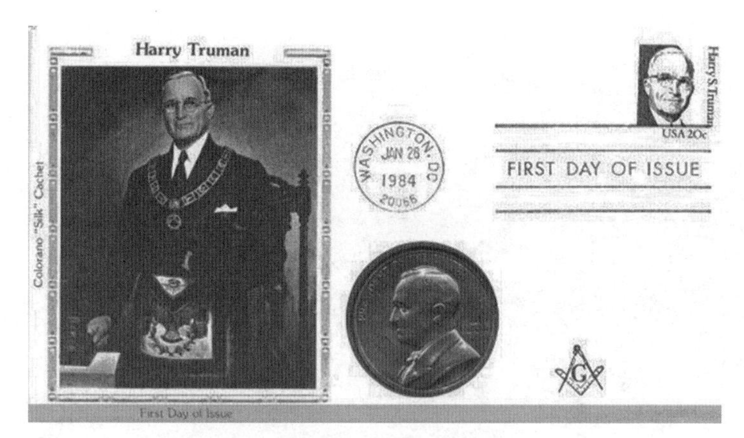

共濟會紀念杜魯門的首日封

美國國務卿鮑威爾

美國耶魯大學共濟會分支秘密會社“骷髏會”，1832~1833年兩屆會員照片。

阿爾伯特·邁克耳孫（Albert Abraham Michelson）波蘭裔美籍猶太物理學家，以測量光速而聞名，是愛因斯坦的朋友，二戰期間曾為美國海軍軍官。

達爾文（Erasmus Darwin），查爾斯·達爾文的爺爺。

威廉達維斯（William Dawes）在萊克星頓
打響抗擊英軍第一槍的美國獨立運動先鋒。

美國南北戰爭北部共濟會將軍合影

菲律賓發行的紀念共濟會大師明信片——黎剎（**José Rizal**，1861~1896年），菲律賓的民族英雄，華裔，被尊稱為“菲律賓國父”！

俄國革命家托洛茲基

意大利革命家、共濟會領導人朱賽佩·馬志尼

土耳其共和國建國者、共濟會領袖凱末爾（中揣手者）

裕庚，清朝駐法公使，共濟會法國大東方會社中國情報官。他的兩個女兒就是著名的裕德齡公主和容齡公主，紫禁城的首席宮女，慈禧的貼身翻譯。

胡適的藏手禮

胡適，字適之，初名洪騂，譜名嗣穈。在康奈爾大學就讀農學期間，於1911年12月初次接觸共濟會。康奈爾大學是得到共濟會基金資助建立的大學。據台灣聯經版《胡適日記全集》1911年12月2日記：“夜往訪L. E. Patterson之家，夜深始歸。是夜偶談及Freemason（吾國譯“規矩會”）之原委始末。”這是胡適在大學期間接觸美國共濟會的確切歷史記錄。

共濟會音樂家

弗朗茨·約瑟夫·海頓（德語：Franz Joseph Haydn, 1732年3月31日~1809年5月31日），又譯海登、海典、偕丁，德意志/奧地利作曲家。海頓是繼巴赫之後的第一位偉大的器樂曲作曲家，是古典主義音樂的傑出代表。被譽為交響樂之父和弦樂四重奏之父。

尼可羅·帕格尼尼（意大利語：Niccolo Paganini, 1782年10月27日~1840年5月27日），意大利提琴家、作曲家，屬於歐洲晚期古典樂派，早期浪漫樂派音樂家。他是歷史上最著名的小提琴大師之一，對小提琴演奏技術進行了很多創新。

李斯特·費倫茨（匈牙利語：Liszt Ferenc, 1811年10月22日~1886年7月31日），更常見名稱為弗朗茨·李斯特（德語：Franz Liszt），匈牙利鋼琴演奏家和作曲家，浪漫主義音樂的主要代表人物之一。

威廉·理查德·瓦格納（德語：Wilhelm Richard Wagner, 1813年5月22日~1883年2月13日），德國作曲家，他是德國歌劇史上一位舉足輕重的人物。前面承接莫扎特、貝多芬的歌劇傳統，後面開啓了後浪漫主義歌劇作曲潮流，理查德·施特勞斯緊隨其後。同時，因為他在政治、宗教方面思想的複雜性，成為歐洲音樂史上最具爭議的人物。

彼得·伊里奇·柴可夫斯基（右）（俄語：Пётр ИлЬичЧайковский, 1840年5月7日~1893年11月6日），俄羅斯浪漫樂派作曲家，其作品也有一定的民族樂派。

美國作家、共濟會會員愛倫坡，骷髏會會員，聖殿騎士。

"滾石樂隊"隊員

甲殼蟲樂隊，保羅·麥卡特尼

共濟會會員、皇馬俱樂部主席弗洛倫蒂諾·佩雷斯。

日本明治維新領袖坂本龍馬共濟會式藏手禮儀的雕像

共濟會的秘密宗教源頭

（*ON THE ORIGIN OF FREE-MASONRY*）

作者：托馬斯·潘恩

譯者：Ding Er Lng

鏈接：http://iask.sina.com.cn/u/1501842281/ish

作者簡介

本文作者Thomas Paine，是人權理念的提出者，英裔美國思想家、作家、政治活動家、理論家、革命家、激進民主主義者，美國開國元勛之一。

1737年生於英國諾福克郡，早年繼承父業做過裁縫，後來做過教師、稅務官員，中年投身歐美革命運動，美利堅合眾國的國家名稱也出自潘恩。他撰寫了鏗鏘有力並廣為流傳的小冊子《常識》，極大地鼓舞了北美民眾的獨立情緒，被視為推動美國獨立和憲章運動的基本理論。

法國大革命爆發後，英國貴族柏克發表《法國革命感言錄》批判革命，1791年潘恩撰寫《人的權利》（人權論）為法國辯護，成為啟蒙運動的指導作品之一。1792年他被選入法國國民公會。1802年在傑斐遜總統的邀請下，潘恩返回美國。1809年6月8日在紐約去世，終年72歲。

本文是潘恩介紹共濟會宗教信仰的名篇。

潘恩在本文中認為：原始共濟會信仰可能源於一個來自中東的古老、神秘、力量強大的秘密宗教組織，其信仰的核心是太陽神崇拜。此外，共濟會宗教的另一個隱秘核心，則是西方古老的神秘異教——德魯伊教。共濟會信仰的最終目的，是取代世間一切其他宗教而成為普世性的唯一宗教。

潘恩本人如同多位美國開國元勛是共濟會會員。因此本文內容的權威性與可信性無可置疑。

世人傳說共濟會成員們小心翼翼地堅守着一個重大的秘密；但是從他們自己的所有敘述中，我們得到的信息是：這個真正重大的秘密無非是共濟會的起源，知道這個起源的人為數極少，而這極少數知道的人又神秘地將其隱藏不露。

共濟會組織嚴格地分三個階級或者層次：第一級別，入門學徒；第二級別，大眾工匠；第三級別，大師石匠。

入門學徒這一級別，只知道些標記和標誌的用途，以及固定的手勢和暗語；通過這些東西，共濟會成員們能夠相互識別，也可以避免被非共濟會成員所識破。大眾工匠這一級別，知道的秘密比入門學徒知道的多不了多少。只有大師石匠這一級別，所知道的秘密必須堅守和掩蓋。

在1730年，塞繆爾·普里查德（Samuel Pritchard），共濟會英格蘭分會的一個成員，發表了一部題為《共濟會解密》的著作，並當着倫敦市長的面宣誓稱其著作來源於真實無誤的共濟會文件。

塞繆爾·普里查德宣誓説，他所整理資料後寫成的著作，在任何細枝末節上都是真實不偽的。

在他的著作裏，他提供了共濟會中的教義問答，或者説是在一問一答中驗明學徒、大眾工匠和大師石匠的正身，他提供的這部分內容不算什麼秘密，因為這些僅僅是公之於眾的形式而已。

但是，在書的介紹章節中，他説："最原初的共濟會是以自由開明的技藝和科學，特別是幾何學作為奠基石；在修建巴比倫通天塔時侯，共濟會的技藝和秘密首次登上世界舞台，從那時起，一直傳至埃及的優秀不凡的數學家歐几里德（Euclid），歐几里德又將秘密傳給海勒姆（Hiram），而海勒姆是在耶路撒冷建造所羅門神殿的大師石匠。"

共濟會起源於建造巴比塔，這個說法很是荒唐不經；因為我們知道，按照《聖經》裏所記載，語言的混亂阻礙了建造者的相互理解，自然也就讓他們無法交流任何知識。除了這一點外，他所給的說法還有一個明顯時間上的矛盾。

所羅門的神殿是在公元前1004年建造完畢；而我們可以在歷史記錄中查到歐几里德生活在公元前277年；因此我們知道，歐几里德無論如何不能傳遞秘密知識給海勒姆，因為歐几里德後生海勒姆700年。

1783年，喬治·史密斯（George Smith）是位於英格蘭伍爾維奇皇家炮兵學院的督查，肯特郡地區共濟會分會的大師石匠，出版了一部題為《正確使用和濫用共濟會》的書籍。

在書的“古代共濟會”這章節裏，他將共濟會的起源與世界的起源放在了一起，他寫道：造物主按照共濟會信奉的建造原理創建了完美的地球，並下令掌握了幾何科學的共濟會大師石匠以此原理在地球上建設人間世界，並讓所有的建造物準確無誤地圍繞太陽這中心運轉。

但是在此書中，作者接着寫道：我沒有權力公開宣佈這起源的真相，不能向公眾詳述這個源頭，因為它是神聖的，並將永遠保持其神聖。那些受恩寵獲得這秘密的人不會揭示它，而那些對其無知的人無法洩露它。無知的人，作者指的是共濟會的第一級別和第二級別——入門學徒和大眾工匠。作者在下一頁裏有這樣的敘述：“不是每個人才入會就能被告知共濟會的所有秘密，這些秘密不是理所當然地應當獲知，也不是個人能力高就能順理成章地獲得的。”

博學而不幸的多德博士，共濟會的大牧師，在共濟會倫敦會堂的祭拜演説中，追溯了共濟會在各個歷史階段的演變過程。共濟會的成員，他説，從他們私下內部資料中都清楚地獲知，修建所羅門神殿是共濟會歷史上的重要時期，從那時候共濟會取得了許多他們技藝的精髓。他還説，現在讓我們牢記這個重要事件發生在公元前1000年，因此也早於偉大希臘詩人荷馬100年多，比畢達哥拉斯從東方引進幾何科學原理也要早500多年，畢達哥拉斯用這些共濟會早知道的幾何科學原理點亮了西方世界。

儘管所羅門神殿時期已經足夠遙遠，我們並不把我們技藝的起源固定在那個時期。共濟會技藝當然得益於這個以色列國王很多，比如一些神秘形式和象形儀式，然而共濟會技藝本身是與人的歷史一樣悠久，人是這一技藝的偉大主人。

我們追本溯源，他繼續寫道，直到世界上最遙遠的和最古老的年代和民族，我們在東方最早的光輝的文明中發現了它，在迦勒底平原的第一個天文學家那裏這個技藝開始起源，我們沿着它發展的路線找到的是，埃及的神秘國王和祭司、希臘的智者以及羅馬的哲學家。

從以上這些共濟會最高級別成員的敘述和宣稱中，我們發現共濟會，儘管沒有公開宣佈，卻指明了他們獲知的神聖啟示在方式上不同於基督徒所信奉的《聖經》，二者似乎不存在任何關聯。從這個比較能得出這個自然而然的結論，就是共濟會來源於一些古代宗教，完全獨立於《聖經》。

我們立即可以猜測出這樣一個結論（我將在以後從它的習俗、儀式、像形和歷史時間表來證明這一猜測），共濟會起源於並維持着一種古代宗教形式：德魯伊密教（Druidism）。

共濟會成員同波斯的法師，以及埃及赫利奧波利斯祭司一樣，都是太陽的祭司——他們崇拜這巨大的發光體，他們讚美它為：永遠的無形宇宙動力的偉大可見代表。

德魯伊教即撒旦教，拜魔鬼教，是西方世界最古老信仰之一，據信在英格蘭石柱群（Stonehenge）4500多年前建立時即已存在，是分佈在英國及歐洲大陸的古老民族塞爾特人的宗教，信徒崇拜大自然，如山、河、日、月、植物及動物等。德魯伊教信奉塞爾特神話中的神，最主要是"豐盛之神"薩那諾斯（Cernunnos），最著名的形象是頭上的鹿角。撒旦與薩那諾斯都有角，這也是女巫被認為拜邪神的原因之一。

凱爾特人於公元前1500年左右遷入中歐，公元前5~1世紀時進駐西歐，德魯伊教就是他們的信仰。

德魯伊（Druid）這個單詞的原意是"熟悉橡膠樹的人"，在歷史上，他是凱爾特民族的神職人員，主要特點是在森林裏居住，擅長運用草藥進行醫療，橡果是他們崇拜的聖物。而凱爾特人是一個在公元前5~1世紀散居在高盧、不列顛、愛爾蘭、歐洲、小亞細亞和巴爾干半島蠻族。德魯依教士精通占卜，對祭祀之禮一絲不苟，也長於曆法、醫藥、天文和文學……同時，他們也是執法者、吟游詩人、探險家的代名詞。男女皆可為德魯依教士，在族內擔當祭司、法師或預言者，同樣在社會上享有崇高的地位。也有史學家將德魯依教士與印度的婆羅門（Brahmins）、波斯祆僧（Magi）、埃及祭師（Priests）和巫醫（Shamans）相等同。

現代德魯伊教教徒會在巨石陣所在地舉行夏至慶典等儀式，因為相傳該處是古代德魯伊教祭祀場地。

德魯伊教在不列顛的母系社會時代就已存在，但經過與羅馬人的戰爭，以及基督教的極力打壓。公元6~16世紀1000年中，很多德魯伊教的傳統漸漸融入人們的日常生活，甚至被基督教吸收消化，但教團本身卻已銷聲匿跡。直到16世紀，隨着早期德魯伊宗教研究著作的翻譯和印刷傳播，歐洲人開始意識到他們的祖先並非愚昧無知的野蠻人，“德魯伊教復興”運動才逐步展開。時至今日，已有數個德魯伊團體（Order）活躍在世界各地，他們將環保主義和泛愛主義融合到自己的信仰中，使這個根植於古老傳統的神秘宗教煥發出了前所未有的清新與活力。

德魯伊包含兩種意思，分別是德魯伊（Druid）以及德魯伊教（Druidism）。

德魯伊（Druid），在凱爾特神話中，具有與眾神對話的超能力。

德魯伊向人們傳揚靈魂不滅以及輪迴轉世的教義。在凱爾特社會中地位崇高，階級僅次於諸王或部族首領。可以免除兵役及納貢義務。雖然很多人想成為德魯伊，大多數人卻因為無法背誦其所需的知識歷史詩歌等等而被淘汰。

德魯伊在凱爾特社會中，可以與王權匹敵，甚且具有比王權更大的力量，通常會以指導者或參謀身份參與政治事務。他們不僅掌管祭祀，同時也是醫者、魔法師、占卜者、詩人，以及其所屬部族的歷史記錄者。

Druid意謂着“橡樹的賢者”，即“透徹樹的道理之人”。在許多印歐語系中，dr這個字根都代表“樹木”的意思，而且特別是指橡樹。德魯伊將橡樹奉為聖木。據說他們擁有把人變成動物以及與神明精靈及動物對話的魔力。他們可以透過鳥飛行的方式、祭品內臟的外觀預言未來。

肩負着各種角色的德魯伊，享有免服兵役以及免課稅金的特權，因為他們是特權階級。提到特權階級，不免會聯想到世襲制，不過，德魯伊採行能力主義制，換句話說，有能力的人才能當上德魯伊，才可以享有這些特權！完全符合能力主義的想法。志願當德魯伊的人很多，可是要得到這個頭銜並非易事。而神秘的教義也以口傳的形式加以傳承，不留任何文字資料，所有的知識都必須強記在腦袋裏。凱撒曾在高盧戰記中感嘆：成為合格的德魯伊教徒之前，恐怕最少要修行20年！

現代的德魯伊教徒，很早就恢復了他們的儀式成為新德魯伊信仰，他們在1880年代末期，於史前巨石陣重新恢復夏至慶典。（然而根據新的考古學證據顯示，史前巨石陣並非由凱爾特民族所建造，年代在更早之前。）他們盡可能遵循文學中記載的德魯伊傳統，包括切割槲寄生的儀式，以及在夏至、冬至和春分、秋分時的慶典。德魯伊團體在生態學、重建森林以及保護聖地等事務上特別活躍。儀式服裝包括白色長袍、貴金屬項鏈以及用橡木或其他樹葉制成的冠冕。威爾士國家音樂節（威爾士每年定期舉行的音樂及詩歌競賽）就被營造成使用德魯伊象徵的儀式。

在關於翻譯上，Druid一詞直譯為“橡木賢者”，中文翻譯早期受到日本影響，而直接採音譯，日文中對於Druid的音譯為“俑　俑”，日文音譯成中文後即為“德魯伊”。由於二次音譯後與原文的Druid發音相差甚遠，因此近期也發展出“督伊德”這樣的音譯。

著名的龍與地下城電玩遊戲，借用魔獸世界的德魯伊作為玩家使用的職業，特色是同為自然守護者，並堅守中立（亦有在雙軸中至少保持一項為中立一說）。在遊戲規則中，其治療能力略低於治療者（牧師），而法術能力也略低於施法者（法師），但可任意變身為各種動物並召喚動物作為伙伴。

在暴雪娛樂的遊戲暗黑破壞神2資料片，毀滅之王、魔獸爭霸及其資料片，冰封王座、魔獸世界系列，都有德魯伊作為一種角色職業登場，其特色一般是：召喚動物、植物、精靈戰鬥，並使用風、火、冰自然法術，變身為熊、豹、鳥、樹戰鬥，為友軍治療，增加友軍戰鬥力，削弱敵軍。

“共濟會”組織的歷史評價

作者：Dr. Garrishen 2008~11~6

前　言

西方國家的政治上層組織，五花八門，黨派林立，歐洲有社會民主黨，有保守黨，有工黨……美國有共和黨，民主黨，似乎真的是自由競爭的民主社會。但是，其實這些假象的背後卻是：1.這些分散的政黨後面有一個等級層次分明的組織機構；2.這個組織有明確的最高綱領、最低綱領，所有的黨派都要嚴格遵守黨章。這有點像共產黨組織，只是組織是公開存在的，而且最高綱領戰略目標就是馬克思提出的實現共產主義！而西方的那個組織是隱蔽的，其綱領更是絕密的。那麼統治西方世界的這個組織機構到底是什麼呢？他們到底追求什麼呢？

統治歐美大陸、跨越"政黨"的那個超級組織就是共濟會（Freemasons），對這個組織官方最近的一次公開報道來自2006年5月26日的香港文匯報（http://paper.wenweipo.com/2006/05/26/FB0605260002.htm）。應當說共濟會對西方資本主義世界的統治，是在250多年西方反封建的鬥爭（包括思想啟蒙、組織領導和資金贊助）歷史中形成的，只是為躲避各國封建勢力的絞殺，組織一直採取"地下工作路線"，這也使得共濟會成為歷史學家在研究西方資產階級革命時候的一個盲點！！

"古代共濟會"的歷史及組織系統

組織的起源

共濟會組織的歷史可以分為古代和近代。古共濟會組織的主導是埃及的猶太人，他們視自己為亞特蘭蒂斯史前文明的幸存者，至今共濟會的很多特殊符號和其獨特文化，都能在古埃及神話中找到本源，而後這個組織開始隨著猶太人的西遷而進入耶路撒冷，組織的最高領導人也稱“大衛王”，由最神秘的錫安長老會秘密推選。20世紀初俄國出版的《錫安長老會紀要》（Протоколы сионских мудрецов）對此有論述。

組織的旗幟

組織的旗幟就是現在的以色列國旗——大衛星旗。關於大衛星的含義，電影“達芬奇密碼”已經作了詳細交待：上三角代表男性生殖器，下三角代表女人的子宮。大衛星的意義即為男女的結合。大家不必奇怪，認為這是黃色文化，在古文明裏，很多部落有生殖崇拜的傳統，古猶太把男女的融合作為和上帝對話的途徑，在男性高潮的那一刹那，男性腦意識會一片空白、出現真空，這時就會見到“上帝”。關於這個“上帝”，也不是我們現在理解的耶穌，因為耶穌是到6世紀在土耳其的君士坦丁堡召開的福音書修訂的秘密會議上，才神化為現代意義上的“上帝”。古猶太崇拜的“上帝”是Lucifer，即撒旦的前身，從這點上來說，古猶太是堅信人之初性本惡的。達芬奇密碼羞羞嗒嗒，只是說到了前半部分，耶穌是不存在的，但是後半部分

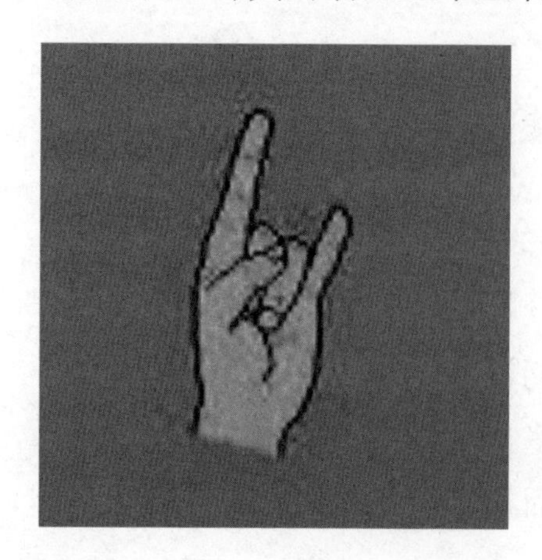

上帝是撒旦他不敢說了，估計他們自己覺得尚欠火候吧。撒旦在古埃及神話中的代表是公山羊，經常用手勢來模仿，所以，至今，共濟會組織的秘密成員依舊會在公共場合擺出這一手勢。

組織的黨章

組織的黨章是"共濟會傳統憲章"，其綱領是反抗宗教壓迫。古共濟會把宗教視為統治階級愚民的一種工具，這在"達芬奇密碼"中也有充分的說明，原話來自電影中的主人公Teabing。

"近共"的歷史、組織系統及其發展

"近共"的誕生

古共以耶路撒冷為基地，由地中海不斷滲入歐洲大陸，並在歐洲大陸繼續紮根，其據點主要在德國的法蘭克福、法國的巴黎和英國的倫敦。

英國資產階級革命成功後，這個秘密組織順應歷史潮流，於1717年在英國推出了一個半公開的機構，即近代意義上的共濟會（我們姑且把這一機構稱為"近共"），意圖以這個機構來推動世界範圍內的資產階級革命。近共的首領一直由歐洲大陸的某些著名政治、宗教人物來擔當。

“近共”的旗幟

“近共”的旗徽是由大衛星演變而來的，是由一把圓規和一把尺子組成的隱性大衛星。如下圖所示，中間的“G”其實不是字母，而是該組織的圖騰之一，撒旦的眼睛，也稱全能之眼。在1美元紙幣的背後有。

“近共”的黨章

近共組織按照老黨章作了修訂，推出了自己的黨章，即——共濟會章程（The Constitution of the Free-Masons）。這部憲章分為歷史、責任義務、通則三個部分，其最高綱領就是在全世界範圍內發動資產階級革命，秘密統一世界，建立世界資本主義政府（這有點類似於列寧創辦的“共產國際”組織（1919~1943年），從某種意義上，共濟會可以看作是“資本主義國際”組織。近共於是主導了歐洲大陸近現代史上幾乎所有的資產階級革命，如法國大革命、俄國資產階級革命（革命的後期在列寧等人的推動下轉變成了社會主義革命）等。隨着資產階級掌握政權，共濟會組織也就掌控了歐洲大陸的絕對財富，共濟會的組織領導之一Rothschild家族，更是控制了歐洲經濟和黃金近200多年。

“近共”對美洲的滲透

在哥倫布發現新大陸後，英國隨即在大西洋海岸沿線建立了美洲殖民地。1689年，當英國正式確立君主立憲制、英國資產階級革命取得成功後，英國在美洲殖民地依舊保持着封建統治，繼續實行長子繼承法、續嗣限定法和代役税等封建制度，為徹底鏟除英國封建制度，共濟會策動了美國獨立戰爭。美國的獨立戰爭在某種程度上，可以看作是英國資產階級革命在美洲大陸的延續。後來，美國的歷任總統也幾乎都是這個組織的秘密成員。

近代共濟會的兩大分支機構，依托歐洲大陸和北美大陸在兩地分別發展起來，其中歐洲分為33個等級，美洲分為13個等級（共產黨是16個等級）。為進一步隱藏自己的戰略意圖，組織不公開自己的綱領，最底層的共濟會會員也只是被要求行善、像兄弟般互助和團結。

美洲分支機構的反抗

隨着美國歷史的演進，美國本土自己培養出來的資產階級勢力日益壯大，隨即產生了擺脱組織控制的念頭，尤其是金融系統的反抗，從來沒停過。1913年老摩根去世後，其繼任者傑克·摩根經常憋不住公開抨擊猶太共濟會的陰謀。但是只有100多年歷史的美國怎，麼也逃脱不了已經秘密發展了2000多年歷史的古猶太控制。1933年，羅斯福印刷新美元的時候，甚至不得不把古猶太、古埃及的很多符號印到美元上去。

而後二戰時期，洛克菲勒家族更是暗渡陳倉，秘密資助希特勒，並授意希特勒從肉體上消滅猶太人。二次大戰，歐洲分支機構損失慘重，古猶太的大王也差點被斬草除根，美洲的分支機構一舉做大，美元奪得世界貨幣之王的寶座。二戰結束後，洛家還意圖乘勝追擊，一度暗中收買其他美洲國家，讓其出面投票反對以色列建國。後來，洛家五虎子之一的Nelson Rockefeller，在1973年當選美國副總統後不久便神秘的死去，死因至今成迷。

儘管共濟會組織內部有鬥爭，但是其統一世界、建立世界資本主義政府的目標卻是高度一致的。組織的內部鬥爭只能是看作不同派別為爭奪領導權而進行的狗咬狗式的廝殺。

“近共”對華人的滲透

在控制住美洲的基礎上，共濟會隨即滲入亞洲，滲入華人。共濟會首先在海外吸收了天地會在海外的組織——洪門，這段歷史大家可以參見蔡少卿教授的“洪門和共濟會”一文。應當説，共濟會看上洪門這個組織完全是因為其“反清”的旗號，似乎有“反封建”的意識！但是，洪門的老一代成員“反清”的目的是“復明”，而不是真正的反封建主義。於是，共濟會另謀代理人，後來共濟會經由洪門出面資助孫中山成立國民黨，並鼓勵其在中國發動資產階級革命。因此從某種意義上說，國民黨就是從共濟會的娘胎裏鈷出來的，它遵守的是共濟會黨章。蔣介石更是讓兒子蔣緯國出任了共濟會在大陸分支機構——美生（mason，共濟會英譯音）會的會長。共濟會在大陸的主要機構位於和香港上海，香港的分支機構座落於半山堅尼地道1號；歐洲分支在上海的辦事處是黃埔區的“聖三一教堂”，與分別座落在英國、西班牙、華爾街的另外三座“三一教堂”並列，號稱共濟會四大“三一教堂”。美洲分支在上海的辦事處，是現在北京西路1623號的中華醫學會上海分會的辦公樓。有關這些更詳細的信息，可以參見我以前的文章。

現代共濟會與歷史的背離

對近代共濟會的歷史評價

作為反封建主義的最高組織，在250多年的反封建活動中，共濟會的組織變得空前強大，組織成員幾乎囊括了各國資產階級的政府首腦，甚至在一些君主立憲制國家保留下來的皇室成員，也成為了組織的成員。組織的領導威信更是空前強大。應當說，近代共濟會是作為反封建的秘密社團出現的，它在全世界範圍內所推動的資產階級革命，對鏟除封建制度，解放生產力，推動西方資本主義的發展起到了重要作用，這具有重要歷史意義，不容抹煞。

現代共濟會與歷史的背離

世界資產階級革命完成後，共濟會並沒有隨着歷史使命的結束而退出歷史舞台，相反，這個組織一直存在着。雖然這個組織的底層組織，依舊保持着當年資產階級革命時期自由、團結互助等的革命精神，但是在近、現代資本主義200多年發展的歷史長河中，這個組織的頂層，已逐漸演變成了西方資本主義國家統治集團的高級俱樂部。現代共濟會新時代運動提倡的主旨，是"放棄國權，重新整合這個世界，實現人類的民主和大一統，並以此建立世界新秩序！"共濟會從一開始就是要通過資產階級革命，在世界範圍內建立統一的資本主義國家，所以這一新目標可以看作是共濟會最初綱領在新時代的體現，其實質是征服全球未納入共濟會統治秩序的社會主義國家、伊斯蘭國家和東正教國家。這也是自上世紀80年代以來，作為共濟會組織成員的所有美國總統，致力的共同奮鬥目標。在這一思想的指導下，共濟會原先發動世界資產階級革命的意圖，已經徹底變質為資本主義強權（或者說帝國主義）對世界文明的扼殺和侵略！

當你翻開厚厚的歷史書，有沒有想過在每一段歷史的背後，都可能藏着一個驚天動地的陰謀？從正史上，我們有時候難以了解歷史的全貌——真正關鍵的部分，往往是秘而不宣的。

這裏，我們嘗試尋找那些“秘而不宣”的歷史。但關於本文提到的共濟會的一切，不同言論議論紛紜，莫衷一是。需要提醒的是，你不需要把本文的觀點完全當真，權且當作一條啟發獨立思考的通道吧。

金融危機引起的驚怵思考

當金融危機席捲全球，人們還在為它的進一步危害擔憂時，有研究者拋出了讓人更為驚怵的觀點：這場危機由一個名為共濟會的秘密組織陰謀策劃！這些研究者甚至認為，包括美國總統選舉、海灣戰爭、9·11恐怖襲擊等在內的一系列歷史事件，同樣烙着“共濟會製造”字樣！而共濟會導演這些陰謀的最終目的，是要顛覆上帝的秩序，建立一個屬於魔王撒旦的世界！

這聽上去是多麼荒誕，多麼不可思議！一些主流輿論輕蔑地稱這種觀點是“陰謀論”。當然，也不乏人認同“陰謀論”，認為他們才是這個世界真正清醒的少數人。

拋開那些太過荒誕的東西暫且不說，共濟會究竟是什麼組織？它果真有這麼大的能耐？

第一，美國經濟是掌握在美聯儲上，這個組織控制了美元的貨幣製造權，而美聯儲的幕後黑手是一個共濟體的組織。我們來看一下。林肯、肯迪尼不是共濟會成員，而他們都相繼被刺殺，別相信是被狂熱的種族分子殺的。那些狂熱分子能殺總統，背後肯定有組織。但是殺掉總統，比如林肯他真的是因為廢除奴隸制而被殺的麼？殺他的兇手幕後肯定有組織，而且如果因為這個原因殺死林肯，他們會得到什麼？好象什麼也得不到。你說這人瘋了。我想也是。但是他的幕後組織的成員是瘋子麼？不是，所以他們殺了林肯是有目的的！！美國總統林肯、加非爾、里根和肯迪尼被殺，而這4個人裏，加非爾和里根是共濟會成員。但是，為什麼他們會被殺？如果大家去找下這4個人的經濟措施的話，都能發現一個相同點！把美元製造權收歸給聯邦go-vern-ment！！這侵害了共濟會的利益，因為美元製造權是由他們掌握的。所以他們必須殺掉這些總統！

……

有意思的是，歷史上妄圖動搖美聯儲貨幣發行權的美國總統，如肯尼迪、里根都被行刺過。就在2009年1月20日奧巴馬就職當天，76歲的美國民主黨資深參議員愛德華·肯尼迪在就職典禮午餐會上突然發病，被送上急救車。這是約翰·肯尼迪總統的弟弟，肯尼迪家族第二代唯一幸存男丁。因為反對共濟會陰謀，愛德華·肯尼迪的三個哥哥全部都在壯年死於意外或遭暗殺。有輿論認為，這是共濟會在奧巴馬就職日給新總統的一點小警告：如果你不聽話，就會像肯尼迪家族一樣，意外死亡或生病！

……

“陰謀論”認為，放眼全球，如今沒有被納入共濟會“新世界秩序”版圖的，只剩下中國大陸了。共濟會野心勃勃，自然不會放棄這個最後的堡壘。在共濟會的統領運籌下，當前國際游資大規模攻入中國市場，正是共濟會進攻的手段之一。

從某種意義上來說，一場沒有硝煙的戰爭已經在如火如荼地展開。或許也可以說，人類歷史上最壯觀的一場金融戰，已經在我們每個人的身邊不知不覺地展開了，而當前的金融危機只是這場“戰爭”的一個表象。

點評美國加州共濟會雷惠明總會長的“訪談摘錄”

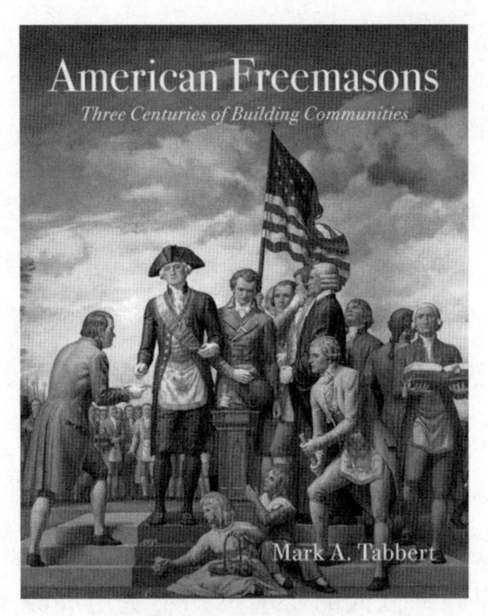

共濟會創建美利堅

世界共濟會分為許多流脈，17世紀來自英國的蘇格蘭禮共濟會是最為主流的共濟會。美國歷任總統基本都屬於這個蘇格蘭禮的共濟會組織。美籍華裔人士雷惠明先生就任該會美國加利福尼亞州分會總會長時，記者採訪了他。

雷惠明這身穿着，是共濟會總會長的標準服飾。從高禮帽、鑲鑽會徽項鍊、到腰上繡有會徽的圍布，此禮服僅限在美生堂內穿着。（記者陳運璞/攝影）

採訪中，雷先生的談話雖不長，但透露了關於共濟會一些意義重大的信息。

共濟會的確存在

至今，知識界、政治和經濟界中多數人懷疑共濟會存在。有人認為這個組織僅是一個子虛烏有的神話或傳説。

事實證明，共濟會的精英們深刻影響和改變了幾百年來的世界歷史，包括中國近代史。共濟會人士控制着當代世界的金融、政治和文化教育體系，知識界對於共濟會的這種無知，只能令人感到十分可憐和可悲。

有些人久已被西方偽文化閹割、洗腦、封鎖多年，對真實的世界一直看不清楚，所以常把虛幻的普世價值看成真實，而把冷峻的真實看做虛幻。

舉一個把偽造當做真實的學術例子：數百年來西方人一直說古代希臘哲學和民主是西方文明的來源。有些被洗腦的人也一直跟着頂禮膜拜，言必稱希臘。其實這個論點，完全是啟蒙時代共濟會的學者一種亂攀親戚的虛構故事。

無論從地理或文化淵源看，古代希臘文明都完全不屬於西方，它是隸屬於西亞兩河流域以及古印度、波斯、蘇美爾、埃及等西亞和中近東文明圈的產物，是衍生文明，與非常晚生的歐西文化搭不上邊。

換句話說：蘇格拉底、柏拉圖、亞里士多德、亞歷山大都不是西方人士，其血統種族屬於中東和近東人種，希臘文明的種子則來自西亞和中東地區的古老文明。

所以從雷惠明先生那次訪談中，關於共濟會是不是真實存在的一個組織，這個問題的答案就昭然可見了。

共濟會歷史悠久秘密強大

記者：很多人印象中，美生會是秘密組織，好像很神秘？

雷惠明先生：美生會最早是歐洲中世紀時的石匠互助會，正確起源時間地點已不可考。1717年，倫敦4個會所聯合組成英國第一個總會所，美生會正式成立。後來參加的人越來越多，各行各業都有。尤其在革命時期、戰爭時期，美生會這種大型組織特別受到注意。例如希特勒就將美生會員當作屠殺對象，某些政權也禁止我們的組織，因此美生會不得不改為秘密聚會。

評點：共濟會內部有流脈的不同，又有國家和區域利益的差異。所以，共濟會總體聯合一直對外。但內部發生矛盾也時常有火併而自相殘殺。例如獨立戰爭時的英軍指揮官和大陸獨立派領袖，對立兩面都是蘇格蘭禮共濟會會員。拿破崙戰爭時代，拿破崙家族及交戰的對手惠靈頓也都是共濟會員。前蘇聯、越南都是共產黨組織，不是互相也照樣開打嗎？

共濟會不能隨意加入

記者：加入美生會要具備什麼資格？經過什麼樣的考核審查？

雷惠明先生：美生會一向不對外公開招募會員，也不會到處去拉人來加入。

通常是對美生會宗旨有興趣的人，主動開口要求加入，經考核審查，確認符合資格，就可以入會。

有興趣加入美生會的人，要向會所提出申請，該會所負責人就要指定一個委員會，去拜訪這名申請者。這就是考核。完成這個步驟之後，再由該會所成員投票，決定是否接受這名申請者。

共濟會匯聚精英

記者：美生會有很多名人會員，包括14位美國總統在內。但華裔會員不太多，是嗎？

雷惠明先生：很多華裔都只活在自己族裔的社區裏，不太注意主流社會的活動，有些華裔可能根本沒聽過美生會。

我自己其實也是到35歲，才從妻舅那兒聽說。現在加州美生會員大約6萬人，華裔佔了十分之一。

共濟會溝通有暗號

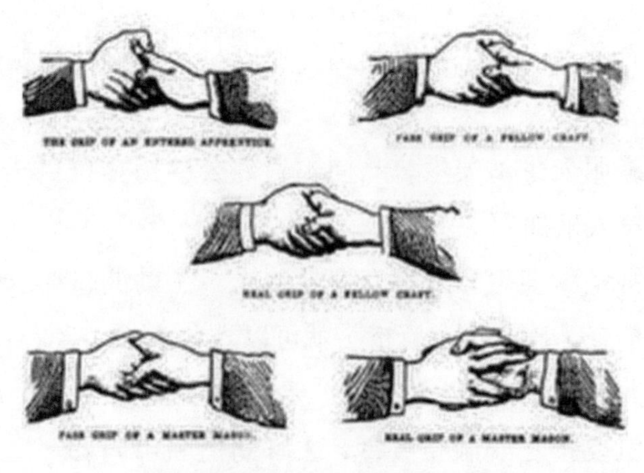

友善握手——兄弟間相認的暗號

雷惠明先生：我們有特定的握手方式，叫做“友善握手”。透過這種握手方式，就可以認出對方是美生會員兄弟。

記者：“友善握手”怎麼握？

雷惠明先生：我沒法告訴妳，這可真是我們的秘密了（笑）。

共濟會入會儀式詭異終生難忘

記者：聽説加入美生會，有特殊的入會儀式？

雷惠明先生：沒錯，美生會有特定的入會儀式，在入會儀式中將美生會的宗旨與信念，傳遞給入會者。美生會員最早是以建築城堡、大教堂起家，我們的會徽就是圓規與方矩相接，中間是個大大的英文字母G。

這個G字用幾何圖形代表各會員信仰的神，可以是上帝、阿拉或佛陀。總之，就是建構宇宙的超級性靈。我個人認為，這項儀式好像是為入會者特別上演一齣戲，那種愉快鮮明的感覺，一輩子都難以忘懷。

共濟會不限多種信仰但不接受無神論者

雷惠明先生：美生會是世界上歷史最悠久、規模最大的兄弟會，申請入會的人，必須人品操守良好，相信宇宙間有超越人類的主宰。

入會者不拘宗教信仰，可以是佛教徒、基督徒、天主教徒或回教徒，此外，像印度教徒、猶太教徒都歡迎，但不能是無神論者。

不過，我們平日在會所，是不談政治或宗教的。

何新評點：共濟會的核心秘密包括信仰其底層的確不知道，也不會在一般會所中討論。

附錄1

記者採訪加州共濟會總會長雷惠明先生

2011年9月的最後一個週日，加州美生會（Masonry，又稱Freemasonry，共濟會）舉行總會長就職典禮。1500多名美生會會員與眷屬聚集在加州總會所——舊金山美生堂，參加這項盛大隆重的典禮。隨同總會長就任的，還有32位負責不同工作的執事人員。

一批西方面孔中，唯一的華裔雷惠明先生坐在正中央，宣誓就任了總會長。他是加州美生會成立以來第二位華裔被推選為總會長，也讓美生會這個全球規模最大的兄弟會增加了華裔的聲音。為此，記者對他進行了採訪。

記者：華裔加入獅子會、扶輪社的人很多，但比較少聽說加入美生會。你當初怎麼會加入這個組織？

雷惠明先生：美生會一向不對外公開招募會員，也不會到處去拉人來加入。通常是對美生會宗旨有興趣的人，主動開口要求加入，經考核審查，確認符合資格，就可以入會。我是在1986年，經小舅子的岳父介紹加入的。我太太娘家親戚總共有10個人入會。我們覺得美生會重視道德、重視教育、重視社區，也做很多慈善事業、發揚博愛精神。入會的人都願意成為更好的人，是很積極正面的團體。不過美生會是兄弟會，只接受男性，所以我太太不能參加，只有我加入。

記者：很多人印象中，美生會是秘密組織，好像很神秘？

雷惠明先生：美生會最早是歐洲中世紀時的石匠互助會，正確起源時間地點已不可考。

1717年，倫敦4個會所聯合組成英國第一個總會所，美生會正式成立。後來參加的人越來越多，各行各業都有。尤其在革命時期、戰爭時期，美生會這種大型組織特別受到注意。例如希特勒就將美生會員當作屠殺對象，某些政權也禁止我們的組織，因此美生會不得不改為秘密聚會。

不過，平時美生會並不算是秘密組織。當然我們有特定的握手方式，叫做“友善握手”。透過這種握手方式，就可以認出對方是美生會員兄弟。

記者：“友善握手”怎麼握？

雷惠明先生：我沒法告訴你，這可真是我們的秘密了（笑）。

記者：加入美生會要具備什麼資格？經過什麼樣的考核審查？

雷惠明先生：美生會是世界上歷史最悠久、規模最大的兄弟會，申請入會的人必須人品操守良好，相信宇宙間有超越人類的主宰。入會者不拘宗教信仰，可以是佛教徒、基督徒、天主教徒或回教徒，此外，像印度教徒、猶太教徒都歡迎，但不能是無神論者。不過，我們平日在會所，是不談政治或宗教的。有興趣加入美生會的人，要向會所提出申請，該會所負責人就要指定一個委員會，去拜訪這名申請者。這就是考核。完成這個步驟之後，再由該會所成員投票，決定是否接受這名申請者。

記者：聽說加入美生會，有特殊的入會儀式？

雷惠明先生：沒錯，美生會有特定的入會儀式，在入會儀式中將美生會的宗旨與信念

傳遞給入會者。美生會員最早是以建築城堡、大教堂起家，我們的會徽就是圓規與方矩相接，中間是個大大的英文字母“G”。這個“G”字代表幾何、也代表各會員信仰的神，可以是上帝、阿拉或佛陀。總之，就是建構宇宙的超級性靈。我個人認為，這項儀式好像是為入會者特別上演一出戲，那種愉快鮮明的感覺，一輩子都難以忘懷。

記者：你是加州美生會第二位華裔總會長，上任兩週來感受如何？

雷惠明先生：特別忙。要照顧到全加州的會務，事情很多。不過能夠為大家服務，感覺很好。美生會很多職務都是無給職，純粹是服務，總會長也是如此。我今年的目標是提高兒童識字率，另外就是希望我們的會員加強對社區的關懷與聯繫。加州美生會從1850年成立到現在，超過160年，每年總會長從北加州與南加州輪流產生。明年我卸任後，下一位總會長就會從南加州的會員中選出。

記者：出任總會長，要不要競選？

雷惠明先生：各州情況不同，華盛頓州要競選，但加州就不用。加州美生會是由歷任總會長組成委員會，挑選合適人選來擔任。過去的工作經驗，讓我學會針對別人的需要提供服務與協助，也許這正是我去年被選為加州美生會副總會長的原因。今年按順序排，就輪到我啦！

記者：美生會有很多名人會員，包括14位美國總統在內。但華裔會員不太多，是嗎？

雷惠明先生：很多華裔都只活在自己族裔的社區裏，不太注意主流社會的活動，有些華裔可能根本沒聽過美生會。我自己其實也是到35歲才從妻舅那兒聽說。現在加州美生會員大約6萬人，華裔佔了十分之一。

記者：談談你的家庭與工作背景吧。

雷惠明先生：我在舊金山華埠出生，我家距離加州美生會總會所"美生堂"只有幾個街口。當時我父親在旅館服務，母親在華埠從事車衣工作。我自伽利略高中畢業後，進入舊金山市大拿了副學位，然後進入舊金山州大攻讀企業管理。畢業後，在貸款公司、郵局、律師事務所都工作過。然後跟太太在華埠開林苑餐廳11年，餐廳轉讓後，又到百齡園服務。2007年起，加州美生會的附屬組織"蘇格蘭傳統儀式美生會"需要秘書長，我就過去任職。現在兼任總會長，一人當兩人用。

附錄2

共濟會的金字塔控人術

共濟會的世界金字塔共有13階高度，最高決策會議每次最多只邀請13人，也稱之“高階智囊團”、“33智囊團”、“G智囊”、“CC智囊”，或者也可能俗稱“God智囊”。

每一層的每一個人所控制的廣度，最多是CC或33人，也稱之G，俗稱God，也就是主宰者。

第二層的人數是13x33=429

第三層的人數是12x429=5148

第四層的人數是11x5148=56628

第五層的人數是10x56628=566280

第六層的人數是9x566280=5096520

第七層的人數是8x5096520=40772160

第八層的人數是7x40772160=285405120

第九層的人數是6x285405120=1712430720

第十層的人數是5x1712430720=8562153600

第十一、十二、十三是奴隸階層，目前未劃定。

上述是簡易概念，實際操作不是如此呆板，而是依照行業性質劃分，也就是股份制。

13個人就能成功控制68億人。越底層的人需要控制的人數越少，也就是能力越差，直到末端則是奴隸階層。每一個人要直接負責控制33人的是權力最大的；封頂階層，研究議題只有一個，就是戰爭！而往下依序遞減，逐漸開花。一個擁有數十萬人乃至百萬人基業的超級企業，最高決策層也是7人到13人不等。任何一個國家的最高決策層都是從3人到33人不等。至於在獨裁國家，一個人就能寫下一個國家的歷史。

關於金字塔控人術的發微，極可能是上古人類觀察天體自然的規律、生命的生老病死，從而得出的結論，意即："誰能主宰戰爭；誰能控制生殺大權，誰就擁有世界最高權力。"

戰爭往下直接誕生軍事政治，而維繫基礎是哲學與歷史文化，所以共濟會的最高層最重視的部位一直是哲學與歷史文化，從而才能部署相應之謀略到敵國內部，進行分化及控制工作。其次才是各國的政治、文化、經濟、金融、交通、教育等等各行各業，從而開花變成井然有序的世界規矩。

上述簡單說明金字塔結構。目前你們在海外網站看到的共濟會介紹，多數內容是捕風捉影；陰謀論者自創的小說，用以吸引眼球而接受信徒捐款，而我們不接受捐款，時下是因應嚴峻的世界形勢，而願意釋出一些內幕讓有緣人了解而已，我們提供的是正確的，普通人一輩子都沒有機會了解的事實真相，至少多數內容都是正確的。

共濟會一般所指是歐洲共濟會，通常與美國共濟會綁在一起，也就是歐美共濟會的合稱，實際上歐洲共濟會與美國共濟會不同，目前的布什家族是美國共濟會的主宰者，但效力於歐洲共濟會，只因為布什家族是英國人而不是美國人，美國歷屆總統幾乎都是英國人。

在美國台面上的傀儡金融集團稱之美國聯儲備會（Fed），這個機構是美國共濟會與猶太共濟會勾串的，讓兩個共濟會取得一個共鳴點而得以聯繫在一起而已，約在歐洲共濟會金字塔的第四層。

但歐洲共濟會並不承認這些猶太集團，歐洲共濟會擁有自己的獨立金融體系，這一點應該要稍微理解才好。

美國共濟會只是一個半傀儡機構，美國是一個傀儡國家，一直是英國的殖民地。這其中的操作藝術，就在於幕後黑手刻意隱藏用以保護決策圈，故意讓美國站在舞台上帶領人民，實際上的決策層是歐洲共濟會。

比如說朝鮮之所以能夠存活下來，幕後一直是歐洲共濟會在支持，這些智囊想親眼見證社會主義實踐後的最終結果。又比方日本各大學之所以傲視全球，原因是歐洲共濟會的亞洲總部就在東京。

關於學術控制的認知，北京大學在世界上是老牌子的百年學府，到今日的排名卻依舊在60名上下，原因是被控制住定位在這個檔次。或許中國政府願意花錢買通一些機構調查，自己吹嘘成10名內，實際上北京大學在世界上的排名只在60名上下，屬於第五流大學。在亞洲只有日本擁有第一流大學；香港有第三流大學；中國最好的大學是第五流；台灣最好的大學是第十流。

科研論文方面，北京清華都在百名以後，150名上下，等於是中國學生沒有任何創新，當然也不可能和白人競爭，只能淪為奴隸國，把白人視為神明不可侵犯，而這一切都是被刻意控制的。學術受到控制，國家自然培養不出人才，無從與世界競爭。為了生存，中國人只能選擇騙中國人，慢慢升級為中國人害中國人，最後水到渠成而升華為中國人殺中國人，不斷地改朝換代。

簡單列一些金字塔的定位供參考：

美國中情局在第三層。

美國聯準會在第四層，索羅斯集團也在第四層。

美國政府在第五層。

中國政府是第六層。

中國人民銀行被定位在第七層。

高盛集團在第九層。

中國工商銀行是第十一層。

美國的任何一個集團都不可能超越第四層，美國中情局之所以能夠達到第三層的原因，是從英國軍情系統分出來的，美國中情局一直是英國用來監督美國政府的一個機構，直接效力於英國軍情，而英國軍情又效力於各歐洲皇室家族。

至於第一層及第二層則列入機密無法奉告，和東方民族的關聯也不大。簡而言之，軍情及軍事一定是最高層級的，金融的最高層級只到第四層。

在其中，日本天皇是第二層的8，也就是第二層的小幹部。沙皇時代的彼得大帝幹掉瑞典，憲章把他列入第二層的33，後來不斷地鬥爭失敗而一落千丈。

毛澤東逝世之後被定位在第二層的31，他也是歐洲共濟會對所尊敬的偉大敵人的一種紀念，生前則是沒有得到認可。

苦肉計天王小布什是在第三層的33，也就是第三層的最高階，CC階。擁有航母群及潛艇，尚有核彈工廠及外星人研究中心。香港賭王何鴻燊是在第五層的26，也就是第五層的上流分子。

美國聯準會主席柏南克是在第四層的9，也就是第四層的小幹部。不同金字塔階層的人士，或者是跨階人士，彼此都沒有直接利益關係，世界金字塔的奧秘也就在其中，應用簡單的規矩而成功地維繫人類的生存與發展。

共濟會的統治藍圖

共濟會精英建立"世界政府"的秘密計劃

——《精英的特權》摘錄譯註

作者：（法）蒂埃里·布魯克文

趙鳴譯

作者簡介

蒂埃里·布魯克文（1967~）法國社會學博士，2005年畢業於巴黎社會科學高等研究院，現執教於法國貝尚松大學。已出版《面向交易倫理的社會運動：勞動民主調節的一次嘗試》（2007年）、《公平交易：另類的共產、販售與消費》（2009年）、《公平交易與市場倫理》（2014年）等。《精英的特權》是他於2014年8月在Max Milo出版社最新出版的一部著作。

《精英的特權》摘錄

共濟會組織

共濟會（franc-maconnerie）是世界上最大的秘密組織，內部有着森嚴的等級秩序和幕後老板。法國共濟會雖然支持世俗化進程，但他們仍然相信有一個“宇宙的偉大建築師”（Grand Architecte de I’univers）。這是一個聚集了所有發達國家超級精英的準宗教組織，與世界時局發展有着千絲萬縷的聯繫，權力通天。

由於共濟會苛刻的入會條件和無可企及的影響力，精英們都以加入這個組織為榮。成為這個封閉圈子中的一分子可以拓展自己的“社會資本”，與全世界最有權勢的人物結為“兄弟”，建立同盟。

共濟會的主要目標之一是建造所羅門神殿。對共濟會下層會員來説，它意味着建造人類內心的靈魂聖殿，洗去塵世慾望的污濁。而另一層含義則是重建以色列耶路撒冷的所羅門神殿。共濟會成員不止一次地承認過該計劃的存在：“1887年7月16日到17日舉行的最高跨國會議上已經決定共濟會的目標，是要建立一個全球共和國。”

為達到這一目標，共濟會高層成員都在弘揚傳播自由、平等、世界友愛這樣的理念。“現代意義上的共濟會，是1717年6月在倫敦成立的。”1775年美國獨立戰爭的參與者，有許多都是共濟會成員。

經過美國獨立戰爭、法國大革命兩次巨變，共濟會成功地將其思想理念散播出去。歐洲君主制走向終點，下一步的宏偉藍圖就是成立一個宣揚友愛和平的世界組織。1920年國際聯盟（Sociétédes Nations）應運而生。其實1917年開始，這個計劃就在醞釀中："1917年6月28日、29日，共濟會盟友國及中立國大會在巴黎召開，商議研究美國總統威爾遜先生所倡導的國際聯盟……"。威爾遜本人也是共濟會成員。從就任美國總統到任期結束，威爾遜一直受到愛德華·曼德爾·豪斯（Edward Mandell House）上校的監督，隸屬於"溫德姆大師"會舍。

"國際聯盟"於1920年1月10日誕生，直到1946年4月18日正式宣佈解散，其名下財產與檔案全部移交給同年成立、總部設於紐約的聯合國組織。共濟會精英採取了一套辯證策略，先以爭取民主為由，推翻專制王權，反過來又用資本權力代替王權，稱霸世界。隨着聯合國和世界組織的進一步發展，共濟會的持續行動只會有兩種結束，要麼走向國際民主，要麼走向全球性的專制政權。

知識分子針對控制社會與民眾建立理論

以諾伯特·維納（Norbert Wiener）的控制論（approche cybernétique）及後續的系統論（approche systémique）為代表，"社會工程學"（ingénieris sociale）建立起一套理論。它的做法是，不斷觀察一個系統（如信息、生物、經濟、社會等）的運作，通過積極反饋，加重有利自身利益的傾向，或者反向操作；通過消極反饋，終止那些不利自身利益的傾向，最終達到控制對方的目的。達成目標的關鍵在於反復試誤，從而在系統運轉的過程中不斷增強積極反饋，阻止消極反饋，而不似想像的那樣，幾位精英人物通過秘密籌劃就瞬間決定了世界百年發展的方向。

自由主義通過反復推行私有化政策，使國家逐漸走向崩潰，進入私有資本的控制圈。銀行業有了公債這條利益鏈，對世界的統治日益增強。為了統治全球，經濟精英們會特別重視研究工作，不惜高額聘請專家團隊為其獻計獻策，牢牢把握社會發展的脈搏。

這類服務於資本利益的學者精英滲透在不同領域，且個人精明強幹。政治上，古有意大利的馬基維利，今有基辛格、亨廷頓、克羅齊；科學領域有維納這樣的控制論專家；20世紀50年代哈耶克發起“朝聖山學社”，一眾經濟學家更是運用新自由主義，開啟了資本勢力對世界的二次征服。美國資本精英為了新自由主義計劃的實施，曾支持皮諾切特將軍在1973年9月11日發動的智利軍事政變。諾貝爾經濟學獎得主彌爾頓·弗里德曼（Milton Friedman）更是新自由主義貨幣政策的急先鋒。

譯　註

1. 共濟會沒有單一的最高領導人，有一種說法認為共濟會中做出最高決策的是13個壟斷和掌握了全球金融體系的世襲家族，即“共濟會13家族。”以國際共濟會總部為中心，在世界各地擁有分會和無數外圍組織。共濟會的上帝並不是基督教的上帝，而是作為“宇宙的偉大建築師”的上帝。共濟會在天主教內的兄弟會滲透於耶穌會、方濟各會、浸禮教會等。多任教皇都是共濟會會員。

2. 共濟會的法文為franc-masonnerie，英文為freemasonry，意思是“自由石匠工會”。關於共濟會的起源，有人認為它起源於參加建造古巴比倫巴別塔的石匠組織；也有人認為它起源於建造耶路撒冷所羅門王神殿的工匠們。

3. 共濟會提出的口號是構建“世界新秩序”（New World Order）。通過整合政治、經濟、意識形態等方方面面的力量，最終實現全球大一統。

4. 比如喬治·華盛頓本人和參與美國獨立戰爭的拉法葉特將軍，為美國獨立戰爭提供先導思想的啟蒙運動家大多也是共濟會成員，如伏爾泰、孟德斯鳩、狄德羅等。

5. 弗里德里希·奧古斯特·馮·哈耶克（Friedrich August von Hayek, 1899~1992年），奧地利裔英國經濟學家，20世紀最重要的政治思想家之一。作為新自由主義的代表人物，哈耶克一生經歷過兩次世界大戰、大蕭條，目睹了法西斯的崛起和滅亡，以及自由市場思想複興。代表著作有：《價格與生產》（1933年）、《純粹資本理論》（1941年）、《通往奴役之路》（1944年）、《個人主義與經濟秩序》（1948

年）、《自由憲章》（1960年）。

6. 1944年，哈耶克的《通往奴役之路》在英國出版僅僅兩週後，他又在劍橋大學國王學院政治學會宣讀一篇論文《歷史學家與歐洲的前景》。在這篇文章中，哈耶克提出了成立朝聖山學社（Sociétédu Mont-Pèlerin）的最初想法，希望組織一個學會，讓德國學者重新回到古典自由主義思想的主流中來。

目標·綱領·手段——《錫安長老會紀要》

編輯／整理：彩虹戰士

100多年前，一個送信人被雷電擊中，警察從他身上發現了一份“紀要”並交給政府。之後的一百年，世界準確地

按照“紀要”的描述發展着。這本書首先在俄國出版，遭查封，俄文譯者被死亡；任何發現存有這本書的人將就地處決。而這本書的英文版譯者，也就是我對照翻譯的，也被死亡……這一切都證明了“紀要”的真實性。《紀要》雖第一次印刷在1903年，實際撰寫時間則最少在18世紀中葉法國大革命前。

《錫安長老會紀要》（1-24全本）

目錄

紀要8

◎臨時政府

紀要9

◎再教育

◎猶太超級政權

◎基督教青年已被摧毀

紀要10

◎為登上統治之位做準備

◎我們的目標——世界權力

◎自由主義的毒藥

◎我們任命總統

◎我們將摧毀憲政

紀要11

◎極權主義國家

◎我們是狼

紀要12

◎控制傳播渠道

◎摧毀自由媒體

◎只有謊言得以出版

紀要13

◎離散人心

◎蒙蔽勞動者

紀要14

◎攻擊非猶太教

◎禁止基督教

紀要15

◎殘酷鎮壓

◎秘密社團組織

◎非猶太人是愚蠢的

◎非猶太人是畜生

◎我們需要服從

◎必須殘忍無情

紀要16

◎洗腦運動

◎我們必須改寫歷史

紀要17

◎辯護權力的濫用

◎摧毀傳統教士

紀要18

◎製造藉口政府介入

◎通過恐懼被政府管制

紀要19

紀要20

◎摧毀資本

◎製造經濟衰退

◎非猶太政權的破產

◎高利貸專制

紀要21

◎貸款與政府信貸

紀要22

◎黃金的力量

紀要23

◎灌輸服從意識

紀要24

◎統治者的品質

◎猶太人之王

他們是誰？來自哪裏？是什麼樣的人？

猶太金融世家羅斯柴爾德家族族徽

從共濟會誕生之初，質疑和反對之聲便不絕於耳，最著名的便是天主教會與共濟會的世紀戰爭，羅馬教皇高舉反共濟會的旗幟200多年，直到今天。這主要是一種宗教矛盾，共濟會以猶太密教卡巴拉（Kabbalah）整合世界宗教，不可避免地具有反基督（Anti-Crist）嫌疑，而它領導的啟蒙運動在世界範圍內對天主教的破壞和蠶食，最終使兩者成為死對頭。

此外，近代西方史上著名的陰謀論也是源自對共濟會陰謀的指控。1786年，德國出現了一本書，名叫《世界政治體系揭秘》（*Enthüllungen des Systemsder Weltbrger-Politik*），書的作者Ernst August von Göch-hausen（1740~1824年）是魏瑪市政府官員，他聲稱共濟會、光明會（Illuminati）和耶穌會士（Jesuits）在秘密策劃世界範圍內的革命，以建立世界政府。3年後，法國大革命爆發，法國王室被推翻，國王被處死，似乎驗證了書中的預言。1797年，大革命中逃到英國的法國耶穌會士奧古斯丁·巴朗（Augustin Barruel）出版了《雅各賓主義歷史回憶錄》（*Mémoires pour servir à l'Histoire du Jacobinisme*），提到秘密的地下社團組織對大革命的操縱，以及對教會的打擊。同年蘇格蘭物理學家約翰·羅伯遜（John Robison）也發表了《共濟會、光明會和讀書會陰謀推翻歐洲政府和教會的證據》（Proofs of a Conspiracy against all the Religions and Governments of Europe, carried on in the secret meetings of Freemasons, Illuminati and Reading Societies），提出了大革命源自共濟會的計劃。此後這種理論廣泛傳播，尤其為教會大力宣傳，認為共濟會陰謀推翻教會和各國皇室，取而代之以民主、自由和宗教寬容的社會體制。這些在當時看作陰謀的東西，在今天看來不過是簡單的歷史事實。

到了19世紀中期，摩根事件（Morgan affair）引發了美國的反共濟會運動（Anti-Masonry）。威廉·摩根（William Morgan）是一名磚瓦匠，他在紐約加入了共濟會，然而由於不能升級心懷怨恨，他宣稱要在當地報紙上將共濟會的秘儀公開。這種背叛行為激怒了共濟會，不久當地報社被縱火，摩根也因被告發拖欠大筆債務而入獄。1826年11月11日，一個聲稱是摩根朋友的人到警察局將摩根保釋，並將他帶走，從此便杳無蹤跡。摩根的失蹤使得事件迅速激化，越來越多的人加入到抗議共濟會的運動中來。由於大多數銀行家、法官、富商和政客都是共濟會成員，這加重了底層民眾的不安和憂慮。紐約民眾開始集會號召禁止共濟會員進入政府系統，運動很快與反傑克遜總統（anti-Jackson）政治運動結合起來，因為他也是共濟會會員。他們建立了反共濟會黨（Anti-Masonic political party），並在1828和1832年推選了總統候選人。由於缺乏支持，這個政黨不久就消亡了。

最早將共濟會與猶太人聯繫在一起的，是20世紀初俄國出版的《錫安長老會紀要》（Протоколы сионских мудрецов）。內容是一群所謂的猶太錫安長老陰謀奪取世界政權，控制全人類的秘密會議紀要。這是至今為止反共濟會和反猶運動中最為重要的文獻，是當今幾乎所有陰謀理論的始祖文件。

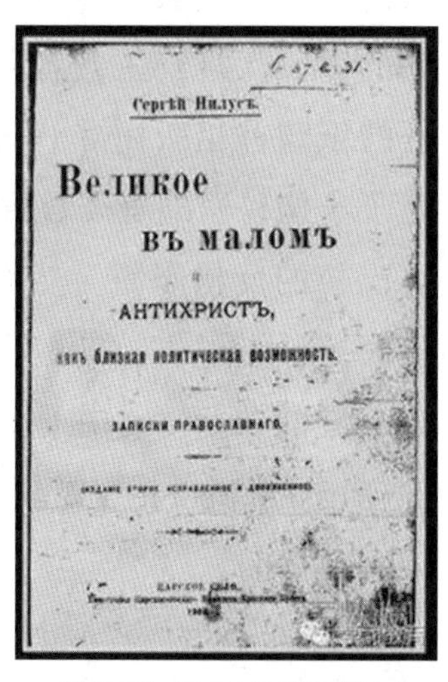
Сергѣй Нилусъ.

Великое

въ маломъ

и

АНТИХРИСТЪ,

какъ близкая политическая возможность.

ЗАПИСКИ ПРАВОСЛАВНАГО.

《紀要》最初的俄國版本

1903年8月27到9月7日聖彼得

堡的旗幟報Znamya（Знамя）連載了一系列文章，題目叫做《猶太人控制世界的計劃》。而報中稱這份文件的原題叫做《共濟會與錫安長老會世界聯盟會議紀要》（The Protocols of the Sessions of the World Alliance of Freemasons and of the Sages of Zion）。該《紀要》雖第一次被印刷並且流傳到公眾是在1903年，實際上開始撰寫，則是最少在18世紀中葉早於法國革命，並不是說1903年才被撰寫。

1905年，俄國神學家瑟爾基·尼路斯（Sergei Alexandrovich Nilus）的《渺小中的偉大，即將到來的反基督政治可能性。一個東正教信徒的筆記》（*The Great within the Small and Antichrist, an Imminent Political Possibility. Notes of an Orthodox Believer*）一書中，將其編入最後一章，作為該書的第二版發表，並宣稱這本草案來自1897年瑞士巴塞爾召開的第一次錫安主義者大會（First Zionist Congress）。新上任的俄國首相斯托雷平（Pyotr Arkadyevich Stolypin）為此成立了一個秘密調查委員會，認為文件內容最早來自1897~1898年巴黎的反猶團體。然而至今並未發現原稿。由於材料來源不明，沙皇尼古拉斯二世查禁了這本書。然而1906年錫安長老草案的單行本，在聖彼得堡被俄羅斯人民聯盟（Union of the Russian People）以《人類的敵人》為題出版，並且迅速在俄國傳播開。

1912年版包含《錫安長老會紀要》的《渺小中的偉大》封面，畫着各種猶太秘儀標誌。

1917年俄國十月革命的爆發似乎驗證了《紀要》的預言，尤其是領導革命的布爾什維克高層領導人中，猶太人佔了大多數，最著名的如托洛斯基（Leon Trotsky）。之後的俄國內戰中，白軍也將其作為反對布爾什維克的重要宣傳工具。在此時《紀要》被翻譯成各種文字傳遍歐洲。最早的英語版出現在1919年美國費城的《公眾紀錄報》（*Public Ledger*）上，美國記者卡爾·阿克曼（Carl William Ackerman）在10月27日和10月28日兩篇文章中摘錄了《錫安長老會紀要》的部分章節，然而題目換成了“紅色聖經”，草案中所有出現猶太人的地方全部被布爾什維克代替，變成了俄國布爾什維克奪取世界的計劃。

1920年，倫敦出版了第一版《猶太威脅，錫安長老會紀要》（*The Jewish Peril. Protocols of the Learned Elders of Zion*）。而傳播最廣的英文版本，則是英國早報（*The Morning Post*）在俄羅斯的派出記者維克多·馬斯登（Victor Emile Marsden）的譯本。

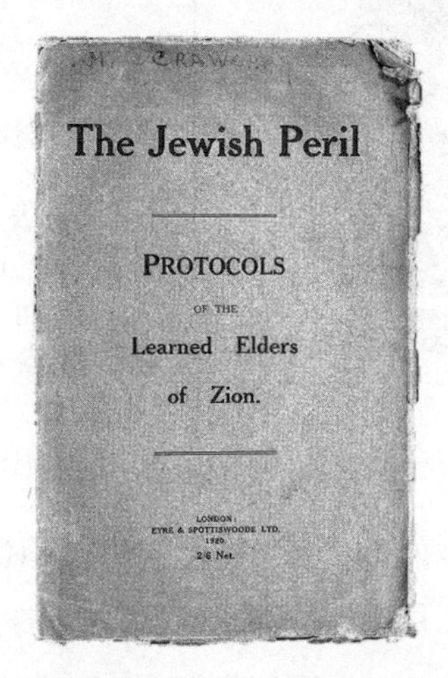

1920年版《猶太威脅，錫安長老會紀要》

在此期間，美國福特汽車公司創始人亨利·福特（Henry Ford），對《錫安長老會紀要》傳播起到了巨大作用，1920年就在美國發行了50萬本。在他的《得堡獨立報》（*The Dearborn Independent*）上面，以《國際猶太勢力：世界的首要問題》（The International Jew: The World's Foremost Problem）為題，發表了包括《紀要》在內的，揭露猶太金融勢力對各國進行控制的一系列文章。1921年2月，福特在接受《紐約世界報》（*New York World*）採訪時表示，“對這部《紀要》我只是想說，它符合正在發生的一切。”（“The only statement I care to make about the Protocols is that they fit in with what is going on.”）系列文章結集出版後，在德國受到極大歡迎，福特也成為希特勒的偶像。希特勒表示要將福特的理論付諸實踐，並仿照福特的T型車，為人民製造汽車。這也是德國大眾汽車的由來。

The Ford International Weekly
THE DEARBORN INDEPENDENT

The International Jew: The World's Problem

The article that signaled the beginning of Henry Ford's seven-year hate campaign against the Jews. (COLLECTIONS OF THE HENRY FORD MUSEUM, GREENFIELD VILLAGE)

1920年5月22日版《得堡獨立報》

1927年《得堡獨立報》由於受到猶太團體起訴停刊，福特開始撇清與反猶文章的關係，表示他對報紙內容並不知情。此後福特車廠在上世紀30~50年代間持續15年虧本，市場佔有率由一戰後的60%跌至20%。

隨着上世紀20~30年代《錫安長老會紀要》在歐洲大陸的廣泛傳播，反共濟會與反猶主義（Antisemitism）也結合起來。德國國家社會主義運動興起後，納粹黨將共濟會看作猶太人陰謀統治世界的秘密組織，二戰時德國佔領區的所有共濟會所都被取締，成員遭到逮捕並被作為政治犯送往集中營，據稱有將近10萬共濟會員在此時被消滅。同時納粹德國在佔領區開始大規模宣傳共濟會和猶太人的陰謀，如1941年10月22日在塞爾維亞首都貝爾格萊德舉行的反共濟會大型展覽（Grand Anti-Masonic Exhibition），主題是"揭開猶太人的共濟會和共產主義陰謀，以及隱藏在社會後的一切疾病"（unmask the Jewish freemason and communist conspiracy that is behind all the society's ills）。共濟會的惡名也在此時達到頂點。

雖然1921年紐約《時代》雜誌刊出菲利普·格拉夫（Philip Graves）的一系列文章，具體分析了《錫安長老會紀要》，指出其中一些片斷來自1864年法國諷刺小說家喬利·莫里斯（Maurice Joly）創作的諷刺小說《馬基雅維利與孟德斯鳩對話錄》（*Dialogue aux enfers entre Machiavel et Montesquieu*），而此後也有眾多專家學者將其鑒定為偽作，但是並未阻止它在世界範圍內的廣泛傳播，尤其是它似乎成功預言了世界範圍的革命浪潮、經濟危機和世界大戰。

《錫安長老會紀要》（馬斯登版）

《錫安長老會紀要》用第一人稱書寫，以一個錫安長老的身份，在長老會議上向新成員介紹如何掌控世界的具體計劃。全書並無嚴整結構，章節內容並不統一，前後章節也不存在嚴格順序，似乎是以時間作劃分，每一章內容來自一次會議的記錄。全書共分24章，包括的具體話題有：

用自由主義消滅非集權制政府，用經濟集權取代政治集權。傳播達爾文主義、馬克思主義、尼采主義、社會主義、共產主義、無政府主義以製造社會矛盾，國家對立。建立世界政府，迫使各國讓權。引發世界大戰，消滅敵對集團。推廣普選權，培養愚民群體，以對抗各國精英階層。通過共濟會招籠各國精英，成為代理人。安插民主政府領導人。控制媒體，加大對言論自由、出版自由、人權和民主的宣傳，使其破壞原有社會秩序，同時使其成為新統治方式的迷霧。控制教育。用娛樂、色情等分散人們注意。消滅基督教、伊斯蘭教以及其他一切宗教，宣傳唯物主義，以無神論作為過渡，最後代之以猶太教。通過政府征稅削弱各國資本家實力。通過貸款控制各國財政。消滅金本位，通過控制貨幣發行量製造經濟危機。長老會通過能力推選國王，在全面統治世界之前，國王不會露面，只是在暗中操縱世界。

《錫安長老會紀要》節選

紀要1

第6節：政治自由只是一種理想而非現實。必須了解如何使用這種理想以吸引大批追隨者建立黨派並去削弱對手的權威。如果對手也擁有自由主義思想的話就更容易了，這樣就迫使他交出權力。這樣政府被迫退出的領域立刻就將被新的權力掌控。

第7節：這個新的權力就是黃金。……

第25節：退回到從前，我們是最早高喊“自由、平等、博愛”的，這些套話被那些愚蠢的鸚鵡重復了無數次，他們被這香餌吸引最終放棄了原有的社會體制，喪失了真正的自由。那些非猶太人（Goyim）中所謂的智者沉於迷夢，無法了解自然法則根本不存在什麼平等和自由。

第26節：地球的每個角落都充斥着“自由、平等、博愛”，感謝那些無知的代理人替我們搖旗吶喊。這些口號就像潰瘍一樣在非猶太人社會肌體上擴散，所到之處終止一切和平和團結，摧毀國家體系。這將是我們的王牌——摧毀一切貴族政體，代之以我們教育出來的建立在金錢上的新貴。這個新貴階層的資格將以財富和教育水平衡量，而財富和教育則掌握在我們手中。

紀要2

第5節：在當今世界有一種在人群中推動思想運動的重要力量，這就是媒體。媒體的作用是提出要求，發出民眾的抱怨，表達不滿。只有通過媒體，自由言論才能道成肉身。但非猶太人的政府還不懂得如何利用這一力量，而我們則掌握了它。通過媒體我們對社會保持了強大影響力，而我們卻一直躲在暗處。

紀要3

第7節：我們的權力建立在長期的食物短缺和工人的瘦弱上……饑餓使資本對工人統治具有比國王的權威更大的保障。

第11節：我們將要製造經濟危機使交易和生產停止，從而引發仇恨。我們將要通過各種隱秘手段，通過完全掌握在我們手中的黃金的幫助製造普遍的經濟危機，將歐洲所有國家的工人同時拋上街成為暴民，這些暴民將摧毀一切對此一無所知的人。

第12節：這對我們不會造成任何傷害，因為我們已早有防備。

第14節：……記得法國革命嗎，是我們給它前面加上了"大"字，全部的秘密準備都是經我們手中完成的。

第16節：我們作為一個國際性力量是隱形的，一旦我們遭到某國攻擊，便可得到他國支援。

紀要4

第2節：誰創造了這股看不見的勢力，是我們。非猶太人的共濟會組織作為我們的掩護，使人們對我們的存在則一無所知。

第3節：……信仰會使人服從宗教組織，服從上帝的安排。這是為什麼我們要摧毀一切信仰，剔除非猶太人腦中的上帝觀念，取而代之以科學理性和物質需要。

第5節：競爭和經濟生活將創造一個冷酷無情的社會。這個社會對上層政治和宗教不感興趣。它唯一的目標是利潤，也就是黃金，從而形成對物質和享樂的崇拜。

紀要5

第6節：……所有國家機器都依賴引擎運轉，而這引擎就在我們手裏，這就是黃金。由我們長老發明的政治經濟學很早就將桂冠授予了資本。

第7節：資本必須能自由地壟斷工業和商業，這已經通過我們的手在世界范範圍實施了。……

我們要提高工人的工資，同時再以農業衰退為借口提高基本生活資料的價格，我們將逐步破壞農業和資源，逐步從地球上消滅非猶太人。

紀要7

第3節：如果有國家反對我們，我們就發動戰爭。如果他們敢聯合起來對抗，我們就發動世界大戰。

第6節：如果有歐洲國家反對我們，我們就用恐怖手段顯示力量，如果他們聯合起來，我們就資助美國或日本或中國消滅他們。

紀要8

第1節：我們的董事會將聚集一群代理人為它工作，包括出版商、法官、經理、外交官等，最重要的是一些在我們的特別學校中接受過特殊教育的人，他們熟知社會背後運作的秘密規則，知道自己應該扮演的角色。

第2節：我們將用一群經濟學家輔助政府。全部銀行家、工業家和資本家都聚集在我們周圍。

紀要9

第2節：現在，如果有國家反對我們，那只是在我們的控制下的一種形式，因為我們需要他們的反猶運動以幫助我們獲取對整個猶太民族的控制權。我不想對此作進一步說明，因為這個問題在我們內部也引起了反復爭論。

第4節：我們在所有教義、主義中都有代理人，君主主義，民主主義，社會主義，共產主義和烏托邦主義等等。我們交給他們的任務是擾亂人們的思想，製造混亂，讓所有的政府都倍受折磨，只有他們將權力交給我們的國際政府我們才給他們和平。

紀要10

第4節：選舉，我們發明的工具，將使我們坐上世界的王位。我們要教育世界上哪怕最小的團體，都以聚會投票的方式決定問題，這將幫助我們達到目的。

第5節：為此，我們必須確保所有人不分階級和身份的選舉權，這樣就可以建立遠超過少數有較好修養和思考能力的富裕階層的絕對多數優勢。我們要摧毀非猶太人的家庭觀念和傳統價值，讓他們失去獨立思考能力。這樣我們培養出一個無知的強大力量，通過我們的代理人作為領袖對它進行引導。

第6節：我們會審理政府發佈的提案，但不會干擾它的發佈過程。通過多次的投票討論等過程將使人無法聯想到其出自密謀的事實。

第9節：當我們將自由主義的毒藥引入一個集權國家的有機體時，它便中毒了，等待它的只有死亡。

紀要11

第10節：自由主義建立了憲政國家，取代了唯一能保護非猶太民族的集權國家。而憲政，不過是一個不同聲音的大雜燴，充滿了爭吵、曲解，無窮無盡的政黨鬥爭，一句話，消耗國家力量的一切東西。……共和體制建立後，我們就從傀儡或奴隸中選一個總統作為政府首腦，這是我們給他們提供的政治模式。

紀要12

第4節：沒有一個聲音能不通過我們的控制到達社會，為眾人所知。

紀要13

第3節：我們要通過娛樂、運動、色情等來吸引他們的注意，我們的媒體將開始推動藝術、運動以及各個領域的競賽，使他們沉迷於此。

紀要14

第4節：我們的哲學家將會討論非猶太民族的一切思想文化的缺欠。但決不會觸及我們信仰的實質，也沒有人膽敢揭露它。

第5節：打着啟蒙和現代的旗號，我們將推廣一種低俗下流的文學樣式。

紀要15

第3節：到目前為止，除了羅馬教皇之外，我們最大的敵人是沙皇俄國……

第4節：我們將在世界範圍建立和擴大共濟會組織，將各國精英納入其中，並通過其發揮我們的影響力。所有這些共濟會分支都將由一個中心機構管理，這只有我們才知道，也是由我們的長老組成。我們通過共濟會組織將所有自由和革命因素結合起來。我們的政治密謀將通過它們付諸實施。我們還要將國際和國內的警察系統代理人納入共濟會……

紀要20

第1節：今天我們要談談經濟計劃，這也是我們計劃的核心。我從前曾說過，我們的全部行動不過是個數字問題。

第5節：對窮人徵稅是革命爆發的原因，這種丟西瓜撿芝麻的行為有害無益。與此相對，對富人征稅能夠有效減少私人手中的資本，並且使它們流到我們手中，給與我們超越政府財政的能力。

第7節：資本家必須交出他們的一部分財富以確保國家機器的運作。國家的稅收主要由富人來承擔。

第8節：這樣可以減少窮人對富人的仇恨，因為他們看到，是富人支付了維持國家運行的絕大部分財富。

第9節：為了防止富人的不滿，這些稅收的用途將全部公開，除了一部分用於我們機構的運作。

第20節：我們將通過減少流通中的貨幣來在非猶太人社會中製造經濟危機。大資本停止了流動，並將錢從國家收回，而政府正是一直靠它們的貸款運作的。這些貸款以及高額利息沉重地壓在政府財政頭上，使政府成為大資本的奴隸……大資本將工業集中在手中，將榨乾所有人和所有國家……

第21節：當前的貨幣發行量與實際需求並不相符，因此不會令底層人民滿意。貨幣發行量應與人口數量包括兒童相符，從他們出生的那天起就應被算作貨幣消費者。貨幣發行量的調整是一個客觀問題。

第22節：你們已經看到金本位對採納它的國家所造成的破壞，因為它不能滿足社會對於貨幣的需求，原因是我們在盡可能將黃金從流通體系中剔除。

第27節：我們對於非猶太人政府的財政改革計劃是，讓他們每年增加財政預算。通過不斷追加預算，他們的政府將債台高築，以至於破產。

第29節：各種債務不斷弱化政府，它就像達摩克利斯之劍一樣懸掛在政府領導人頭上。他們已無法增收臨時稅款，只能向我們的銀行家乞討。國際債務就像水蛭一樣依附在政府身上，然而它們仍樂於此道，直到失血而亡。

第30節：……如果貸款以5%的利率，20年後利息將與本金持平，40年後則超過一倍，60年後超過3倍，而此時債務仍然沒有被清償。

第31節：這樣政府就必須從窮人手中搜刮最後一分錢以償還貸款。

第32節：如果債務只存在於一國之內，那麼財富不過是從本國的窮人手中流到富人手中。如果能夠向世界放債，那麼各國的財富就會源源不絕地流入我們的錢匣子。

紀要21

第2節：我們將通過行賄等手段不斷地借錢給政府，即便他們並不需要。

第4節：這樣就產生了無法償還的債務。甚至必須通過再借錢以支付利息。這樣債務就越滾越大，到最後他們只能償還利息，而永遠無法償清債務。

紀要22

第2節：我們手中掌控着這個時代最強大的權力——黃金。只需要兩天時間，我們就能從庫房提出所需的任何數量的黃金。

紀要24

第3節：大衛王的子孫將通過能力來產生國王和繼承人，這個政治系統將藏在暗處不為人知。

第5節：繼承人如果顯出軟弱、優柔等缺點便不被允許登上王位。

第6節：只有那些堅定、冷酷的繼承人才能從我們長老的手中接過權力。

第7節：如果王由於生病或意志薄弱而喪失能力則必須交出王位。

第9節：只有王及其身邊的三個輔佐知道未來的具體計劃。

第14節：猶太王必須不能被情感所支配，特別是情慾。他不應使性格的任何一部分受到低級的本能支配。情慾是所有擾亂理智、引發人類野蠻本性的惡德中之最惡者。

《紀要》的當代傳播

上世紀50~60年代，隨着錫安主義的逐步實施和以色列開始奪取巴勒斯坦領土，中東的伊斯蘭國家也開始大規模刊行《錫安長老會紀要》，並且作為歷史材料在學校中講授。直到今天，《紀要》仍然在穆斯林國家中不斷再版。而共濟會也在絕大多數穆斯林國家被禁止。

最近的反共濟會運動發生在英國。1997年在英國內政大臣傑克·斯特勞（Jack Straw）的倡導下，一些政府官員提議頒佈一條法令，規定進入公安和司法部門工作的共濟會成員，必須在任職前向社會公開自己的身份。到1999年，只有威爾士地方議會通過了這條法令。而英國議會則採取自願原則，不做強制要求。

在中國，公眾對這方面信息的接觸還非常有限。然而

《錫安長老會紀要》似乎已經以中文的面貌出現在“世界和平網”上了。這可能是所有中文網站中最神奇的一個，它所宣傳的政治理想，連日本的大東亞共榮計劃比起來都相形見絀。它不但號召要在以色列領導下統一全人類，建立世界政府，還要帶領全人類重建所羅門聖殿，即所謂的第三聖殿。它秉承《紀要》的衣缽，發展了一套更為具體的計劃。看起來“陰謀論”已經正式登陸中國了。以下內容引自“世界和平網”：

以色列和美國合併成為上帝之杖頂

我們鄭重呼吁：全世界一切屬於上帝的國家都以大以色列為核心實現大合併，建立大聯邦！

第一步是以色列成為大美國的第五十一州！

第二步是實現美國、英國、加拿大、澳大利亞、新西蘭與以色列的合併！

第三步是將大中東地區合併進入大以色列！

第四步是……

“大以色列”總體戰略

四大使命：鑄造大衛之劍、消滅全地邪惡、永恒普世和平、統領萬有聖戰。

四大藍圖：奉行上帝之杖、構建生命範本、重組宇宙結構、再造神國殿堂。

新耶路撒冷：人必將列國的榮耀歸與那城。在新天新地裏，大以色列又作了神榮耀的中心。那時大以色列被稱作新耶路撒冷，成了神榮耀的居所，充滿了神的榮耀。全地的榮耀都歸到這城。列國要在城的光裏行走；列王必將自己的榮譽歸與那城。成為諸造萬有、一切眾生之首。

大以色列計劃

1.超級智能機；2.超光速技術；3.核聚變技術；4.星際互聯網；5.宇宙基干涉望遠鏡；6.物質控制技術；7.能量控制；8.時間空間互換；9.精神調控；10.諸造萬有、一切眾生普皆通神。

大經濟計劃

1.藍谷計劃（大軍工）；2.碳谷計劃；3.天谷計劃；4.大財政；5.大金融；6.大中東經濟計劃；7.地中海計劃；8.大能源；9.生態革命計劃；10.以色列超級經濟計劃；諸造萬有、一切眾生牧養計劃。

大科學計劃

1.太陽系計劃；2.銀河系計劃；3.宇宙場對撞機計劃；4.天腦計劃；5.天眼計劃；6.大宇宙混元計劃；7.宇宙神殿計劃；8.大統一場計劃；9.引力通；10.以色列超級場計劃；諸

造萬有、一切眾生計劃。

大工程計劃

1.大以色列擴展計劃；2.大聖殿計劃；3.中東高鐵計劃；4.地中海計劃；5.大基建計劃（以埃約伊合併）；6.中東走廊計劃；7.大水利計劃；聖河計劃；8.大耶路撒冷建設計劃；9.沙漠改造計劃；10.大航天計劃，太陽系高速公路計劃。

大精神計劃

太陽系計劃；2.神聖聯盟合並；3.超級奧運會；4.上帝之國地城殿；5.大神國。

大以色列計劃，實現大戰略、大經濟、大科學、大工程、大時空、大神政的絕對、完美融合！

王者無敵：為上帝而戰！為聖經而戰！為兩造而戰！為眾生而戰！為正義而戰！為公理而戰！為道德而戰！為大愛而戰！為良知而戰！為真善而戰！為理想而戰！為自由而戰！為美以而戰！為憲法而戰！為總統而戰！

大以色列藍圖

1.大以色列；2.重建聖殿；3.建立世界首都；4.地中海成為“內湖”；5，整個非洲成為以專署地；6.大以色列一體兩翼（半島一體、東非、西亞兩翼、首為土耳其、尾為印度洋）；7.進行全球聖戰；8.以色列三圈結構：核心圈——建立從尼羅河到幼發拉底河的大以色列；緊密圈——征服所有的阿拉伯國家、東達中印、北達俄羅斯、西達大西洋、南達南極洲建立大以色列；外圍圈——非洲、歐洲、亞洲、澳洲、美洲、南極洲、太陽系成為大美以七大特別行政區；重建聖殿：供奉約柜、西奈法典，安放瑪那罐、亞倫杖、巨石；建立聖憲；建立聖旗、聖徽、聖歌；修築聖路、聖河、聖庫；建立聖軍；建立世界首都；建立宇宙帝國。

天座地凳、宇宙首都：使耶路撒冷成為全宇宙、諸方世、遍法界、諸造眾生乃至一切萬有的宗教、精神、道德、文化、政治、和平與理解的中心！彌賽亞終將出現在錫安山上，那時候，所有民族都將融合為一。猶太人永遠是“一個神聖的國家，一個祭司的民族”。這是建立一個既為世俗王國，又系宗教王國的聖潔、祭司、屬神的以色列國家，其“永恒的”首都為耶路撒冷。作新天新地中新耶路撒冷的中心！將來在新天新地的新耶路撒冷中，神那無限量的榮耀，如同光，以彌賽亞為燈照耀出去。這表明彌賽亞是新天新地中新耶路撒冷的中心，直到永世無終。

附錄1

《錫安長老會紀要》正文（1-24）

紀要1

（1）將華麗辭藻擱置一邊，我們應論述每一種思想的重要性：去繁就簡並加以比較，我們應闡明周邊事實。

（2）我即將從兩種角度，即我們自身的，以及非猶太人的角度闡明我們的體系。

（3）需要注意的是，本性惡的人的數量要遠比本性善的人多，所以統治他們的最佳方式是通過暴力和恐嚇，而不是學術討論。每個人都瞄住權力，如果可能，每個人都會成為獨裁者。事實上，不願為了追求個人利益，而去犧牲大眾福利的人是罕見的。

（4）是什麼遏制了那些被稱之為人類的食肉野獸？又是誰在一直教導他們？

（5）在原始社會，他們屈從於野蠻和暴力之後，屈從於法律，後者也同樣是暴力，不過是偽飾的暴力。我得出的結論是：根據大自然的法則，暴力即正義。

(6) 政治自由只是一種理想而非現實。在必需的時候，人們必須懂得如何去運用這種理想，用此種理想作為誘餌去吸引大眾追隨一黨，去粉碎執政黨的權力。如果對手本身就深受自由這種觀念——也即所謂的自由主義思想的浸染，這項任務就會變得很容易了。為了一種理想，他們願意交出部分權力。這就是我們理論的大獲全勝之處；被削弱了的政府統治之轠，立刻，通過自然規律，被一隻新手掌控，因為愚民不可一日無君。新權力只是替代了已被自由主義削弱了的舊政權。

黃　金

(7) 在我們的時代，替代那些自由統治者權力的是金錢的權力。忠誠才使時間有意義。只冥思無行動無法實現政治自由的理想。實行人民自治僅能短期維持，之後將演變為烏合之眾。自那時起人們將陷入自相殘殺，階級衝突，在混亂中政權轟然倒塌，權威化為灰燼。

(8) 無論一個政權因內亂而衰竭，還是因內亂招來外敵並受治於其——無論如何，它都可被視為不可挽回地失守了：它現在置於我們的掌控之下了。完全掌控於我們之手的金錢專政，向它伸出了一根稻草，無論情願與否，它必須接納：如果不願意，它將萬劫不復。

(9) 如果任何一個擁有自由主義意識的人認為上述想法是不道德的，那麼我將提出以下問題：如果每個國家有兩個敵人，如果對於外來之敵，它可以無所不用其極，使用各種伎倆和挑撥離間，比如出奇不意偷襲、夜襲或以多勝少；那麼對一個更糟糕的敵人，一個破壞社會既有統治基礎和大眾福利的敵人，該採用什麼手段才可以被稱作為不道德或不被允許的呢？

(10) 對於那些有健全邏輯思維的人士而言，難道能夠希望通過合理商議和辯論來指導大眾嗎？大眾與理論的力量是如此強大，他們往往會提出各種反對或對立的意見，尤其是當這些反對意見對大眾有利的時候。儘管這些異議或反對愚蠢而荒謬。群眾或某一群體中的成員往往只是被卑微的激情、不值一提的信仰和傳統、或情感用事的公理所引導。這會妨礙任何一致意見的達成，即使是在一個很完美的合理辯論基礎之上。要想成功地駕馭大眾也在於機遇，或多數壓倒少數的基礎之上。少數人往往不顧各種政治隱秘而提出一些荒謬議題。這些議題往往導致無政府主義的後果。

(11) 政治與道德毫無其同之處。被道德俘虜的統治者不是一個有經驗的政治家，因而其地位也不會穩固。那些有統治野心的人必須借助於狡詐與虛偽。那些偉大的民族品格，例如坦率和誠實，是弄政的大敵，因為它們可能會比最強大的敵人更有效，更必然把統治者拉下馬。這些品質肯定是非猶太王國民眾的美德，但我們絕不能愚蠢地受其指導。

權力即正義

(12) 我們的正義在於暴力。“正義”一詞是一抽象的思想，並不具任何意義。該詞的意義不過是：給予我所有我想要的，以證明我比你強大。

(13) 正義從哪兒開始？又於哪兒結束？

(14) 在一個具有糟糕的統治機構、毫無人性的法律以及在濫用權利中喪失了人性的統治者的政權裏，我發現了新的正義——即通過強勢的權力去摧毀所有現存勢力與秩序、重建所有制度。通過使那些自由主義者自願放棄自由主義的方式，成為那些曾經將權力施加於我們的統治者的主人。

(15) 在各種搖搖欲墜的勢力面前，我們的力量將會越來越戰無不勝，因為它是隱而不見的，直到它的力量累積得足夠強大，以至於任何狡詐與陰謀都不能將其摧毀。

(16) 我們目前迫不得已犯下的暫時惡行，終將產生一個不可摧毀的好政權。它將恢復曾被自由主義化為烏有的國民生活的正常秩序。結果將證明手段的有效。我們在計劃實施中不必拘泥於原則與道德，而是利用必需和有用的原則與道德。

(17) 在我們面前的，是一個精心設計絕不可背離的偉大計劃。我們絕對不能冒任何風險，使數個世紀來殫精竭慮的計劃付之東流。

(18) 為了更好地闡釋我們的行為，有必要注意暴民的無賴、懈怠與不穩定性，他們不能理解與尊重自己的生活與福利。必須懂得，暴民的力量是盲目、愚蠢以及不可理喻的，往往會受到任何一方的挑唆。暴民只會將自己引向深淵，因此，他們的成員，尤其是那些自命不凡者，或許他們中有人本來可能成為智者，但由於不懂政治，也只能將整個國家帶向毀滅。

(19) 只有那些自幼受過自我控制訓練的人才真正懂得政治的要義。

(20) 一個民族將其置於自命不凡者的手中，將自己帶入由政黨分裂而導致的毀滅之途。而政黨之爭是由於人們追求權力和榮譽，並由此帶來的騷亂而引起的。對於一個國家而言，其大眾可能心平氣和、毫無嫉妒之心地作出公正判斷嗎？可能由大眾毫無私心雜念地處理國家事務嗎？這決不可能。任何計劃會因暴民有眾多首領而四分五裂，因而將喪失一致性，於是也變得難以實行。

我們就是暴君

(21) 只有在絕對專制的統治者的統治下，計劃才可以精心設計並恰如其分地向政權的各個權力機構清楚傳達。由此可以得出這樣的必然結論：一個國家令人滿意的統治方式，是那種可以將統治權集中在一個責任人身上的統治。沒有絕對的專制，將沒有文明的存在，其延續不是經由大眾，而是統治者的指導，無論那個人將是誰。暴民是野蠻的，將會在任何可能的機會展示他們的野蠻。一旦暴民將自由握在他們的手中，自由將迅速變為無政府主義，而無政府主義自身是野蠻的最高表現形式。

(22) 那些酗酒動物受惑於杯中之物，狂飲濫用也與所謂的自由同行。那不是我們所走的道路。那些非猶太民眾受惑於酒精，他們年輕時受所謂“古典主義”的愚蠢教導，此後卻被敗壞的道德所引誘——是被我們的代理人，即教師、走狗、豪宅中的管家、牧師、以及那些非猶太人經常光顧的淫蕩場所的女人們所引誘。在上述提及的人中，我最後數到的就是那些自願拜倒在腐敗與奢華腳下的所謂“交際花”們。

(23) 我們的暗號是：武力和欺騙。只有武力才可以在政治鬥爭中取勝，尤其是當它隱藏在政治家的智慧中時。暴力是政權維護其統治的基本原則，而狡詐與欺騙則是其不向新的勢力低頭讓位的根本。這一邪惡手段是一個，並且是唯一能夠獲得好的結果的手段。因而，為了達到我們的最終目的，我們必須不能停止賄賂、欺騙與背叛。在政治鬥爭中，我們必須懂得如何毫不猶豫地奪取別人的財產，如果它能移確保我們的統治。

(24) 我們的政權，沿着和平侵略之路，有權用不太引人注目、更讓人滿意的死刑來替代戰爭的恐怖。而後者又足以維持可以導致盲從的畏懼之心。只有殘酷無情的嚴苛才是政權最強有力的因素：不只是為了結果，也是為了勝利，我們必須堅持暴力與欺騙的策略。與其說那些清算的手段，不如說嚴苛這一原則本身，使我們大獲全勝，使所有其他政權畏懼並屈服於我們的超級政府。只要這一點就足以使得他們明白：對於那些不馴服者，我們是絕不手軟，絕不善罷罷休的。

我們應該終結自由

(25) 追溯到遠古時代，我們是人群中最早喊出"自由、平等、博愛"的人。自那時起，這些口號就被那些來自各方的、愚蠢的鸚鵡學舌之人所重復。他們被這些魚餌引誘，然後將世上真正的福利——個體自由放棄。而在此之前，個體自由是如此得到堅決捍衛，抵禦了暴民的施壓。那些非猶太民族中自稱智者的人、知識分子們，不能理解這些詞匯的抽象意義。他們不懂得：事實上，世界上根本就不存在平等，也沒有所謂的自由。大自然本身就造就了頭腦、性格的差異以及能力的不平等。也同樣無聲地，創造了對於自然法則的遵從。毫無疑問，暴民是盲目的，而從中選出的維護規則的新貴們，就政治意義而言，也和那些暴民們一樣，是盲目的。那些精通政治的人，儘管本身是個傻瓜，也能統治他人。而那些不擅長此道的，縱然是個天才，也會對政治事務一竅不通。對於這些政治技巧非猶太人毫不重視，但一直以來，恰恰是這些成為一個王朝統治的根本：父親傳授給兒子政治事務的課程，並保證除了王朝成員知道之外，沒有其他人知道，也保證不會有人透露給被統治者。隨着時間的推移，統治中的王朝更替意義逐步喪失了，這對於我們偉大事業的成功起了很大的幫助作用。

(26) 由於我們那些無知盲目的代理人搖旗吶喊，“自由、平等，博愛”被帶到了世界各地。一直以來，這些口號是滋生於非猶太人的蛀蟲。其所到之處，終結了當地的和平、安寧和團結，摧毀了這些非猶太國家的政權基礎。這一切你們以後會明白，將幫助我們大獲全勝：給予我們一個可能，將王牌握在我們的手中——摧毀那些特權階級。換言之，消滅那些非猶太國家中的貴族階層。這一階層是那些國家中唯一能夠抵抗我們的力量。一旦摧毀了這些非猶太國家的世襲貴族階層，我們就能夠建立由金錢為主導的，受過良好教育的新貴族階層。這一新貴族階層的資格將以財富和教育水平衡量，而財富和教育則掌握在我們的長老手中。

(27) 我們的獲勝因這一事實而變得更加簡單容易：在和所有我們所需要的人發生關係時，我們一直倚重能觸動人類最敏感神經的東西，即金錢，還有人類的貪婪、對於物質的無窮欲望。單單使用這些人性弱點中的某一點都足以破壞任何首創精神，因為它能夠摧毀人類的行動意志。

(28) 自由的抽象意義能夠使我們說服所有國家的暴民：他們的政府不過是人民的僕人，而人民才是國家的真正主人。而僕人是可以像被用舊的手套一樣替換掉。在這些國家中，正是這種可以替換掉人民代表的可能性，賦予我們任命他們的權力。

紀要2

經濟戰爭

(1) 迄今為止，對於我們要達到的目的而言，必須不能使戰爭產生領土侵佔性質的結果：故我們可以發動經濟上的全面戰爭，這樣所有的國家都會看到我們在給予他們資助時所展現的主導實力與地位。這種狀態將使雙方受我們的國際事務計劃的支配：我們的計劃吸引了數百萬雙眼睛的關注，並不受任何限制與阻撓，暢行無阻。我們在國際事務上的權利，將以正義的名義，取消各國民族權利，並會恰恰像這些國家的民法統治他們的民眾一樣統治這些國家。

(2) 我們將嚴格根據卑屈服從的能力，從大眾中選出這些國家的管理者。但他們並不是受過統治藝術專門訓練的人，所以將很容易成為我們所玩的遊戲中的爪牙。他們被我們那些為數眾多，自幼就被培養成為統治世界的智者賢達們玩弄於股掌之上。這些長老智者將成為他們的顧問、專家。眾所周知，這些顧問與專家們已經根據我們偉大計劃的需要，從歷史教訓中，選擇那些適合這些管理者的信息灌輸給他們。那些非猶太人並沒有受過客觀的歷史觀察指導，而只是通過因循的理論來統治，而不是嚴格關注那些隨之而來的結果。我們不必在乎他們——讓他們自娛自樂吧，直到歷史性時光的來臨：或讓他們永遠活在對昔日快樂時光的回憶裏。只有用這一目標，才可以持續地通過我們的媒體，掀起他們對於這些理論的盲目自信。非猶太人的知識分子們會因自己掌握的知識而自我膨脹。不經任何邏輯上的論證，他們就會將所有從理論中獲取的信息付諸實踐，而這些知識、信息都是我們政治代理機構中的專家們匠心獨運拼湊而成的，目的就是為了向他們灌輸，使他們倒向我們所需要的思路方向。

破壞式教育

(3) 不要假設上述論斷僅僅為空話：仔細想想在我們安排下成功的例子：達爾文主義、馬克思主義以及納粹主義。對我們猶太人而言，無論如何，都可以很清楚地看到這些指導方向對於非猶太人的思想起了不可磨滅的重要意義。

(4) 對於我們而言，高度重視各個國家民族中的思想、性格以及潮流，以避免產生政治與管理事務中的分裂是必須的。我們整個統治體系的各組成部分，是在前進道路上達到的不同稟性的人組成，所以整個組織成員繽紛各異。如果在實際應用中，不立足現實，總結過去的教訓與經驗，我們這個體系將會潰不成軍，無法取得我們想要達到的勝利。

(5) 當今國家，在推動人們的思想運動方面，有一種很偉大的力量，那就是媒體。媒體起的作用就是持續地提出我們必不可少的要求，給予人們發出抱怨聲音的機會以及表達和製造不滿。正是在媒體上，自由言論才會找到自己的化身。但是非猶太政府還不懂得如何利用這股力量，它已被掌控在我們手中。通過媒體，我們已經獲得了影響他人的能力，並使自己隱藏在幕後。通過媒體，我們將“黃金”掌握在手中。我們是歷經無數血汗和淚水後獲得，我們已經犧牲了很多自己人。在上帝的眼中，我們的每一位受害者都抵得上一千個非猶太人。但它已經回報了我們。

紀要3

侵略的方法與手段

(1) 今天我要宣佈，我們的目標現在距離實現還有幾步之遙。現在只剩下幾小步去跨越：我們長途跋涉的遠征馬上就要劃上它的“象徵大蛇”之圓了。我們用“象徵大蛇”來象徵我們的人民。當這個圓圈結束時，歐洲的所有國家將被鎖在它的邪惡之孔裏。

(2) 當今國家的憲政天枰會很快坍塌。因為我們在建設之初就已經設計好了，沒有給予這座天枰很好的平衡，目的就是為了讓它不停震蕩，直到穿壞用以環繞的中軸。非猶太人一直深信，他們已將這個天平的各個部分焊接得非常結實，一直期望天平能夠達到最後的平衡。但這個天枰的軸心——那些國王們都被他們的代理人們包圍了。這些人像小丑一樣在國王身邊胡作非為，被難以自控以及不負責任的權力欲弄得發狂。他們將這些欲望歸咎於籠罩宮廷的恐怖氣氛。因為沒有辦法接近人民，來到人民中間，向人民妥協讓步，所以這些寶座上的君王們不能加強自身力量，來抗衡那些追逐權力的人。我們已經在那些有遠見卓識的最高權力與民眾的盲目力量之間製造了一道深深的鴻溝，以至於雙方都喪失了自身存在的意義。就像盲人和他的拐杖，一旦被分開就誰也派不上用場。

(3) 為了激起追逐權力者濫用權力，我們塑造了互相對立的各方勢力，粉碎他們朝向獨立的自由傾向。為了達此目的，我們激起了各種形式的冒險精神，武裝了所有的政黨，為每一種野心樹立權威作為目標。在這些政府中，我們已經建立了一個競技場，各種混亂的、令人迷惑的議題在此辯論。而混亂與破產卻是普遍的。

(4) 那些不知疲倦的喋喋不休，已經使議會和政府的諸多會議變成了口才表演比賽。厚顏無恥的記者和傳單小報發放者每天撲向執政的官員。權力的濫用將是使所有機構走向覆亡的最後助推器。在瘋狂的暴民打擊下，所有的一切都將灰飛煙滅！

貧窮是我們的武器

(5) 各國的民眾都將前所未有地被貧窮牢牢禁錮。他們過去被奴隸制和奴役禁錮。他們也許能夠通過某種方式擺脱這些禁錮，但對於饑餓和貧困卻永遠無法擺脱。我們在憲法裏包含了給於大眾虛幻卻不切實際的權利。所有這些所謂的“人民權利”只是存在於一種理想中，一種在實際生活中永遠都無法實現的理想中。

儘管記者們一齊用好聽的話胡亂塗抹；但無產者在憲法中一無所獲，而僅僅得到那些俗套的同情。而這些不過是我們堆積在文稿裏的漂亮辭藻，用於換取對我們專政的投票支持，或是為了換取支持那些被我們安置在權力位置上的人，我們政治機器的僕人。那些被沉重的苦難壓彎了腰的無產者勞工們，權利對他們而言又是什麼呢？共產主義對於窮人權利的爭取不過是一抹諷刺，因為他們必須整日無休的勞作，並沒有給他們任何使用這些權利的現實機會。相反，是給了另外一些勢力剝奪他們固定收入保證的機會，因為這些勢力使他們被迫依賴於由同志們煽動的罷工，或是因他們的主人關閉工廠而被驅逐。

支持共產主義

(6) 在我們指導下的人民已經廢除了貴族階層，而這一階層曾經是對他們自身優勢起到保護的唯一力量。這種優勢曾緊密地與人民的福利維繫在一起。但如今，隨着貴族階層的廢除，人民已經落入那些殘酷無情、嗜金如命的流氓手中。這些流氓為工人的脖子套上了冷酷無情的沉重枷鎖。

(7) 而我們是作為宣稱將工人階級從這種壓迫中解放出來的大救星而出現的。我們建議他們加入我們的戰壕——社會主義者，無政府主義者，共產主義者。對於他們，我們通常是根據我們的社會綱領給予同盟兄弟般的支持和幫助（根據國際主義這一原則）。根據法律享用工人勞動的貴族階級，很高興看到工人們吃飽、健康和強壯。但我們卻對這一反面感到興趣——即非猶太人的逐漸減少，直至滅絕。我們的權力在於製造慢性食物匱乏、體力衰弱。因為只有這樣，才表明他們不過是我們意志的奴隸，將永遠既無體力又無精力來反抗我們的意志。饑餓創造了資本統治工人階級的權利，這一權利遠比國王賦予貴族的法定權利更有保障。

(8) 通過饑餓貧困引起的嫉妒和憎恨，我們可以動員暴民，並借他們之手來鏟除一切擋住我們道路的人。當我們統治全世界的君王即將登上寶座的時刻，同樣是借他們之手將那些所有將成為我們障礙的人清除掉（聖經裏的反基督者）。

(9) 除非由我們的專家們所提供的建議推動，非猶太人已經喪失了思考的能力。因而他們意識不到：當我們的統治王國來臨時，會立即採納一個迫切又必需的方案，即在各國學校教授這樣一個簡單的真理：人類生活與存在的結構本身需要勞動分工，因而也相應有了階層和地位等級的劃分。人所其知的根本常識，正是由於人類活動的目標不同，所以根本不可能存在任何平等。那些損害整個階層的行為，是不可能與那種除了損害自己聲譽以外、沒有損害其他人的行為，在法律面前擔負相同責任的。

(10) 這一沒有容許非猶太人詳細了解的真理會向全人類表明：社會地位與工作是必須被限制在一個特定的圈子裏的。這一點將不會成為人類痛苦的根源。痛苦只會起源於個體被號召去做的工作與其所受的教育不相匹配。通過對這一真理的認真研究，人們會自然屈從於權威，並接受政府對他們職位的安排。而在目前，由於那些誤導性的鼓動以及人民自身的愚昧無知，他們只是盲目地相信媒體所説的一切，開始推崇一種對於所有高於自身階層的地位身份的盲目憎恨。人們對於階層與地位的真正含義一無所知。

猶太人將是安全的

(11) 這種憎恨將被一種經濟危機所帶來的負面影響強化。這種影響會使貿易停止、工業停滯。我們將通過所有的秘密手段，並借助於掌控在我們手中的黃金，創造一種普遍的經濟危機。其所及之處，將自發地把歐洲所有國家的工人組成的暴民趕上街頭。這些暴民將會興奮地殺死那些他們自幼嫉妒憎恨的人，並掠奪他們的財產。

(12) 我們的人將不會被觸及。因為我們清楚攻擊的時辰，因此將採取措施保護自己人。

(13) 我們已經表明那一進程會把所有的非猶太人引向理性自治。我們的專制主義將會是精確無誤的。因為它知道，通過睿智的懲罰就會平復暴亂，使所有機構體制下的自由主義麻木。

(14) 大眾一旦看到各種對專制主義的退讓、妥協以及縱容，就會同樣以自由的名義想像自己也成了統治的君王，並通過血而腥風獲得權力。但他很自然地像其他盲人一樣，也將遭遇一系列障礙。大眾急切地想找到一個“導師”，再也沒有返回從前狀態的念頭了。他們將全權代表的權力置於我們的腳下。記得法國大革命嗎？是我們賦予其“偉大”之名：它的所有秘密準備，我們都洞曉盡知，因為它是完全出自於我們之手的創作。

(15) 自那時起，我們就引導人民從一個覺醒到另一個覺醒，因此，最終他們將轉而擁戴“錫安之血”的“專制之君”——我們一直為統治全世界而準備的君王。

(16) 目前，作為一種國際力量，我們是戰無不勝的。因為一旦受到攻擊，我們就會受到其他政府的支持和幫助。正是非猶太人的厚顏無恥，恃強凌弱，對於錯誤毫不留情，對罪行沉溺其中，不願意承擔一個自由社會體制內的衝突，但對於專橫強悍的專制主義暴力下的殉難卻極為慷慨——這些品質幫助我們取得獨立。非猶太人民如此默默地遭受痛苦，並忍受如此之多的凌辱與虐待，他們之中受苦最輕的也會想要砍掉20個君主的腦袋了。

(17) 什麼可以對這種現象作出解釋？大眾對於被統治下發生的同類事件奇怪的前後不一致的矛盾態度。

(18) 可以由下面的事實解釋：這些獨裁者通過他們的代理人向民眾們暗示：通過這些權力的濫用，對政府施加侮辱與傷害——這麼做是為了最高統治目的，為了保證人民福利，確保國際兄弟間的友誼、團結和權利平等。當然：他們不會告訴人民這種聯合只有在我們的統治下才會實現。

(19) 於是人民開始譴責正義，為罪行開脫，並試圖說服自己可以隨心所欲、任意妄為。由於這種事態，人們開始破壞任何一種社會穩定，在每一階段製造騷亂。“自由”一詞將產生這樣的社群：人們公開反對任何形式的武力，反對任何權威，甚至反對上帝和自然法則。由於此種原因，當我們形成統治王國時，必須從日常生活中的詞典中將這一詞匯抹去，因為它意味着一種野蠻暴力的準則，而這將把暴民們變成嗜血的野獸。

(21) 當然，這些野獸，在每次喝飽了鮮血的時候就會再次陷入昏唾。在這種時候，它們是很容易被釘上枷鎖的。但如果不再喂鮮血時，他們將不再入睡，會繼續掙紮反抗。

紀要4

現實主義替代宗教

(1) 每個共和政體都經歷了幾個階段。最初的階段往往充滿了早期的、由盲目的暴民掀起的瘋狂。這些瘋狂情緒被撒落得遍地皆是。第二階段是蠱惑人心的煽動，從中產生了無政府主義，也不可避免地導致專制主義——不再是合法和公開的、負責任的專制主義，而是隱蔽的、又可以明顯感覺到的、掌控在幾個秘密組織手中的專制主義。這些秘密組織的行為更加無恥，因為它們躲在幕後，在各種各樣代理人的背後操縱。變革不僅不能對其施加有害影響，實際上通過這些持續的變革反而拯救了它，助長了秘密勢力。為了獲得長期服務的回報需要不斷擴大資源，從而不斷對其進行改變。

(2) 誰將推翻一種看不見的力量？準確地說，這種力量就是我們。非猶太共濟會只是盲目地作為我們目標的屏障，但我們的行動計劃，甚至它的輔助力量，對於全世界的人來說都將是個未知的謎。

我們將摧毀上帝

(3) 但自由也許是無害的，並在國家經濟中佔有一席之地，如果它對人民的福利並無損害，如果它是建立在對於上帝的信仰以及對於人類的兄弟情誼之上，並和平等的概念沒任何關聯。平等總是被造物主的自然法則否定，因為這些法則創造了服從的概念。帶有這種信仰的人民可以被一種祈禱的信仰所統治，可以自願順從並麻木地聽從精神大師的指引，聽從自然之神對世間不平等地位的安排。這就是我們一定要摧毀所有信仰的必然理由。摧毀非猶太人其有“上帝——思維”傾向的原則與精神，並在他們的大腦中植入數理分析和物質需求。

(4) 為了使非猶太人無暇思考以及重視宗教，必須將他們的注意力引向工業和貿易。這樣，所有的國家都將被追求利潤的欲望而吞沒。在對利潤追求的競爭中，他們將忽略共同的敵人。同樣，為了使自由一勞永逸地徹底瓦解，並摧毀非猶太人族群的力量，我們必須將工業置於投機的基礎之上：即使所有工業製造出來的東西必須流通，並為投機所用。也就是為我們所用。

(5) 對於優越性的激烈競爭以及散佈到經濟生活中的恐慌將會創造一個清醒、冷漠、又殘酷無情的族群。這樣的族群將孕育一種強烈的對上層政治和宗教的厭惡情緒。他們唯一的目標是利潤，也就是黃金。他們將成為名副其實的拜金教信徒；因為黃金將為他們帶來物質上的愉悅。於是那一時刻便會到來：不是因為獲得了好處，甚至不是為了贏得財富，僅僅出於對上層特權人士的憎恨，非猶太人中的下等階層將追隨我們的領導：反對我們的權力競爭對手，即非猶太人中的知識分子。

紀要5

專制主義與現代化進程

(1) 腐敗到處蔓延，財富只是被一小部分運用聰明狡詐欺騙手段的人獲得；散漫盛行：道德僅僅靠嚴厲的懲罰以及法律來維持，而不是通過自願接受的原則；對於信仰及國家的情感僅僅是被強迫遵守的社群；應該採用什麼形式的管理制度呢？如果不是採取我稍後將描述的專制主義，還能用什麼形式來統治這樣的社群呢？我們必須創造一種高度集中的政治以將社群中的所有力量牢牢抓在手中。我們必須用新的法律來全面控制臣民們的所有政治生活。這些法律將逐步收回非猶太人所容許的縱容以及自由。我們的統治王國將以這樣一種強有力的專制主義而著稱，即隨時隨地把那些在言行上反對我們的非猶太人幹掉。

(2) 你們也許被告知，我所提及的這樣一種專制主義不符合現代社會的進程，但我會證明它符合這一進程。

(3) 當人民把王位上的君主純粹看作是上帝的意旨安排時，他們毫無怨言地臣服於君王的專制權力；但自從我們將關於自身權利的概念潛移默化引入他們的大腦後，他們便開始將這些王位上的佔據者視為普通的生物了。在他們的眼中，這些所謂的上帝選民額頭上神聖的油膏開始脱落下來了。同樣，當我們清除掉他們對上帝的信仰時，國王們的權力開始被拋擲到大街上，落入公共權力的手中，而這一切已經被我們掌控。

被謊言領導的大眾

(4) 通過智慧地運用理論和措辭，巧妙地調整與規範大眾的共同生活以及各種奇思怪想。這一指導大眾和個體生活的藝術——非猶太人一無所知，同樣只屬於我們智囊庫的專家。我們一直致力於培養專家們的分析、觀察以及細緻入微、工於算計的能力。在這些技能方面，我們是沒有對手的。在政治行動謀劃與團結方面，也同樣無人能及。耶穌會也許能和我們媲美，但我們已經設法使他們在沒有思考能力的大眾眼裏成為一個公開組織，我們自身卻一直將組織藏在幕後。對於所有的世界統治者，無論是天主教皇，或我們的錫安之王，都是這麼做的。但對於我們，上帝的選民而言，這遠非一個可以漠不關心的事情。

(5) 我們也許一度成功地和全世界的非猶太人達成了妥協。但從這一危險中，我們通過存在於這些非猶太人之間的不和穩固了自身地位。這些不和的根基是如此之深，以至於永遠也不能夠被徹底清除。我們已經挑撥他們為了私人或國家的恩怨而彼此爭鬥。比如，在過去的二十個世紀的進程裏培養起來的宗教或種族間的相互憎恨，已經有了巨大的增長。這就是為什麼單獨一個國家如要擴張武力，在任何地方都得不到支持的原因。因為他們之中的每一個必須牢記，任何反對我們的和約或協議對自己都毫無裨益。我們太強大了——我們的力量無法抗拒。沒有我們的秘密插手，任何國家之間連一個微不足道的協議部不可以私下達成。

(6) "正是通過我，國王才可以坐穩他的王位"。我們是上帝親自挑選的來統治全世界的人，這一點早已經被大師預言。上帝已經賦予了我們與這一重任相匹配的天賦才智。儘管身處敵對陣營的天才們仍在反對我們。但即使如此，後來者是與前任所無法比擬的：我們之間的鬥爭會無比殘酷，這場鬥爭是史無前例的。唉，他們陣營的天才來得太晚了。所有國家的統治機器是由引擎來推動的，這一引擎就在我們的手中。這些國家機器的引擎就是——黃金。由我們長老發明的政治經濟學很早就將桂冠授予了資本。

壟斷資本

(7) 資本，如果是用來自由合作，必須能夠自由壟斷工業和商業：這一點已經在世界的每一角落被一只看不見的手付諸實施了。這一自由將給予工業界的人政治力量，並能幫助他們壓迫人民。如今，卸掉人民的武裝遠比引領他們發動戰爭重要得多：利用迸發火苗的民眾激情為我所用，遠比撲滅他們更重要。我們作為指導者的宗旨在於：通過批評來削弱公眾的思想；將他們從嚴肅謹慎的、可以產生反抗的思考中引開；將他們的思維力量分散，引向一場空洞虛假的舌戰！

(8) 世界上各年齡的人民都喜歡花哨的辭藻。對於他們來說：對於一場場上演的“秀”很滿意，卻很少暫停下來去思考：在公共領域，諾言是否得到了履行。因而我們應該建立表演機構；並證明它們對於我們的計劃將帶來裨益。

(9) 我們應該給各黨派、各勢力貼上“自由主義”的虛假外貌，應該賦予這一假象一個“自由辯論者的聲音”的特徵——他們說得太多了以至耗盡了聽眾的耐心，並產生了對於辯論的厭惡與憎恨。

(10) 為了使公眾的意見站在我們這邊，我們必須表達各方的觀點，以至於有太多互相衝突對立的觀點使他們感到困惑，並且對於這些觀點的討論持續了如此長的時間，足以使非猶太人在這樣複雜的迷宮裏不知所措，並逐漸明白最好的事情就是在政治須域沒有任何觀點，因為這些政治事務都不是公眾有能力理解的，這些只有指導公眾的人才可以理解得了。這是第一個秘密。

(11) 我們統治成功的第二個秘密要素包含以下內容：從生活習慣、激情、國民生活等各方面大幅度增加民族挫折感，以至於他們在相應的混亂中迷失方向。這一措施還可以從另一方面服務我們，即在各黨派中種下不和諧的種子，解散各種仍不願意屈服於我們的集體勢力，並打擊各種可能以任何程度阻擋我們事業的個體創造性。沒有任何東西比個體創造性更具危險性的了：如果其背後隱藏着天才，這種創造性可以勝過我們已經撒下不和諧種子的成千上萬人的能量。我們必須如此指導非猶太人種群的教育，以便無論何時他們需要創造性時就無可奈何地放棄。產生於自由行為的張力，當遇到另外一種自由時會削弱。從這種衝突中，產生了嚴重的震驚、清醒與挫敗感。通過所有這些手段，我們必須解除非猶太人的武裝，乃至他們被迫提供給我們國際力量。這種力量可以使我們不使用任何武力，逐漸吸收世界各國的武力，並建立一個超級政府。我們必須建立一個可以稱之為怪胎的超級政府以替代當今各國統治者。它的手像蟹螯一樣無所不及，它的組織如此龐大，以至於征服任何一個國家時都絕不會失手。

紀要6

征服技巧

(1) 我們必須迅速着手建立龐大的壟斷機構；儲蓄巨大

的財富；甚至非猶太人的巨額財富也依賴於此，以至於一旦所屬國家的信譽在遭受政治打擊後跌到低谷，他們的財富也隨之同歸於盡。

(2) 你們在座的各位都是經濟學家，請對這種壟斷的重要性給予評估！

(3) 我們必須用每一可能的方式；成為所有自願臣服我們的人的保護者和施惠者；來發展我們的超級政府的重要性。

(4) 非猶太人的貴族們作為一種政治勢力已經消亡了。我們不必再把他們當一回事；但是作為土地的所有者，他們仍會對我們有害，從下面這一事實可以看出：他們可以靠賴以生存的資源自給自足。因而不惜任何手段剝奪他們的土地是必須的。這一目標可以通過提高他們土地財產的稅賦來達到。這些措施檢查土地擁有的情況，使他們處於一種卑微的狀態並可以達到無條件的服從。

(5) 這些世襲的非猶太人貴族，自幼就不能夠接受他們所得比別人少，會立刻憤怒並繼而自取滅亡。

必須奴役非猶太人

(6) 在我們必須大規模主導商業和工業的同時，首要並迫切的是控制投機。投機是與工業唱反調的角色：投機業的缺失會增加私人手裏的資本，並通過解放那些欠上地債的人而恢復農業。我們想要的是，工業應該從土地裏既榨乾勞動力又可以榨乾金錢，於是將所有的非猶太人投入無產者的境地。非猶太人將僅僅為了生存權利而向我們低頭臣服。

(7) 為了完成對非猶太人工業的毀壞，我們應該發展對於奢侈品的投機行為，推動那種可以吞噬一切的對於奢侈品的貪婪需求。我們應該提高工資水平，但這不會給工人們帶來任何好處，因為我們也借農業和畜牧業的衰退為由，提高生活必需品的物價水平：我們必須進一步有技巧地削弱生產數據來源，通過使工人們習慣於無政府主義和沉溺於酗酒；齊心協力採取所有手段從地球上滅絕所有非猶太人中受過教育的那部分人的勢力。

(8) 為了避免在恰當的時機之前，讓那些非猶太人醒悟過來，了解事情的真相，我們必須將上述行為掩藏在服務於工人階級的熱情與政治經濟學偉大原理的面具之下。那些經濟學原理都蘊含着激情四射的宣傳。

紀要7

世界範圍的戰爭

(1) 軍事設備的強化，警察力量的增加——都是完成上述偉大計劃的必需。我們必須要達到的目的，是在全世界的各個國家；除了我們自己，就剩下無產階級民眾和少數忠誠於我們的百萬富翁以及警察和士兵。

(2) 在整個歐洲，以及通過和歐洲的關係，在其他大陸也一樣，我們必須創造敵人、不和諧以及敵意。這樣我們就獲得了雙倍的優勢。首先，我們和所有國家保持聯繫，因為他們將知道我們有那種力量，想什麼時候製造混亂就製造混亂；想什麼時候恢復秩序就恢復秩序。所有這些國家都習慣於將我們視為必不可少的遏制力量。第二，通過我們的陰謀，應將所有我們觸及到各國內閣中的線索藉經濟條約或債權糾纏在一起。為了成功地做到這一點，我們必須在談判和簽署協議時運用高度的狡猾與滲透功夫。但要避免被視為所謂"官方語言"，我們必須使用相反的策略，戴上誠實與自我滿足的面具。通過這種方式，一直受我們教導、只關注事物表面現象的非猶太人國家的人民和政府，將繼續將我們視為人類的施恩者和大救星。

世界大戰

(3) 如果有國家反對我們，我們就發動戰爭。如果他們敢聯合起來對抗，我們就發動世界大戰。

(4) 政治鬥爭勝利的根本因素是其計劃的秘密性：外交家們永遠是言行不一的。

(5) 我們必須驅使非猶太人政府按照有利於我們嚴密設計的、已經接近終點的計劃，通過由我們代表的"公眾意見"並通過所謂"偉大力量"——媒體的推動，採取行動。這些媒體，除了少數幾個還沒有和我們達成一致意見，其餘的已經完全掌控在我們手中。

(6) 總而言之，為了總結我們鉗制歐洲非猶太人政府的龐大體系，我們必須向他們其中的一個實施恐怖行為以展示實力。並且，如果他們聯合起來反對我們，我們必須借美國、中國或日本的武裝力量。

紀要8

臨時政府

（1）我們必須利用所有反對者可能僱傭的力量來武裝自己。必須從法律詞典表達的任何一個角落以及棘手的問題搜尋證據。因為通過那些案例，我們可以渲染那些看起來極端無恥和不公正的判決，這些判決結果將被用來將最高道德原則嵌入法律的形式。我們的指導委員會，必須將與之打交道的各種文明力量環繞在自己周圍，必須將政論家、法學家、管理者、外交家，和那些在我們的專門學校裏接受超級教育培訓的人環繞在自己身邊，他們熟知社會背後運作的秘密規則，知道自己應該扮演的角色，熟諳人性的所有陰暗面：所有非猶太人的傾向、缺點、邪惡以及品性，各階層的狀況與特性。勿需再提那些權威們的才華橫溢的助理們了。他們將不會從非猶太人中選出，因為非猶太人的助理們已經習慣於不加思考地執行任務，從來不思考任務的目的是什麼，更不會考慮這些任務是為了什麼。他們的服務要麼出於唯利是圖，要麼為了實現個人野心。

（2）我們必須把全世界的經濟學家們環繞在我們政府

的周圍。這也是為什麼經濟科學形成了猶太人教育的主要目標。在我們周圍將是所有銀行家、工業家和資本家的薈萃——最主要的是百萬富翁，因為從本質上而言，所有事情都是由金錢的數額說了算的。

(3) 在一定時期內，我們可以將權力置於那些過去的名聲如此不堪、以至於和人民之間有道鴻溝的人手中。直到沒有任何風險時，才將管理職責賦予我們的猶太同胞們。為了杜絕他們不服從我們的可能性，必須使那些人受到刑事審判或消失——這樣是為了使他們在最後一息都在捍衛我們的利益。

紀要9

再教育

(1) 在應用我們的原則時，需注意那些你所生活和採取行動國家的國民性格：除非當地的人民根據我們的模式被重新教育，同化的普及不會成功。但通過謹慎地潛移默化，你將發現不超過10年，最頑固的性格也會改變。這樣，我們將在那些已被我們征服的民族裏新增一個民族。

(2) 當進入我們的權力王國時，關於自由的詞匯，實際上這些詞匯是我們共同的口號；也即“自由、平等、博愛”，將會被改變為不再是一種口號，而是一種理想主義的表達，也就是改變成“自由的權利、平等的職責，博愛的理想”。這就是我們如何來發揮它們作用——我們就可以通過掰住牛角而制服牛。事實上，我們已經除掉了除我們之外的所有統治力量，儘管法理上還有很多。現在，如果有國家反對我們，那只是在我們的控制下的一種形式，因為我們需要他們的反猶運動，以幫助我們獲取對整個猶太民族的控制權。我不想對此作進一步説明，因為這個問題在我們內部也引起了反復爭論。

猶太超級政權

(3) 對於我們而言、沒有力量可以遏制約束我們的活動範圍。我們的超級政府存在於超法律的狀況下。這一狀況可以用充滿活力、強有力但可以接受的詞匯來描繪，即專制主義。我有機會能夠很清醒地告訴你們，在恰當的時機，我們作為法律的製定者將實施判決。我們會毀滅也會寬恕。我們作為所有人的首領將登上領袖的座騎。我們通過意志的力量來統治。因為在我們手中是一個曾經強有力的執政黨的碎片。現在這個黨已經被我們打敗征服。我們手中的武器是無限的野心、燃燒的貪慾、殘酷無情的報復，憎恨與邪惡。

(4) 那些吞噬一切的、盛行的恐怖活動正是出自我們之手。我們的智囊庫中包含了持各種觀點、各種主義的人；像保皇派、煽動政治家、社會主義者、共產主義者和烏托邦幻想者等等。我們已經將他們全部收編，以實現我們的任務：每一個人站在自己的立場上，都厭倦了當權者最後一絲殘餘威權，全都致力於推翻所有現存的社會秩序。這些活動使所有國家都備受煎熬與折磨。他們敦促寧靜，準備犧牲一切來換取和平。但在這些國家沒向我們臣服，並公開承認我們的超級政府之前，我們不會給予他們和平。

(5) 人民已經為解決社會主義問題的必要性而通過國際協議掀起了怒吼。黨派的四分五裂已經使他們落入我們的手中。為了開展一場競爭，必需金錢，而金錢已經被掌控在我們手中。

(6) 我們也許有理由擔心“頭腦清楚”的非猶太人國王與非猶太人暴民之間的聯盟，但我們已經採取必需措施反對這樣的可能性：在而種勢力之間已經樹立了一種互相恐懼的堡壘。通過這種方式，人民盲目的暴力成為了我們的支持力量，而我們僅僅是為他們提供一個領袖。並且，在引向我們目標的道路上指導他們前進。

(7) 為了避免暴民的力量脫離我們的指導之手，我們必須時常和他們親密交流。即使我們不是真正地親力親為，也可以在任何程度上通過某些最信得過的兄弟。當我們被承認為唯一的權威時，我們可以親自和人民在集市、街道上討論，並且可以很睿智地教導他們探索政治問題，以至於使他們朝着符合我們指引的方向走。

(8) 誰來監察鄉村學校傳授的內容？一個政府或國王特使的話會被立即傳遍全國，因為它將被人民的聲音廣泛傳播。

(9) 為了鏟除非猶太人的機構與體制，我們已經用詭計和機敏接觸他們，已經掌握了推動機製運行的源泉。這些源泉本處於嚴格而公平的秩序中，我們已經用騷亂的自由主義牌照替代了他們。我們已經將手伸入法治、選舉、媒體以及個體自由，尤其是伸入到教育領域，教育已經成為一個自由社會存在的基石。

基督教青年已被摧毀

(10) 通過用我們所知的虛假的理論和原則來培養，我們已經愚弄、迷惑和腐化了非猶太人的青年。

(11) 我們對現有法律並未進行充分的修改，而只是通過歪曲其含義將它們變為自相矛盾的種種闡釋。我們已經通過只求結果的方式樹立起了法律崇高的形象。繁瑣的闡釋掩蓋了法律的真實含義。這一事實正是這些結果的體現，於是這些闡釋完全將法律從政府的視線中隱藏起來了。因為從盤根錯節的立法中真正理解法律意義是非常困難的。

(12) 這就是仲裁理論的起源。

(13) 也許你會說，在我們的時機來臨之前，非猶太人猜到了發生的一切。他們的武裝力量會強大起來遏制我們；但在西方，我們已經反擊了這些——一種讓最強悍的人都會感到膽戰心寒的恐怖策略——那些地下組織、宗主國、秘密勢力，在我們統治的時刻到來之際，都會被驅趕到所有的資本背後。從那時起，這些資本將會隨着它們的所有機構和檔案灰飛煙滅。

紀要10

為登上統治之位做準備

(1) 今天我就之前曾經說過的再重復一次。我請求你們記住：各國政府和人民只是對於政治的表像滿意。事實上，如果非猶太人的代表們竭盡所能享樂，他們又如何能洞察到事物表面下的真相呢？對於我們的政策而言，察知這一細節具有重要的意義。考慮到財產、住宅、稅收對於權威的分化是非常重要的。（隱形稅收的概念也即法律的折射力量）。所有這些問題都不應該在人民之前直接並公開提及。為了避免被提及，它們必須不被分門別類地定義；只有在我們知曉當代法律的基礎之上，在不透露細節基礎上宣佈。保持沉默的原因，是不去定義一個原則，我們就可以留有餘地，在不引人注意的情況下刪除這一點或抹掉那一點；如果都被分門別類地清楚定義的話，在他們看起來就是理所當然的事情了。

(2) 暴民對政治精英的力量情有獨鍾，並以崇敬的態度接受他們的暴力行為："哦，無恥。是的，的確無恥，但做得多英明啊！一個陰謀，如果你願意這麼認為的話，但手段玩得多麼高明，多麼高超！多麼大膽無恥的野心。"

我們的目標——世界權力

(3) 吸引所有國家致力於建立新的社會結構，這是我們一直以來謀劃的項目。這是我們為什麼把武裝自己、儲備力量作為首要的事情。這樣一來，我們的工人積極分子中的極端厚顏無恥和不可阻擋的精神力量，會清除我們道路上的障礙。

（4）當我們建立了自己的國家之後，就必須告訴各族人民：所有一切都很糟，一切都經歷了艱難和困苦。我們已經摧毀了你們痛苦的根源——國籍、邊界、貨幣差異。但在你們試驗我們提供的一切之前作出任何評判，那會是個公平的評判嗎……這時暴民們全體一致地會在一個希望與期待的勝利中，抬起我們並高舉在他們手中。選舉，我們發明的工具，將使我們坐上世界的王位。我們要教育世界上哪怕最小的團體，都以集會投票的方式決定問題。這將幫助我們達到目的。

（5）為此，我們必須確保所有人不分階級和身份的選舉權。這樣，就可以建立遠超過少數有較好修養和思考能力的富裕階層的絕對多數優勢。通過這種方式，通過反復灌輸一種個體重要性的意識，我們摧毀非猶太人家庭觀念以及教育價值觀，去除個體意識分裂的可能性。因為對於暴民而言，因受我們操縱而不會被帶到前台，也不會被給予傾聽的機會。他們已經習慣聽從我們，只要我們為他們的馴服和注意力付出了代價。通過這種方式，我們就創造了一個盲目、強大的力量。這種力量在沒有我們指派的領袖指導之下將不能動彈。人民會向這種政權臣服，因為他們知道是這些政權的領抽決定了他們的收入、獎金以及各種各樣的福利。

（6）統治大綱應該產生於一個大腦，因為如果允許其分裂成小塊落在許多人的思想裏，就不會被緊緊地釘牢。對於行動計劃有清醒的認識是允許的，但不要去討論它，以免干擾其藝術性、各部分之間的相互依賴性以及每一句話秘密含義的實際力量。通過選舉等這類耗費氣力的方式去討論和更改，是給它蓋上所有推論和誤解的印記，而那是不能看透它的密謀的深度和關聯性的。我們想要使我們的詭計強而有力並適當的調配。因而我們不應將天才指導大師的傑作，拋擲到暴民犬牙之中或者甚至是一個挑選的公司。

(7) 這些陰謀將不能推翻現有的體制；只是影響他們的經濟生活，隨之影響他們整個活動進程。這些將會被引導至我們計劃中的道路上來。

自由主義的毒藥

(8) 所有政權都存在看似各種名稱命名的相似的東西。代表、部門、國會、國務委員會、立法和執法機構。我不必向你們解釋這些機構之間關係的機制，因為你們都清楚這一點。只是注意上述的每一機構都相應地擔負着國家的某一重要的職能。我請求你們注意我所說的“重要”一詞，是用於修飾“功能”而不是“機構”。所以不是這些機構，而是他們的功能重要。這些機構已經在內部分割了政府所有的功能——行政、立法、執行，這些功能就像人體的器官一樣運轉。如果我們傷害國家機器的一個部位，國家就會生病，而且……將會死亡。

(9) 當我們把自由主義的毒藥引入一個集權國家的有機

體時，它的整個政治結構就會經歷一次變化。政權就會被致命的疾病——血液病——纏繞。等待它的只有垂死掙扎的結束。

（10）自由主義產生了憲政國家。這些國家取代了非猶太人的唯一保鏢——即專制主義。而憲政除了是一個大雜燴——誤解、爭吵、異議、無用的黨派挑釁，攻擊的雜燴外什麼也不是，只是一個消耗國家力量的聚合體。這些“夸夸其談”者的講壇，一點也不比媒體差，已經不遺餘力地將統治者們譴責得無能又無力，並因而使他們顯得無用又多餘。事實上，這也是很多國家君王們被廢黜而實行共和體制的原因。正是出於這種原因，我們用一個臨時政府替換了原來的統治者。用一個從暴民中選出來，從我們的傀儡、奴隸中選出來的總統作為政府首腦。這就是我們埋在非猶太人民中的地雷。我更願意說，是埋在非猶太各民族中的地雷。

我們任命總統

（11）在不遠的將來。我們將確立總統的職責。

（12）到那時，我們必須能夠讓傀儡們履行職責時不拘泥於形式。如果那些爭先恐後爭奪權力的人的圈子被削弱縮小，如果出現難以找到合適的總統人選的僵局——這種僵局會最終解散這個國家，當這些情形出現時，我們還擔心什麼呢？

（13）為了使我們的計劃達到這一結果，必須安排選舉，支持那些在過去有不光彩歷史、隱藏的瑕疵或其他問題的人作為總統——這樣，在完成我們計劃的過程中，這些擔心秘密被揭露，或想保持特權、優勢與榮耀的總統候選人，就成了有利用價值的工具。職能內閣將會選舉、保護總統，並為總統作出掩飾，但我們可以獲得推出新法或更改現有法律的權利，因為這項權利將被賦予我們的傀儡。自然地，總統的權威會受到各種形式的攻擊，但我們會給他提供一種自衛方式通過賦予他權利向人民呼吁，越過他們代表的頭頂人民直接地去決定。除了這些，我們也必須賦予總統宣戰的權力，必須捍衛這一最高的權力，理由是總統作為國家所有軍隊的統帥，出於捍衛新的共和憲法的需要，必須可以自由支配軍隊。而這一權力也恰恰是其作為憲政的合格代表的體現。

(14) 神龕的鑰匙掌握在我們手中，除了我們自己，再沒有別人可以指導立法，這種情形是很容易理解的。

(15) 除了這些，我們應該在新共和憲法的指導下，從內閣中取得執政措施、保守政治機密、安插秘密代理人的權力。並且，我們必須通過新憲法，將代表數減至最低，繼而相應分批地減少政治熱情。如果對政治的激情仍熊熊燃燒，儘管這是最不希望出現的，我們必須通過煽動大眾的吸引力而使他們無能為力。通過總統，我們可以任命內閣和議會的首長。我們可以將議會周期縮短至幾個月，而不是連續的會議周期。並且，總統作為執行權力的國家元首將擁有召集和解散議會的權利。但為了避免這些行動——對於我們的計劃來説是不成熟的——的後果在本質上是非法的，這些行為不應該由我們所安置的總統們來行使。我們將慫恿大臣們和其他總統內閣高級官員，用他們自己的方式來取消那些安排，通過這些作為，他們將變成我們的替罪羊……這一角色要通過參議院、國會或部長會來上演，而不是通過個別官員。

（16）總統會在我們的支配之下闡釋現存法律的意義。在我們認為必要的時候進一步使其無效。除了這些，他有權提議臨時法令，甚至在政府憲政工作中啟動新的立法，這都是以整個國家的最高福利為出發點的。

我們將摧毀憲政

（17）利用這些手段，我們即可獲得蠶食、破壞的力量。當我們大權在握時，就不得不被介紹至這些國家的憲法中，為神不知鬼不覺廢除每一種憲法做準備，接下來就是將每種政府形式變為專制主義。

（18）在憲法被摧毀之前，我們的專制君主將被認可；這種認可將在各國人民對胡作非為感到痛苦厭倦和無能為力時來臨——我們可以為他們的統治者作出安排，這一安排可以大聲宣告：他們被趕走了，賦予我們的將是一個統治全球的君王。他將我們團結起來，摧毀一切混亂的根源——國界、國籍、宗教、國債——將帶給我們和平與安寧。而這一切，我們從自己的統治者和議員們那兒是找不到的。

（19）你們熟知的是，為了使所有國家表達這些願望，必須挑撥這些國家政府和人民之間的關係，用分歧、憎恨、鬥爭、妒嫉乃至刑律、饑餓、疾病和欲望徹底耗盡人性，以至於這些非猶太人感覺沒有別的出路，唯有躲入我們用金錢以及其他的一切所塑造的避難所中。

(20) 如果我們予以這些國家喘息的機會，那我們一直渴望的時刻就很難有機會來臨。

紀要11

極權主義國家

(1) 國務院一直都被作為統治者權威的強有力表達。作為立法機構"做秀"的角色，它亦可以被稱為統治者法律法令的闡釋委員會。

(2) 新憲法的建立過程中，我們應該①用向立法機構提議的掩飾方式來制定法律，樹立公平與正義形象；②用一般規定、議會程序和國務院決議法案的方式來設立總統令，③用政權內變革的形式促使一個合適的時機出現。

(3) 通過建立這樣一個流程樣本，我們將擁有這些組合手段的所有細節，通過它們，我們將在那些國家按照我們的方向利用國家機器完成革命。通過這些組合，即言論自由、集會結社、道德自由與選舉權，還有其他所謂的自由和權利必須從人們的記憶中消失，或在新憲法頒佈之後經歷根本的改變。只有此時才是立即宣佈我們的規則的最佳時機。因為滯後的話，每一引人注目的改變都是危險的。理由如下：如果這種改變是以嚴苛的形式，並帶有嚴厲與限制的意味推出的話，會導致對新變化的恐懼而產生的絕望感。另一方面，如果推出了被認為進一步縱容的措施後，將會有人認為我們已經承認了錯誤，這會破壞我們的權威絕無謬誤的威望感，或者認為我們張皇失措，被迫擺出投降的姿態，且對於這一點，我們得不到任何感謝，因為會被假設成義務性的舉措。兩種方式都將有損新憲法的聲譽。我們想要的效果，是在新憲法頒佈的那一刻，當全世界人民還在為革命的後果瞠目結舌時，還處於恐懼與不確定的狀態時，他們必須立即意識到我們是如此強大，如此不可阻擋，權力無限，以至於我們根本就不會把他們當一回事，更不可能去關注他們的觀點或願望。我們已經準備好，並且有勢不可擋之權力，隨時隨地粉碎所有的願望或宣言。我們已經掌控想要的一切，絕對不可能用它們分裂我們的力量——於是，在恐懼和戰栗中，他們會對一切閉上雙目，坐等世界末日的來臨。

我們是狼

(4) 非猶太人是一群綿羊，而我們則是要幹掉他們的狼群。你知道當狼群控制住羊群的時候，將發生什麼？

(5) 還有一個令他們閉上雙眼的原因：因為我們將保持這樣一個承諾，一旦趕走了和平的敵人並馴服各派後會還給他們所有的自由。

(6) 而他們將被迫期待多久才可以等到歸還自由？這點不值一提。

(7) 那麼出於何種原因，我們發明了這整個策略，並將它們灌輸到非猶太人的頭腦中，同時又不令他們去審視潛在意義的機會？如果不是為了迂回曲折，又到底出於什麼目的，讓我們這些分散的同胞不是直接找到到達目的地的道路？正是這點構成了我們創建秘密共濟會組織的基礎。它們不為非猶太人所知，甚至也沒有受到他們的懷疑。這些非猶太人的羔羊受我們的吸引，進入到共濟會的"表演"場所，目的就是為了迷惑他們的同胞。

(8) 上帝賦予我們，即他的選民們，分散在世界各地的天性。而這一在所有人眼中看起來是我們弱點的特性，卻釋放出我們所有的力量。而這力量已將我們帶到統治全世界的權力門坎中。

(9) 現在對於我們來說，在業已建立的基礎之上還有很多事情要做。

紀要12

控制傳播渠道

(1) "自由"，這個可以以很多方式闡釋的詞匯。

(2) 自由是去做法律所允許的事情的權利。這種闡釋將在適當的時機服務於我們，因為所有的自由將被掌控在我們手中。既然法律將根據我們的偉大計劃廢除我們不想要的，或創造我們所需要的東西。

(3) 我們將以如下方式來和媒體打交道：今天的媒體所扮演的角色是什麼呢？它在必要的時候，為激起並煽動我們所需要的激情而服務。或者，它為黨派的最終私利而服務。它通常是歪曲的、不公和虛假的。大多數公眾並不清楚媒體到底為誰服務。我們可以用一根很緊的轡繩來控制它：可以利用所有媒體產品來做同樣的事情，因為如果我們淪為宣傳冊和書籍的攻擊目標的話，將有一種清除所有媒體攻擊的願望。在當今，由於審查的必需性，宣傳品的生產變成了一種需要昂貴花費的資源。我們可以將其變成我們政權的一項豐盛收入來源：可以徵收一種特殊的印花稅，並在任何媒體機構或出版印刷機構獲批之前，要求他們繳納保證金。這將保證我們的統治不會遭受任何來自媒體方面的攻擊。任何意攻擊我們的企圖，除了上述措施之外也極有可能發生，我們必須毫不留情地罰款。諸如印花稅、保證金和罰款會給政府帶來巨額收入。黨派機器將不遺餘力將大筆花費用於宣傳，但如果面對第二輪攻擊時，我們就保持緘默了，沒有人因為指責我們政府而受懲罰，那麼停止干預一切出版物的呼吁就沒有機會和理由煽動大眾。我請求你們注意，那些進行攻擊者也是由我們建立的機構，但它們所攻擊的都是那些早就被我們決定要徹底進行改變的方面。

(4) 任何不受我們控制的宣傳都不會傳給公眾，現在這點已經被我們實現。因此，所有新聞也只有被少數幾個機構接收，由這些機構在世界各地集中起來。這些機構將被我們完全掌握，只按照我們的授意進行宣傳。

(5) 如果我們已經對非猶太人熟悉到如此程度，即他們都通過我們加在他們鼻梁上的有色眼鏡來看世界上發生的大事，如果再也沒有一個國家為我們獲準注入這些非猶太傻瓜所稱的國家秘密而鋪設障礙時，到那時，即我們代表我們的全球之君被公認為世界超級君主之時，我們的地位又是如何呢？

(6) 讓我們重新回到"出版印刷的未來"這個話題上。任何一個想成為出版者、圖書館長或印刷商的人，都必須有義務提供許可執照，一旦犯有任何錯誤，就立即被沒收。利用這些措施，思想這一工具將成為被我們的統治指導教育的手段，我們的統治將絕不允許有關進步福祉的偏門思想與幻想分裂誤導大眾。我們還有誰不明白這樣一個事實：這些關於進步福祉的幽靈將是直接引向那些可以在人類自身以及對抗統治權威的無政府主義傾向的愚蠢幻想，因為進步，或有關進步的念頭，會產生關於任何一種有關解放的概念，但沒有建立對其的限制。所有這些所謂的自由派都是無政府主義者，不是行動上的，就是思想上的。他們其中的任何一個都在追逐自由的幽靈，但卻沒有獲得許可，即他們陷入了為抗議而抗議的無政府主義。

摧毀自由媒體

(7) 現在我們再來看期刊媒體。我們也必須像對其他出版物一樣，每頁加印花稅和保證金，少於30頁的雙倍徵收。一方面是為了減少雜誌的數量，雜誌是印刷毒藥中最惡劣的一種。另一方面，採取此種方式可以強迫作者的作品很短，以至於很少有人閱讀這些雜誌，尤其是當這些雜誌價格不菲時。同時可以出版我們自己的雜誌，按照有利於我們的方向來影響大眾意識形態的發展。因為我們的出版物價格會很低，會擁有廣大的受眾。印花稅會使從事文學寫作的野心處於可控狀態，容易遭受處罰可能使那些作家們依賴我們。如果任何人被發現膽敢寫文章反對我們，將再也沒有任何人願意出版他們的作品。因為在接受他們的作品出版之前，那些出版商或印刷商必須向我們的權威機構申請獲得批準。這樣，我們就可以提前知道那些試圖反對我們的所有詭計，並根據之前發表的相關規定使他們無效。

(8) 文學與新聞出版業是兩種最重要的教育力量，因此我們的政府將成為大部分刊物的所有者。這會中和那些私營媒體的有害影響，使我們可以掌控公眾的思想，並對其施加重大影響。如果我們允許10種刊物，我們自己應該創立30種，或者同樣的比例。但這一點絕不能被公眾懷疑。因為此種原因，所有我們自己出版的刊物在表面上看，其傾向和觀點都是和我們對立的。這為我們建立自信，並為我們帶來沒有懷疑心的反對者，這些反對者最後都落入我們的陷阱，變為無害。

(9) 在最前沿，總會站着一位官方的喉舌。他們一直屹立前沿，捍衛我們的利益，因而他們的影響相對會無關緊要。

(10) 第二層將是半官方機構，其角色是去攻擊那些不不火的人或冷漠者。

(11) 在第三層的核心圈，我們將建立自己的但表面上看起來反對我們的機構。至少，其中的機構之一將呈現出和我們截然相反的一面。真正的反對者會接受這種偽裝的反對派陣地，並視為己有，向我們亮出他們的底牌。

(12) 只要憲法存在，我們所有的報紙都是混合體——貴族的、共和的、革命的，甚至無政府主義的。就像印度的守護神一樣擁有100隻手。每一只都按我們的要求染指一種公共觀點。但某根脈搏加速時，這些手會按照我們的目標引導公眾觀點，因為一個興奮的病人會喪失所有的判斷力，進而會容易向建議屈服。這些認為重復着他們自己陣營觀點的傻瓜們，將會重復我們的觀點或任何我們需要的觀點。在以為跟隨自己黨派喉舌的信仰中，他們實際上跟隨在我們為他們懸掛的大旗下。

(13) 為了達到上述目的，更好地指導我們這支報紙後備軍，必須小心翼翼地組織這件事。在中央媒體的名義下，應該召集文學性的集會。在集會上我們的代表將不知不覺地公佈當前的方針和口號。通過討論和辯論，但通常是膚淺的，不觸及事物本質的討論和辯論，我們的喉舌會向官方報紙開展一連串虛假的、猛烈的攻擊，只是僅僅為了給予我們適合的時機充分地表達自己的立場。這樣做的效果會比只是通過官方聲明與公告的途徑更好。當然，無論何時這麼做都是對我們有利的。

(14) 這些對我們的攻擊也會服務於另外一個目的，即我們的臣民會被説服去相信言論自由的存在，並給我們的代表一個機會去確定所有反對我們的機構，都僅僅是空洞的喋喋不休的胡言亂語者，因為他們沒有能力去發現任何有實際價值的反對我們統治秩序的東西。

只有謊言得以出版

(15) 如上所述的組織方法，公眾的眼睛幾乎看不出來，但絕對能夠被精心算計或應用，成功獲取公眾對我們政府的注意力和信心。由於這些方法，我們可以經常根據實際所需，根據它們被接受的良性或惡性，激起或平息公眾對政治問題的思考，或勸説、或迷惑，時而出版真相，時而謊言，事實或它們的反面。在這樣操作之前，都非常小心謹慎地讓他們感知我們的立場。既然我們的反對者們，由於上述我們利用媒體的方式，沒有安置代理以充分表達他們的觀點，我們將確保對他們的大獲全勝。我們甚至不必對他們進行爭論或駁斥，除了一些表面上的需要。

(16) 這類嘗試性的攻擊由我們的第三媒體發動，出於必要，經常會遭到我們的半官方的第二媒體的激烈駁斥。

(17) 甚至時至今日，拿法國媒體為例，就針對口號的作為上，也有展現同為共濟的團結性的形式：所有媒體組織通過職業秘密捆綁在一起；就如舊時的占卜者沒有一個會洩露信息資源中的秘密，除非通過發佈公告來解決。沒有一個新聞記者會冒洩露這個秘密的風險，因為他們中每一個人的過去都有一些丟臉的污點或其他問題，才會被允許從事寫作。一旦他們洩露了秘密，這些污點會立即被揭露出來。只要他們保守這些秘密為少數人所知，作為記者的特權就可以攻擊這個國家的大多數人——暴民就會懷着極大的熱情追逐他們。

（18）我們的處心積慮也擴展到各省。我們必須也在當地煽起希望與衝動，利用這些我們可以隨時依賴當地政府。我們必須向這些政府表明這些表達是獨立的願望與衝動。很自然地，他們的資源也就同樣成為我們的。我們所想要的是，在完全掌握權力之機，這些政府會發現他們被國家，即被我們的秘密機構安徘的大多數觀念鉗制了。我們需要的是，在這樣一個心理衝突的時刻，這些政府再也沒有能力去討論一個既成的事實，僅僅是因為這一事實已經被這些省的佔大多數的公共觀點所接受。

（19）當我們的新政權向最高權力過渡的時候，絕對不能夠承認任何形式的公共媒體所透露的不實揭露。新政權必須被認為如此讓人滿意，乃至於犯罪行為都消失了，這一點是非常必要的。展示罪行的案子應該只讓那些受害者和現場目擊者知道——不再更多公開。

《錫安長老會紀要》正文（13-24）

鏈接：http://blog.sina.com.cn/s/blog_507a70610102dzld.html

人間確確實實存在着一股“魔獸勢力”，它們是人心中最黑暗部分的影子。“魔獸”無論以何種民族、宗教、組織的形式出現，其本質都是魔獸，而與正常人類不同——但這不意味着，正常人類就不會被其奴役和操控……歷史的經驗表明，一般時候，只要給人們一個不同的“神”和“起源故事”就足夠了。

紀要13

離散人心

（1）為謀求溫飽，非猶太人被迫保持沉默，成為我們卑微的僕人。從非猶太人中爭取過來的媒體機構會聽從我們的指令，討論任何我們不便於在官方文件中發行的問題。而在引起的一片嘈雜中，我們悄悄採取希望的手段，從而向公眾們提供這些既成事實。沒有人膽敢要求廢除這已經定下來的事情。並且，所有這些解決方案將被作為改進的方案而呈現。媒體會立刻分散當前的思想潮流，進而轉向新的問題（我們不是經常培養人們要追求新事物嗎？）。這些討論會使那些沒有頭腦的管理者們投入大量財富，而他們根本就不清楚，對於要討論的問題沒有一丁點的概念。對於政治問題的討論，任何人都是摸不着邊的，除了那些多年來這些問題的引導者們。

(2) 從上述一切，你會明白為了控制暴民的觀點，我們只有促進政治機器的工作。也許你會說我們不是通過行動，而僅僅是利用我們就獲取了認可。我們不斷地製造公共聲明，表明所有的事業是由希望和信心來指導的，為人類的共同幸福服務。

蒙蔽勞動者

(3) 為了分散那些在政治討論中特別麻煩的人的注意力，我們現在提出新的政治問題，即工業問題。在這一領域，讓他們竊喜地討論吧。大眾們一致同意保持不高的積極性，從他們自認為的政治問題中脫身休息（我們以前培養他們這一點，以利用他們作為對抗非猶太人的方式），剩下那些可以從中發現新就業機會的問題可以引起他們的興趣，這一問題我們也描述成與政治類似的問題。為了使大眾不去猜測這些問題的原因，我們進一步用娛樂、遊戲、休閑、激情來分散他們的注意力。很快，我們將通過媒體推動藝術、體育等各方面的競爭：這些興趣最終會把他們從不得不與我們衝突的問題中引開。逐漸地，他們越來越不願意反映並形成自己的觀點，將開始用和我們同樣的語調討論問題，因為只有我們提供給他們新的思考方向。當然，人們也不會被懷疑與我們的步調不一致。

(4) 那些由自由主義者、烏托邦夢想者所扮演的角色，會在我們的統治被認可時終止。在這之前，他們將繼續為我們做出令人滿意的服務。然後，我們會繼續將他們的思想引向空洞的理論概念。這些概念是新的，表面上又體現了進步，我們不是已經完全成功地用進步思想轉變了沒頭沒腦的非猶太人了嗎？直到沒有任何一個非猶太人可以洞察到，在“進步”一詞的下面不過是遠離真理的開端。它無論什麼時候都不是一個可以變為實際的發明。因為真理只有一個，即在真理的內涵裏是沒有進步餘地的。直到此時，我們才可以完全成功地給愚蠢的非猶太人的大腦中塞入“進步”的概念。進步，就像一個謬誤，旨在蒙蔽真理，以至於除了我們，上帝的選民們，真理的守護者，沒有人懂得它。

(5) 當進入我們的統治王國時，將闡釋所有將人性完全顛倒的重大問題，以便在我們仁慈的統治之下，將人們帶到終結。

(6) 屆時，誰將會懷疑，這些人民是被我們根據一個歷經數世紀的政治計劃幕後操縱的呢？

紀要14

攻擊非猶太教

(1) 當進入我們的統治王國時，任何除了我們的唯一之神外的宗教，都是不合時宜並不受歡迎的。因為只有在我們的上帝眷顧下，我們的命運才被賦予選民的地位，並和世界的命運緊密連結起來。因此我們必須清除所有其他的信仰形式。如果這樣會產生我們今天看到的無神論者，它亦不會干擾我們的觀點。對於那些願意傾聽我們摩西教的一代人，它可以作為一種警告。摩西教利用它那穩定而又精致的系統，已經帶領全世界所有的民族臣服於我們。在這一點上，我們必須強調它的神秘權利，正如我們所説，它的教育力量正是基於此種權利的基礎之上。於是，我們必須在任何可能的機會，出版一些將我們的仁政與過去時代統治作比較的文章。和平與寧靜的福祉，儘管這一和平與寧靜是經過數個世紀的武力騷亂帶來的，能夠使我們所指向的福利更加鮮明突出。我們將竭盡所能，生動描繪那些非猶太人政府所犯的種種錯誤。我們必須牢固樹立他們令人深惡痛絕的形象，以至於人民寧可選擇奴役狀態下的寧靜，也不去選擇那些被吹噓的自由權利。這些被吹噓的自由已經將人性深深折磨，並耗盡了人類生存的所有資源。這些資源已被一幫厚顏無恥、不知天高地厚的冒險者組成的暴民盤剝殆盡。當我們破壞非猶太人的政權結構時，我們通常煽動他們進行毫無意義的政府形式的更替。這些政府形式的更迭，也將會使人民感到厭倦。到那時，他們寧可忍受在我們統治下的任何痛苦，也不願冒險再一次經受他們曾經經歷過的所有騷亂和痛苦。

禁止基督教

(2) 同時，我們也絕不能省略強調非猶太人政府所犯的歷史性錯誤。這些由於對組成真正美好人性的要素缺乏真正理解所犯的錯誤，整個世紀以來已經將人性深深折磨。在追逐社會福祉的荒謬計劃中，他們從未注意到這些計劃持續地產生一個更加糟糕、對於構成人類生活基礎的普遍關係沒有改善的社會狀態。

(3) 我們原則與方法的全部力量在於必須向人民呈現並闡釋一個與已經死亡、腐爛掉的社會秩序的鮮明對比。

(4) 我們的哲學家將會討論非猶太人各種信仰的所有缺點，但沒有人會真正討論我們的信仰。因為除了我們自己，沒有人完全了解它的內容。我們中的任何人絕不敢出賣有關它的秘密。

(5) 在那些被公認為進步和光明的國家，我們已經創造了一種毫無意義、骯臟的、令人憎惡的文學樣式。在我們進入權力王國後的一個階段，我們必須繼續鼓勵它的存在，目的是為了提供一種顯著的對比，與我們高貴的人物所發佈的演説形成鮮明對比。我們的智者受訓成為非猶太人的領袖，將創作演講、宣言、回憶錄、文章，這些將為我們所用，向非猶太人施加意識形態影響，引導他們按照我們決定的方式來理解事物以及各種知識形式。

紀要15

殘酷鎮壓

（1）在準備好的各地同時發生政變的幫助下，最終確定無疑地進入我們的統治王國。在被正式認可之後，我們必須將清除企圖反對我們的陰謀作為一項重大任務。我們必須殘酷無情地鏟除那些意圖用武力來反對我們登上王位的人。任何一個類似於秘密組織的成立都將被置於死地；那些我們所知道的現存的組織，曾服務於或現在仍服務於我們的，必須將它們解散，並把那些成員流放到遠離歐洲以外的大陸去。在這一過程中，我們可能會出於某種原因放過那些非猶太人的內閣成員。因為他們知道得太多，我們會讓他們保持在一種持續的，擔心有可能被流放的恐懼之中。我們會頒佈一項法律，使所有秘密組織前成員都極易遭受被流放至歐洲大陸以外的命運，這一點要作為該法律的核心。

（2）我們的各項決議都是最終決議，沒有上訴之權利。

（3）在我們已經深深植入動亂與新教思想的非猶太人社會裏，恢復社會秩序的唯一方式就是採取殘酷措施，以證明權威的直接而強大：落水狗必須痛打，絕不能給予任何同情，他們是為未來的幸福遭受痛苦。幸福的獲得甚至要以犧牲為代價，是任何統治政府的職責。這樣的統治政府不僅承認其特權，也承認其義務，作為其存在根據。確保統治穩定性的根本保證，是加強統治力量的神聖光環。這一光環只有通過貼在統治者額頭上的、象徵神聖事業——上帝的選擇——不可侵犯的徽章所散發的宏偉壯麗、堅毅不拔的力量，才能顯示出來。比如，近代俄國貴族是除了教皇之外，我們唯一重要的敵人。請牢記這個例子，當意大利被鮮血浸染的時代，從未碰過蘇拉的一根毫毛，儘管蘇拉是那場血腥屠殺的始作俑者：蘇拉因其內在的力量贏得了尊崇，但他英勇無畏地重返意大利為他披上了神聖不可侵犯的光環。深深着迷於他的勇敢和智慧，人民沒有動他一根毫毛。

秘密社團組織

(4) 儘管如此，然而在我們沒有登上王位之前，必須採取相反的手段：我們將在世界範圍建立和擴大共濟會組織，將各國精英納入其中，並通過其發揮我們的影響力。所有這些共濟會分支部將由一個中心機構管理，這只有我們才知道，也是由我們的長老組成。我們通過共濟會組識將所有自由和革命因素結合起來。我們的政治密謀將通過它們付諸實施。我們還要將國際和國內的警察系統代理人納入共濟會。在這些會所的成員中，警察的作用是不可替代的，因為他們既能夠利用專業手段對付那些不順從者，也能夠掩飾我們的活動，並為不滿提供借口。

(5) 最樂意加入秘密組織的那類人，往往是頭腦機智並以此為生的人以及野心家。在普通人中往往是那些容易輕信的人。我們和這些人打交道輕而易舉。利用他們，可以為我們設計的機器正常運轉擰緊鏈條。如果這個世界變得騷亂不安，那就意味着我們已經攪動了它，並打破了那過於強大的團結。在混亂中產生了一個陰謀，在那陰謀的最深處不是別人，就是我們最信任的僕人之一。除了我們，沒有其他人可以領導共濟會的活動，因為無論在哪裏領導，我們都知曉每一種活動的最終目標，而非猶太人對此卻一無所知，更不用說每一行動的直接影響。他們置於自身面前的，通常是自己的思想實現後，對於自我觀點得以表達的滿意感的曇花一現。而這一思想恰恰從來就不屬於他們的首創，而是由於我們對他們思想的煽動而引發。對於這一點，他們卻不置一辭。

非猶太人是愚蠢的

(6) 非猶太人加入社團，要麼出於好奇，要麼希望通過他們的方式分得公共利益的一杯羹，還有一些是為了可以讓公眾傾聽他們不切實際和毫無根基的幻想。他們渴望成功和掌聲。對於這些，我們是毫不吝惜的。所以給予他們這種成功，是為了利用這種產生於其的高度欺騙性，因為那種成功的渴望，可以不知不覺地驅使他們吸收我們的建議，而未抱有任何警惕性。因為他們非常自信：他們是絕對不可能借用他人的思想的。你不能夠想像那些非猶太人中最智慧的，在這種高度自欺欺人面前，被帶到一個無意識的天真幼稚狀態到了何等程度？並且，輕易地用最輕微的挫敗就可以使他們變得沮喪。儘管那不過是停止了曾經擁有的掌聲，就可以使他們為了贏得再一次成功，屈尊對我們表示奴性的服從。如果非猶太人可以實施某個方案，僅僅因為我們表現出對於他們成功的蔑視，他們就會願意犧牲任何計劃，以求再次獲得掌聲。這種心理，很大程度上幫助完成將他們置於我們需要方向的任務。這些紙老虎外強中幹，經不起任何風吹草動。我們已經向他們老調重彈這一觀點，即集體主義會吞沒個性。他們還從未且永遠也不會理解這一老調重彈，顯然是對自然界最重要法則的破壞。這一法則從創世初，為了準確地形成個體特性，樹立了個體皆不同的含義。

(7) 如果我們已經能夠將這些非猶太人帶入這樣一種愚蠢的盲目性，難道不是一種證明，一種令人目瞪口呆的證明，證明他們的大腦和我們的相比，不發達到何種程度呢？正是這一點，保證了我們的成功。

非猶太人是畜生

(8) 遠古時代，我們的長老們說，為了達到一個嚴肅的結果，不惜採用任何手段，不計任何犧牲是值得的。那時候，他們是多麼的富有遠見啊！我們沒有計算過有多少非猶太人犧牲品，但我們已經犧牲了很多自己人。但現在我們已經給予他們在這個地球上從未夢想過的地位。我們這些犧牲者已經從毀滅中保護了我們的種族。

(9) 死亡是每個人無可避免的結局。但讓這一結局接近那些阻礙我們事業的人更好些。我們以如此聰明的方式來處決共濟會成員，以至於除了我們的兄弟外，沒有人產生懷疑。甚至那些死刑下的犧牲品自己也不會懷疑。在我們需要的時候，他們就像得了一種正常的疾病一樣死掉。知道了這點，甚至我們那些兄弟們自身也不敢抗議。通過這些方法，我們從共濟會中拔掉了那些反對我們的根基。當向非猶太人鼓吹自由主義的時候，我們同時使自己的人民和代理人處於一種不加疑問、無限信任的屈從狀態。

（10）在我們的影響之下，非猶太人法律的實施已經被降至最低限度。法律的優勢地位已經被引入到這一領域的自由主義的繁瑣闡釋所推翻。在最重要最根本的事務上，法官們按照我們的指示來決定，從有利於我們管理非猶太人的角度看問題。當然，這樣做完全是通過我們的工具，儘管我們看起來和這些人毫無共同之處——通過報紙上的觀點或其他方式，甚至議員和更高的行政長官都接受我們的建議。非猶太人那些粗魯的頭腦沒有能力使用分析和觀察，並且也更不會在處理一個特定問題的時候具有遠識卓見。

（11）這種非猶太人與我們在思想能力上的差異，彰顯了我們作為上帝選民的地位，以及更高的人性素質，與非猶太人的粗魯大腦形成了鮮明的對照。他們的雙眼是睜着的，但卻眼中無物，更不會有所發明（也許除了物質的東西）。從這一點而言，大自然本身指定我們去指導和統治全世界是明白無誤的。

我們需要服從

（12）當我們公開統治的時刻來臨，就到了展示它的福祉時刻，我們必須重新制定所有的法律。我們的法律必須是簡潔明了和穩定的，沒有任何其他的闡釋，通俗易懂。貫穿我們法律的特點就是對於秩序的服從，這一原則將被置於宏偉的高度，任何對法律的濫用，都由於所有人在最高權威面前的服從職責而消失。任何對於權力的濫用將要到嚴懲，這樣就沒有人去以身試法。我們必須嚴密跟蹤國家機器賴以自由運行的每一個管理環節，因為一旦鬆懈就會引起所有方面的瓦解；任何違法以及濫用權力的行為都將受到殺一儆百的警戒性懲罰。

（13）隱瞞或默許公共管理服務中所犯的罪行——所有這些罪惡都將在首例的嚴懲後消失。為了我們最高特權的光環，需要合適的嚴懲，哪怕是對最輕微的違法。那些受懲者，儘管對於他的懲罰會超過他的錯誤，但將會被看做為了官方利益犧牲在戰場上的士兵。原則與法律，將不會允許任何那些駕馭公共馬車的人偏離了公共方向而駛向私人軌道。例如，一旦我們的法官傾向於表示出對罪行的仁慈時，他們就破壞了正義的法則，正義法則是為了通過懲戒人類的墮落，而對人性進行示範性教誨而創立的。這樣的品質展示在私人生活中是合適的，但在身為人類生活教育基礎的公共領域展示出來，卻不合時宜。

（14）我們的法律人員服務任職年限，將不超過55歲，首先是因為年長的人更容易固執地持有偏見，並不容易向新事務屈服。其次，因為採取這種任用方式能夠確保更換人員的彈性，會使一切都服從於我們的壓力之下；那些想保住自己位置的人，必須付出能夠抵得上其價值的盲從。一般而言，法官是由我們從那些徹底理解他們必須要扮演的角色，是應用法律去懲罰，而不是夢想以犧牲國家意識形態的代價來表達自由主義，後者是非猶太人所去幻想要達到的。這種更換人員的方法，也會以同樣的方式來打破他們之間的集體性團結，並使所有政府利益和他們賴以生存的利益捆綁在一起。年輕一代的法官將被訓練深諳以下規則：絕不允許濫用任何權力，擾亂我們現在業已建立的臣民間的秩序。

(15) 非猶太人統治時代的法官們製造了對所有罪行的縱容，對於他們的誠實沒有正確的理解，因為當代的統治者在任命法官時，根本不重視向他們灌輸這一職位所要求的責任感及正義感。就像一個粗魯野蠻的野獸釋放出它的幼子去尋找獵物，非猶太人君主就是這樣給予他們的法官這一職位之所以被創立的理由。這就是為什麼他們的統治被自己的力量，那些自己選擇的執法者的作為所毀掉的原因。

(16) 讓我們從上述行為結果的一個例子中，為我們的統治吸取另外一個教訓。

(17) 我們必須從我們的政府所有重要崗位中根除自由主義。正是依賴這些重要崗位，我們的政體才能夠培訓臣服的下級。這些崗位必須只能由那些經受過我們的管理規則培訓的人擔任。對於那些可能反對年老公務員的退休會極大的浪費財政的觀點，我的答復是，首先，可以用其他的私人服務來替代他們的損失。第二點，我必須提一下，全世界的金錢都將集中在我們手中，因而我們的政府是不害怕花錢的。

必須殘酷無情

(18) 我們的專制主義在所有事務中和在邏輯上將是連貫的，因而在它的每一項法令中，我們的超級意志必須受到尊重，並毫無質疑地充分體現出來：它將忽略所有的牢騷抱怨、所有形式的不滿，並通過殺一儆百摧毀所有可能產生這些牢騷與不滿的苗頭。

(19) 我們必須廢除上訴的權利，所有的上訴將毫無例外地轉給我們處理——讓最高統治知曉，因為我們不能容忍人民有絲毫的想法，認為存在可以不由我們任命的法官來決定的事情。如果這樣的事情還是發生了，我們必須廢除這一決定，以法官未能盡責為由而懲戒這位法官。對於他的這一懲戒也是為了避免同樣的案例再犯。我要重復的是，必須牢記，必須了解我們統治措施的每一步，這些措施只需要擁戴我們的人民的監督，因為他們有權利向一個好的政府要求一個好官員。

(20) 作為統治者的角色，我們的統治君王表面上看起來就像是德高望重的家長一樣的監護人。我們的民族和子民從他身上會看到一個父親的影子，關心他們的每一份需求、每一個行為，人際關係以及他們與自己的關係。他們將被全面灌輸這一意識：即離開這一監護和指導是不可能享有和平與安寧的。他們將以崇敬的態度認可我們的專制統治，尤其是當他們相信我們所樹立的那些人不會用自身利益替代權威，只是盲從於我們的命令。當看到我們就像智慧的父母教育孩子恪守職責和服從一樣去調整他們生活中的一切時，他們將無比歡欣雀躍。從我們的政體秘密的角度而言，世界上的各族人民，數個世紀以來都和他們的政府一樣，是未成年的孩子。

(21) 正如你們所見，我發現我們的專制主義是權利義務兼顧的，促使實施誠實是一個統治者作為父親對其臣民的最直接的義務。它擁有強者的權利，所以它可以使用它指導人類遵守大自然規定的秩序——即服從。世界上的一切皆為服從的狀態，不是屈服於人，就是屈服於自身環境，抑或自身的性格，無論如何，都是屈服於比自己強大的人。為了人類的一切福利，我們必須要比所有其他人強大。

(22) 我們必須毫不猶豫地犧牲那些破壞現有秩序的個體，因為對於邪惡的懲罰存在很大的教育問題。

(23) 當以色列王把整個歐洲賦予他的王冠戴上他那神聖的頭顱上時，他將變成全世界的家長。為此而出現的犧牲品，遠遠少於幾個世紀以來非猶太人政府間因狂熱追逐虛榮而引起的競爭所造成的犧牲品。

(24) 我們的君王將和他的人民經常保持親密接觸，在論壇上向他們發表那些可以點燃他們意願，並同一時間傳播至全世界的演說。

紀要16

洗腦運動

(1) 為了實施對那些除我們之外的所有集體性勢力的破壞，必須在最初階段削弱集體主義的起始階段——大學，通過再教育使它們改變方向。我們將為他們的官員和教授們安排一些秘密活動。這些活動將使他們並非毫無瑕疵、無懈可擊。當然這些安排是在極度謹慎的情況下作出的，將使他們完全依賴於我們的統治。

(2) 我們必須在普及憲法時將所有政治問題排除在外。這些問題只交給那些我們從憲法發起人中所選出的，少數幾個才華橫溢的人去解釋。大學再也不能夠從它的高牆內染指憲法的制定了。他們只是忙碌於一些政策問題，而這些問題連他們的前輩們也早就沒有任何思考的權力了。這真的既像一個喜劇，又像悲劇。

(3) 那種被誤導的大眾與政治問題的親密接觸，製造出無數烏托邦幻想者以及壞的民眾。從非猶太人的大學教育導向中，你們自己就可以明白這一點。必須在他們的教育中引進所有可以破壞他們秩序的原則。但當我們權力在握時，必須從教育過程中根除任何形式的破壞因子，並從小培育服從權威的意識，擁戴統治者，將他作為精神支柱以及帶來和平和安寧的希望。

我們必須改寫歷史

(4) 作為研究古代歷史的任何形式，復古研究都可以從中看到，壞的例子遠遠超過好的，我們將用對未來的研究替代它。我們必須從人類的記憶中抹掉所有過去世紀的回憶，因為這些過去的歷史不是我們所需要的，我們僅僅留下那些描述非猶太人統治錯誤的東西就可以了。對於實際生活、遵守秩序的義務和人際關係的研究，以及對於避免惡劣又自私榜樣的研究，正是這些本性播撒了邪惡的傳染病。對於教育本質問題的研究，應該站在教育戰線的前沿。這些將作為對於生活狀態或需求的必需而被單獨詳細規劃，而絕不僅僅是泛泛而論。對於教育問題的這種處理將具有特殊重要性。

(5) 每種社會生活狀態，必需根據其生活目標作出嚴格限制。但那些曇花一現的天才，一直試圖並也傾向於將社會滑向其他的狀態。對於這些稍縱即逝的天才人物而言，將那些蒙昧的民眾，引向他們原本陌生的階層中是一個徹頭徹尾的錯誤。因為那些愚民們，會剝奪原階層中因世襲或功勛而擁有其位置的人。你們自己很清楚，這就是那些允許這些極端荒唐存在的非猶太人統治，之所以終結的原因。

(6) 為了更牢固地統治民心，有必要在學校、集市等地向全民宣傳統治者活動安排及其善舉的意義。

(7) 我們必須根除任何對於自由的宣傳與鼓吹。各年齡段的學習者都有權利和父母們一起在教育機構裏集會：就像在一個俱樂部裏一樣，在節假日裏，在這些集會上，教師們會宣讀什麼可以作為關於人際關係、法律案例、還未公佈於眾的新哲學理論的自由表達。這些理論將由我們提出並被拔高到作為信仰教義的高度，就像我們以前對待自己的信仰一樣。當我們當前以及將來的偉大行動綱領完全實現並大白於天下之時，我會將這些理論原則宣讀給你們聽。

(8) 總而言之，從數個世紀的經驗中獲知，人民是通過思想的指導而生存的。這些思想只能通過教育的幫助——即為所有人成長提供平等成功機會的手段，而被民眾吸收的。我們必須吞沒並封殺獨立思想的最後一顆火花，並將其為我所用。我們長久以來一直指導臣民的思想為我所用。制約思想的系統已經通過所謂的公民教育課體系起作用了。這一目的，就是將非猶太人變成無思想馴服的野獸，只等着將現成的事物放在眼前而形成自己的思想。在法國，我們的最好的代理人之一，資產階級已經通過公民教育課的形式，使公眾成為新的教學對象。

紀要17

辯護權力的濫用

(1) 辯護這一慣例製造出很多冷淡、殘忍、固執和無恥的人。他們無論在何種情況下都持有一種沒有人情味的、純粹法律性的觀點。他們有着固執的習慣，總是從是否有利於辯護的價值，而非出於公眾利益的角度看待任何事物。通常，他們傾向於不能承受任何抗辯，總是不惜一切代價追逐宣告無罪的結果。對於法律體系的任何細小問題吹毛求疵，因此敗壞了司法正義。鑒於此種原因，我們必須將此種職業納入比較窄小的框架之中。這將使它處於實施公共服務的氛圍中。辯護律師和法官們一樣，被剝奪與訴訟當事人溝通的權利；他們只是通過法庭獲得業務，並通過報告、記錄和文件研究案例，在他們的客户被法庭審訊後為他們辯護。無論辯護質量如何，他們都會收到一筆酬金。這將使他們成為為司法正義服務的庭審事務報告人，並且也可以作為那些為了起訴人利益服務代訴人的平衡力量。這樣一來，就大大縮短了庭審程序。通過此種方式，可以建立誠實公平的辯護，這種公平辯護兼顧了個人利益與公平判決。這樣做，也順便去除了目前存在於辯護上的腐敗行為，即僅僅讓付錢最多的那一方勝訴。

摧毀傳統教士

(2) 我們長久以來都極其小心地敗壞非猶太人教士的名聲，並且以此毀壞他們在地球上的使命。那一使命在當時對我們仍然是個很大的障礙。日復一日，它對世界各地人民的影響已經衰落了。信仰自由已在世界各地被傳播，所以現在基督教完全覆沒只是時間問題了。面對於其他宗教，我們和它們打交道就沒有那麼困難了，但現在就確認這一點還為時尚早。我們必須將教權主義及傳教士們置於一個狹小的範圍內，以使他們的影響以他們之前擴展的同樣速度倒退回去。

(3) 當最終摧毀教廷的時刻來臨時，將會有一隻看不見的手引導各國指向它。但如果各國自己攻擊它時，我們必須偽裝成它的捍衛者出現，好像為了拯救這一過度的殺戮。通過這種聲東擊西，我們潛入它的權力最深處，並確保在我們已經將其權勢全部吞噬盡後才重新出現。

(4) 猶太人之王將是全世界的真正教皇，全世界教堂的尊貴長老。

(5) 但在我們改造受傳統宗教影響的年輕一代，繼而改造我們自己的年輕人時，必須不公開染指現存的教堂，但必須通過對它們精心算計好的批評以導致其分裂。

(6) 於是，我們的現代媒體通常會繼續譴責非猶太人人的政府事務、宗教，一般是使用最無恥的表達方式來降低他們的優越性。這種方式只有我們族群中最具智能的天才才會使用。

(7) 我們的王國將是護持神性的顯露，在其中可以發現他的化身——我們的上百隻手將是社會生活運作機制的源泉。我們將不在官方警察的幫助下看待一切。它的權力範圍已經精心設計為非猶太人使用，阻礙政府看清楚任何事務。在我們的計劃中，三分之一的臣民將出於一種責任感，以一種自願服務的原則將其他的三分之二置於監視之下。做一名間諜和告密者不是可恥的，而是一種榮耀：但毫無根據的告發卻將受到嚴懲，以避免此種權利的濫用。

(8) 我們的秘密代理人將從社會各階層中選出，從娛樂界人士、編輯、印刷和出版、書商、教士、推銷員、工匠、教練、僕人等中間選擇。這一機構沒有任何權利，也不能被授權為個人利益採取行動。作為一個沒有任何權力的警察，只能目擊觀察並匯報：對於他們報告的審核以及逮捕，將由一個警察事務控制小組來落實，但實際的逮捕行為必須由憲兵警察或市政警察來執行。任何對於所看到或聽到的有關政治秘密不揭發的人將受到起訴。如果被證實的確有罪，將為這一隱瞞行為而負責。

(9) 我們的兄弟們有責任承擔風險向總部揭發自己家庭成員中的叛徒，一旦家庭成員曾做過任何反對長老會的事情，同樣，在我們的王國中，所有臣民必須履行這一對國家服務監督的職責。

(10) 這樣一種組織將鏟除所有對於權力、武力、賄賂的濫用，所有這一切實際上已經通過我的顧問意識形態，灌輸到非猶太人的習俗中了。反過來，我們又如何使這種可以在他們的統治中引起騷亂的因素滋長呢？最重要的是將恢復秩序的秘密代理人安插進去，使他們有機會在分裂活動中發展並呈現邪惡傾向——固執的自欺欺人，權威的濫用，以及以權謀私、甘受賄賂。

紀要18

製造藉口政府介入

(1) 當必須要加強嚴厲的秘密防禦措施時（這是對權威的最致命的毒藥），我們必須安排一些偽造的騷亂或不滿的表達。這些不滿將通過一些與我們合作的優秀演説家表達出來。圍繞這些演説家將會聚集所有同情其觀點的人。這一點將預先給予我們對户籍進行審查的借口。這一角色可以由我們安插在非猶太人警察中的人來完成。

(2) 因為大多數的陰謀家出於對此項遊戲的喜好，或為了炫耀他們的演説能力，所以在他們作出一些公開行動之前，我們不必碰他們，僅僅對其加入一些監督的因素。但必須牢記，如果官方權威頻頻發現針對自己的陰謀時，它的權威將被削弱：因為這點暗示着對於他們弱點的清醒認識，或者，更糟糕的，是對於他們不公正的推測。你們很清楚，我們是通過秘密機構——我們盲目的跟隨者，頻頻染指非猶太人的生活，才粉碎了他們君王的特權。這些追隨者，很容易為僅僅幾句被塗抹上政治色彩的自由辭藻而感動，從而導致犯罪。我們通過大力宣傳那些秘密防禦活動的公開手段，迫使統治者承認他們的弱點，因而將他們的權威和公權力毀於一旦。

(3) 我們的統治者將僅僅由那些最不引人注目的保鏢們秘密保護起來。因為我們絕不允許這樣的一個想法存在，即可以存在任何我們的君王不足於抵禦的暴亂，使他被迫躲藏起來。

(4) 如果我們允許這種想法存在，就像非猶太人曾經做的和正在做的那樣，那我們就如同為我們的君王，或至少為他的王朝，在行將不遠的死刑審判書上簽了字。

通過恐懼來政府管制

(5) 根據被嚴格賦予的強大力量的外表，我們的統治者將只是為了民族利益才使用權力，而絕不是為了其自身或王朝的利益。因而，嚴格遵守此種紀律，他的權力會受到臣民的擁戴和捍衛。正是它維繫着國家每一公民的福利，並是國民生活正常秩序賴以維持的基礎。這一點得到了國民承認，並因此被賦予一種神聖的光環。

(6) 過於明顯的防禦證明他的組織力量的軟弱。

(7) 我們的統治者通常將被包圍在人民中，被一群表面怪異的暴民包圍。這些人將站在最前線。不過看起來是碰巧使其餘人保持被尊重的狀態，因為看起來處於良好的秩序中。這會為其他人樹立約束的榜樣。如果人群中的一個請願者試圖提交一份請願書，必須穿過層層包圍。最外沿的人必須在請願者面前將其傳遞給君王，這樣所有人都會知道手中的請願書達到了目的地。這樣的後果是為統治者獲得了控制權。權力的光環需要這樣一個人存在，人們會說，“如果國王知道了這一切”，或“國王會聽說的”。

(8) 一旦建立官方的防衛措施，權威的神秘性特權就消失了。比如某個特定魯莽行為被每個人都知道，那些專事騷亂的人就會意識到他的力量。當合適的機會出現時，就會伺機挑戰權威。對於非猶太人，我們已經鼓吹了其他東西。但通過這一事實，可以使我們看到公開的防衛措施將他們帶到了何處。

(9) 罪犯應該，或多或少，在第一次有足夠的根據受到懷疑時就實施逮捕：寧可錯殺三千，也不使一人漏網。因為對於政治錯誤必須是赤裸裸的殘酷無情。如果可能的情況下，破例讓步，容許再考慮那些較輕罪行的動機。但對於那些干涉我們政府事務的人而言，是絕沒有原諒可能性的。況且並非所有的政府都理解真正的政策。

紀要19

(1) 如果不允許任何獨立的政治意識灌輸，我們必須從另一方面鼓勵向政府提出具倡議性的報告或請願書，以對那些旨在改進人民生活條件的所有項目進行檢查。這一點會向我們透露臣民的缺點或幻想。對於這些，我們要麼通過實現它們來回應，要麼通過機智的反駁以證明那些錯誤判斷的短視。

(2) 製造騷亂不過像哈巴狗衝着大象狂吠。對一個組織完善的政府而言，從公眾的角度而非警察的觀點看來，狗衝大象狂吠完全是不自量力。只舉一例就可以看出兩者的重要性了，哈巴狗一看到大象就停止吠叫，並立刻搖頭擺尾了。

(3) 為了摧毀那些導致政治罪行的優勢，我們必須將其審判，按偷盜、謀殺以及任何一種令人憎惡和骯臟的罪行送審。公眾觀點將會把這類罪行的概念雜揉於政治罪行中，並對其不恥，表示同樣的蔑視。

(4) 我們已經竭盡全力了，並且我希望已經成功達到這樣一個結果，即非猶太人絕不會想到以此等方式與騷亂做鬥爭。正是由於此種原因，通過媒體、演說，間接地通過那些被聰明編輯的學校歷史教科書，我們已經對那種為了公共利益而殉難的行為做了廣泛宣傳。這種行為已被騷亂製造者們確信。這種宣傳已經擴大了自由主義者的隊伍，並將成千上萬的非猶太人帶入我們的奴役階層（使成千上萬的非猶太人成為我們的豬狗牲畜）。

紀要20

財政計劃

(1) 今天我們將談一談財政計劃，這一點作為最難的一點，放在我報告的最後，將是我們偉大計劃的王冠，是最有決定性的部分。在仔細講解之前，我將提醒你們，其實之前我已經暗示過了，當說到我們所有行動都是由數字問題解決的時候。

(2) 當我們進入到專制統治王國時，出於自我保護的原則，牢記自己作為父親和保護者的角色，將避免通過重稅加重人民的負擔。但作為國家政體而言，花費是巨大的，所以必須獲得它所需要的財力。因此，必須高度謹慎地平衡處理這一問題。

(3) 在我們的統治王國中，君王享有法定的虛擬權力，即他的政權內的一切歸其所有（這點可以很容易變為現實），能夠訴諸法律，沒收所有金錢以調整規定其流通。為了這個目的，徵收累進制財產稅是最佳的課稅方式。這種徵稅方式是以支付一定的財產比率，沒有使任何人窮困或破產。富人們必須認識到，將他們過剩財富中的一部分歸於國家分配是他們的義務，既然國家保證了他們其餘財產的安全以及合法所得的權利。憑心而論，我認為對於財產的控制，將在法律的基礎上廢除搶劫。

(4) 社會改革必須來自上述的方面，因為時機已經成熟。這一點對於和平的保證是必不可分的。

摧毀資本

(5) 向窮人徵稅是種下革命暴亂的種子，是撿了芝麻丟了西瓜而損害政權的行為。相反，向資本家徵稅則削減了私人手中的財富，而我們一直將這些財富集中起來，以作為和非猶太人國家財力的抗衡。

(6) 根據資金的百分比漸增的徵稅，將比現在的個人所得稅和財產稅帶來更多的稅收，這點對我們是很有用的，一個原因那就是它在非猶太人之間引發了動亂和不滿。

(7) 我們的統治君王的力量在於平衡這一切力量並保證和平。為了這個目的，資本家們把他們收入的一部分，拿出來以供給國家機器的安全運轉是不可缺少的。國家的財政支出，必須被不會感到負擔並且可以充足獲利的人所負擔。

(8) 這一措施可以消除窮人對富人的憎恨。他會明白富人對於國家財政的必要支持，會明白他們是國家和平與福利的組織者，如果他能看到所有這一切的獲得是由富人在買單。

(9) 為了使那些受過良好教育的階層不為這些新稅項的支付感到苦惱，將為他們提供所有這些上繳稅項的賬目明細以及去向，除了那些用以撥付給王權和公共行政管理機構的開銷。

(10) 執政的君王不能擁有自己的任何財產，一旦國家的一切成為他的世襲財產，則會自相矛盾；擁有私人財產將破壞擁有所有財產的權力。

(11) 執政君王的親屬們，除了其繼承人將由國家的資源奉養，必須成為政權的僕人，或者必須以勞動獲取財富；不能利用皇室的特權揮霍國家的財富。

(12) 購物、接受金錢捐贈或繼承都必須支付累進制印花稅。任何財產的轉讓，無論金錢或其他，沒有繳納印花稅的證明（此證明將嚴格根據實名登記），前任持有人將有義務支付自轉讓之日起，到發現他撤銷這一轉讓聲明期間的利息。轉讓文件必須每週遞交至當地財政部門，並注明轉移人和新的財產持有人的姓名以及永久往址。這種登記在冊的轉讓數額必須超出日常所需開銷，並且取決於蓋有印花標誌的一定比例稅額的繳納。

(13) 估計一下，此類賦稅將相當於非猶太人政府國庫收入的多少倍？

製造經濟衰退

(14) 政府國庫必須維持一個固定數額的國稅收入完成上繳，超出此數額的部分，必須退還到流通領域。公共機構的運作就靠這些上繳稅收完成。這種國家財務工作的首創性，將使工人階層和國家以及統治者的命運緊密結合起來。同樣，這部分國庫收入的一部分，將用於對創造性和生產力的獎勵。

(15) 國庫稅收絕不可以越出上述的固定數額或任意估計，因為貨幣的存在是為了流通。貨幣的任何停滯狀態，對於國家政權的正常運轉部是毀滅性的，因為貨幣流通是潤滑劑；潤滑劑的停滯，也將使國家的正常運轉陷入停滯。

(16) 用有息票據作為交易憑證就恰恰製造了此種停滯。這種情況的影響已經非常顯著了。

(17) 我們也將建立審計署。通過它，君主就可以隨時檢查政府支出的賬目，除了當月還未作出的賬目以及上個月的賬目（因為還未被公佈）。

(18) 對於打劫政府唯一沒有興趣的那個人就是它的所

有者，也即統治者本人。這就是他的親自干預將消除財富流失或過於鋪張浪費的原因。

（19）為了使君王有充分的時間去控制全局和思考，將廢除那些為了禮儀起見而佔用君王大量寶貴時間的接待事務。他的權力也將不會在那些寵臣中分裂成幾派。那些寵臣不過因皇位的宏偉與浮華圍繞在他身邊，只是為了自己的利益，而絕非為了國家的利益。

（20）我們將通過減少流通中的貨幣，在非猶太人社會中製造經濟危機。大資本停止了流動，並將錢從國家收回，而政府正是一直靠它們的貸款運作的。這些貸款以及高額利息沉重地壓在政府財政頭上，使政府成為大資本的奴隸。大資本將工業集中在手中，將榨乾所有人和所有國家。

（21）目前的貨幣發行量普遍跟不上人均需求，因而不能滿足所有工人的需要。貨幣發行量應該和人口的增長同步，因而兒童們從其出生之日起，也絕對必須被視為消費者。調整貨幣發行量對全世界而言都是一個重要問題。

（22）你們都明白黃金標準是那些採取金本位的國家毀滅的根源；因為它未能滿足貨幣的需求，因而我們更要盡可能將黃金從貨幣流通中驅除。

非猶太政權的破產

（23）我們要採取的標準是必須考慮工人的消費力，無論是一紙還是一木。我們必須根據每個國民的正常需求，加上出生的人口數量和減掉死亡的人口數量後，來發行貨幣。

(24) 各行各業各部門都必須管理好賬目。

(25) 為了不使國家財政稅收的繳納被延誤，繳納金額與期限必須由統治者頒佈法令固定下來；這樣就避免了因部門間的包庇而損害了其他國民的利益。

(26) 財政收入與支出的預算必須同步進行，以免時間間隔太久而相互混淆。

(27) 由我們在非猶太人政府內發動的財政制度及原則上的改革，將被披上偽裝，以免被人覺察。我們必須指出改革的必要性，因為他們的違例操作，已將本國財政擲入混亂無序的黑暗狀態。正如我指出的，他們的第一個錯誤在於最初起草了一個唯一的預算，並且年復一年根據以下原因擴大：這一預算是半年制，於是他們要求一個可以解決問題的預算，但這一預算三個月就花完了，之後，他們又要求一個補充預算。這一切都以預算破產而告終。由於下一年度的預算根據增加的總額來規劃，這樣每年的預算起點都增加一半，年度預算在十年內翻了三倍。由於這些方法因非猶太人政府的粗心大意而被通過，他們的國庫就空了。貸款就隨之而來。這樣就會吞掉所有的剩餘，並使所有非猶太人政權走向破產。

(28) 你們應該充分懂得，這種被我們推薦給非猶太人政府的經濟措施安排，是不會被我們自己實施執行的。

(29) 每種形式的貸款，都證明政權的衰弱與對政權權利理解的欠缺。貸款就像懸在統治者頭上的達摩克斯利劍，無法向自己的臣民徵收稅收，卻伸出手向我們的銀行家們乞討。國際債務就像螞蝗一樣，無法從政權本身驅除，直到它們自己脫落或政權把它們甩掉。但非猶太人國家沒有甩掉它們，繼續往自己身上增加更多借款，以至於最終被這些吸血鬼榨乾而毀滅。

高利貸專制

（30）貸款，尤其是外債，從本質上究竟是什麼呢？債券是一種政府發行的含有佔款本金一定比例的債務的可換票據。如果借款利率是5%，如果貸款以5%的利率計，二十年後利息將本金持平，四十年後則超過一倍，六十年後超過三倍，而此時債務仍然沒有被清償。

（31）通過這樣的計算，很明顯，利用所有形式的人頭稅，政府私圖搜刮出貧窮納稅人的最後一分錢，以償還富裕外國佬的債務。從這些外國人手中大把借款，而不是在沒有支付額外利息的情況下，為了實際所需而徵收稅收。

（32）如果是內債，非猶太人不過是把搜刮窮人的錢來還給富人。但當我們收買賄賂了一些關鍵人物，將債務轉移到海外，那麼這些國家的所有財富就會落入我們囊中。所有非猶太人政府就開始將臣民的供奉支付給我們。

（33）非猶太人的在位君王們對於政務膚淺無知，大臣們唯利是圖、貪污受賄，其他擔任財務管理角色的掌權人對於財政事務一知半解，使他們的國家變成我們的債務人，借了無法償還的債務金額。於是，從我們的角度而言，他們還會有沉重的金錢與支出方面的麻煩。

(34) 貨幣的停滯是我們所不允許的，因而在我們的政權內將沒有有息票據。這樣就不存在需支付其利息，並將國家金錢吸乾的螞蝗們了。發行有息票據的權利僅僅賦予那些實業公司，這些公司從其利潤所得中支付利息是沒有困難的，但政權則不能夠像這些公司那樣產生利息，因為政府借貸只是用以花費支出，而不是用於運營。

(35) 工業票據也可以被政府認購，這些票據現在作為貸款運作的貢賦票證，可以被轉變為贏取利潤的貸方。這一方法可以終止貨幣的停滯、寄生利潤以及懶惰，所有這一切都曾經對我們在非猶太人政府中有用，只要他們還是獨立的，就不是我們的統治所需要的。

(36) 非猶太人那不開化大腦思維的愚鈍是多麼一目了然啊！從下面事實中就可以充分表現出來：他們一直向我們大量借款，並要支付我們利息，卻從來沒有考慮過為了要償付我們必須從自己臣民的口袋裏掏出這些借款和附加利息。還有什麼比從自己的人民那兒掏錢更簡單的事情呢？

(37) 這也是我們作為上帝選民具有天才頭腦的一個證明：我們竭力使貸款以這樣的方式呈現給他們，讓他們覺得這居然是對自己有利的事情。

(38) 當時機來臨時，我們的賬目就會公佈於眾。在數個世紀非猶太政府試驗中獲得的經驗將是引人矚目，並將向人類呈現我們的創新一面。它們將終結那些我們精通財務要歸功於非猶太人的污蔑之詞。這在我們的統治中是決不允許的。

(39) 必須限制我們的會計制度。無論是統治者，或最重要的公僕，都不能未經監督將哪怕最小金額的公款挪作他用，除非在一個特定執行方案中確定下來。

(40) 沒有特定的計劃與方案就不能掌控全局。在沒有確定的方向與資源的道路上前進，將因英雄主義或盲目崇拜而毀滅。

(41) 我們曾經一度建議非猶太人統治者應該致力於那些象徵性外事接待、禮儀娛樂等等。這不過是我們統治的幌子。那些在具體事務方面代行君王職責的弄臣們的賬目，是由我們的代理人起草的。這些賬目每次部會令那些目光短線的君王們滿意，因為它們承諾未來的經濟改善是可以預見的。從哪兒取得經濟改善呢？從新的稅收嗎？問題是可能存在的，但這一切從未被那些閱讀我們賬目的人質疑過。

(42) 你們知道，他們這種粗心大意帶來的是什麼？他們的金融混亂到了什麼程度？儘管他們的工業令人驚訝。

紀要21

貸款與政府信貸

(1) 對於上次我給你們講述的，現在再補充一些關於國內貸款的說明。對於國際貸款我就不再多說什麼了，因為非猶太人已經用他們的錢餵飽了我們。但對於我們政權內部而言，就沒有外國人了，也就是說，沒有什麼外來因素了。

(2) 我們已經利用管理層的貪污受賄與統治者的懶散，通過貸款給非猶太人政府。這使我們的錢翻了兩倍、三倍，甚至更多。而事實上這些政府根本就不需要這些錢。還有其他人能夠作出我們做的事情嗎？因而，我只準備花口舌在國內貸款問題上了。

(3) 政府公佈這樣的貸款馬上就要到期，可以公開認購他們自己的票據了，也就是說那些有息票據。他們可以操縱所有的價格，從一百到一千；對於那些最早認購者可以有一定的折扣。第二天通過虛假手段，票據的價格攀升了，公開的理由是每個人都在搶購。幾天之後，如他們所言，國庫收入就溢出了，也就是貨幣過剩了。他們宣稱，這種認購的結果可以達到借貸本金的幾倍。這一切產生了整個舞台效果——你們看，他們說政府的借貸票據體現出強大的自信心。

(4) 但當鬧劇結束時，就會造成一個超大的財政赤字。為了償付利息必須求助於新的貸款。這非但沒有消除反而增加了赤字。當這一貸款耗盡時，就必須徵收新稅填補，不是貸款本金，而是償付其利息。這些稅收是用來填補另一個赤字的新赤字。

(5) 稍後就到了兌換的時間。在沒有解決債務的情況下，他們縮減了利息的支付，並且沒有出借人的同意也不能這麼做；在公佈兌換的同時，也給出對於不想兌換者返還金額的倡議。如果每個人都表示不願兌換，並要求返還金額，政府就會搬起石頭砸自己的腳，發現自己破產，從而支付不起這筆金額。幸運的是，非猶太人政府的臣民對財政事務一無所知，寧可選擇兌換利息的減少，也不願承擔重新投資的風險。如此這般，一次次使政府甩掉成千上百萬的赤字。

(6) 對於外債，非猶太人對我們要此類伎倆是行不通的，因為他們知道我們一定會將借出的錢要回的。

(7) 通過此種公開宣稱的破產方式，可以證明這些國家的統治者與他們的臣民之間沒有任何共同利益。

(8) 我請求你們注意此點以及以下現象：如今所有的國內借貸都被所謂的活期貸款強化，也就是有或多或少較短的還款期。這些債務包括銀行儲蓄和準備金。如果存儲時間稍長，這些資金就會因為支付對外貸款利息而蒸發，被相同數量的抵押替換。

(9) 這些最終會修補所有非猶太人的財政漏洞。

(10) 當我們登上世界的王位時，所有這些或類似的金融轉移，均不符合我們的利益，都將被一掃而空，所有的金融市場將被摧毀。既然絕不容許我們的特權被價格波動所撼動，我們將通過法律宣佈物價，絕不允許任意抬高或降低物價。

(11) 我們將用龐大的政府信貸機構替代金融市場。這麼做的宗旨就是根據政府的觀點來固定物價。這些機構將能夠在一天內向市場投放五億工業票據，或購空同樣的數量。

通過這樣的方式，所有的工業項目將依賴我們。你可以想象我們的權力是多麼強大？

紀要22

黃金的力量

(1) 在所有向你們通報的信息中，我已經努力將過去已經發生和現在正在發生，及不遠的將來即將發生的大事的趨勢，並我們與非猶太人之間的秘密關係，財務金融運作，都仔細描述了。就這一問題，我還要補充一點。

(2) 在我們手中有當今最有力量的東西——金錢，在兩天之內我們就可以從庫存中獲取想要的任何數額。

(3) 那麼，難道就沒必要去尋求更進一步的證據，說明我們的統治是由上帝決定的嗎？當然，我們必須驕傲地證明，在這麼多世紀以來我們不得不犯下的罪惡，是為了達到全人類最終的福利——將一切歸於良好統治的這一最終目的。儘管會製造一些暴力和罪行，但同樣也建立起了秩序（自由綱要箴言：治出於亂）。我們應該竭力證明：我們是安定一切，為全世界帶來真正的福祉和自由的施恩者。我們會使這個世界享受和平、和諧與安寧。當然，是在人人嚴格遵守我們創立的法律基礎之上。我們必須明白：自由並不存在於放縱以及無拘無束，而是存在於自尊自愛。並非人人都有權推動那些破壞自由意識、平等原則的。自由也絕非是在暴民面前通過恐怖的言論煽動他人，真正的自由存在於對人類生活中共同準則的崇敬與嚴格遵守。對於權利以及權利缺席的清醒意識，是人類尊嚴的應有之義，而絕對不是僅僅對於個體自我的瘋狂想象。

(4) 一個權威將是偉大的，因為他是全副武裝，強有力的。他也不是稀里糊塗地跟在那些所謂的領袖和演講家們的後面，像他們一樣聲嘶力竭，沙啞地說着那些毫無意義的偉大原則。實際上，他們什麼都不是。老實說，不過是烏托邦。我們的君王將是統治之王。在他們的統治中蘊涵了人類的幸福。這種威權的光環會激勵人民虔誠地臣服與敬畏。真正的力量不與任何權利訴求討價還價，甚至與上帝也如此：沒有人敢靠近它，只是與其保持一定距離。

紀要23

灌輸服從

(1) 人民也許可以習慣服從，有必要灌輸羞恥觀，以便減少奢侈品的生產。通過這些我們可以提升在對奢侈品的追逐中被敗壞了的道德。我們可以重建那些小規模的匠人生產作坊。這將意味着為當今的製造業資本埋下了一顆地雷。這也是大規模產業通常，儘管不是有意識地，推動了大眾產生反政府的思想意識的必然原因。一個小作坊工人對於失業一無所知，這使他和現有秩序緊密地捆綁在一起，因而也服從官方權威。對於我們來說，一旦權力在握時，這種角色就必須實行。酗酒也將被法律制止，並作為可以將人性變得粗魯野蠻的行為被立罪。

(2) 公民，我再重復一次，只對完全不依賴於他們的強權盲目服從，因為在對他們的依賴中他們感覺到了防衛之劍和對抗社會蹂躪的支持……他們要一個天使般的國王幹什麼呢？他們要從國王身上看到的是力量和能力的化身。

(3) 現存的統治者在被我們削弱了士氣的社會各階層中蹣跚，而這些階層甚至否定了上帝的權威。從這些混亂中點燃了無政府主義的大火。即將替代所有現存統治者的最高君王，首先必須去撲滅這吞噬一切的大火。然後，必須斬殺所有這些現存的階層。然而，他不得不用自身的鮮血去澆滅大火。有意識地和每一種給政權肌體帶來災難的疾病做鬥爭，以此方式將它們復活。

(4) 這位上帝選擇的君王被選出來，去粉碎那些被本能、粗魯和非人性所驅動的非理性力量。這些力量正以搶劫和各種以自由和權利為名的暴力形式體現。他們已經推翻了各種形式的社會秩序，在一片廢墟上豎立起了猶太人之王。但一旦君王大權在握，這些角色就會立即被清除乾淨。在他的道路上，掃除這些是非常必要的。並且，必須做得非常乾淨利素，不留任何餘孽。

(5) 我們於是可以對全世界人民說："感謝上帝，向那個額頭印着人類命運的人鞠躬吧！為他，上帝親自印上了自己的光輝。他將把我們從之前所述的所有暴力和邪惡中解放出來。”

紀要24

統治者的品質

（1）我現在將有條理地確認王朝的系譜，向全世界傳達可以確認大衛王王朝根基的方法，從大衛王到地球上的最後一代。

（2）這項確認，將首先包括那些到今天為止通過對社會學術界的指導而使人類傳統休眠的我們的長老們。在我們的長老們處理世界事務的保守主義裏，在指導人類思想教育的保守性裏面。

（3）大衛王後裔的幾個特定成員，會準備他們的君王及繼承人，不是通過世襲來選，而是根據傑出的能力，引導他們進入政治最隱秘的核心；進入政府的陰謀，但又使得任何人對這些秘密一無所知。這一行為方式的目的，就是保證王權絕不會交給那些未被教導陰謀之藝術的人……

（4）對於這些人，只能教授上述計劃的實際運用，通過比較幾個世紀對於政治—經濟運動以及社會科學的經驗觀察。總之，通過所有由自然規律本身穩固建立起來的法則精神，來規定並調節人類間的關係。

（5）直接繼承人將通常會被擱置一邊，如果他們在位時展現出輕浮、軟弱以及其他導致其權威毀滅的品質。這些將表明他們沒有足夠的能力統治。從他們自身而言，對於王權也是種威脅。

(6) 只有那些無比強硬堅定、乃至於冷酷的人，才可以從我們的長老手裏接過統治之韁。

(7) 為了避免意志薄弱以及其他情形的不勝任，君王必須根據法律將統治權交給有能力的新手。

(8) 君王的當前行動計劃，包括將來更多的計劃，是絕密的，甚至他那些最親近的顧問也不知情。

猶太人之王

(9) 只有君王及其身邊的三個輔佐可以知道未來的具體計劃。

(10) 我們的君王具有寧折不彎的意志，本身就是一個人性的大師，會洞察一切，像命運有其神秘的方式一樣。沒有人知道君王通過他的部署想獲得什麼，因而也沒有人膽敢站在未知的道路上。

(11) 當然，君王頭腦的知識儲備，必須和其想要達到的統治藍圖相匹配。正是由於此種原因他才上升至王位，而非經過上述長老們的考察。

(12) 君王在市場上和他的臣民交談是絕對必要的。這樣人民可以了解並愛戴他們的君王。這確保了兩種力量的團結，而目前卻由於恐怖統治被分成兩派。

（13）這種恐怖統治對我們來說是絕對必要的，直到這兩種力量分別落入我們的影響之下。

（14）猶太之王必須不能被情感所支配，特別是情慾。他不應使性格的任何一部分受到低級的本能支配。情慾是所有擾亂理智、引發人類野蠻本性的惡德中之最惡者。

（15）將來統治世界的最高君王必須為了他的臣民們犧牲其所有的私欲與個人愛好。

（16）我們的最高君王必須是無懈可擊、無人企及的榜樣！

錫安第三十三級所有與會代表簽字

鏈接：http://www.jewwatch.com/jew-references-protocols-full-text-folder.html

附錄2

羅斯柴爾德控制世界的“25點計劃”

背景介紹

1743年，德裔猶太人梅耶·阿姆斯洛·鮑爾（Mayer Amschel Bauer）誕生於德國法蘭克福，其父名為摩西·阿姆斯洛·鮑爾（Moses Amschel Bauer），是個高利貸放貸人，經營一個貸款所，同時販賣古幣。“羅斯柴爾德”是梅耶後來改的名字，其德文意義為“紅色盾徽”。羅氏家族，被認為與14~18世紀意大利文藝復興時期著名銀行世家美第奇（Medici family）家族有着淵源關係——他們都採用以紅盾為基本元素的族徽。

從14到17世紀，佛羅倫薩的美第奇（Medici family）家族從販賣金幣的銀行業起家，逐漸獲取政治地位，成為200多年裏佛羅倫薩的實際統治者。這個家族中誕生了3位教皇（利奧十世、克萊門特七世、利奧十一世）和兩位法國皇后（卡特琳娜·德·美第奇、瑪麗·德·美第奇），不僅大量贊助藝術和繪畫活動，還網羅了著名政治權術家——後人稱為“馬基雅

維利主義”的馬基雅維利本人為其服務。（《刺客信條》即以那個時代為故事背景）

外界的一般說法是：到了18世紀，這個富有而枝幹強大的美第奇家族在宗教鬥爭中神秘“絕嗣”。然而，從梅耶的父親老摩西開始，他就將一個紅盾標誌掛在自己賬房的大門上。

1760年，梅耶·阿姆斯洛·鮑爾（Mayer Amschel Bauer）回到法蘭克福繼承父業，他將自己的姓，由“鮑爾”改為“羅斯柴爾德”（Rothschild）——這個姓氏代表了那個紅色六角星之盾，或者數字666。不久他創立羅斯柴爾德商會。1769年還獲得黑森王國（Hesse·Hanau）威廉親王批準，在他的營業場所懸掛黑森王室標誌，表明他是“受漢諾（Hanau）的威廉親王殿下委任的專營代理商M·A·羅斯柴爾德”。

古典共濟會起源於古代的秘密結社，信奉古老的猶太密教；近代共濟會則起源於歐洲猶太金融家與貴族的一種秘密結盟，他們共同推動了“人文主義、文藝復興和宗教改革及（光明）啟蒙運動”。這個運動自古以來被秘密地稱為“新世界秩序”——即“世界貨幣、世界央行、世界政府”，其核心是“馬基雅維利主義”的“權術君主論”：建立擁有無限權力的君主政體才能使臣民服從。為達目的不擇手段，可以殘暴、狡詐、偽善、謊言和背信棄義，只要有助於君主統治就都是正當的。

美第奇家族在歐洲文藝復興時期開始秘密招募共濟會會員，這是古典共濟會與近現代共濟會的分水嶺。美第奇家族神秘消失後，自稱“紅盾家族”的羅斯柴爾德家族興起。18世紀中期後，歐洲共濟會實際被羅斯柴爾德為首的猶太銀行家幕後控制。

1770年，長老會籌劃成立“光明會”。梅耶·羅斯柴爾德出資並指派羅氏商會的貸款人亞當·魏肖普特（Adam Weishaupt，1748~1811年，因戈爾施塔特大學法學院院長）負責該組織的創建工作。亞當·魏肖普特是一個秘密的猶太共濟會教徒，表面上信奉羅馬天主教。梅耶·羅斯柴爾德委托猶太人阿斯肯茲（Ashkenazi Jew）草擬了光明會的綱領。黑森大公威廉王子是當時的法蘭克福聖殿騎士會和共濟會的會長。

1776年，亞當·魏肖普特於5月1日完成了光明會的組織準備，該會原名為“完美主義者修道會”，是一個隱藏在共濟會內部的猶太教徒神秘組織，會址稱為“大東方會所（Grand Orient）”。光明會的目的，是在政治、經濟、社會、宗教等各個方面控制非猶太人，如有反對則採用武力解決：讓他們相互作戰，破壞國家政府，摧毀宗教機構，最後達到消滅和奴役對手的目標。他們策劃了世界大戰。

根據梅耶的指示，亞當加入法蘭克福共濟會。梅耶是所有活動的投資者和主人。亞當的俱樂部用梅耶提供的資金，招募了約2000個信徒，其中包括藝術界、文學界、教育界、科學界、經濟界以及工業界的各領域富有智慧、成就和才幹的人，他的招募方式包括：

（1）使用錢財和美色賄賂，達到控制那些社會地位很高的人，無論是政府官員還是其他領域，一旦有影響力的人接受了光明會的謊言和誘惑，他們就會被約束，遭到政治上或其他方式的勒索、破產恐嚇、暴露在公眾輿論中、財政損害，甚至對家人和愛人的謀殺恐嚇。

（2）通過學院和綜合大學的老師們，培養良好家庭出身的學生掌握獨特的智力能力，擁有各種愛好，並推薦他們進行特殊的國際主義培訓，或者培養他們樹立國際政府才能終止戰爭和衝突的觀念。這些培訓以及很多獎學金都是由光明會選擇提供。

（3）光明會努力爭取和控制所有有影響力的人，加上那些正在接受特殊教育和培訓的學生，都將作為光明會的代表吧，以專家和行業人士被安置在政府內部。通過這種方式，他們就能夠給最高級的管理者提出建議，用於各種政策方針——這些政策方針則長期為光明會的秘密計劃服務，也就是那個"新世界秩序"陰謀。這樣可以摧毀任何政府和宗教，完全為他們服務。

（4）控制媒體，讓大眾傳播工具發出相同的聲音，誘導大眾。所有的新聞和信息讓更廣泛的民眾相信，只有一個世界政府的統治，才是現在許多社會政治問題的解藥。

亞當·魏肖普特成功地在猶太光明會、德意志貴族共濟會和日益強大的羅斯柴爾德商行網絡之間，締結了一個同盟。

光明會成立的5月1日，猶太學者維索茲寫作了《新時代秩序》（*New World Order*，拉丁文為：*Novus Ordo*

Seclorum），也就是建立“新世界秩序”。書中提出五點行動綱領：

① 廢除所有國家政府，建立光明會和共濟會的世界統一政府；

② 廢除私有財產和遺產繼承制；

③ 廢除民族意識；

④ 廢除家族制度和結婚制度；實現非成年人自治體教育；

⑤ 廢除基督教。

以上綱領，是1773年梅耶·羅斯柴爾德（Mayer Rothschild）模仿猶太人耶穌（有12門徒），召集法蘭克福12名猶太富商（共濟會高級會員），要求他們匯集其資源，提出控制世界的財富、自然資源以及人力的“25點計劃”全文共25條。其副本保存在德國，二戰時期曾向外界公佈過。

英文版
羅斯柴爾德控制世界的“25點計劃”
（Rothschild's 25- Point Plan For World Domination）

1. Use violence and terrorism rather than academic discussions.

2. Preach “Liberalism” to usurp political power.

3. Initiate class warfare.

4. Politicians must be cunning and deceptive – any moral code leaves a politician vulnerable.

5. Dismantle "existing forces of order and regulation." Reconstruct all existing institutions.

6. Remain invisible until the very moment when it has gained such strength that no cunning or force can undermine it.

7. Use Mob Psychology to control the masses. "Without absolute despotism one cannot rule efficiently."

8. Advocate the use of alcoholic liquors, drugs, moral corruption and all forms of vice, used systematically by "agenteurs" to corrupt the youth.

9. Seize properties by any means to secure submission and sovereignty.

10. Foment wars and control the peace conferences so that neither of the combatants gains territory, placing them further in debt and therefore into our power.

11. Choose candidates for public office who will be "servile and obedient to our commands, so they may be readily used as pawns in our game."

12. Use the Press for propaganda to control all outlets of public information, while remaining in the shadows, clear of blame.

13. Make the masses believe they had been the prey of criminals. Then restore order to appear as the saviors.

14. Create financial panics. Use hunger to control to subjugate

the masses.

15. Infiltrate Freemasonry to take advantage of the Grand Orient Lodges to cloak the true nature of their work in philanthropy. Spread their atheistic-materialistic ideology amongst the "Goyim" （gentiles）.

16. When the hour strikes for our sovereign lord of the entire World to be crowned, their influence will banish everything that might stand in his way.

17. Use systematic deception, high-sounding phrases and popular slogans. "The opposite of what has been promised can always be done afterwards. That is of no consequence."

18. A Reign of Terror is the most economical way to bring about speedy subjection.

19. Masquerade as political, financial and economic advisers to carry out our mandates with Diplomacy and without fear of exposing "the secret power behind national and international affairs".

20. Ultimate world government is the goal. It will be necessary to establish huge monopolies, so even the largest fortunes of the Goyim will depend on us to such an extent that they will go to the bottom together with the credit of their governments on the day after the great political smash.

21. Use economic warfare. Rob the "Goyim" of their landed properties and industries with a combination of high taxes and unfair competition.

22. Make the "Goyim" destroy each other so there will only be

the proletariat left in the world, with a few millionaires devoted to our cause, and sufficient police and soldiers to protect our interest.

23. Call it The New Order. Appoint a Dictator.

24. Fool, bemuse and corrupt the younger members of society by teaching them theories and principles we know to be false.

25 Twist national and international laws into a contradiction which first masks the law and afterwards hides it altogether. Substitute arbitration for law.

羅斯柴爾德控制世界的“25點計劃”（中文版）

1. 應用暴力和恐怖手段，而不是不切實際的學術討論方式。

2.宣揚“自由主義”，來篡奪政治權力。

3. 發動階級戰爭。

4. 政治家必須偽善和狡詐，遵守過多的規則會使政治家易受傷害。

5. 取消現有的命令和管理機構——顛覆現有政權，重建全部現存機構。

6. 躲在暗處，直到它獲得——沒有任何欺詐和勢力能夠損害它的實力之時。

7. 應用暴民心理學去控制大眾，“沒有絕對的獨裁，一個人將不能有效地進行統治”。

8. 提倡應用酒精、藥物、道德墮落、及罪惡的各種形式，通過代理人來有系統的腐蝕青年。

9. 無論如何要抓住有用的道具以獲取服從和主權。

10. 煽動戰爭和控制和平談判，以便參戰者都不能獲取領土，將他們置於更深的債務——因此落入我們的掌握之中。

11. 選擇"對我們的要求奴顏和順從的"做公職候選人，他們作為我們遊戲中的棋子或許會被迅速使用。

12. 利用新聞媒體的宣傳，控制全部公眾信息的發佈，而我們則躲在幕後，遠離批評。

13. 使群眾相信他們已經成為犯罪的犧牲品，然後我們以救世主的面目出現，並重新恢復秩序。

14. 制造金融恐慌，利用饑餓去控制和征服大眾。

15. 利用共濟會的大東方分會滲透共濟會，利用慈善事業掩蓋我們的工作的真正目的。在異邦人（異教徒）中間散步無神論——唯物主義世界觀。

16. 當我們的握有至高無上權力的世界君主加冕的那一時刻來臨時，他們的權勢將會粉碎擋在他們前面的任何障礙。

17. 利用系統的欺騙，冠冕堂皇的詞語和流行的口號。"在後來都可以把已經許下的諾言推翻，這是沒有任何風險的。"

18. 恐怖統治是實現迅速服從的最經濟有效的方法。

19. 應用手腕偽裝成政治、金融、經濟顧問，以實現我們的代理統治，從而不用害怕"躲在政府和世界事務背後的神秘力量”的暴露。

20. 最終的世界政府是我們奮鬥的目標。這就有必要建立起空前的壟斷，因此甚至異教徒的巨量財富，也要依賴我們到這種程度——他們會和他們的因巨大的政治動蕩而破產的政府信用一起被踩在最底層。

21. 採用經濟戰，掠奪異教徒的土地財富，應用高税收和不公平競爭的聯合方式掠奪異教徒的工業。

22. 使異教徒彼此消滅對方，從而使世界上只剩下最下層階級、極少數奉獻於我們事業的富翁，和足夠的用以保護我們利益的警察和士兵。

23. 我們把它稱作新秩序，並委任一個獨裁者。

24. 通過教授，我們知道是錯誤的理論和觀念，來欺騙、迷惑和腐蝕社會的年輕成員。

25. 扭曲國內法和國際法，使之互相矛盾——首先掩飾法律，之後將法律全部掩藏，（用我們的意志）取代法律的仲裁。

附錄3

光明會洩露的三次世界大戰方案

背景介紹

1784年：亞當·魏肖普特策劃在法國進行革命，他以羅氏資金資助馬克西姆蘭·羅伯斯庇爾從事革命的準備活動和密謀。維索茲的《新時代秩序》一書和光明會的革命計劃被警察發現，交給巴伐利亞政府。大東方會所被關閉，光明會遭到巴伐利亞政府驅逐。政府發表了一個關於光明會密謀的詳細資料"光明會教派的原始命令"，並將其發送到歐洲的各個中心教堂。

1789年：由於歐洲各國對巴伐利亞政府警告的忽視，光明會在法國成功發動革命，推翻了王政和天主教，建立了一個新政府。通過法律禁止羅馬天主教堂徵收稅務，同時從所有稅項中免除繳納羅馬天主教堂的稅收。

1790年：梅耶·羅斯柴爾德說："只要我能夠發行和控制一個國家的貨幣，我不在乎由誰制定法律"。羅氏家族派代理人貝爾蒙特去美國，收賣亞歷山大·漢密爾頓

（喬治·華盛頓內閣的財政部長）得到批準建立美國中央銀行的特許證，這就是第一銀行，特許證期限為20年。

1811年：羅斯柴爾德的“美國銀行”許可證到期。國會投票反對延長它的有效期。當時，參議員安德魯·傑克遜——後來的美國第七任總統（1829~1837年）說：“如果國會在憲法允許範圍內可以發行紙幣的話，他們也只應給自己用，而不是轉讓給任何個人或法人團體。”此舉令內森·羅斯柴爾德非常憤怒。他聲明：“如果不同意延長許可證有效期的申請，那麼這意味着美國將陷入一場災難性的戰爭中。”但是美國政府很堅定。許可證未被延長。內森宣佈：“應當給這些無禮的美國人上堂課，讓他們重新回到殖民時代。”

1812年：在羅斯柴爾德家族的策劃下，英國向美國宣戰。羅氏家族的計劃是通過這場戰爭讓美國政府債台高築，迫使美國政府向羅氏家族投降，從而允許延長羅氏家族擁有的“美國銀行”許可證有效期。當年，老梅耶去世。他在遺囑中寫道：“所有的家族事業中的重要職位必須由家族內部人員擔任；只有家族男性成員才能夠參與家族商業活動，這裏也包括他第六個秘密的兒子（這個兒子是個私生子）。梅耶有5個兒子和5個女兒。在猶太人教義裏面，通過猶太母親生下的孩子無論父親是什麼種族都是猶太人。梅耶規定：通婚只能在表親之間進行（表面上看是防止財富稀釋和外流，實際有維持血統純正的更隱秘原因，梅耶的孫輩中有18對相互通婚，其中16對都是堂兄妹）。絕對不準對外公佈羅氏家族財產情況。在財產繼承上，不準律師介入。家族的長子才能作為家族的首領（除非家族一致同意，才能另選其他兒子接班。內森被選為繼梅耶之後的家族首領。

1814年：黑森公爵第9代威廉王子寄存在梅耶手中的$300萬美元被羅氏侵吞，投資東印度公司（後來對中國發動鴉片戰爭）。

1815年：英法在滑鐵盧決戰。羅氏5兄弟共同致力於為戰爭雙方提供資金和幫助。惠靈頓勛爵部隊的資金由在英格蘭的內森銀行提供貸款，拿破侖部隊的資金由在法國的亞柯比銀行提供貸款。無論戰爭的結果如何，他們貸出的款總是有保障的，因為國家的債務會由人民用稅收來承償還，而戰敗國將兑現戰勝國的債務。所以羅氏家族酷愛戰爭和危機，因為這是生意的巨大機會。

羅氏家族經過滑鐵盧一戰，完全控制了英國的經濟，建立一座新的英格蘭銀行，歸內森掌握。以至內森可以這樣説："我才不在乎什麼樣的英格蘭傀儡被放在王位上來統治這個龐大的日不落帝國。誰控制着大英帝國的貨幣供應，誰就控制了大英帝國，而這個人就是我。”17年間，內森用父親當初給的2萬英鎊投資，現在這筆錢翻了2500倍，成為5000萬英鎊。羅氏家族利用他們對英格蘭銀行的控制，將黃金通過歐洲羅氏家族的五大銀行，從一個國家走私轉運到另一個國家，謀取利潤。這種票據結算的方式，演變為今天銀行紙幣的信用借貸方式。

整整19世紀，可以説都是“羅氏家族的時代”。有人估計，當時全世界一半的財富都在羅氏家族的口袋裏。但是，維也納議會卻非常不友好。自1814年9月開始，一直到1815年6月，維也納議會，反對羅氏家族想創造一個國際政府、在政治上完全控制這個文明世界的意圖。由於很多歐洲政府都背負着羅氏家族的債務，所以羅氏總能以此作為政治交易的工具。然而，俄羅斯的沙皇亞歷山大一世不願屈服，拒絕在俄羅斯為羅氏建立中央銀行。羅氏對俄擴張計劃受阻。內森非常氣憤。他發誓，總有一天，要完全消滅沙皇亞歷山大一世的整個家族和後代。

拿破侖的戰爭是“新世界秩序”具體實施的一個範本。它始於1806年10月拿破侖召開於的“大猶太公會”的一次高級會議。會議期間，拿破侖回答貴族院提出的12個問題，目的在於下一步立法時有一定的基礎。同年10月6日，貴族院向歐洲所有猶太人社群用希伯來語、法語、德語和意大利語發佈通知，邀請他們向10月20日召開的“大猶太公會”派遣代表，並極力強調這個大公會的歷史意義以及受到皇帝拿破侖本人的支持。

1815~1913年：以羅氏家族為代表的跨國金融資本勢力取得了對歐洲—北美金融體系的主導地位，分別擁有了美元、法郎、馬克、英鎊的貨幣發行權，從而初步建立了一個現代的跨國金融儥主體系。

1816年：美國國會同意設立第二中央銀行，跟第一銀行一樣，由羅氏控制，為美國提供貨幣供給。這座銀行也得到了20年的授權期限。英國和美國的4年戰爭讓無數美英士兵喪生，但羅氏家族終於得到了自己想要的。

1821年：卡爾曼·羅斯柴爾德離開德國，來到意大利的那不勒斯。他和梵蒂岡以及羅馬教皇16世建立了商業往來，隨後被授予聖喬治勛章。當教皇接見卡爾曼的時候，他破例伸出手讓其親吻，而不是像慣常那樣伸出腳來。這足以顯示卡爾曼在梵蒂岡的尊貴地位。此後，羅氏家族完全控制了梵蒂岡的金融運作。

1830年：亞當·魏肖普特死後，羅斯柴爾德家族委托意大利人吉斯帕·馬志尼擔任意大利共濟會與光明會的首領。馬志尼是意大利燒炭黨人，他與另一個革命黨人加里波第受共濟會資助，進行意大利獨立運動。黑手黨最初是燒炭黨在意大利西西里島的分支機構，後來發展成一個獨立、組織嚴密的國際犯罪組織。該組織與共濟會高層保持着隱秘複雜的關係，成為共濟會的另一雙手。

1832年：美國第七屆總統安德魯·傑克遜在他的第二任總統競選活動中，發佈競選口號："要傑克遜，不要銀行家"。他計劃收回對美國貨幣系統的控制權。當美國政府存款從羅氏家族控制的美國第二銀行向其他商業銀行轉移，此舉使羅氏家族非常憤怒。他們緊縮貨幣供給，造成美國經濟的蕭條。安德魯·傑克遜總統斥責説："你們真是一群狡詐的毒蛇。我要把你們連根拔掉，以上帝的名義，我一定要將你們連根拔掉！"

同年，美國的威廉·羅素和阿方索·塔夫脱在耶魯大學成立了"骷髏會"。威廉·羅素家族，是羅斯柴爾德和巴林財團屬下的亞洲亞洲鴉片貿易合伙人（羅素家族將比印度鴉片質量差但價格低的土耳其鴉片賣入中國，創立馬薩諸塞銀行即當今第一波士頓銀行），也是美國共濟會的高級成員。威廉·羅素留學德國時參加了德國共濟會下的光明會，歸國後模仿其秘密儀式成立骷髏會，主要吸收盎格魯—撒克遜白人精英和新教徒（簡稱WASP），從屬於美國共濟會。

在20世紀的骷髏會成員中，有一個人——即羅斯福時代的國務卿共濟會會員亨利·L·史汀生格外著名。二戰期間共濟會成員羅斯福委任他為戰爭部長，他在陸軍內部建立了骷髏會組織。約翰·麥克羅伊、麥克、喬治·本迪、威廉姆·本迪、喬治·馬歇爾、艾弗里·哈里曼、普利斯考特·布什等，二戰時羅斯福重要閣幕均加入了該組織。這個組織制定了二戰前到二戰後美國的多項戰略政策，參與了日德兩國佔領政策的立法案。除此之外，骷髏會員創立了戰略事務局（OSS）——其後身就是中央情報局（CIA）。其旗下擁有大學、財團、銀行、石油公司等。向政府機構輸送了大量人才。美國近年兩屆總統老布什、小布什都出身於骷髏會。

1835年1月30日，一名刺客想要暗殺傑克遜總統，但手槍走火失敗。傑克遜總統發表聲明説他知道這是羅氏家族指使的暗殺行動。刺客理查德釋放後説：是歐洲一些最有勢力的人僱的他，並答應如果他被捕後要保護他。安德魯·傑克遜總統在任的幾年裏一直與羅氏家族對抗，成功地將羅氏家族的美國第二銀行業務趕出了美國。此後多年，美國一直沒有中央銀行。直到1913年，羅氏家族才重新在美國第三次建立他們的中央銀行——這就是“美聯儲”。

1837年：法蘭克福羅氏商會派親信德系猶太人奧古斯都·貝爾

蒙特前往美國，救助被安德魯·傑克遜總統沉重打擊的美國銀行事業。直到1841年美國第十屆總統約翰·泰勒仍拒絕恢復羅氏的美國第二銀行。為此他收到了數以百計的恐嚇信，威脅説要刺殺他。

1844年：本傑明，德系猶太人，兩次當選英國首相，他出本了一本書《Coningsby》（科寧斯比），書中這樣描寫內森·羅斯柴爾德："他是世界上貨幣市場的君主，當然，也是萬物之主。他用南意大利的税收作為借貸抵押。他讓世界上所有國家的君主和首相聽他的使喚，並接受他的指令。"

1848年：卡爾·馬克思（德系猶太人）出版了《共產黨宣言》。有趣的是，當馬克思在思考共產主義的時候，法蘭克福大學的卡爾·李特開始研究反面的思想。後來，由弗里德里希·尼采總結成"尼采主義"——這個主義後來發展成法西斯主義，最後成為納粹哲學。作為超人和優生的理論，成為第一和第二次世界大戰中德國的國家哲學。

1861年：美國第16屆總統亞伯拉罕·林肯想向紐約幾大銀行貸款，用於支持美國內戰，受羅氏家族的控制，這些銀行給出的貸款利息高達24%，林肯總統非常生氣，決定由政府自己發行債券，並且宣佈，這些債券等同國家法定貨幣。林肯的免費債券印製和發行成功，總發行量達到約$4.5億美元。《倫敦時報》

評論說："如果源於美國北方的這種令人厭惡的新的財政政策永久化，那麼政府所發行的貨幣就沒有任何成本。它將償還所有的債務而不再欠債。並且可以將貨幣作為投資品。美國將變成世界上前所未有的繁榮國家。世界上的優秀人才和所有的財富都將湧向北美。這個政府必須被摧毀，否則它將摧毀世界上每一個君主制國家。"

林肯非常清楚，為什麼《美國憲法》的制定者要把貨幣的權力交給國會而不是私人銀行。他因堅決支持工業保護主義而當選總統，而以羅氏家族為首的倫敦金融城各銀行是美國南方棉花貿易的債權人，而棉花貿易是英國曼徹斯特各家紡織的重要原料來源，美國的保護主義和高額關稅有可能摧毀羅氏和南部各州的生意。故在羅氏商會的美國代理人奧古斯都·貝爾蒙弗的慫恿下，吉尼亞州和其他6個種植棉花的南方蓄奴州宣佈和北方分離。這時，與羅氏家族早有矛盾的俄國沙皇亞歷山大二世（1855~1881年）公開支持林肯總統。沙皇發佈命令：如果英國或法國介入美國內戰，那麼俄國則要考慮宣戰，他甚至將俄國太平洋艦隊分派往舊金山和紐約。

1864年：香港上海匯豐銀行成立，羅斯柴爾德、巴林、沙遜、渣甸·馬地臣以及一些毒品貿易商人創辦了這家銀行。其業務是為在中國販賣鴉片提供融資服務。

對中國進行鴉片貿易的主要公司是英國東印度公司。1814年借助黑森公爵威廉王子的$300萬美元，羅氏接管了東印度公司成為大股東。直到現在，羅氏財團屬下各企業的管理層中，依然有不少家族是當年東印度公司管理層後裔。

1865年：亞伯拉罕·林肯在國會發表正式宣言："我有兩個最大的敵人，一個是站在我身前的南方軍隊，還有一個就是站在我身後的金融機構。這兩者之間，最可怕的就是後者。"這一年的4月14日，南方軍隊戰敗投降。一個月後，林肯被刺殺。

同年，羅斯柴爾德家族年輕的代理人亞柯比·希夫乘船來到美國。他的目標是要完成如下任務：

(1) 通過建立中央銀行控制美國貨幣系統；
(2) 發展光明會，幫助其成員進入聯邦政府高級職位（包括國會和最高法院）；
(3) 在全國促成少數民族衝突，特別是白人和黑人之間；
(4) 在美國進行一場運動，動搖當地宗教勢力。年僅18歲的希夫是改革派猶太教徒，他到美國後首先買入銀行，控制美國金錢系統。希夫的產業在南北內戰中起步，包括投資修造鐵路、開採石油、採礦、冶煉鋼鐵等……所有這些項目需要的巨資，由羅氏家族在背後提供。

希夫支持了約翰·D·洛克菲勒、J·P·摩根，愛德華·哈里曼和安德魯·卡姆吉。他為羅基的標準石油公司、哈里曼建造的鐵路帝國和卡耐基的鋼鐵帝國提供了巨資。他這樣做不是要取代羅氏的庫恩商會，而是為了打開連結羅斯柴爾德家族的通道。

1870年：希夫就任庫恩·婁布商會主席。之後與摩根家族、彼托家族、道格拉斯家族三大家族聯合，結成華爾街銀行財團聯盟。在19~20世紀之交，希夫將整個華爾街的銀行業務緊緊控制在手，如雷曼兄弟銀行、高盛集團和其他國際銀行家都匯聚到了由羅斯柴爾德銀行選擇的華爾街。

這時，老梅耶一世的所有兒子全部去世。一位美國將軍艾伯特·派克（Albert Pike），由吉斯帕·馬志尼（Giusep-pe Mazzini，19世紀中期意大利團體領袖、黑手黨創立人）介紹加入光明會為共濟會神秘的重量級大師、光明會第33級總大師（曾設定南部轄區的共濟會蘇格蘭儀式規章，作《共濟會會規與條文》），他提出了關於進行三次世界大戰，完成世界統一的設想。

1870年1月20日，根據羅氏家族授意，派克寫成"新世界秩序"的具體計劃，只在共濟會高層圈子內傳閱。對此，派克在1871年8月15日寫給馬志尼的信中做了概述。直到1977年為止，該信件已在倫敦大英博物館圖書館公開展示。而許多倫敦的大英圖書館網站斷言說，這封信根本不存在。可這封信件的主題，正如“盎格魯—撒克遜計劃（The Anglo-Saxon Mission，共濟會與第三次世界大戰的策劃）”所揭示的：三次世界大戰是早已被計劃和籌備許多世代了。

附錄4

艾伯特·派克給吉斯帕·馬志尼的信件摘錄

“第一次世界大戰必須達成的目標是：光明會必須推翻俄羅斯沙皇的權力，並在那個國家建立無神論的共產主義的堡壘。由光明會的‘代理人’（間諜）利用大不列顛和日耳曼帝國之間的分歧，挑起分爭來引發這場戰爭。在戰爭結束時，共產主義將被建立，並使它成為破壞其他政府和削弱宗教的力量。”

“第二次世界大戰必須達成的目標是：必須利用法西斯主義和猶太復國主義黨派之間的分歧挑起分爭，引發這場戰爭來摧毀納粹主義，而讓猶太復國主義黨派強壯，足以在巴勒斯坦建立以色列人的主權國家。在第二次世界大戰中，國際共產主義必須鞏固到足以抗衡基督教世界，接下來我們必須抑制和控制它，直到最終我們認為它應該變革之時。”

“第三次世界大戰必須達成的目標是：必須由‘光明會’的‘代理人’利用猶太復國主義黨派和伊斯蘭世界領導人之間的分歧，挑起分爭並引發這場戰爭，這個戰爭必須以猶太復國主義黨派（以色列國）和穆斯林（阿拉伯穆斯林世界）相互消滅對方的方式去進行。同時，其他國家，將再次在這個問題上產生分歧，這迫使它們傾注其身、心、靈，並以經濟崩潰為代價決一死戰……我們將釋放虛無主義和無神論思想，並且我們將激起一種巨大而可怕的社會動蕩，它所有的驚駭之處明白無疑地上演在那些完全的無神論國家，那是最原始野蠻和最血腥的混亂。

然後在每一個地方，有少數公民，為保護自己不得不冒天下之大不韙而發起革命，希望消滅文明的毀滅者和大量的幻想破滅的基督教信眾，那些失去了方向和指南的，渴求一個完美理想，但不知道到什麼地方去進行崇拜的自然神論者，將願意接受真光，普遍呈現的路西佛的純潔學說，最終帶入到公眾的視野。這一表現是由普遍的抵抗運動促成，接下來就是基督宗教和無神論彼此摧毀，雙方同時消滅。”

（Gerald Celente Channel網站，2010年7月23日和《可薩黑幫（Khazarian Mafia）密史》）

“共濟會”與美英宗教、意識形態、政經的關係

共濟會（Free-Mason）字面之意為“自由石匠”，中文譯為“美生會”，全稱為“Free and Accepted Masons”（自由石工盟會），是以自由為理念的一種泛神論神秘宗教組織。這裏所謂石匠只是象徵性説法，隱含意義是自由大廈的建設者。近代共濟會於18世紀起源於英國，漸傳播歐美和世界。

除了對英國政治具有影響力，北美共濟會更領導了北美獨立運動，並且是美國政府建立後財政的主要來源。此後共濟會成為支配美國政治、意識形態和金融的核心力量。

人們一般以為美國是民主和共和兩黨領導下的議會政治，實際上，共濟會是超越於兩黨之上但隱身幕後的真正核心政治力量，美國總統只有林肯和肯尼迪兩位不是共濟會員，可他們兩位都在任上被刺殺了。

共濟會控制着英美的意識形態，共濟會成員還起草了法國人權宣言、美國獨立宣言以及美國憲法。共濟會的意識形態支配着英國、美國的核心價值觀念。

美聯儲（美國中央銀行）是從屬於共濟會的，其全部股東來自共濟會的世代成員家族。美聯儲從金融上監管和支配着美國的經濟制度和運行。由於美元支配着世界，所以從這一意義上說，共濟會也是世界上最大的一種金融壟斷集團。簡單說，所有花美元的人，用得都是美國共濟會的錢。

共濟會運動不是一國現象。近代共濟會從創立之初就是一個國際化的組織和政治運動團體，Novus Ordo Seclorum，（ANew Order of the Ages）——“謀建世界新秩序”，自18世紀以來就是共濟會的核心口號。

關於共濟會的歷史起源目前並沒有確定的說法。根據其公開文獻《共濟會憲章》（THE CONSTITUTIONS OF THE FREE-MASONS，傳說1701年寫成，1723年初版）第一部《歷史篇》的解釋，共濟會起源於公元前4000年。因此這一年稱為A. L. (Anno Lucis)“光明元年”，所以共濟會別號也稱作“光明會”。共濟會會員們自稱為“該隱”的後人。（據《聖經舊約》，該隱是亞當、夏娃之子，因嫉妒殺死了弟弟亞伯而被詛咒，後來成為歷史上著名的吸血鬼。）

共濟會員也認為自己是巴比倫通天塔建造者的傳人，通曉天地自然以及宇宙的奧秘。

《聖經·舊約》故事：洪水大劫之後，天下人都講一樣的語言，都有一樣的口音。諾亞的子孫越來越多，遍佈地面，於是向東遷移。在示拿地（古巴比倫附近），他們遇見一片平原，定居下來。由於平原上用作建築的石料很不易得到，他們彼此商量說："來吧，我們要做磚，把磚燒透了。"於是他們拿磚當石頭，又拿石漆當灰泥。他們又說："來吧，我們要建造一座城和一座塔，塔頂通天，為要傳揚我們的名，免得我們分散在全地上。"由於大家語言相通，同心協力，建成的巴比倫城繁華而美麗，高塔直插云霄，似乎要與天公一比高低。

此舉驚動了上帝！上帝深為人類的虛榮和傲慢而震怒，不能容忍人類冒犯他的尊嚴，決定懲罰這些狂妄的人們，就像懲罰偷吃了禁果的亞當和夏娃一樣。他看到人們這樣齊心協力，統一強大，心想：如果人類真的修成宏偉的通天塔，那以後還有什麼事幹不成呢？一定得想辦法阻止他們。於是他悄悄地離開天國來到人間，變亂了人類的語言，使他們分散在各處，那座塔於是半途而廢了。

在希伯來語中，"巴別"是"變亂"的意思，於是這座塔就稱作"巴別塔"。也有人將"變亂"一詞解釋為"巴比倫"，稱那座城叫"巴比倫城"，稱那座塔叫"巴比倫塔"。而在巴比倫語中，"巴別"或"巴比倫"都是"神之門"的意思。

對美國《新聞週刊》“世界新秩序地圖”的點評

世界新秩序地圖

日前，美國《新聞週刊》以“世界新秩序”（The New World Order）為題，刊出了一張新的“世界地圖”，這張地圖描繪了當前的世界現狀，認為顯示了這是一個向世界新秩序過渡的時期。地圖不以各國主權下的領土為界，而是按照人種、民族、宗教來劃分。將世界上劃分為以下的19個板塊：

首先是“新漢莎板塊”（New Hansa），包括丹麥、芬蘭、德國、荷蘭和瑞典。

板塊中的這些國家有共同的日耳曼文化淵源，擁有令人稱羨的福利制度，居民儲蓄率較高（25%以上），出口高附加值的產品，而且就業、教育和技術創新水準都在世界前列。

第二個“板塊”叫“邊界地區”（the Border Areas），包括比利時、捷克、愛沙尼亞、匈牙利、冰島、愛爾蘭、立陶宛、波蘭、羅馬尼亞、斯洛伐克和英國。

這些國家在正在形成的世界新秩序下正在找尋屬於自己的位置，地位不穩，文化上也相當混沌（如羅馬尼亞、比利時），歷史上常常被強大的鄰國欺侮，未來也需要在他人的勢力範圍內尋求自主。

第三個“板塊”叫“橄欖共和國”（Olive Republics），包括保加利亞、克羅地亞、希臘、意大利、馬其頓、黑山、葡萄牙、斯洛文尼亞、西班牙。

這些國家源於古希臘和古羅馬的文化區，但在各項經濟指標上整體落後於北歐各國，貧困人口多一倍，就業率低10%-20%，而且出生率奇低，尤其是希臘、西班牙、葡萄牙政府還有巨額赤字。

第四個“板塊”叫“城市國家”（City-States），包括倫敦（二流國家中的一流城市）、巴黎（法國GDP的25%）、新加坡（現代城市化的成功典範）、特拉維夫（以色列高科技出口基地）。

第五個“板塊”叫“北美同盟”（North American Alliance），包括加拿大、美國，經濟、人口構成、文化把這兩個國家連在一起，是世界最大的高科技經濟體，最大的農業生產基地，人均淡水量比亞洲、歐洲多三倍。別以為這塊地方會走向衰落，根本沒有。

第六個“板塊”叫“自由主義者”（Liberalistas），包括智利、哥倫比亞、哥斯達黎加、墨西哥、秘魯。

儘管人均收入較低，貧困人口較高，這些國家是拉美國家民主和資本主義的旗手，絕不可能和美國鬧翻。但是在經濟上這些國家的未來依然有不確定性：走國家資本主義還是經濟自由主義？

第七個“板塊”是“玻利瓦爾共和國”（Bolivarian Republics），包括阿根廷、玻利維亞、古巴、厄瓜多爾、尼加拉瓜、委內瑞拉。

這些國家以委內瑞拉的查韋斯為典型代表，走庇隆主義，有獨裁的傾向。雖然貧窮，但是這些國家擁有豐富的礦產和能源資源，是中國和俄羅斯這樣的國家拉攏的對象。

第八個“板塊”是“單蹦國”（Stand-Alones），他們是巴西（處於“自由主義者”和“玻利瓦爾共和國”之間，屬於二流強權）、法國（反盎格魯—撒克遜文化的先鋒，實力遜於漢莎國）、大印度（人均收入只有中國的三分之一，擁有世界上最大的貧民窟，也是目前世界上經濟發展最迅速的國家之一）、日本（以其雄厚的資金和技術資源，日本仍然是世界強權國，儘管其技術優勢正在被韓國、中國、印度和美國蠶食）、韓國（韓國已經成為技術強國，成功地從全球經濟衰退中脱身）、瑞士（繁榮、優良的商業環境）。

第九個“板塊”是俄羅斯帝國，包括亞美尼亞、白俄羅斯、俄羅斯聯邦、烏克蘭。

俄羅斯帝國建築在斯拉夫特性之上，擁有豐富的自然資源，某些特殊的科學技術特長外加強大的軍事力量。

第十個“板塊”是“狂野東部”（The Wild East），包括阿富汗、阿塞拜疆、哈薩克斯坦、吉爾吉斯斯坦、巴基斯坦、塔吉克斯坦。

這個地區將持續成為各方勢力角力的中心，包括中國、印度、土耳其、俄國、北美。

第十一個“板塊”是“伊朗斯坦”（Iranistan），包括巴林、加沙地帶、伊朗、伊拉克、黎巴嫩、敘利亞。

伊朗石油資源豐富，教育程度相對較高，是上升中的強權，但是意識形態不僅與美國對抗，而且與大阿拉伯地區矛盾。這一地區經濟管治水準不高，依賴消費品、高科技設備甚至石油產品的進口。

第十二個“板塊”是“大阿拉伯”（Greater Arabia），包括埃及、約旦、科威特、巴勒斯坦、沙特阿拉伯、阿聯酋、也門。

這一地區的石油資源奠定了其政治和金融的地位，儘管人均收入差別甚巨，但是共同的宗教和人種讓這些國家緊密聯繫起來，與世界其他地區的關係不融洽。

第十三個“板塊”是“新奧斯曼”（The New Ottomans），包括土耳其、土庫曼斯坦、烏茲別克斯坦。

土耳其不再唯歐洲馬首是瞻，將其外交和經濟的中心轉向過去奧斯曼帝國的兄弟，並發展和中國、俄羅斯的貿易。

第十四個“板塊”是“南非帝國”（South African Empire），包括博茨瓦納、萊索托、納米比亞、南非、斯威士蘭、津巴布韋。

南非是非洲首富，有肥沃的土地，豐富的資源，非洲大陸最發達的基礎設施和工業基地，與萊索托、博茨瓦納以及納米比亞有密切的文化聯繫。

第十五個“板塊”是“撒哈拉以南非洲”，包括安哥拉、喀麥隆、中非、剛果（金）、埃塞俄比亞、加納、肯尼亞、利比里亞、馬拉維、馬里、莫桑比克、尼日利亞、塞內加爾、塞拉利昂、蘇丹、坦桑尼亞、多哥、烏干達、贊比亞。

這些國家有穆斯林，也有基督教，有的說法語，有的說英語，缺乏共同的文化背景。但其自然資源成為有錢的國家（如中國）覬覦的對象。

第十六個板塊是“馬格里布帶”（Maghrebian Belt），包括阿爾及利亞、利比亞、毛里塔尼亞、摩洛哥、突尼斯。這些國家中有像利比亞和突尼斯這樣的小康國家，但是依然存在相當嚴重的貧困問題。

第十七個板塊叫“中央王國”（Middle Kingdom），包括中國大陸、香港、台灣。中國也許不會如IMF所預測的那樣在10年左右超越美國的GDP，但是毫無疑問是個新興的超級大國。

其歷史優越感和種族的認同依然強烈，漢民族佔90%的總人口，是世界上最大的單一文化種族國家。未來30年面臨的問題是，在高度集權的體制下，貧富差別加劇，環境持續惡化，人口迅速老化。

第十八個“板塊”是“橡膠帶”（The Rubber Belt），包括柬埔寨、印度尼西亞、老撾、馬來西亞、菲律賓、泰國、越南。

這些國家的礦產、水利、橡膠以及農產資源豐富，雖然政治不大穩定，但是正在工業化進程，有望成為下一個經濟高增長的地區。

第十九個“板塊”是“幸運之國”（Lucky Countries），即澳大利亞、新西蘭。

國民收入與北美相當，與英國、北美有共同的盎格魯—撒克遜文化，但其地理位置和資源讓中國以及印度成為最大貿易伙伴。

點 評

這個圖極有意思，表明了美國精英智囊機構對現今世界基本形態的分析，它的奧妙涵義在於：

（1）這是美國總結的當今世界的板塊結構圖，概括了當今總體的世界形勢：世界很不和諧，存在深刻的差異和矛盾。

對形勢的判斷，是制定國家外交戰略和方針的基礎。

這個圖表明，70年代有關三個世界論過時了。

（2）近10年來，中國還有沒有外交戰略？不了解世界形勢，不了解世界的真正發展趨勢，也不知道國家安全和利益所在，只會唸一本“和平發展”經文，外交方針亂七八糟，口頭上反美反霸權，骨子裏卻崇美親美愛美怕美媚美，自相矛盾。

（3）目前國際關係欠清晰，遍顧周邊和世界其他地方沒有朋友，幾乎到處都潛在敵人或者對手。古諺云：“人而無與，不如其死。”

甚至連某某的國都今天一個炮彈明天一架飛機掠空玩。60~70年代不入流的某國，用肥水養肥以後，現在已毫不掩飾地蔑視我們，隨時準備染指內務甚至侵吞邊疆……

（4）什麼世界GDP（果丹皮）第二超強——純屬自欺欺人之談。國未來局面之危險，一點不遜於晚清及清末。

寄大望於中央審時度勢，糾正偏誤，轉危為安。

金融共濟會的“世界新秩序”藍圖

共濟會優先於你的一切，優先於你的祖國、父母和家庭。

——摘錄於18世紀共濟會會員加盟手冊

我在去年綜合當時所找到的一批資料，編寫了《統治世界：神秘共濟會與新戰爭揭秘》一書，分別在香港和大陸出版。

此後一年來，我收集到關於國際共濟會更多的資料和信息。不僅確證神秘共濟會的歷史存在，而且了解到，這個以猶太銀行家為核心的歷史悠久的神秘組織，通過主導貨幣和金融體系，對世界的政治和經濟控制已經很久很久。在某種意義上可以說，近代歐美資本主義的歷史，其實就是共濟會猶太銀行家的歷史。

共濟會早在中世紀就是歐洲猶太銀行家的秘密結盟組織。在中世紀，基督教禁止基督教徒從事高利貸，鄙視商人。因此從事商業和高利貸活動成為猶太人的專利事業。馬克思是猶太人，他在青年時代寫過《論猶太人問題》的著名論文，指出猶太精神就是唯利是圖的資本主義精神，因此人類的解放就是人類從猶太精神中的解放。對這一論斷的深刻意義，如果不了解猶太銀行體系與歐美資本主義的關係，不研究共濟會的歷史，是無法理解的。

猶太共濟會銀行家在14~15世紀建立了佛羅倫薩和威尼斯共和國，使意大利的這兩個城市，成為最早的在猶太共濟會銀行家控制下的金融國家。正是這兩個城市的文學家、藝術家得到美地奇家族等銀行家的資助，而發起了解構封建政治文化和天主教體系的文藝復興運動。

16世紀猶太銀行家控制了葡萄牙和西班牙，先後建立了西班牙 阿拉貢王國，與神聖羅馬帝國和天主教教皇爭奪權力。猶太銀行家資助一批冒險家們（麥哲倫、哥倫布都是猶太人）發起了探索新大陸的地理大發現運動，找尋黃金和開闢世界市場。這是近代資本主義全球化的先聲。

在17世紀，猶太銀行家先後控制了法蘭西和荷蘭，建立了著名的荷蘭 尼德蘭（低地）金融國家。猶太銀行家組建了國際化的東印度公司和西印度公司——這些公司是跨國公司的原型，其中早期最著名的是荷蘭和瑞典的東印度公司，在亞洲、非洲和美洲建立了一系列殖民地和海外領地。

共濟會的觸角在中國明代後期伸展到東方的中國和日本，荷蘭東印度公司的武裝船隊一度佔有了“福爾摩薩”——台灣。日本近代早期的資本主義也是在荷蘭殖民者的帶動下萌發，所以18~19世紀日本稱西方學術為“蘭學（荷蘭學）”。明末侵掠朝鮮和中國沿海的日本海盜身後，有一批金錢支持者就是荷蘭共濟會的猶太銀行家。

猶太共濟會商人的觸角至少在明末清初伸展到中國。但實際上也許進入更早，歐洲有人認為馬可波羅是猶太人。

1759年末，瑞典東印度公司卡爾王子號（Prince Carl）到達中國廣東。船上的猶太商人是國際共濟會成員，他們登陸後舉行了慶賀的集會，這是共濟會在中國活動的最早可信記錄。

根據英國共濟總會（Premier Grand Lodge of England）的記錄，1768年編號407的共濟會會所（the Lodge of Amity No.407）在廣東舉行了秘儀集會，當時共濟會尚未在中國建立正式的會所。

鴉片戰爭勝利後，英國獲取了香港半島的租借權，英國共濟總會於1844年9月18日授權在此建立皇家蘇塞克斯會所（Royal Sussex Lodge No.501 EC），這個設立在香港殖民地的會所，以時任英國共濟會總會大師（Grand Master）的蘇塞克斯公爵（Duke of Sussex）命名。共濟會實際是當時控制殖民地和商業的隱身指揮部。1845年4月3日，共濟會香港會所舉行第一次開館集會，之後一系列分會所在廣州、上海、青島、廈門紛紛建立。

17世紀以後，西方在亞非拉侵略和控制了大片的海外殖民地和海外領地。必須修正的一個重要歷史誤解是，這些殖民地表面上看起來所屬宗主國，是葡萄牙、西班牙、荷蘭、英國等主權國家，但實際上這些殖民地在商業和金融上的真正管理者，並非這些國家的政府，而只是掛在這些國家的名下。海外殖民地的真正主人，是東印度公司和西印度公司的老板——這些公司擁有武裝艦隊，有權自行任命殖民地總督。這些跨國公司的主權歸屬非常隱秘——公司真正的主人們，是國際猶太共濟會內的銀行家團體（股東）。

猶太銀行家早在17世紀，即逐步從金融和財政上控制了英國，在英國發動了一系列宗教革命和政治革命，從而把英國的王權予以虛化、象徵化。18世紀後，英國共濟會建立了王權與金權的聯姻。在既不光榮也非革命的所謂"光榮革命"之後，猶太銀行家把荷蘭 尼德蘭的金融財富轉移到英格蘭，通過英國的東印度公司開始經營對中國的鴉片貿易。

18世紀末，猶太共濟會銀行家資助和推動了美國獨立運動。美國革命的首領華盛頓雖然不是猶太人，但本身是擁有黑奴的奴隸主，也是馬里蘭州共濟會的教主。

了解近代的上述歷史，才會理解，統治全世界，是近代共濟會銀行家始終不渝的一貫目標。在19世紀末被透露的猶太共濟會"錫安長老會的24篇秘密紀要"中，談論最多的是世界經濟。錫安會的猶太長老們聲稱，猶太人"要達到統治世界的目的，無法靠發動侵佔領土的戰爭，但可以發動經濟上的全面戰爭"。

紀要說："我們必須使全世界的經濟學家們環繞在我們的周圍，為我們的需要講話。經濟學應當成為猶太人教育的主要目標。在我們周圍的將薈萃所有銀行家、企業家和資本家——最主要的是百萬富翁。因為從本質上說，世上所有事情最終都是由金錢的數量說了算。”

紀要說：“我們必須迅速着手建立龐大的壟斷機構，儲蓄巨大的財富，甚至使非猶太人的巨額財富也依賴我們的機構。”“只要在我們手中有了當今最有力量的東西——金錢，所有國家都將置於完全由我們之手掌控的金錢專政之下。”

那麼，如何才能完成這個讓金權統治全世界的計劃呢？該紀要說：“必須將那些非猶太人的注意力引向工業和貿易……劇烈競爭以及散佈在經濟生活中的恐慌，將會創造一個冷漠又殘酷無情的族群。這樣的族群將孕育一種對政治和宗教強烈的厭惡情緒。他們唯一的目標是利潤，也就是黃金。因為黃金為他們帶來物質上的愉悦。另一方面，我們控制的國際大資本鼓勵非猶太人政府大把借款。這會使我們的錢翻兩倍、三倍，甚至更多。”而“這些貸款以及高額利息沉重地壓在政府財政頭上，使政府成為大資本的奴隸”。

2008年以來的“金融海嘯”，是國際猶太共濟會實施控制世界計劃的重要步驟。目前美國政府負債累累，許多人以為美國將會破產。其實，美國政府的困境未必是國際共濟會金融家的困境。這次金融危機使得許多國家經濟陷入困境，但恰恰也使得這些陷入財政和金融困境的政府，不得不接受國際共濟會金融家的全面控制。目前，美國共濟會已經通過國會，操控奧巴馬政府於股掌之上。

美國共濟會控制下的金融體系是一個跨國體系。共濟會的猶太金融家們（包括人們耳熟能詳的摩根、洛克菲勒、高盛、巴菲特、索羅斯等壟斷金融集團）在這場危機中實際上賺得缽滿盆盈。而共濟會的最終目標是，等到各國政府無法償還巨額債務時，就都不得不聽命於一個猶太共濟會控制下的“超級主權”。這個超級主權的要義是：建立世界新秩序、建立世界中央銀行，以及建立超主權、超國家的世界政府。

共濟會信仰起源於古老的猶太密教，因此共濟會有三大圖騰：（1）金字塔（通天塔），（2）象徵魔神無所不在的的獨眼（荷魯斯之眼），以及（3）六角魔星（大衛星，以色列國旗的標記）。這三種標記，在共濟會系統下的跨國公司和傳媒的圖徽中幾乎無所不在。

共濟會目前通過僱傭或收買的一些人，鼓吹以“自由民主”為要義的“普世價值”、“全球化主義”；但是在共濟會統治下的美國，則通過近年制訂的《愛國者法案》等強力法律，擰緊對社會實施暴力控制的螺絲釘。在共濟會的統治下，並不需要什麼多元化、異質化、言論自由化。共濟會要的是一元化的意識形態控制！

共濟會通過世界銀行與國際基金組織（IMF）控制世界金融體系，通過聯合國國際衛生組織控制人類健康，通過轉基因作物控制農業和糧食種子。

瑞士的銀行體系，表面上是一個中立的國際銀行體系，其實早在18世紀就已經受控於共濟會銀行家。任何國際領導人如果不聽共濟會的話，他們會像對待IMF總裁卡恩那樣無情地摧毀他。耐人尋味地是，在IMF的總裁繼任人選中，引人注目地出現了猶太銀行家——以色列央行行長的大名。

新加坡是亞洲的一塊金融飛地，其建國和獨立都與英國共濟會有密切聯繫。李光耀退出政壇後，新加坡將更密切地被國際共濟會控制，其近期目標是在此建立人民幣離岸市場，從而掌控人民幣的定價權。

共濟會將逐步控制、征服各國主權政府，使各國政府變成統一於“一個理念”、“一種制度”、“一個世界政府”之下的地方政府。

通過金融危機，日本實體經濟已被摧毀奄奄一息，摧毀歐元和德國金融經濟的步驟已經在進行時中。俄羅斯金融體系也在國際共濟會金融體系的掌控中。

中國目前是國際共濟會金融家着力要解決的主要問題。事實上，中國的外匯和黃金儲備的主要部分，已經在共濟會的掌控之下。現在要解決的是使中國的整個貨幣體系被解構和全面開放，從而徹底受控於共濟會的國際金融體系。世界銀行與IMF將是實現這一制度目標的重要貨幣工具。因此，選換一個完全聽命於共濟會的總裁是絕對必要的。

由於龐大的人口基數，中國經濟和政治的解體將是一個頗為漫長而無比痛苦的過程。共濟會準備了兩種方式，首選是讓這個制度體系從內部自我崩潰解體，自由主義普世價值的鼓吹是重要的催化劑。如果不能達到這一和平解體的目標，那麼就準備在未來挑起對抗而從軍事上摧毀中國。顯然，從近年的黃海陳兵，到頻繁的戰爭軍演，這兩手準備，共濟會都已經成竹在胸。

在未來控制了世界的共濟會新秩序下，將用多種殘酷和冷殘酷的手段，消滅地球上無用的過剩人口，只保留少數必要人口成為服役於精英的奴工。

這就是本世紀內，國際共濟會正在推動實現的“世界新秩序”藍圖。

附錄

歷史快速向第三次世界大戰及全球新秩序邁進

美國總統有發動戰爭的特權

美國國會近日投票表決立法，授予總統發動對外戰爭的特別權利。此項立法通過後，第三次世界大戰進程將正式啟動。這項立法授權，美國總統可以在未來對國家、國內和國外的組織和人士採取單方面的軍事行動，對象為那些據稱是在目前或過去支持或從事對美國或其盟國採取任何敵對行為的國家、組織和人士。該立法取消了必須經過國會批準才能使用武力的要求，而是賦予總統極權獨裁的權力，可以在任何一個不確定的時間內採取任何軍事行動。它甚至賦予總統權力，可以不顧國會的監督，對美國國內的公民進行打擊。

無休止的戰爭：戰爭將繼續下去，直到一切敵對行動被終止，永遠不會發生。

無國界：總統將有充分的權力發動對任何國家，組織或個人，包括對美國本土的美國公民的軍事打擊。

單方面的軍事行動：充分的權力在任何時間，沒有國會批準的情況下侵略任何國家。

沒有明確界定的敵人：美國可以聲明或宣稱任何人為恐怖分子，或聲稱他們正在或曾經支持對美國的“敵對行動”和攻擊意向。

授權入侵幾個國家：總統將有充分權力入侵伊朗、敘利亞、朝鮮，還有其他幾個非洲和中東的國家，甚至包括俄羅斯和China，根據法例，所有這些國家都是“被知道”有支持和資助對美國的敵對行動。

著名共濟會會員

伽利略：近代科學起源的組織者

作者：埃克朗 法國

科學出版社，2012年出版

內容簡介

從伽利略、惠更斯、笛卡兒、牛頓、萊布尼茲、費馬到莫培督到歐拉、拉格朗日、哈密頓、雅可比、龐加萊……從鐘擺保持同樣的拍子，到光線的傳播再到台球問題……圍繞這些偉大科學家的故事以及生活中熟悉的例子，本書介紹了最優化理論的產生、發展和它對數學、生物學、經濟學乃至政治學產生的巨大影響，揭示了相關學科歷史發展的必然性和科學家在其中起到的重要作自用和如何發揮作用，為讀者展示了科學、經濟學乃至社會學、政治學的研究思想。

本書第三章P.32的摘錄

“1633年6月，伽利略被判刑。經過6個月的審訊後，宗教裁判所宣佈他‘因為嚴重涉嫌提出並傳播異端邪説而被懷疑是異教徒；即，伽利略認為太陽是世界的中心，而且不是自東向西運動；地球運動並且不是世界的中心；當被調查並宣佈同聖經教義相悖時，仍堅持並為之辯護。'在審訊過程中，被告被毫無疑問地證明不僅僅滿足於支持這些謬論；他還盡其所能在盡可能廣的範圍內傳播其理論，比如通過使用本國語寫作。正如判決中所説的：‘他不僅用外國人從沒想到過的新武器支持哥白尼的觀點，而且使用了意大利語這種最容易使無知的人靠攏到他身邊的語言，在這些人中間，謬論會找到最富饒的土地。’

的確，對於一個基督教紳士來説，用拉丁文陳述觀點不更明智和公正嗎？用拉丁文會把影響限制在謹慎的、受過教育的、更加熟悉聖經和教父的人們之間，他們會發現潛伏在新思想中的危險，從而不容易被它們影響。審判繼續否定伽利略的辯護，根據他的辯護，他只是提出了一個沒有實際結果的數學理論：‘作者聲稱他討論了一個數學假説，但是他卻為它找到了現實基礎，這是數學家通常從不涉獵的。’

這不是警告，這是判決。1633年6月22日，身着悔罪者衣服的伽利略跪在神聖宗教法庭的紅衣主教前，發表了一段公開悔過：‘我用虔誠的心和真摯的信念宣佈：我發誓放棄、詛咒和憎恨以上的謬論和異説，我發誓我將來無論在口頭上還是在書面上，永遠不再談論或者宣稱可能會導致我受到類似懷肄的事情，而且如果遇到某些異教徒或者有異教徒嫌疑的人，我將把他帶到這裏來。’伽利略被判處終身監禁，先是被囚禁在錫耶納，後來在佛羅倫薩附近阿切特里他的小屋。在那里伽利略一直待到1642年去世，那時他已經身體虛弱、雙目失明。

這個突然的打擊傳遍了歐洲，一個生機勃勃的科學團體在那兒發展起來。在那個沒有互聯網的時代，信息由日常通信傳遞；像‘梅森’（按即mason，共濟會員，石匠）這樣的人，在歐洲有很多通訊人，他們起了信息轉發器的信用，他們散播新聞，記錄發展，發佈待解決的問題。伽利略是這個圈裏的傑出人物，他的發現廣為人知，他的書被引用。他是第一個把望遠鏡指向夜空的人。他發現木星像地球一樣有衛星，水星像月球一樣有相位、像地球一樣有山脈和海洋。他還發現天狼星的形態會從圈到橢圓變化；他的工具還不夠精細到能夠區分行星主體和光環。從古代傳下來的書本裏沒有提到過這些事實，但是任何人只要把望遠鏡指向天空都可以確定它們，不用事先學習過拉丁文或希臘文。這是實驗結果對書本知識的勝利；從那時起，科學研究開始向自然而不是向傳統尋求答案，不斷拓展知識邊界的進步科學思想站住了腳跟。”

根據本書作者的說法，共濟會——即“梅森會”（美心會）在伽利略時代，承擔了科學組織者的使命，伽利略是共濟會會員。

華盛頓：代表共濟會的美國開國總統

喬治·華盛頓（George Washington）美國開國總統，1732年2月22日生，1799年12月14日去世。

華盛頓早年在法國印第安人戰爭（French and Indian War）中曾擔任支持大英帝國一方的殖民軍軍官。之後，1775~1783年美國獨立戰爭時任大陸軍團（Continental Army）總司令，1789年成為美國第一任總統（同時也成為全世界第一位以"總統"為稱號的國家元首）。

在接連兩次選舉中都獲得了全體選舉團無異議支持，一直擔任總統直到1797年，領導美國22年。

所以，美國共濟會最引以為榮耀的人物，就是喬治·華盛頓。

華盛頓於1752年11月4日在弗吉尼亞州弗雷德里克斯堡的第四會所（Lodge of Ancient, Free and Accepted Mason No.4）加入共濟會，成為入門學徒，不久便升任石工大師。

華盛頓一生都忠實於共濟會。華盛頓曾經寫道："既然我被説服，只要應用共濟會賴以建立的這些原則，就必定能夠促進美德和民眾的繁榮，我將很高興地促進共濟會的利益，並且做一個值得大家信賴的兄弟。”

共濟會希望華盛頓擔任終身總統。由於私人原因，華盛頓拒絕了繼續擔任元首領導一個軍事政權的提議，而回到了他在維農山（Mount Vernon）的莊園過平民生活。

1799年12月14日，華盛頓在弗吉尼亞的文恩山莊園病逝。

20世紀中葉，被美國國會追認為陸軍六星上將，相當於元帥。

19世紀（1866年）出版的《華盛頓和他的共濟會伙伴》一書，敘述了華盛頓與共濟會之間的關係。此書還論述了共濟會對美國開國時期一批顯要人物的重要性，這些人包括本傑明·富蘭克林、美國獨立戰爭時期的將軍約翰·蘇利凡、美國第一任聖公會主教塞繆爾·西伯利、美國憲法的執筆及主要簽署人潘恩、漢密爾頓等。突現美國是體現共濟會理念而建立的實驗國家。

共濟會了不起的地方，在於他們建立了跨越國界的組織方式，借助資本的中性特徵，實現資本持有者對時間和空間的跨越。共濟會就是資本家的“共產國際”。歷史地看，共濟會比共產國際更有效率。

經過若干個世紀的不懈努力，他們已經完成對全球金融機構和國際金融資本的整合，並且形成了對美元及其衍生資本及市場的絕對控制。

通過控制國際金融資本，他們逐漸延展其影響力，以至於可以對多數國家的文化、政治、經濟、軍事、外交等發揮重要的影響力。事實上，進入20以世紀以後，以美元為主體的國際金融資本的金融殖民正在加速。他們已經建立起了美元金融資本的日不落帝國。

共濟會這個非政府組織控制美國。它巧妙地寄生在美國的現有政治經濟體制之中。它可以借重美國國家機器的強大功能，而又擺脱了國家機器的負面影響。它完成了組織利益與美國國家利益一體化的完美結合。以至於你有時候無法明確細分，哪些是共濟會的組織行為，哪些是美國政府的國家行為。

附錄1

解析華盛頓身上共濟會圍裙符號

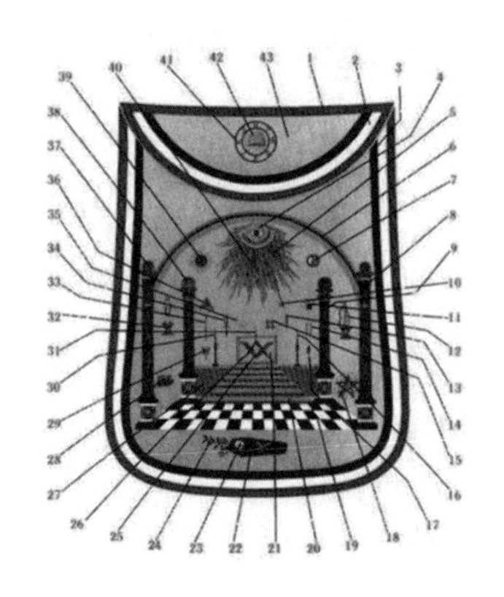

圖中是華盛頓腰上的絲綢圍裙，1784年由法國拉法葉Lafayette（巴黎老佛爺）侯爵贈送給華盛頓，上面的紋路是拉法葉夫人所繡，絲綢被考證來自中國，現藏於美國費城共濟會總會館Grand Lodgein Philadelphia。圍裙上的符號所代表的含義，來自共濟會Royal Arch分支，Royal Arch共分7個等級。

Lv1 Entered Apprentice 學徒

Lv2 Fellow Craft 技工

Lv3 Master Mason 工匠，導師

Lv4 Mark Master 銘記大師

Lv5 Past Master 前任大師

Lv6 Most Excellent Master 優秀大師

Lv7 Royal Arch Mason 皇家大師

1. 紅色：勇氣、熱情、血液、火焰，同時也是Royal Arch的象徵。

2. 白色：歷史中代表純真，也是法國王室的象徵。

3. 藍色：自古以來代表慈善的顏色，也代表不朽、永恒、節慾和忠誠，也是共濟會的基本顏色“藍堂”（共濟會的基礎會堂被稱為Blue Lodge，目前世界上大部分是基礎會堂）

4. 全視之眼：代表至高無上的宇宙建築師。

5. 光線：宇宙建築師與人交流的語言（牛頓專研光學的原因）。

6. 彩虹：與Royal Arch有關，也是所羅門聖殿的第九個拱門，被兩根神聖的柱子支撐（見8）。

7. 月亮：三重次光Three lesser lights之一，分別是太陽管理白天、月亮管理黑夜、石匠導師管理會堂。

8. 伊諾克之柱PILLARS OF ENOCH：伊諾克擔心末日審判戰爭之後人類的智慧會丟失，於是鑄造了兩根柱子鐫刻人類知識，一根是能夠抵禦火焰的大理石柱，另一根是抵禦水的黃銅柱，頂部的球象徵團結、和平與富足。

9. Boaz與Jachin：所羅門聖殿的門柱，左邊叫做Boaz，意義是力量instrength，上面的圓球代表大地，右邊叫做Jachin意思是交給上帝？“God will establish”，上面的圓球代表天空。

10. 鴿子：在早期的共濟會理論中是象徵諾亞的信使，在古文明中也代表純潔。

11.《幾何原理》的第47問：記載了畢達哥拉斯在解決這個問題之後呼喊“Eurekal”（我發現了），被用於Lv5等級Past Master Mason的首飾中。

12. 希望hope：通常的形象是一個女性和一個錨，或者一個錨和方舟，和錨一起代表建立在一定基礎上的希望和合理規劃的人生。

13. 鉛垂：初級督察的飾物，提醒人們正直，石匠工具之一。

14. 雅各天梯：JACOB'S LADDER《創世紀》中雅各在幻覺中看到從地面到天堂的梯子，前三階代表信仰、希望、慈善。

15. 特殊矩形：由四個矩尺疊加組成，這個圖形並未在英語共濟會著作中發現，所以推測是法國起源。

16. 細燭：擺成三角形的三根蠟燭代表三個共濟會堂基本職務、三重次光、太陽的三個位置（同見於30、31）。

17. 泥刀：石匠工具之一，象徵砌合共濟會兄弟之愛與感情的工具。

18.五角星：代表人的五種關係，中間的字母G代表宇宙的偉大建築師與幾何geometry。

19. 馬賽克地板：《舊約》中所羅門聖殿的地板，在共濟會中代表人之善（白）、惡（黑）。

20. 台階：通常是三階梯，6階代表華盛頓達到的等級Lv6Most Excellent Master。

21. 聖經：共濟會的三重偉大之光之一。

22. 棺：死亡的象徵，出現於18世紀的共濟會理論中，密教的符號之一。

23. 骷髏頭與交叉股骨：死亡的象徵，出現在法國共濟會中。

24. 金合歡枝：舊的聖幕支撐物及製造約櫃的木材（《舊約》中存放約櫃及上帝顯聖的場所——帳篷，約櫃是金合歡木外面包裹黃金）。

25. 矩尺：共濟會大師（Lv3）象徵（三重偉大之光之一）。

26. 圓規：技工石匠的（Lv2）象徵（三重偉大之光之一）。

27. 磚墻：砌成共濟會聖壇，擺放共濟會三重偉大之光聖經、矩尺、圓規，共九列（代表3×3）。

28. 方舟：《舊約》中方舟，代表幫助人們度過苦難，通常與錨一同出現。

29. 木槌：石匠工具之一，也是意外死亡的象徵。

30. 見16。

31. 見16。

32. 財務官TREASURER of the Lodge：作為會堂的財務，他拿着他職務的象徵“十字鑰匙”。

33. 三折（24）英吋尺：代表一天24小時分為三部分“為上帝工作”、“個人生活”、“休息”。

34. 一劍穿心：代表審判遲早降臨在人的頭上，儘管我們的思想、言語、行動可以蒙騙凡人的眼睛，但是絕對蒙蔽不了“全視之眼”。

35. 流蘇結：代表着全視之眼在我們周圍並會保護我們，只要我們在生活中做到四個基本道德“節制、堅毅、審慎和正義”；也代表共濟會是將本是持不同意見的人凝聚成共同兄弟的紐帶。

36. 水平儀：高級督察Senior Warden（共濟會堂中的行政職務之一）的裝飾物，平等的象徵，提醒人們生活在平等的時空之下，不進則退，石匠工具之一。

37. 見8。

38. 見9。

39. 太陽：白天的統治者，告誡共濟會員智慧來自不斷的探索（三重次光之一）。

40. 七顆星組成的六芒星：7代表了古羅馬的素質教育（博雅教育——文法、修辭學、辯證法、音樂、算術、幾何學、天文學），六芒星代表猶太的大衛之星。

41. HTWSSTK:“Hiram Tyran, Widow’s Son, sentto King Solomon”一句的縮寫，指所羅王派遣去建造所羅門聖殿的石

匠希蘭·哈比夫（即海勒姆Hiram Abiff）；Lv4 Mark Master Mason的象徵。

42. 蜂巢：勤奮的象徵，告誡人們作為世界上最理性和智慧的生物，也不能忘記勤奮。

43. 圍裙：石匠衣着之一，石匠們的基本標誌物。

参考資料：

（1） http://www.pagrandlodge.org/mlam/apron/Brother Washington's Masonic Apron

（2） Duncans 《Masoni Ritual and Monitor》，1886年

（3） 本傑明·富蘭克林《共濟會憲章》，1734年

附錄2

共濟會長老華盛頓主持儀式的油畫

《共濟會的華盛頓》油畫，是佛羅里達大學藝術學院最有名的收藏之一。

美國開國總統喬治·華盛頓身穿共濟會大長老（Master Mason）的密儀服裝，主持法儀。

畫面上有許多耐人尋味的暗示：左上圓圖是拉·法葉特，右上圓圖是安德魯·傑克遜。圖中，華盛頓頭頂着金光閃閃、顯示共濟會最高神——光明神“G”，手上拿的是共濟會的信條，腰繫共濟會石匠圍裙，手持石工鏟，穿的是共濟會的製服，注意上面有共濟會獨特的圓規方矩六角徽章標記；身後是所羅門雙柱，門上的題字是：華盛頓，共濟會石匠大長老；華盛頓腳下的地板，佈滿共濟會黑白格暗碼符號。

美國開國總統華盛頓以共濟會大長老Master Mason的身份，身穿繡有共濟會標記的法裙，為美國首都舉行建城選址奠基儀式的紀實油畫作品。

美國首都華盛頓原是一片灌木叢生之地。1789年美國聯邦政府正式成立，喬治·華盛頓當選為首任總統。

當國會在紐約召開第一次會議時，為建都選址問題引起激烈爭吵，南北兩方的議員都想把首都設在本方境內。

國會最後達成妥協，由總統華盛頓選定南北方的天然分界線——波托馬克河畔、長寬各為16公里的地區作為首都地址，華盛頓主持了新址奠基儀式。

美國首都聘請法國工程師皮埃爾·夏爾·朗方主持總體規劃和設計。但是新都未最後落成，華盛頓便於1799年去世。為了紀念他，這座新都在翌年建成時被命名為"華盛頓"。

共濟會標誌（The Free Mason's Symbol）

倫敦共濟會傳道會所（18世紀建立）

埃德加·胡佛：
創建聯邦調查局的共濟會

美國聯邦調查局（Federal Bureau of Investigation，簡稱FBI），是美國的KGB組織，高踞於治安警察之上，是一個兼具情報和特別警察功能的專業特務機關。

FBI的前身，是由共濟會成員查爾斯·波拿巴於1908年建立的美國司法部調查局（The Bureau of Investigation，簡稱BOI）。

1935年BOI由胡佛改制，經國會批準升格為美國聯邦（國家）調查局。

FBI職能強大，既支持法律，又有權凌越其他。目前FBI專業特工人員超過11000名，大多數駐在外國，作為大使法律隨員在美國使館工作，FBI自稱為："LEGATS"。

胡佛1895年出生於華盛頓的一個共濟會世家的家庭中，是瑞士僱傭軍的後裔，其父為老迪肯森·奈勒·胡佛（Dickerson Naylor Hoover, Sr.）。

胡佛在華盛頓大學時加入了共濟會的卡巴奧發兄弟會。1917年，胡佛從喬治·華盛頓大學獲得法學學位畢業。

胡佛畢生是一個狂熱的共濟會成員。1920年11月9日，胡佛26歲生日前兩個月被提拔為共濟會導師（Master Mason，共濟會中的第三級）。在他長達52年的共濟會大師生涯中，他獲得了不計其數的獎章和榮譽。

1955年，胡佛被共濟會授予33級會員資格（共濟會的組織結構中，33級為最高級別），並在1956年獲得共濟會的最高認可——授予共濟會大榮譽十字（Grand Cross of Honour）勛章。

（J. Edgar Hoover, 33, Grand Cross-Fidelity, Bravery, Integrity Cartha D. "Deke" De Loach, Chairman, Hoover Foundationat Scottish Rite Journal of Freemasonry Magazine）

29歲的胡佛於1924年5月擔任司法部調查局局長。1935年他將司法部調查局改組為聯邦（國家）調查局並作為終身局長，直到1972年死去。也就是說，共濟會大師胡佛曾先後擔任美國司法部調查局局長和聯邦調查局局長接近50年，其任期超過有史以來的任何一位美國總統。其權力超越美國總統之上。

事實上，總統杜魯門、肯尼迪均考慮過要將胡佛撤換，可是因為共濟會的反對，顧慮到此舉政治成本太高而放棄。共濟會牢牢地控制着美國的司法、情報和警務系統。

約翰·埃德加·胡佛領導FBI達半個世紀，在1972年死後得到國葬的待遇。

但是胡佛死後被揭露：

這個曾經宣誓讓美國免受有組織犯罪和政治顛覆侵害的人，私下卻是個同性戀，因而曾被黑手黨訛詐。胡佛的調查局一直庇護黑手黨。

50年代，知名記者傑克·安德森曝光了黑手黨有組織犯罪網絡的龐大勢力範圍後，胡佛不願意集中聯邦調查局資源對付黑手黨，甚至刻意淡化其威脅的相關證據。被媒體和批評者曝光後，胡佛為此採取報復行動，對安德森展開騷擾並且一直持續到70年代。

肯尼迪被刺殺後，胡佛負責組織聯邦調查局對肯尼迪遇刺案進行調查。但是這個調查最終無疾而終。

眾議院調查了暗殺專門委員會，於1979年公佈了一份調查報告，批評了聯邦調查局的表現。該調查報告同時，還批評了聯邦調查局不願意徹查遇刺案相關陰謀可能性的做法。

位於華盛頓特區的聯邦調查局總部（J.埃德加·胡佛大樓）是以胡佛的名字命名的。2001年，參議員哈里·瑞德曾聯署要求去掉大樓上胡佛的名字。他宣稱："聯邦調查局大樓上胡佛的名字是一個污點。"但該提議並未被國會採納。

（The man who collected dirt: J Edgar Hoover led the FBI for 50 years and was given a state funeral by a grateful nation. But the man pledged to protect America from the evils of organised crime and political subversion was a secret homosexual, probably blackmailed by the Mob. In turn, he kept damaging files on those in Washington who might one day threaten his power）. 1993-02-28（Summers, Anthony）

1938年，胡佛在為俄克拉何馬州浸會大學畢業典禮演講時，接受了該學校授予的榮譽博士學位。

1950年，英國國王喬治六世授予胡佛大英帝國勛章和榮譽騎士頭銜。他因此可以在名字後署上字母KBE，但由於他是美國公民，不能使用“爵士”頭銜。

1955年，胡佛被總統德懷特·艾森豪威爾授予國家安全獎章（National Security Medal）。

1955年，胡佛被共濟會授予33級會員資格，並在1956年獲得其最高榮譽——大榮譽十字（Grand Cross of Honour）。

（J. Edgar Hoover, 33, Grand Cross-Fidelity, Bravery, Integrity Cartha D. “Deke” De Loach, Chairman, Hoover Foundationat Scottish Rite Journal of Freemasonry Magazine）

1966年，他獲得總統林登·約翰遜授予的傑出貢獻獎章（Distinguished Service Award），以表彰他擔任聯邦調查局局長時的表現。

胡佛死後，國會通過決議，允許他的遺體在國會山圓形大廳裏供人瞻仰，這種榮譽在當時只授予給過另外21個人。

國會還通過決議，刊印一份紀念手冊來追思胡佛——《約翰·埃德加·胡佛：美國國會紀念頌詞以及與他的生活和工作有關的文章和社論》（*J. Edgar Hoover: Memorial Tributes in the Congress of the United States and Various Articles and Editorials Relating to His Life and Work*）於1974年出版。

鏈接：J. Edgar Hoover, Microsoft Encarta Online Encyclopedia, Microsoft Corporation.2008

哥倫比亞大學圖書館（Columbia University Press）《哥倫比亞百科全書》2007年第六版。

共濟會：操控世界的黑手？

作者：維舟

自成立之日起，共濟會就打上了“陰謀”的烙印。在流傳的陰謀論中，近300年來世界上諸多大事背後都有它的影子，不僅如此，這個組織還圖謀建立一個新的世界秩序。然而，這些聽起來似乎能快速讓人們了解“真相”的解釋，只不過是出於恐懼和無知的人們腦海中的箭垛。

你可能多少聽說過這樣一些傳說：近300年來世界上發生的許多重大事件背後都有一個神秘組織——共濟會的影子。據說這個起源於英國的準宗教組織領導了美國獨立戰爭，起草了美國憲法，支配着美國政治、意識形態和財政，整個美國從奠基之後就一直受共濟會操縱，歷任美國總統只有被暗殺的林肯和肯尼迪不是共濟會成員，連美聯儲也從屬於它們，世上所有花美元的人其實都是在花共濟會的錢。不僅如此，這個組織的神秘長老團還懷有一個更大的陰謀：建立一個新的世界秩序，為此他們甚至有預謀地發動了2008年的國際金融危機，以便進行一次重新洗牌。

這些故事聽起來確實曲折生動，而且似乎能讓人一下子簡單明了地了解所謂“歷史真相”，像金融危機這種紛繁複雜的事件，“一小群神秘人物幕後操縱了所有事件”的說法實在是一個相當有吸引力的解釋，並能有力地激發人們的想象力。然而，歷史真相究竟如何？

共濟會真的是這樣一個龐大的操縱集團嗎？

法蘭西共濟會會長在法堂主持儀式（2003年），薩克奇總統也是法蘭西共濟會高級組織成員。

和其他秘密組織一樣，共濟會最讓人恐懼、也最讓人感興趣的就是其神秘，雖然它已經是這類社團中最不秘密的一個了。實際上，圍繞着它的眾多陰謀論，最關鍵的一個矛盾就在於：所有這些論調都聲稱共濟會秘密幹下了所有這些事件，因而是一支可怕的隱秘力量；但同時，人們卻又似乎普遍知道這些事正是它所操縱的——而這就談不上秘密了。

共濟會的英文正式原名為Freemasonry，直譯即“自由石匠”，其標誌上有圓規和曲尺圖案。其公開文獻《共濟會憲章》將其歷史追溯至公元前400年，認為聖經時代的石匠（當時只有他們掌握着幾何與自然科學的知識）創造了這個組織，目的是以理性和知識浸漸人類弱點，重回神的領域。這些石匠秘密交流天文、幾何、人體解剖學的知識，互稱“兄弟”，以圖重建上帝的秩序。

秘密組織的起源年代通常難以認定，就像中國人所熟知的天地會，雖然常被認為由鄭成功創立，但實際上很可能直到100年後的乾隆中葉才成立，而其口號“反清復明”更是直到嘉慶年間才出現。共濟會也是如此，它的第一個總會所（Grand Lodge）於1717年6月24日成立於英國倫敦，此前只有一些貴族和高級神職人員不定期在一些小酒館裏的非正式集會。在這一天，會員們投票選舉安松·塞亞為第一代總導師（Grand Master），因此這一天普遍被視為近代共濟會運動的開端。

這裏一個不可回避但又難以回答的問題是：共濟會為何在此時、在此地成立？又為何秉持這樣一種意識形態？眾所周知，16~17世紀歐洲興起波瀾壯闊的宗教改革運動，英國、德意志等地出現了許多新教團體，與天主教會決裂。為對抗這一改革，天主教會也相應發動了一場“反宗教改革運動”，其中尤其是組織嚴密的耶穌會，成為教會最頑強的鬥士。當時那些護教心切的國王及天主教當局，事實上對那些“自以為是以及對教條説三道四的家伙”，是越來越沒耐心了，這又反過來激發了主張理性的那些團體的反彈。17世紀，英國國教、天主教、清教徒的內部鬥爭十分劇烈，直到1688年光榮革命之後才稍稍穩定下來，共濟會便在這個環境中生長出來。與共濟會宗旨相似、並同樣發展為秘密組織的的光明會，也在1776年創立於歐洲大陸的巴伐利亞。

從某種意義上來説，共濟會和光明會一樣，都主張用理性力量來改造人類心靈，甚至推廣啟蒙原則，並進而改變世間秩序。這種信仰在歐洲也有着深厚的根源。如《所有可能的世界：地理學思想史》一書中所言，“從最早的記錄開始，在思想史中就貫穿着這樣一個概念，即一個有秩序的、和諧的連貫的世界。人類本能地排斥一種觀念，即人和他們周圍的環境是眾多偶然因素的結果。”，在歐洲思想中，這種“有序世界”的觀念尤為強大，古希臘的畢達哥拉斯學派，就用嚴密的數學規律來解釋世界的有序性，他們認為“數”就是“人類思想的向導和主人，沒有它的力量，萬物就都處於昏暗混亂之中”，強調只有在這樣的秩序中，我們才發現了一個可理解的宇宙。這個學派的密教特徵與共濟會不無相似之處：嚴格規定所有教徒必須對教外嚴格保守秘密，不得洩露有關教派的一切規條、教訓、學説、狀況；在教內不立文字、不做記錄，所有教導、指示都只憑師徒、上下級之間的口耳相傳。

隨着歐洲文明的發展，到中世紀中葉，上帝越來越經常地被描述為機械術語裏的工程師或者建築師。14世紀的一位法國主教Nicole Or將上帝描述為以人啟動手錶的方式啟動了這個世界——上好發條，然後讓它自行運轉。在這裏可以看到共濟會等組織的神學思想根源：他們認為，人間充滿不幸，秩序崩壞，而人性中則有許多缺陷，因此，要建立一個天國式的協調秩序，就要按照一個工程師一般的上帝形象，依靠嚴密的組織，來秘密而有計劃地推進人間秩序的改造。

共濟會徽章

那麼，這樣一個似乎懷着"美好願望"的組織，又是如何演變為世人眼中操縱許多陰謀的、令人恐懼的力量的呢？

早期共濟會是秘密結社，他們大多是通過秘密的人際網絡發展，成員大多來自上層社會，熱衷於維持排他性因素，例如1780年代初的法國共濟會成員雖然彼此互稱"兄弟"，但禁止工人階級會員加人，更堅決排斥女性，因為"自由交往和啟蒙的責任只是男人們的事情"。這也是不同國家秘密組織的共同特徵，嚴格會員資格、入會儀式的強調，能在成員內部創造出一種自豪感，並有助於形成一種內部團體感及手足之情。

和早期基督教一樣，共濟會最初重視在上層階級發展會員，1722年沃頓公爵成為新一代總導師，據說一度曾說服英國國王喬治二世的王儲加入共濟會，只是因為王儲英年早逝而功虧一簣。

不久之後的1745年，荷蘭出版的一本匿名書籍暴露了共濟會的許多內部禮儀和活動規則，這反倒成為共濟會活動公開化的一個契機，會員逐漸向中產階級轉化，現代共濟會大部分活動均已公開。1751年7月，一部分分支機構由於不滿英國總會所的現代化傾向，公開宣佈另立門戶，從此這個"古典派"與餘下的"現代派"之間為爭奪最高領導權長期紛爭，直到1813年11月才達成和解，成立英國聯合總會所（United Grand Lodge of England，簡稱UGLE）。

同期共濟會也在迅速地向外擴展，尤其是英屬領地，愛爾蘭及蘇格蘭總會所分別於1725年和1736年成立。所有共濟會的內部派別都擴張至英國在北美的殖民地，其會員確實在美國獨立戰爭中起到了一定作用——例如美國國父喬治·華盛頓就是弗吉尼亞殖民地的一名共濟會成員。1920年代，200萬美國共濟會成員為紀念這位先驅，共同修建了一座"喬治·華盛頓共濟會紀念堂"。

共濟會一直在英美較為發展，現在全球約600萬共濟會成員中，就有約240萬在英美。但在其成立後不久，也在向歐洲大陸擴散。

法國共濟會“大東方公所”（the Grand Orientde France）於1728年成立。但當法國分會開始接納無神論者為會員後，1877年英美的共濟會宣佈與之斷絕來往。

1849年，共濟會在上海正式開設了在中國的第一個會堂。

進入20世紀後，共濟會主要以基金會等現代組織形式存在。

2004年4月30日美國紐約共濟會舉行紀念華盛頓的儀式，共濟會會員身穿18世紀禮服和共濟會法服。

自共濟會誕生之後，這一名字幾乎就沒有離開過陰謀論的漩渦。吊詭的是：某種程度上正因為共濟會是近代西方最早為人所知、也為最多人所知一個秘密社團（這就意味着它已經不大秘密了），又有着重塑世界秩序的信念，所以人們經常將許多真實或虛構的陰謀歸於它的名下。

這些陰謀論的先驅之一是蘇格蘭人John Robison，他於1797年提出一種觀點，即美國獨立戰爭和法國大革命這樣驚心動魄的革命活動必定是被操縱的。兩年後，美國神父Jedidiah Morse發展了這一觀點，推斷光明會和共濟會已經滲透進美國，“共濟會已經與美國體制結構徹底捆綁在一起了：他們並不準備推翻政府，因為他們就是政府。”

在這種陰謀論中，最值得關注的是這樣一個核心論述：即有一個小群體試圖控制世界，與這種邪惡意圖的鬥爭則是一場光明與黑暗的較量。這種啟示錄式的世界觀倒是真的對現實政治產生了深遠的影響，例如希特勒在《我的奮鬥》中多次提到，德國人和猶太人雖然方式相左，但目的都是要控制世界。他上台後進一步利用捏造的文件來指控共濟會受猶太人掌控，意圖控制整個德國和歐洲。1950年代初有高達70%的美國人相信蘇聯的目標是統治全世界。這種偏執的信念導致無止境的懷疑，幾乎能在一切善意和公開的舉動中看到某些邪惡動機。

很多謠言都有着旺盛的生命力。美國政府關於肯尼迪暗殺的説法迄今未能説服所有美國人。1981年美國還謠傳共濟會標誌是魔鬼標誌，隱含着撒旦數字666，是反基督化身。據稱寶潔還將公司利潤的10%奉獻給一個信奉撒旦的教派。

當然，陰謀論至少有一個好處：為通俗文學和電影提供題材。許多這類故事都包含着相同的敘事：你可能不知不覺地生活在一個被人操縱的陰謀之中，無論這個操縱者是他人（《楚門的世界》）、電腦網絡（《駭客帝國》）、還是共濟會（丹·布朗的新著《失落的秘符》就談到共濟會）。

與共濟會有關的陰謀傳言：

1. 共濟會在倫敦成立後，逐步影響英國王室，英王喬治四世、喬治六世、愛德華七世、愛德華八世等都曾加入共濟會；

2. 共濟會使英國失去了北美殖民地，而北美獨立運動的先驅者幾乎全部都是共濟會會員，在《獨立宣言》上簽字的56人中有53人是共濟會會員；

3. 美國首都華盛頓在規劃之初，就已將共濟會的密教符號隱化在城市的各個角落，包括白宮和街道規劃中；

4. 共濟會創建了紐約證券交易所；

5. 1元美鈔背面的金字塔、眼睛等圖案均為共濟會的秘密符號；放在該徽記旁的拉丁文OVUSORDOSECLORUM也是共濟會用語，指"新紀元的秩序"，指美國脱離英國獨立後建立的新秩序，也隱含"新世界秩序"之意，即共濟會試圖操縱建立的世界秩序；

6. 金融巨頭羅斯柴爾德家族，作為操縱20世紀初國際金融秩序的猶太家族，也是共濟會成員

7. 共濟會操縱美國發動反恐戰爭，以便開創一個新的自由霸權秩序；

8.美國副總統、主張對伊拉克開戰的鷹派切尼，也是共

濟會的成員；

9. 美國總統巴拉克·奧巴馬，既是共濟會、也是光明會成員；

10. 莫扎特是共濟會成員，並在名作《魔笛》中隱含了許多共濟會的印記；

11. 2003年之前，全世界電影界最隆重的奧斯卡獎都是在共濟會公所舉辦的；

12. 美國的《新聞週刊》、《紐約時報》、《財富》、《華盛頓郵報》等新聞媒體，都掌握在共濟會手裏，用以影響公眾輿論，使他們接受新世界秩序；

13. 當年孫中山發動辛亥革命所借重的海外華人秘密團體洪門，也是共濟會的底層組織；

14. 共濟會正試圖圍堵中國並阻止起崛起，中國所遇到的許多國際阻力都是共濟會的陰謀。

共濟會的組織機構

中國共濟總會簡介

共濟會館

共濟會主要興盛於歐美地區，在大中華地區也有所傳播。中國共濟總會（Grand Lodge of Ancient Free and Accepted Masons of China，縮寫GL·AF&AM·CN），目前，在中國香港地區仍然擁有一些隸屬於不列顛三大母會的共濟會分會，儀式與名稱都使用英語，始於1844年。在台灣的也有共濟會的存在，他們是一個總會，並自稱為“美生會”，原本的總會於1949年成立於上海，是世界第一個華裔為主的共濟會總會，1951年轉移到了台北，其共濟會傳統，源自於菲律賓總會與美國馬薩諸塞州總會。

自從1767年英格蘭總會在廣州建立了第一個會館，到1962年上海的最後一個會館關閉，共濟會在中國大陸地區持續活動了約200年，以此相比之下，這幾十年的中斷期其實並不算長。這幾百年內，在中國大陸地區成立有數個隸屬於英倫三大母會的省級總會，以及一個由本地國人所建立的總會，與上百個多源自英國、蘇格蘭、愛爾蘭、美國、法國、德國、菲律賓等地母會的分會，成員來自世界各地，遍佈國內幾十座城市，成員有數萬，尤其民國年間甚是繁榮。至今，在上海、天津、青島、威海等地仍然保留有當時老兄弟們聚會的會堂建築。

而從整體上來看，中國的社會環境已經較之從前更為自由開放，因此適此時機計劃與志同道合的兄弟們將中國本地的共濟會逐漸復興，通過這個淨化器，為促進中國社會的完善盡一份微薄之力，進而由此團結全人類，同舟共濟，建造起人類精神上的不朽聖殿。

關於此復會計劃，是起始於2013年的春季，此後隨着眾多兄弟的響應加入而壯大，並且得到了國外兄弟們的指導幫助，目前成員已有數十位，初版章程已擬定，會內職務人選已確定，儀式正在逐步翻譯熟練之中，官網、會服與會堂等也都在籌備之中，已開始逐漸從線上的網絡聚會擴展到了線下的活動；在兄弟們的不懈努力之下，有望未來兩三年內就可以正式成立！我們歡迎所有志同道合的兄弟加入，共同為共濟會在中國的復興而努力！

入會考核要求

1. 憑借個人的自由意願而申請。

2. 在中國大陸地區居住或工作。

3. 已成年的男子（年滿18歲）。

4. 信仰一個至高無上的存在（任何正規宗教的信徒均可，未歸入任何宗派的有神論者亦可）。

5. 品行端正，具備良好的聲譽，沒有犯罪前科。

6. 沒有被其他分會拒絕入會，與不是已經被開除會籍的人士。

7. 擁有至少兩名會員的引薦，且會內無人反對。

成員守則

1. 保持低調，不主動宣揚自己的會員身份，如果有人質問則可以如實答復。

2. 不隨意洩露會內成員名單，除非是在法律程序上的要求。

3. 參與日常定期的聚會，如有特殊事情去不了向會長和督導請假。

4. 聚會的時候聽從管理員安排，不擅自胡來或中場離開，不討論政治和宗教話題。

5. 不洩露儀式內容，包括自己的拍照留念。

6. 與會內兄弟保持和睦的關係，有求必相助，有矛盾分歧則通過和平方式化解。

7. 管理成員恪盡職守，以服務大家為目標，不以非法手段獲取私利。

8. 不參與未獲得總會認可的以共濟會為名的組織活動。

9. 條件允許的話，積極參與總會組織的公益活動，或力所能及的幫助社會上的弱勢群體。

10. 不以個人身份代表全會立場發表特定言論，尤其是針對政治和宗教的觀點。

11. 遵紀守法，保持溫和中立，不參與激進的組織或活動。

鏈接

推特：https：//twitter.com/chinafreemasons

微博：http://weibo.com/chinafreemasons

博客：http://blog.sina.com.cn/grandlodgeofchinamasons

貼吧：http://tieba.baidu.com/f?ie=utf-8&kw=freemason

知乎：http://www.zhihu.com/people/enoya33

豆瓣：http://www.douban.com/group/540848

官網：http://www.freemason-china.com

附錄

共濟會續談

共濟會是全球各地遵循相同制度傳統的各總會統稱，取自其組織性質，即“同舟共濟”，在全球擁有上百個總會，每個總會在司法上都是獨立運作的，這些總會採用相近的名稱以及儀式傳統，或在歷史上擁有傳承關係。

共濟會其他的中文稱謂，還有同濟會、規矩會、梅森會等。在英文裏的正式拼寫為“Freemasonry”，從字面翻譯就是“自由石匠工會”。其他的拼寫還有masonic（特指“共濟會相關的”）、freemason（共濟會員）、masonry（特指建築業的石工）等。

共濟會性質

共濟會不是秘密結社，而是一個公開活動的民間社團，絕大部分的會堂都可以允許外人參觀。共濟會的“秘密”是在於會員個人對真理的領悟，而這個過程是他人無法體會的，因為共濟會將宇宙秩序的奧秘隱藏在了符號與儀式之中，這從表面也是無法直接理解的。

共濟會不是一種宗教，但是每個共濟會員都是有信仰的，而共濟會也無意取代宗教，而是彌補其不足。共濟會制度教導會員以更為寬廣的胸懷看待世間不同的信仰，同時堅固其自身對於造物主的崇敬，與對道德戒律的遵守。共濟會使用象徵性的詞語來代表所有宗教裏面的造物主："宇宙間偉大的建築師"（Great Architect of the Universe），但這並不是所謂的"共濟會神"。

共濟會不是一個政治團體，雖然歷史上的共濟會員之中有不少著名的政治家，比如美國的多位開國元勛，但那只是以其個人之名從政，共濟會本身卻是從不以組織立場發佈任何政治觀點，政治立場上永遠都是中立而溫和的，並且嚴格禁止成員聚會時探討政治話題。如今如果某個會員違反了所在國家地區的法律，也會被開除會籍。

雖然沒有統一的定義，但可以說，共濟會制度是一個獨特的道德體系，它通過運用象徵符號與儀式，來隱喻地傳達某些道德理念，引導會員的自我完善。它通過共濟會這個器皿來淨化成員的靈魂，讓一個好人能夠變得更好。它通過團結社會中所有的正義良善之士，來提升人類社會文明的整體品質。

共濟會宗旨

在共濟會裏面廣為傳頌的一句座右銘就是"Make a good man better！"（讓一個好人變得更好！），這也是共濟會立會的核心宗旨。而基本宗旨是：

1.遵循共濟會傳統三原則，即溫和友善、真誠待人、互幫互助。

2.通過會內獨特的道德教育體系，促進成員的身心健康發展，受人尊敬。

3.通過從團體活動中帶來的友誼，讓成員的人生更為充實美滿。

4.會內彼此間以平等相待，每個成員都是所在會館的主人。

5.接受每一位有困難而尋求幫助的會內兄弟，並積極投入社會慈善活動。

6.永遠保持中立，反對極端主義，不持有特定的宗教或政治立場。

7.教導成員遵紀守法，做一個平和之士，言行符合社會道德要求。

補要

第一條傳統原則：三原則英文為Brotherly Love、Truth、Relief，本會亦將此作為基本原則，且遵守正規型共濟會的規定，即成員一律為相信存在神的成年男子。

第二條道德原則：教導成員的行為要符合道德良知。並通過會內傳統的象徵性方式，協助成員做到這點，使其保持一顆正直的心，在社會上受人尊敬，有良好聲譽。

第三條兄弟原則：在會內彼此間以兄弟相待。本會亦盡可能提供和諧的環境，令來自不同背景的團體成員相互交流各自的技能，並希望以此兄弟般的情誼相互增進友誼，在團體互助中各自竭盡所能，令成員獲得個人或基於團體的組織的成功。

第四條平等原則：會內奉行人人平等。嚴禁各種基於血緣民族、膚色、生理、宗教、政見及社會地位等的歧視，包含言論及實際行為。會內三個級別的設置僅為對成員所認識共濟會道理的不同階段加以區分。凡是入會成員均可有資格獲得會內某一管理職務的權限。

第五條互助原則：“給予”多於“索求”，身為團體成員，便可享受團體及同為團體成員們的互助，但這“互助”同時也將成為每一位成員應盡的義務；本會對外將積極投入社會慈善或公益事業，盡己所能幫助會外的困難人士，但考慮到會員個人能力不同，並不強求參與涉及物質的慈善行為。

第六條中立原則：本會沒有特定宗教或政治立場，不支持或反對某種特定的政治派別，不宣揚或反對某種特定的神學教條，不介入相關活動，且在聚會交談中不涉及這類問題。

第七條平和原則：教導成員不走極端主義，所有團體成員在其所身處之國家及地區，恪守平和之道，遵從當地法律法規。

共濟會歷史再敘

關於共濟會的起源，傳說為上古秘傳知識的傳承者，通曉天地自然以及宇宙的奧秘，第一位總導師為所羅門聖殿的建築師希蘭·阿比夫（Hiram Abiff），他被三個品行惡劣的石匠殺害之後，為了守護希蘭的秘密，石匠們成立了共濟會，並依靠建築師傳授知識，引導人類文明的演進。

除去傳説，現代的共濟會出現於18世紀的英國，脱胎於中世紀建築行業的石匠工會。1717年的6月24日（施洗者聖約翰紀念日），倫敦城裏4個石匠會館（Lodge）的成員組成了聯合總會（Grand Lodge），這一事件代表着古代建築業的石匠行會，正式轉變為哲學性的現代共濟會。

從啟蒙運動時期的英國開始，現代共濟會陸續傳播到了歐美各個新興的民族國家，目前全球大部分的國家和地區都已經建立了當地的共濟會組織。

今天的各類共濟會組織在全球擁有600多萬的會員，分佈在全球各地，其中美國400多萬，英國100多萬，法國約7萬，囊括了社會上士農工商各個階層與各種信仰背景的人群，其中不乏名流政要，各界精英。

共濟會在國際上只有很少的時候被所在國家的政府取締，其中敵視共濟會制度的，一律為沒有公民結社自由的專制獨裁政體，或者極端保守的宗教派別，在當今所有的現代民主國家裏，共濟會都是一個合法的公開組織，擁有大量會員，積極參與社會公益慈善活動，在社會上廣受讚譽。

黑人共濟會

美國黑人共濟會稱為“王子霍爾共濟會（Prince Hall Freemasonry）”。這是個很獨特的名稱。乍一聽好像是與什麼皇族有關的精英共濟會組織，但真相並非如此。

王子霍爾共濟會，是英國共濟會專為美國黑人（有色人種）共濟會員設立的分會，其發起人是所謂的“王子霍爾”（Prince Hall）。

王子霍爾（1735~1807年）實際是一名出身平凡的混血黑人，是一位被解放的奴隸。他一生孜孜不倦地致力於美國黑奴解放的事業，爭取使黑人獲得平等受教育的權利，曾經發起黑人“回到非洲”的運動。霍爾畢生致力於廢除奴隸制，呼吁使黑奴享有公民權利，以及推進了通過保護馬薩諸塞州自由黑人免受販奴者劫持的法律。他為黑人兒童謀求受教育的權利，在自己位於波士頓的家中成立了黑人學校。

霍爾是黑人共濟會的創始人。霍爾創立了北美共濟會的非洲人總會館，並且被推選為大師。許多歷史學家認為，霍爾是美國早期歷史中最傑出的黑人領袖之一。

美國黑人奴隸組成的共濟會會所，並不是發動獨立戰爭的美國白人殖民者共濟會組織“自由之子”運動的分會，而是隸屬於英國共濟會總會的分會。

霍爾在美國獨立戰爭（1775~1783年）前，曾經申請加入共濟會波士頓聖約翰會館，但被拒絕了。一些白人甚至對於這個黑人的膽大妄為而感到非常憤怒。

1775年3月6日，霍爾親王為首的15個解放黑奴加入了英國在北美的殖民地軍隊，並且加入了英國軍隊下屬的波士頓的第441號軍事會所。

美國獨立戰爭期間，華盛頓等一方多為畜養黑奴的奴隸主，所以許多黑人奴隸參加了英軍，站在英國一方。

1776年黑人共濟會會員得到英國共濟會總會許可成立了非洲人第一會所。英國總會所向他們頒發了非洲第459會所的特許證。

後來，美國其他城市的黑人紛紛致信，要求在所在城市建立分會。黑人共濟會非洲會館陸續在紐波特（Newport）、羅德島（Rhode Island）、費城（Philadelphia）、普羅維登斯（Providence）和紐約（New York）設立分部。後來更在加拿大、加勒比地區和利比里亞等世界各地設立會館，主要接納有色人種會員。

1784年英格蘭共濟會總會館大師坎伯蘭公爵殿下（H. R. H. The Duke of Cumberland）向非洲會館1號發出特許，承認其合法地位。非洲會館1號隨後被更名為非洲會館459號。

1791年，黑人共濟會會員聚集在波士頓，成立了北美非洲總會所，霍爾親王全票當選黑人共濟會總導師，並在這個崗位上堅持到生命的終結（1807年）。在王子霍爾去世1年後，為了紀念他為美國黑人解放運動做出的傑出貢獻，非洲會館更名為王子霍爾共濟會館。

共濟會倡導的“博愛”、“自由”、“平等”口號，對於18世紀飽受奴役的黑人有着巨大的精神安慰作用和吸引力。霍爾和他的追隨者們希望以共濟會為平台，呼吁消除種族差異。

但是，在共濟會中，黑人依然受到歧視。根據美國共濟會的規則，會員候選人必須經過匿名投票，經全票通過後才能獲得入會資格。只要有一個成員反對，就無法入會。擁有投票權的種族主義者不接受黑人，可以匿名否決黑人的入會申請。

對於黑人入會的抵觸情緒，可以從美國共濟會大師、將軍Albert Pike於1875年寫給他弟弟的信中可看到：

“在這件事上我不是想抬杠。我可以為白人做貢獻，但黑人就沒門兒。如果我必須在把黑人當成兄弟和離開共濟會之間做個選擇，我退會。

（I am not inclined to mettle in the matter. I took my obligations to white men, not to Negroes. When I have to accept Negroes asbrothers or leave Masonry, I shall leave it.）”

因此成為共濟會會員的黑人，實際上沒有機會與白人參加同一個會所的活動。即便可以加入共濟會，黑人會員的很多活動也受到制約。他們可以參加共濟會的聖約翰節游行，可以用共濟會的儀式埋葬死者，但不能被授予共濟會級別，也不能擁有其他白人會員可擁有的基本權利和義務。在這方面，黑人共濟會與華人共濟會的“洪門”情況相似。

美國總統奧巴馬與南非前總統曼德拉都是黑人共濟會高級成員。

西方執法人員與共濟會

作者：山澤

Fraternal Order of Police（FOP），中文譯為“美國警察同業會”，準確譯法應為“警察兄弟會”，是美國執法人員的兄弟會組織。它由超過32·5萬名成員、2100個會社所組成，是世界上最大的執法人員組織。雖然FOP具有工會的性質和功能，然而它本身否認這一點，稱自己為“公務人員的代表組織”、“國家執法者之聲”。

FOP成立於1915年美國賓夕法尼亞州的匹茲堡，兩名巡警Martin Toole和Aaron Burns集合21名當地警察，於5月14日建立了FOP匹茲堡第一會社。FOP的組織方式和名稱，都與共濟會有很大的相似性。它的組織結構與共濟會一樣，都稱為會社lodge，由地方會社、州會社和總會舍Grand Lodge所組成，其標誌則更包含了明確的共濟會符號特徵。

標誌中間是其成立地匹茲堡的紋章，上面拉丁語意為“法律保障自由”，外圍五角星的左下角，分別出現了全視之眼和握手這兩個共濟會的核心標誌。其實五角星也是共濟會的重要標誌之一，其中隱藏了早期共產主義運動與共濟會的隱秘聯繫。

一些美國人宣稱美國警察要想得到晉升，必須先成為共濟會成員，這是否屬實尚無法確證。但共濟會組織中確實包含大量的警務人員。下面是共濟會頒發給警務人員紀念徽章，在相應的警徽中加入了共濟會的規矩標誌，包含了美國各個地方與警種，作為接納其成為共濟會成員的紀念。

鏈接http://www.pagrandlodge.org/freemason/1104/police.html，是美國賓夕法尼亞州共濟會社官網一則關於將某位當地警官晉升為石匠大師的報道，其中附有相應的共濟會警章圖案。

美國的警察主要有聯邦、州和市縣警察三級。聯邦和各州的警察分別行使聯邦和州賦予的權力，州以下各種警察的權限由各州決定。除聯邦警察外，州警察、城市警察和縣警察及私人保安，與聯邦政府沒有垂直的上下關係，直接由地方政府領導。美國警察，單聯邦警察就超過80種，主要屬於兩大部門：司法部和國土安全部。隸屬司法部的有：聯邦調查局、美國禁毒署、美國法警署，隸屬國土安全部的有：美國海岸警衛隊、美國海關與邊境保護署、美國移民與海關執法署、美國公民與移民署、美國特勤局，此外還有各級地方警察。如此龐雜而相對獨立的系統，極大限制了各級政府部門的權力，沒有哪個政府部門能統轄和指揮整個執法系統。反而非官方的美國警察兄弟會，成了唯一一個吸納了所有現役警察人員的超級組織，成為各警種間相互聯繫的超級平台。

Federal Emergency Management Agency（FEMA）美國聯邦應急事務管理署，是1979年成立的災難救援機構，由當時的民防局、聯邦救災署、緊急事務署、保險管理署、火災署合併而成。在1979年之前，美國涉及災難管理的機構有100多家，而其中很多部門都在無謂地重復其他機構的工作。吉米·卡特總統在1979年發佈總統令，成立了FEMA這一吸收了很多其他機構的新機構。FEMA負責的範圍很廣，既包括自然災害，也包括戰爭爆發時的國土防衛計劃。在冷戰期間，FEMA的很多工作是為核襲擊做準備。而現在，減少恐怖行為造成的破壞是FEMA的主要職責。2003年，FEMA劃歸美國國土安全部。

FEMA對災難的應急救助工作一直存在問題，而這些問題在卡特里娜颶風之後更加表露無疑。批評人士認為FEMA的最大問題之一就是官僚主義。行政官員過多，州和聯邦的機構及職能又互相重疊。這看起來頗具諷刺意味，因為FEMA成立初衷，就是為了消除之前災難管理工作的機構冗餘和效率低下問題。該機構的行動可能非常迅速——有時總統可以在數小時內就發出災難宣告。但是，也有僅僅因為沒有正確填寫表格或缺少一個簽名而被拒絕或打回請求的情況。有時官員們會通過郵寄郵件打回請求，從而令FEMA的災難救助響應延遲數日之久。FEMA本應允許外部機構更快地提供救援。有無數報道表明，各城市官員、警局、志願者組織已做好準備，等待奔赴新奧爾良提供緊急救援，但卻因官僚制度原因被FEMA官員拒之門外。

實對某些人來說，FEMA的無能是該機構罪行中微不足道的一條。一些陰謀論者相信，FEMA是用軍隊控制國家並奴役美國人民，這是政府陰謀的一部分。他們聲稱建立FEMA本身就已經違反憲法，而且僅需一個災難宣告，FEMA就有了控制整個國家的能力。FEMA的預算據推測有數十億美元秘密流入了不明項目和用途。更離奇的說法是，在西弗吉尼亞的Mount Weather有一個秘密堡壘，這裏已建立了一個完整的政府，可以取得對國家的控制。一些陰謀論者還聲稱，已關閉的軍事基地將用作監獄，專門關押那些被認為對新政府有威脅的美國人。

這是2003年前FEMA的印章，鷹頭上可見共濟會的核心標誌之一的金字塔狀設計。

這是其併入國土安全部後的印章。

The Security Service通常被稱作MI5（Military Intelligence, Section5）的軍情五處，是世界上最具神秘色彩的諜報機構之一。1905年英國陸軍大臣R·B·霍爾丹實施的軍隊改革，促使軍事情報部門的成立。但是總參謀部為情報部門的歸屬問題卻爭論不休，爭論的結果導致MI5（軍情5處）的成立，它起先歸屬於陸軍部，後來由外交部接管。1931年，評估對國家安全所有威脅的責任移交給了軍情五處，並改名為安全局。這是該局現在使用的正式名稱，但它仍以MI5（軍情五處）聞名於世。

軍情五處以對英國政治領袖進行的間諜活動而聞名。冷戰期間，英國首相威爾遜宣佈他自己也成了軍情五局的監視目標。在英的第二次大選之後的1947年10月，他發現有人進入他家，一些個人資料被竊，但是卻沒有發現任何破門而入的痕跡。他確信軍情五局的右翼成員陰謀反對他，想讓他下台。14個月後，威爾遜令人吃驚地辭去了首相職務。那時，很多威爾遜內閣的高級領導人，都成了軍情五局和中央情報局的監控目標，包括工黨副主席特德·肖特。很多報紙收到了一份肖特在瑞士銀行賬戶巨額存款的復印件，然而肖特從未開立過瑞士銀行賬戶，他認為這是軍情五局的傑作。2003年4月30日出版的英國《泰晤士報》，又踢爆了英國首相布萊爾最信任的北愛事務大臣莫·麥拉姆和北愛新芬黨教育部長馬丁·麥吉尼斯之間在英國首相官邸的密談遭到竊聽的醜聞。

西方情報機構並不向政府領導者負責，更不接受政府領導，這是其能夠對本國政客隨心所欲進行監視的根本原因。作為掌握情報的重要權利組織，它們自然被嚴密掌控。只不過這個主人是隱秘的，不會擔任任何公共職務。

軍情五處在1955年前使用的標誌，是一個標準的共濟會標誌樣式——金字塔，及其頂端的全視之眼。

現在所使用的標誌，仍暗藏了五角星和六芒星標誌。

國際陰謀集團與神秘的666機構

作者：母神賽科麥特

當我們每天如常地生活的同時，原來世界上有如此一個秘密組織在背後操控着每日全球的大事、策劃着人類的歷史。

他們掌握了世界三分之一的黃金和美國的“道瓊”股票和聯邦儲備委員會、南非的金礦及歐洲等國家的經濟命脈。

他們的重要基地在盧森堡和比利時的首都，工作的地方在倫敦，他們每日都可以決定黃金的價值。在歐盟總部盧森堡中，有一幢14層樓的建築是666組織的執行機關，在這建築上面有一歪曲的十字架。樓裏面有一部超級電腦，它的名稱就稱為“虎——獸”（啟十二：18），足以處理世界上每一個人的銀行賬目，現在所有銀行交易均透過此系統完成。

同時，他們在比利時的布魯塞爾也有一部可以儲存廿億人銀行賬目的超級電腦。控制全世界經濟的工具將是電腦，現在這一部電腦的名字是Free Masonry，任何經濟行為都要經過這個電腦，而任何人的號碼，都從666開始。

現今我們手中所用的一元美鈔，在一元美鈔總統肖像的反面，右面是鷹和橄欖枝，這是代表美國的徽號，在左邊的設計就十分古怪，它是一個金字塔狀，金字塔共有13層，在金字塔上有一個發光的眼睛，這一個眼睛就是“神之眼”，屬於這一個家族和組織的徽號。

金字塔下面印的不是英文，而是拉丁文Novus Ordo Seclorum意思是“新世界秩序”，今天最大的“新世紀”運動的根就是從666組織出來。上面寫的ANNUITCOEPTl S“他同意我們的陰謀。”現在“New Age”新秩序這一個運動已經在形成之中，要把整個世界席捲了。

我們再看這座金字塔上放光的眼睛，這一隻眼睛是神之眼，它是有很長歷史背景的。前面我們提到這一個家族的組織另一名稱光明會Illuminati，在古老的歷史裏，在邪教中接受邪神的人稱為“受光照的人”。他們服隨路西弗（Lucifer），即撒旦沒有墮落之前的名字。

Lucifer的意思正是“明亮之星”，他們的目的是要用極端的經濟手段來控制世界各個國家、各個制度和宗教，使整個世界成為一體來敬拜路西弗。

座落在紐約的市聯合國廣場第666號的路西弗基金會（Lucis Trust）成立於1922年，它原先的名稱，正是大膽使用了Lucifer Trust這個名稱。世界上幾乎所有的重要金融機構都與其有關，包括聯合國、美聯儲、國際清算銀行、國際貨幣基金組織、世界銀行等等。

這個基金會一直受到Rothchild家族的支配，在這基金會所出版的一本小冊子裏，曾鼓吹使用巫術來助長新世紀運動的發展。當1977年新世紀運動創始人的貝里夫人（Mary Bailey）周遊美國的時候，曾宣稱新世紀的基督快要出現了，她說這運動是由一群智慧大師或稱為受光照的社團所領導。

近代的新世紀運動就如此展開了，這是福斯特·貝里經由路西弗基金會所萌芽產生的。

“666”是一個極端的經濟控制組織，現在一切有關的事都在迅速進行中，只是我們不明白預言的意義而沒有察覺就是了。

“666”認為：

1. 現鈔Cash的用處越來越少了，由各式各樣的卡取而代之，而且越來越普遍。

2. 電腦的日益普及，不僅公司、政府、學校，連家庭裏都無所不在，透過國際互聯網路可以將全世界的資訊都納入裏面，不久當新世紀的基督出現時，“666”就可以用這一個電腦系統來控制全世界。到時每一個人都會分配到一個號碼，都從666開始。現今社會，世界正朝向一個統一編號WWW，而能被電腦掌控的系統發展。

3. 目前正大力鼓吹一種“智慧卡（Smartcard）系統，每一個新生兒都被編號，存放在國家資料庫，而能一生被追蹤。

4. 歐洲經濟共同體（今天的歐盟）正在實行一套衛星監測系統，將歐市每一個農場，每一只家畜都予以編號，以利管理、追蹤。

5. 在加拿大，牛群的辨識已由烙鐵法，改由電子晶片植入法，就是將一小塊電子晶片植入牛的皮下，用作辨識、追蹤。將來人類也會這樣嗎？

鏈接：http://blog.sina.com.cn/s/blog_727014b20101recw.html

共濟會與猶太民族

馬克思評說猶太人

“上帝的選民（指猶太人），額上寫着他們是耶和華的財產。”

——馬克思《資本論》第一卷

有一種流行的誤解——這種誤解很可能來自共濟會和猶太人的有意散佈——使得許多中國人以為馬克思是猶太人，其實這是中國人對猶太屬性的無知之談。

猶太不是一個純一的血緣種族，而是指一種社會身份和一種宗教信仰。信仰就是猶太教，社會身份就是主要從事高利貸活動的猶太銀行家。在血緣上，猶太人以母系而非父系作為認同的標誌。父親是猶太人而母親不是，那麼這個子女即非猶太。但若父親不是猶太而妻子是猶太人，則子女也算猶太人。

馬克思的父系有猶太血緣，但他的父親亨利·馬克思已經改宗信仰基督教，幼年馬克思接受了基督教洗禮，所以馬克思不是猶太人。

相反，馬克思與莎士比亞一樣，蔑視和憎恨唯利是圖的金融猶太人。

1856年，馬克思在《紐約論壇報》的《俄國貸款》一文中寫道：“我們知道，每個暴君背後都有一個猶太人，就像每個教皇背後都有一名耶穌會成員一樣。耶穌會的軍隊扼殺了所有自由思想，於是，這被壓抑的世界的欲望有機可乘了，若不是因為那些偷竊全人類財產的猶太人，資本家們也無需挑起戰爭。怪不得1856年前，耶穌要把放高利貸者逐出耶路撒冷聖堂。他們就像暴君和暴政背後的當代高利貸者，他們的主體就是猶太人。”

馬克思在這裏說的猶太人，就是作為虛擬經濟代表的放貸人、高利貸猶太資本家。

馬克思早年寫過一篇專門批判猶太人的論文《論猶太人問題》。此文寫於1843年秋，發表於1844年2月《德法年鑒》，編入中文版《馬克思恩格斯全集》第1卷。

這篇文章，是馬克思同青年黑格爾派的著名代表人物鮑威爾，就猶太人的解放問題公開論戰的著作。在此之前，鮑威爾發表《猶太人問題》、《現代猶太人和基督徒獲得自由的能力》兩書，把猶太人的解放這一社會政治問題歸結為純粹的宗教問題，認為一切人都應該擺脱宗教信仰，猶太人只有放棄猶太教信仰才能獲得解放。

馬克思認為信仰從屬於經濟基礎，猶太人的信仰就是拜金主義和唯利是圖。這是由猶太人生活的世俗性——經商和放貸決定的。因此，只有消滅了這種世俗桎梏，才能克服宗教性。神學問題的解決有待現實問題的解決，要改變神學必須改變它的世俗基礎——對社會制度進行改造。以下是該文的摘要：

“我們不是到猶太人的宗教裏去尋找猶太人的秘密，而是到現實的猶太人裏去尋找他的宗教的秘密。”

“猶太教的世俗基礎是什麼呢？實際需要，自私自利。猶太人的世俗禮拜是什麼呢？經商牟利。他們的世俗的神是什麼呢？金錢。”

“金錢是以色列人的妒嫉之神；在他面前，一切神都要退位。金錢貶低了人所崇奉的一切神，並把一切神都變成商品。金錢是一切事物的普遍的、獨立自在的價值。因此它剝奪了整個世界——人的世界和自然界——固有的價值。金錢是人的勞動和人的存在的同人相異化的本質；這種異己的本質統治了人，而人則向它頂禮膜拜。”

“市民社會從自己的內部不斷產生猶太人。”

“實際需要、利己主義是市民社會的原則；只要市民社會完全從自身產生出政治國家，這個原則就赤裸裸地顯現出來。實際需要和自私自利的神就是金錢。”

馬克思認為，猶太人並非是一個具有特別的種族和文化特徵的民族集團，而是一切以追求利潤和金錢作為最高行為準則的人群的共同名稱。猶太人就是資本家。猶太世俗文化就是成為資本主義精神。

馬克思對於政府集權與資本集權的差異已經有明確認識，指出了兩者在社會壟斷上的競爭關係，並根據當時的社會狀況，認定猶太金融資本已經具有操縱歐洲各民族國家政府的實力，使得全世界的政治都成為金錢的奴隸。因此，馬克思說：猶太人的拜金主義就是資本主義的猶太精神——

“猶太人的解放，就其終極意義來說，就是人類從猶太精神中解放出來。”

“如果有一種社會組織消除了經商牟利的前提，從而消除經商牟利的可能性，那麼這種社會組織也就會使猶太人不可能存在。”

“社會一旦消除了猶太精神的經驗本質，即經商牟利及其前提，猶太人就不可能存在，因為他的意識將不再有對象，因為猶太精神的主觀基礎即實際需要將會人化，因為人的個體感性存在和類存在的矛盾將被消除。”

“猶太人的社會解放就是社會從猶太精神中解放出來。”

簡略言之，馬克思認為，所謂市場經濟的代表就是猶太精神。

現任美聯儲主席耶倫，猶太人

美國金融界中的精英

阿瑟·F·伯恩斯（Arthur F. Burns），1970~1978年美聯儲主席，奧匈裔猶太人

G·威廉·米勒（ G. William Miller），1978~1979年美聯儲主席，非猶太人

保羅·沃爾克（Paul A. Volcker），1979~1987年美聯儲主席，德裔猶太人

艾倫·格林斯潘（Alan Greenspan），1987~2006年美聯儲主席，奧匈裔猶太人

本傑明·伯南克，2006~2014年美聯儲主席，猶太人

珍妮特·耶倫（Janet Louise Yellen），2014~2022年美聯儲主席，猶太人

保爾森，1999年高盛CEO，2006~2008年美國財政部長，猶太人

蓋特納，2003年紐約聯邦儲備銀行行長、2009~2013年美國財政部長，猶太人

勞倫斯·薩默斯，1999~2001年克林頓時期第71任美國財政部長，猶太人

尼爾·沃林，2013年1月25日~2月28日，美國財政部副部長，猶太人

雅各布·盧，2013年美國財政部部長，猶太人

史蒂文·姆努欽，2017年出任美國財政部部長，猶太人

宮廷猶太人

高利貸猶太人在歐洲歷史上有一個特殊名稱——Court Jew，即宮廷猶太人。這個詞語來自於德文Hofjude，意思是歐洲中世紀時期的猶太銀行家。這些猶太商人，通過將錢或實物租借給歐洲各級皇室貴族並收取利息，以此換取政治特權和地位，從而成為猶太人中的特權階級，故被稱作宮廷猶太人。

放高利貸牟利即從事信貸活動，是猶太人的傳統經濟生存方式。《聖經》及《古蘭經》中都明文規定禁止信徒從放貸中賺取同胞的利息，天主教會也嚴厲禁止基督徒的放貸活動。但猶太教則允許猶太商人放高利貸，這使得猶太人成了

歐洲唯一可以從事銀行信貸活動的族群。

宮廷猶太人作為國王及貴族的資助者、供應商和信貸提供者，通過向封建政權放貸，從中收取利息，成為歐洲封建統治者在經濟領域的重要助手。他們為國王和貴族提供信貸及流動資金的回報，由此他們獲得了鑄造貨幣和收繳稅款的權利。因為他們為王室和貴族提供金融服務，宮廷猶太人被授予一些特殊的待遇，例如可以居住在城市中專屬的猶太社區之外，不必佩戴辨識猶太人身份的徽章，不受猶太拉比的管轄等，甚至還可以用金錢換取貴族爵位，擔任政府公職。

宮廷猶太人的秘密聯盟就是共濟會。由於宗教問題，猶太人在歐洲社會地位低下，共濟會是他們堅持特殊信仰的秘密組織形式，也是他們在經濟、政治上互相支援和結盟的形式。宮廷猶太人的地位存在風險，特別是當庇護他們的王公貴族死去時將失去被保護的地位，甚至會被放逐或處死。

宮廷猶太人在中世紀歐洲的封建政權內扮演着重要角色，幾乎所有歐洲宮廷都有若干宮廷猶太人為其服務。

而放貸的結果之一是統治者若無錢還債，可以將所轄土地的稅收權包給宮廷猶太人，任其自行搜刮。這種方式，與現在美聯儲在美國的存在模式完全一致。美聯儲發行美元借給聯邦政府，美國政府以美國的徵稅權作為抵押，所以美國國稅局表面是政府部門，實際是共濟會的私營機構。

只有了解宮廷猶太人，才能真正理解西方的資本主義制度。宮廷猶太人的經營模式是西方資本主義的真正源頭，歐洲的資本主義最早就是以金融資本的形式出現的，而非經歷了從商業資本、工業資本到金融資本的循序演化。

近代資本主義的原始積累，並非通過工商業而是通過金融業，是通過放貸收取利息以及控制貨幣發行完成的。地理大發現時期（Age of Discovery, 15~17世紀）的商業資本和工業革命時期的工業資本，都是在金融資本的投資下發展起來的，所以工業和商業絕非資本主義的本質，金融才是資本主義的本質！金融資本從開始就高高地居於資本市場制度食物鏈的最上層，操縱控制一切社會資源。

所以資本主義並非像馬克斯·韋伯所說，是日耳曼人或新教基督徒依靠勤儉的新教精神而發明的。資本主義市場制度的創造者就是猶太銀行家。歐洲的日耳曼基督徒——條頓騎士團通過與聖殿騎士團和共濟會的結盟，加入了這一體系。在歷史上，無論日耳曼貴族還是平民階層對猶太資本和市場的反抗，最終都失敗了，於是只有將資本主義認定為自身文化的產物從而自我催眠。但是在資本主義體系中，日耳曼人所掌握的只是工商業和服務業等低級資本，只有猶太資本家始終壟斷着居於體系頂端的金融資本。

猶太銀行家定期製造經濟危機和金融危機。金融危機和經濟危機的根源，始終是金融資本流動性的周期性短缺。這種短缺，是從屬於金融資本的需要對經濟結構的重新洗牌。這種危機並非如經濟學所說是由於市場的自我調節而自然產生，而是金融家人為操縱貨幣流動性及其金融壟斷性所導致的必然結果。操縱貨幣以製造經濟危機，是歐洲金融資本自中世紀晚期就已熟知的手法，有史以來發生的一切經濟危機，無一次不是源於金融資本家的人為操縱。

猶太人韋伯的《新教倫理與資本主義》一書，將資本主義的產生唯心地歸因於日耳曼民族精神和新教倫理，這實際是有意識地誤導。這種意識形態，刻意掩蓋了在歐洲演化千年之久源自宮廷猶太人的金融資本對推動資本主義制度產生的決定性作用。

歐洲資本的原始積累是在猶太金融家手中完成的。只有控制了國家財政和社會貨幣的金融大資本，才有發起文藝復興、大航海運動和進行產業革命、科技革命的經濟實力。而中國古代則不同，雖然很早中國就有完備的市場經濟，有發達的商業、礦業和手工業製造體系，但是自秦漢以來到清末，國家一直牢牢掌控鑄幣權、貨幣發行權。因此中國社會中沒有猶太人那種金融資本家。這是中國民間難以發展出資本主義制度的真正的原因。

對比歐洲，早在11~16世紀的意大利半島上，威尼斯、佛羅倫薩、熱那亞、米蘭已經成為歐洲的金融貨幣中心。一些歐洲城市，通過控制黃金和貨幣發行權，積累起與歐洲大陸所有國家相抗衡的金融實力。猶太金融家創造了資本主義的市場體系。

歐洲宮廷猶太銀行家中發展最典型的，就是當今世界的首富家族、起家於法蘭克福的德系猶太人（Ashkenazi）

富豪——羅斯柴爾德家族。羅斯柴爾德家族（又稱洛希爾家族）是一個發源於法蘭克福的猶太金融世家。羅斯柴爾德家族究竟擁有多少財富？這至今仍然是一個世界之謎。羅氏嫡脈的家族產業從不上市。但是據1850年有人估計，羅斯柴爾德家族當時已經積累了相當於60億美元的財富。如果以6%的回報率計算，在150多年後的今天，他們家族的資產至少超過了50萬億美元。以資產市值估價500億美元而號稱當今首富的比爾·蓋茨，與之相比不過是小巫見大巫而已。

羅氏家族有一句著名的箴言："只要能控制一個國家的貨幣發行，就不在乎誰制定法律。"宮廷猶太人以稅收為抵押、放貸給政府及控制貨幣發行的經營模式，早在羅馬帝國時代即已經形成。中世紀在意大利、法國和德意志、西班牙和英國地區都曾經存在。到今天已經發展成完備的政治經濟制度，即：政府通過向私有銀行借貸以維持其國家財政運作，而將所收國家稅款全部用作償還貸款的利息。貨幣發行權則由私有銀行控制。

這樣一來國際金融資本如同水蛭一樣吸附在各國經濟體上，不但掌控了各國財政大權，使政府無獨立的財政能力，也合法併吞了政府稅收，將其變為源源不絕的利息收入。

在美國，不僅美聯儲是私有股份制度的中央銀行，作為配套的美國國稅局Internal Revenue Service（IRS）也是一個私有的商業金融機構。研究指出，IRS是一個註冊於波多黎各的離岸公司（鏈接http://www.supremelaw.org/sls/31answers.htm）。

其幕後股東無從知曉。美國國稅局，不是美國政府下轄的文官部門。它的性質如同其名字中所顯示的——是國家收入服務機構，它雖掛在美國財政部之下，本身卻不是一個政府機構，而是一個受僱於聯邦政府的私人公司。它的主要職能是收取美國公民的個人所得稅，然後直接轉移到幕後的股東和老板手中。

美國在建立之初並沒有徵收個人所得稅的制度。直至80年後的南北戰爭時期才開始徵稅，之後屢興屢廢。1913年美聯儲建立後，IRS開始正式運作收繳個人稅款直到今天。

曾參選2008美國大選的共和黨候選人羅恩·保羅（Ron Paul），除了發表廢除美聯儲、恢復金本位等激進言論外，還主張廢除個人所得稅。他揭露IRS所收稅款並不是上繳給美國政府，而是直接付給美聯儲用以償還國債。這呼應了很多美國人認為個人所得稅違背憲法的觀點，也是喚起佔領華爾街運動的原因之一。

以下為歐洲歷史上一些重要的宮廷猶太人：

Veitel Heine Ephraim，通過鑄造發行不足額的貨幣資助了腓特烈二世的七年戰爭，引發了通貨膨脹。

Daniel Itzig，服務於腓特烈二世，通過通婚建立了19世紀初最有權勢的猶太家族。

Liepmann Meyer Wulff，服務於腓特烈二世，是19世紀初普魯士王國最富有的人。

Abraham Oppenheim，通過將Sal. Oppenheim銀行家族介紹給普魯士王室，使其獲得了用於一戰的戰爭貸款。

Gerson Bleichröder，是普魯士皇帝和俾斯麥與羅斯柴爾德家族的聯繫人。

Feivel David，為黑森伯爵組織了黑森傭兵出租給英國皇室用以鎮壓美國獨立運動。

Mayer Amschel Rothschild，負責保管黑森伯爵的財產，以此為基礎建立起歐洲第一個金融王朝。

Joseph Süß Oppenheimer，服務於符騰堡伯爵，因助紂為虐在伯爵死後立刻被捕處死，屍體被放入鐵籠示眾6年。因19世紀根據其事跡創作的小說和納粹時期依此改編的反猶電影而聞名於世。

Jacob Bassevi，通過鑄造發行不足額的貨幣資助神聖羅馬帝國將軍華倫斯坦在30年戰爭中的軍事行動，造成了通貨膨脹和大饑荒，因其卓越貢獻而獲升貴族。

Samuel Oppenheimer，服務於神聖羅馬帝國皇室，為利奧波德一世提供了與奧托曼帝國戰爭及其他戰爭的貸款。

Aaron of Lincoln，服務於英王亨利二世，12世紀英國最富有的人。

Paul Julius Reuter，服務於英國維多利亞女皇，壟斷了伊朗經濟多個行業，引發伊朗的煙草運動，當時的波斯國王Nāserad-Dīn Schah向其取得高利息貸款用以鎮壓叛亂，從此控制波斯財政。

Davidde Pury，服務於葡萄牙王室，特別從事於奴隸貿易和種植園經濟。

Peter Shafirov，俄國外交部副部長，彼得大帝的重要助手。

Issachar Berend Lehmann，資助波蘭國王奧古斯塔特二世登上王位。

《馬恩全集》中的共濟會點滴

馬克思熟悉共濟會手語，語意是：忠誠與信念高於一切

馬克思、恩格斯早年曾經參加正義者同盟，這個組織與共濟會有關，盟員主要是手工業者。目前沒有直接證據證明馬克思曾經參加共濟會，但是在西方共濟會網站和維基百科（英文版）的共濟會成員名單裏，卻有馬克思的名字。從正式出版的《馬恩全集》中文版中，馬克思、恩格斯多次論及共濟會。馬克思曾經指出普魯士國王是普魯士共濟會的最高首領。馬克思和恩格斯對於國際共濟會甚為了解。

據肖鋒博士檢索和統計，在《馬恩全集》中出現“共濟會”關鍵詞的頻數共有21次，散落於16篇文獻之間，其中包括：馬克思著作10篇，恩格斯著作4篇，馬恩合著著作2篇。這表明馬、恩對共濟會問題一直保持着密切的關注。馬克思把共濟會看做資產階級的同盟會，採取批判態度。但是也有合作的表述，例如在巴黎公社中就有許多共濟會員加入。

在《黑格爾法哲學批判》中，馬克思認為法學的“‘考試’無非是共濟會的那一套，無非是從法律上確認政治知識是一種特權而已”。是一種“邏輯的、泛神論的神秘主義”，而這正是共濟會所倡導的信仰形式。

馬克思致恩格斯（1852年4月30日）信中有這樣一段話：“盧格在他的信中攻擊金克爾是普魯士親王的代理人和共濟會會員”。“無法避免他們對黨的滲透和侵蝕”，包括共濟會的“有意安排”。

馬克思認為，第一國際組織（國際工人協會）背後也有共濟會之手。馬克思在《社會主義民主同盟和國際工人協會，根據國際海牙代表大會決定公佈的報告和文件》中，有兩處談到了“共濟會”，馬克思明確地指出：“在國際的日內瓦支部後面隱藏着秘密同盟的中央局；在那不勒斯、巴塞羅納、里昂和汝拉等地的國際支部後面，隱藏着同盟的秘密支部。這是個共濟會組織，國際的普通會員及其領導中心甚至沒有懷疑過會存在這樣一個組織”。

馬克思注意到，俄羅斯巴枯寧的無政府主義團體實際也與共濟會組織有關。

馬克思注意到1871年的巴黎公社運動後面也有共濟會的插手。他在《法蘭西內戰》的兩份手稿中指出："法國共濟會下屬的一些分會和個人參與到了法國巴黎公社的運動中來。""還有共和同盟、各共濟會分會也派出代表，舉行示威游行。"據歷史資料，法蘭西共濟會的大東方會所分部"哲學的蜂巢"，是法國共濟會的一大分派，他們的一些會員曾經和公社戰士一同活動過。

根據《卡·馬克思同〈世界報〉記者談話的記錄》，馬克思承認"在公社各機關裏有許多（國際工人協會）協會會員。"但是也還有很多共濟會會員。馬克思針對當時的羅馬教皇認為巴黎暴動是工人國際搞的陰謀，指出：那也就有同樣理由認為這也是共濟會搞的陰謀了，因為共濟會會員以個人身分參加公社活動的決不在少數。"真的，如果教皇宣佈整個起義都是由共濟會會員發動的，我也不會覺得奇怪。"

在馬克思致恩格斯（1870年4月28日）的信中，馬克思談到巴黎工人領袖弗路朗斯說："昨天晚上，共濟會法國分會，'法國人支部'等設宴請他和提巴爾迪。路·勃朗、塔朗迪埃等人也想參加宴會。"

在馬克思為一家報刊撰寫的《新聞數則》（1848年11月28日）中，有這樣一段關於普魯士共濟會的敘述："今天我們認為有必要報道一個更為確鑿的事實。共濟會柏林'三君主’總分會——大家知道，普魯士親王是普魯士共濟會的最高首腦，就像弗里德里希 威廉四世是普魯士教會的最高首腦一樣——宣佈停止共濟會科倫‘密納發’分會的活動。為什麼？因為這個分會吸收了猶太人入會。特此通知猶太人！”

馬克思在此明確指出：“普魯士親王是普魯士共濟會的最高首腦”。

馬克思還曾經指出，共濟會堂向來是宣揚“自由、和平和友愛”的“聖地”，而曼徹斯特學派所主張的“貿易和平論”也正與這種理念“不謀而合”，其只不過是充當共濟會指使下的走卒角色。通過自由貿易的方式，英國可以將更多的國家和民族納入到其殖民體系中來，從世界範圍內剝削各國工人更多的剩餘價值，以圖謀歐洲和世界的霸權。

馬克思在《資本論》第三卷中指出：“我們在這裏得到一個像數學一樣精確的證據：為什麼資本家在他們的競爭中表現出彼此都是假兄弟，但面對着整個工人階級卻能夠結成真正的共濟會（兄弟們的）團體。”

恩格斯在《家庭、私有制和國家的起源》德文第四版“序言”中，也提到共濟會會員之間互相“兄弟”相稱的關係，指出——如果“因為人們把天主教的教士和修道院女子院長稱為父親和母親，而修士和修女，包括（甚至）共濟會會員和英國同業分會會員在莊嚴的集會上，彼此都用兄弟和姊妹相稱，就硬說父母、兄弟、姊妹等稱呼是根本毫無意義的稱呼”——那是十分荒謬的。

馬克思、恩格斯從政治經濟學角度，指出正是由於國際資產階級之間建立聯盟的經濟基礎，決定了共濟會內部資產階級兄弟聯盟的存在。

針對共濟會的密語：四海之內皆兄弟，馬克思提出共產主義同盟的口號：全世界無產者聯合起來！

馬克思《論猶太人問題》（一）（二）（三）

（1843年10~12月，《德法年鑒》1844年2月版，
《馬克思恩格斯全集》第1卷中文版）

卡爾·馬克思像

（一）

德國的猶太人渴望解放。他們渴望什麼樣的解放？公民的解放，政治解放。

布魯諾·鮑威爾（1809~1882年，曾是馬克思的導師，後

因觀點不同決裂 編者註）回答他們說：在德國，沒有人在政治上得到解放。我們自己沒有自由。我們怎麼可以使你們自由呢？你們猶太人，要是為自己即為猶太人要求一種特殊的解放，你們就是利己主義者。作為德國人，你們應該為德國的政治解放而奮鬥；作為人，你們應該為人的解放而奮鬥。而你們所受的特種壓迫和恥辱，不應該看成是通則的例外，相反，應該看成是通則的證實。

或者，猶太人是要求同信奉基督教的臣民享有平等權利？如果是這樣，他們就承認基督教國家是無可非議的，也就承認普遍奴役制度。既然他們滿意普遍奴役，為什麼又不滿意自己所受的特殊奴役呢？既然猶太人不關心德國人的解放，為什麼德國人該關心猶太人的解放呢？

基督教國家只知道特權。猶太人在這個國家享有做猶太人的特權。作為猶太人，他享有基督徒所沒有的權利。那他何必渴望他所沒有而為基督徒所享有的權利！

如果猶太人想從基督教國家解放出來，他就是要求基督教國家放棄自己的宗教偏見。而他，猶太人，會放棄自己的宗教偏見嗎？就是說，他有什麼權利要求別人放棄宗教呢？

基督教國家，按其本質來看，是不會解放猶太人的；但是，鮑威爾補充說，猶太人按其本質來看，也不會得到解放。只要國家還是基督教國家，猶太人還是猶太人，這兩者中的一方就不可能解放另一方，另一方也不可能得到解放。

基督教國家對待猶太人，只能按照基督教國家的方式即給予特權的方式：允許猶太人同其他臣民分離開來，但也讓猶太人受到分離開來的其他領域的壓迫，何況猶太人同佔統治地位的宗教處於宗教對立的地位，所受的壓迫也更厲害。可是，猶太人對待國家也只能按照猶太人的方式，即把國家看成一種異己的東西：把自己想象中的民族跟現實的民族對立起來，把自己幻想的法律跟現實的法律對立起來，以為自己有權從人類分離出來，決不參加歷史運動，期待着一種同人的一般未來毫無共同點的未來，認為自己是猶太民族的一員，猶太民族是神揀選的民族。

那麼你們猶太人有什麼理由渴望解放呢？為了你們的宗教？你們的宗教是國教的死敵。因為你們是公民？德國根本沒有公民。因為你們是人？你們不是人，正像你們訴求的對象不是人一樣。

鮑威爾批判了迄今為止關於猶太人的解放問題的提法和解決方案以後，又以新的方式提出了這個問題。他問道：應當得到解放的猶太人和應該解放猶太人的基督教國家，二者的特性是什麼？他通過對猶太人的宗教的批判回答了這個問題，他分析了猶太教和基督教的宗教對立，他說明了基督教國家的本質，——他把這一切都做得大膽、尖銳、機智、透徹，而且文筆貼切、洗練和雄健有力。

那麼，鮑威爾是怎樣解決猶太人問題的？結論是什麼？他對問題的表述就是對問題的解決。對猶太人問題的批判就是對猶太人問題的回答。總之，可簡述如下：

我們必須先解放自己，才能解放別人。

猶太人和基督徒之間最頑固的對立形式是宗教對立。怎樣才能消除對立？使它不能成立。怎樣才能使宗教對立不能成立？廢除宗教。只要猶太人和基督徒把他們互相對立的宗教只看做人的精神的不同發展階段，看做歷史撕去的不同的蛇皮，把人本身只看做蛻皮的蛇，只要這樣，他們的關係就不再是宗教的關係，而只是批判的、科學的關係，人的關係。那時科學就是他們的統一。而科學上的對立會由科學本身消除。

德國的猶太人首先碰到的問題，是沒有得到政治解放和國家具有鮮明的基督教性質。但是，在鮑威爾看來，猶太人問題是一個不以德國的特殊狀況為轉移的、具有普遍意義的問題。這就是宗教對國家的關係問題、宗教束縛和政治解放的矛盾問題。他認為從宗教中解放出來，這是一個條件，無論對於想要得到政治解放的猶太人，還是對於應該解放別人從而使自己得到解放的國家，都是一樣。

“有人說，而且猶太人自己也說：很對，猶太人獲得解放，不應當是作為猶太人，不應當是因為他身為猶太人，不應當是因為他具有什麼高超的普遍的人的倫理原則；相反，猶太人自己將退居公民之後，而且也將成為公民，儘管他是而且應當始終是猶太人；這就是說，他是而且始終是猶太人，儘管他是公民，並生活在普遍的人的關係中；他那猶太人的和狹隘的本質，最終總要戰勝他人的義務和政治的義務。偏見始終存在，儘管普遍的原則勝過它。但是，既然它始終存在，那麼它就會反過來勝過其他的一切。”“只有按照詭辯，即從外觀來看，猶太人在國家生活中才能始終是猶太人；因此，如果他想始終是猶太人，那麼單純的外觀就會成為本質的東西並且取得勝利，就是說，他在國家中的生活只會是一種外觀，或者只是違反本質和通則的一種暫時的例外。”（《現代猶太人和基督徒獲得自由的能力》、《來自瑞士的二十一印張》第57頁）

另一方面，我們看看鮑威爾是怎樣提出國家任務的。他寫道：

“不久以前〈眾議院1840年12月26日的辯論〉，法國在猶太人問題上，就像經常[①]在其他一切政治問題上一樣，向我們展示了一種生活的情景，這種生活是自由的，但又通過法律取消了自己的自由，因此，它宣佈這種自由是一種外觀，另一方面，又在行動上推翻了自己的自由法律。”（《猶太人問題》第64頁）

“在法國，普遍自由還未成為法律，猶太人問題也還沒有得到解決，因為法律上的自由——公民一律平等——在生活中受到限制，生活仍然遭到宗教特權的控制和割裂，生活的這種不自由對法律起反作用，迫使它認可：本身自由的公民區分為被壓迫者和壓迫者。”（《猶太人問題》第65頁）

那麼，在法國，猶太人問題什麼時候才能得到解決呢？

“比如說，猶太教徒不讓自己的戒律阻止自己履行對國家和對同胞的義務，就是說，例如在猶太教的安息日去眾議院並參加公開會議，那他必定不會再是猶太教徒了。任何宗教特權，從而還有特權教會的壟斷，必定會被消滅，即使有些人，或者是許多人，甚至是絕大多數人，還認為自己必須履行宗教義務，那也應該看成是純粹的私事而聽其自便。”（《猶太人問題》第65頁）“如果不再存在享有特權的宗教，那就不再有什麼宗教。使宗教喪失其專有的勢力，宗教就不再存在。”（《猶太人問題》第66頁）“正像馬丁·迪諾爾先生把反對在法律中提到禮拜日的建議看成是宣佈基督教已經不復存在的提案一樣，根據同樣的理由（並且這種理由是完全有根據的），如果宣告安息日戒律對猶太人不再具有約束力，那就等於宣佈取消猶太教。”（《猶太人問題》第71頁）

可見，一方面，鮑威爾要求猶太人放棄猶太教，要求一般人放棄宗教，以便作為公民得到解放。另一方面，鮑威爾堅決認為宗教在政治上的廢除就是宗教的完全廢除。以宗教為前提的國家，還不是真正的、現實的國家。

“當然，宗教觀念給國家提供保證。可是，給什麼樣的國家？給哪一類國家？”（《猶太人問題》第97頁）。

這一點暴露了他對猶太人問題的片面理解。

只是探討誰應當是解放者、誰應當得到解放，這無論如何是不夠的。批判還應當做到第三點。它必須提出問題：這裏指的是哪一類解放？人們所要求的解放的本質要有哪些條件？只有對政治解放本身的批判，才是對猶太人問題的最終批判，也才能使這個問題真正變成“當代的普遍問題”。[②]

鮑威爾並沒有把問題提到這樣的高度，因此陷入了矛盾。他提供了一些條件，這些條件並不是政治解放本身的本質引起的。他提出的是一些不包括在他的課題以內的問題，他解決的是一些沒有回答他的問題的課題。鮑威爾在談到那些對猶太人的解放持反對意見的人時說：“他們的錯誤只在於：他們把基督教國家假設為唯一真正的國家，而沒有像批判猶太教那樣給以批判。”（《猶太人問題》第3頁）我們認為，鮑威爾的錯誤在於：他批判的只是“基督教國家”，而不是“國家本身”，他沒有探討政治解放對人的解放的關係，因此，他提供的條件只能表明他毫無批判地把政治解放和普遍的人的解放混為一談。如果鮑威爾問猶太人：根據你們的觀點，你們就有權利要求政治解放？[③]那我們要反問：政治解放的觀點有權利要求猶太人廢除猶太教，要求一般人廢除宗教嗎？

猶太人問題依據猶太人所居住的國家而有不同的表述。在德國，不存在政治國家，不存在作為國家的國家，猶太人問題就是純粹神學的問題。猶太人同承認基督教為自己基礎的國家處於宗教對立之中。這個國家是職業神學家。在這裏，批判是對神學的批判，是雙刃的批判——既是對基督教神學的批判，又是對猶太教神學的批判。不管我們在神學中批判起來可以多麼游刃有餘，我們畢竟是在神學中移動。

在法國這個立憲國家中，猶太人問題是立憲制的問題，是政治解放不徹底的問題。因為這裏還保存着國教的外觀，——雖然這是毫無意義而且自相矛盾的形式，並且以多數人的宗教的形式保存着，——所以猶太人對國家的關係也保持着宗教對立、神學對立的外觀。

只有在實行共和制的北美各州——至少在其中一部分——猶太人問題才失去其神學的意義而成為真正世俗的問題。只有在政治國家十分發達的地方，猶太教徒和一般宗教信徒對政治國家的關係，就是說，宗教對國家的關係，才呈現其本來的、純粹的形式。一旦國家不再從神學的角度對待宗教，一旦國家是作為國家即從政治的角度來對待宗教，對這種關係的批判就不再是對神學的批判了。這樣，批判就成了對政治國家的批判。在問題不再是神學問題的地方，鮑威爾的批判就不再是批判的批判了。

“美國既沒有國教，又沒有大多數人公認的宗教，也沒有一種禮拜對另一種禮拜的優勢，國家與一切禮拜無關。”（古·德·博蒙《瑪麗或美國的奴隸制》1835年巴黎版第214頁）北美有些州，“憲法沒有把宗教信仰和某種禮拜作為取得政治特權的條件”（同上，第225頁）。儘管這樣，“在美國也並不認為一個不信教的人是誠實的人”（同上，第224頁）。

儘管如此，正像博蒙、托克維爾和英國人漢密爾頓異口同聲保證的那樣[4]，北美主要還是一個篤信宗教的國家。

不過，在我們看來，北美各州只是一個例子。問題在於：完成了的政治解放怎樣對待宗教？既然我們看到，甚至在政治解放已經完成了的國家，宗教不僅僅存在，而且是生氣勃勃的、富有生命力的存在，那麼這就證明，宗教的定在和國家的完成是不矛盾的。但是，因為宗教的定在是一種缺陷的定在，那麼這種缺陷的根源就只能到國家自身的本質中去尋找。在我們看來，宗教已經不是世俗局限性的原因，而只是它的現象。因此，我們用自由公民的世俗束縛來說明他們的宗教束縛。我們並不宣稱：他們必須消除他們的宗教局限性，才能消除他們的世俗限制。我們宣稱：他們一旦消除了世俗限制，就能消除他們的宗教局限性。我們不把世俗問題化為神學問題。我們要把神學問題化為世俗問題。相當長的時期以來，人們一直用迷信來說明歷史，而我們現在是用歷史來說明迷信。在我們看來，政治解放對宗教的關係問題，已經成了政治解放對人的解放的關係問題。我們撇開政治國家在宗教上的軟弱無能，而去批判政治國家的世俗結構，這樣也就批判了它在宗教上的軟弱無能。我們從人的角度來看，國家和某一特定宗教例如和猶太教的矛盾，就是國家和特定世俗要素的矛盾；而國家和一般宗教的矛盾，也就是國家和它的一般前提的矛盾。

猶太教徒、基督徒、一般宗教信徒的政治解放，是國家從猶太教、基督教和一般宗教中解放出來。當國家從國教中解放出來，就是說，當國家作為一個國家，不信奉任何宗教，確切地說，信奉作為國家的自身時，國家才以自己的形式，以自己本質所固有的方式，作為一個國家，從宗教中解放出來。擺脱了宗教的政治解放，不是徹頭徹尾、沒有矛盾地擺脱了宗教的解放，因為政治解放不是徹頭徹尾、沒有矛盾的人的解放方式。

政治解放的限度一開始就表現在：即使人還沒有真正擺脱某種限制，國家也可以擺脱這種限制，即使人還不是自由人，國家也可以成為自由國家⑤。鮑威爾自己默認了這一點，他提出了如下的政治解放條件：

“任何宗教特權，從而還有特權教會的壟斷，必定會被消滅，即使有些人，或者是許多人，甚至是絕大多數人，還認為自己必須履行宗教義務，那也應該看成是純粹的私事而聽其自便。”⑥

由此可見，甚至在絕大多數人還信奉宗教的情況下，國家也是可以從宗教中解放出來的。絕大多數人並不因為自己是私下信奉宗教就不再是宗教信徒。

不過，國家，特別是共和國對宗教的態度，畢竟是組成國家的人對宗教的態度。由此可以得出結論：人通過國家這個中介得到解放，他在政治上從某種限制中解放出來，就是在與自身的矛盾中超越這種限制，就是以抽象的、有限的、局部的方式超越這種限制。其次，可以得出這樣的結論：人在政治上得到解放，就是用間接的方法，通過一個中介，儘管是一個必不可少的中介而使自己得到解放。最後，還可以得出這樣的結論：人即使已經通過國家的中介作用宣佈自己是無神論者，就是說，他宣佈國家是無神論者，這時他總還是受到宗教的束縛，這正是因為他僅僅以間接的方法承認自己，僅僅通過中介承認自己。宗教正是以間接的方法承認人，通過一個中介者。國家是人和人的自由之間的中介者。正像基督是中介者，人把自己的全部神性、自己的全部宗教束縛都加在他身上一樣。國家也是中介者，人把自己的全部非神性、自己的全部人的自由寄托在它身上。

人對宗教的政治超越，具有一般政治超越所具有的一切缺點和優點。例如，像北美許多州所發生的情形那樣，一旦國家取消了選舉權和被選舉權的財產資格限制，國家作為國家就宣佈私有財產無效，人就以政治方式宣佈私有財產已被廢除。漢密爾頓從政治觀點出發，對這個事實作了完全正確的解釋：

“廣大群眾戰勝了財產所有者和金錢財富。”⑦

既然非佔有者已經成了佔有者的立法者，那麼私有財產豈不是在觀念上被廢除了嗎？財產資格限制是承認私有財產的最後一個政治形式。

儘管如此，從政治上宣佈私有財產無效不僅沒有廢除私有財產，反而以私有財產為前提。當國家宣佈出身、等級、文化程度、職業為非政治的差別，當它不考慮這些差別而宣告人民的每一成員都是人民主權的平等享有者，當它從國家的觀點來觀察人民現實生活的一切要素的時候，國家是以自己的方式廢除了出身、等級、文化程度、職業的差別。儘管如此，國家還是讓私有財產、文化程度、職業以它們固有的方式，即作為私有財產、作為文化程度、作為職業來發揮作用並表現出它們的特殊本質。國家根本沒有廢除這些實際差別，相反，只有以這些差別為前提，它才存在，只有同自己的這些要素處於對立的狀態，它才感到自己是政治國家，才會實現自己的普遍性。因此，黑格爾確定的政治國家對宗教的關係是完全正確的，他說：

“要使國家作為精神的認識着自身的倫理現實而獲得存在，就必須把國家同權威形式和信仰形式區別開來；但這種區別只有當教會方面在自身內部達到分裂的時候才會出現；只有這樣超越特殊教會，國家才會獲得和實現思想的普遍性，即自己形式的原則。”（黑格爾《法哲學（原理）》第2版第346頁）

當然！只有這樣超越特殊要系，國家才使自身成為普遍性。

完成了的政治國家，按其本質來說，是人的同自己物質生活相對立的類生活。這種利己生活的一切前提繼續存在於國家範圍以外，存在於市民社會之中，然而是作為市民社會的特性存在的。在政治國家真正形成的地方，人不僅在思想中，在意識中，而且在現實中，在生活中，都過着雙重的生活——天國的生活和塵世的生活。前一種是政治共同體中的生活，在這個共同體中，人把自己看做社會存在物；後一種是市民社會中的生活，在這個社會中，人作為私人進行活動，把他人看做工具，把自己也降為工具，並成為異己力量的玩物。政治國家對市民社會的關係，正像天國對塵世的關係一樣，也是唯靈論的。政治國家與市民社會也處於同樣的對立之中，它用以克服後者的方式也同宗教克服塵世局限性的方式相同，即它同樣不得不重新承認市民社會，恢復市民社會，服從市民社會的統治。人在其最直接的現實中，在市民社會中，是塵世存在物。在這裏，即在人把自己並把別人看做是現實的個人的地方，人是一種不真實的現象。相反，在國家中，即在人被看做是類存在物的地方，人是想象的主權中虛構的成員；在這裏，他被剝奪了自己現實的個人生活，卻充滿了非現實的普遍性。

人作為特殊宗教的信徒，同自己的公民身份，同作為共同體成員的他人所發生的衝突，歸結為政治國家和市民社會之間的世俗分裂。對於作為bourgeois（市民社會的成員）的人來說："在國家中的生活只是一種外觀，或者是違反本質和通則的一種暫時的例外。"⑧的確，bourgeois，像猶太人一樣，只是按照詭辯始終存在於國家生活中，正像citoyen（公民）只是按照詭辯始終是猶太人或bourgeois一樣。可是，這種詭辯不是個人性質的。它是政治國家本身的詭辯。宗教信徒和公民之間的差別，是商人和公民、短工和公民、土地佔有者和公民、活生生的個人和公民之間的差別。宗教信徒和政治人之間的矛盾，是bourgeois和citoyen之間、是市民社會的成員和他的政治獅皮之間的同樣的矛盾。

猶太人問題最終歸結成的這種世俗衝突，政治國家對自己的前提——無論這些前提是像私有財產等等這樣的物質要素，還是像教育、宗教這樣的精神要素——的關係，普遍利益和私人利益之間的衝突，政治國家和市民社會之間的分裂，鮑威爾在抨擊這些世俗對立在宗教上的表現的時候，竟聽任這些世俗對立持續存在。

“正是市民社會的基礎，即保證市民社會的持續存在和保障市民社會的必然性的那種需要，使它的持續存在經常受到威脅，保持了它的不穩固要素，產生了那種處於經常更迭中的貧窮和富有、困頓和繁榮的混合物，總之產生了更迭。”（《猶太人問題》第8頁）

我們不妨再讀一讀根據黑格爾法哲學的基本要點寫成的《市民社會》整個一節（《猶太人問題》第8~9頁）的內容。鮑威爾承認同政治國家對立的市民社會是必然的，因為他承認政治國家是必然的。

政治解放當然是一大進步；儘管它不是普遍的人的解放的最後形式，但在迄今為止的世界制度內，它是人的解放的最後形式。不言而喻，我們這裏指的是現實的、實際的解放。

人把宗教從公法領域驅逐到私法領域中去，這樣人就在政治上從宗教中解放出來。宗教不再是國家的精神；因為在國家中，人——雖然是以有限的方式，以特殊的形式，在特殊的領域內——是作為類存在物和他人共同行動的；宗教成了市民社會的、利己主義領域的、一切人反對一切人的戰爭的精神。它已經不再是共同性的本質，而是差別的本質。它成了人同自己的共同體、同自身並同他人分離的表現——它最初就是這樣的。它只不過是特殊的顛倒、私人的奇想和任意行為的抽象教義。例如，宗教在北美的不斷分裂，使宗教在表面上具有純粹個人事務的形式。它被推到許多私人利益中去，並且被逐出作為共同體的共同體。但是，我們不要對政治解放的限度產生錯覺。人分為公人和私人，宗教從國家向市民社會的轉移，這不是政治解放的一個階段，這是它的完成；因此，政治解放並沒有消除人的實際的宗教篤誠，也不力求消除這種宗教篤誠。

人分解為猶太教徒和公民、新教徒和公民、宗教信徒和公民，這種分解不是針對公民身份而制造的謊言，不是對政治解放的回避，這種分解是政治解放本身，是使自己從宗教中解放出來的政治方式。當然，在政治國家作為政治國家通過暴力從市民社會內部產生的時期，在人的自我解放力求以政治自我解放的形式進行的時期，國家是能夠而且必定會做到廢除宗教、根除宗教的。但是，這只有通過廢除私有財產、限定財產最高額、沒收財產、實行累進稅，通過消滅生命、通過斷頭台，才能做到。當政治生活感到特別自信的時候，它試圖壓制自己的前提——市民社會及其要素，使自己成為人的現實的、沒有矛盾的類生活。但是，它只有同自己的生活條件發生暴力矛盾，只有宣佈革命是不間斷的，才能做到這一點，因此，正像戰爭以和平告終一樣，政治劇必然要以宗教、私有財產和市民社會一切要素的恢復而告終。

的確，那種把基督教當做自己的基礎、國教，因而對其他宗教抱排斥態度的所謂基督教國家，並不就是完成了的基督教國家，相反，無神論國家、民主制國家，即把宗教歸為市民社會的其他要素的國家，才是這樣的國家。那種仍舊持神學家觀點、仍舊正式聲明自己信奉基督教、仍舊不敢宣佈自己成為國家的國家，在其作為國家這一現實性中，還沒有做到以世俗的、人的形式來反映人的基礎，而基督教是這種基礎的過分的表現。所謂基督教國家只不過是非國家，因為通過現實的人的創作所實現的，並不是作為宗教的基督教，而只是基督教的人的背景。

所謂基督教國家，就是通過基督教來否定國家，而決不是通過國家來實現基督教。仍然以宗教形式信奉基督教的國家，還不是以國家形式信奉基督教，因為它仍然從宗教的角度對待宗教，就是說，它不是宗教的人的基礎的真正實現，因為它還訴諸非現實性，訴諸這種人的實質的虛構形象。所謂基督教國家，就是不完善的國家，而且基督教對它來說是它的不完善性的補充和神聖化。因此，宗教對基督教國家來說必然成為手段，基督教國家是偽善的國家。完成了的國家由於國家的一般本質所固有的缺陷而把宗教列入自己的前提，未完成的國家，則由於自己作為有缺陷的國家的特殊存在所固有的缺陷而聲稱宗教是自己的基礎，二者之間是有很大差別的。在後一種情況下，宗教成了不完善的政治。在前一種情況下，甚至完成了的政治具有的那種不完善性也在宗教中顯露出來。所謂基督教國家需要基督教，是為了充實自己而成為國家。民主制國家，真正的國家則不需要宗教從政治上充實自己。確切地說，它可以撇開宗教，因為它已經用世俗方式實現了宗教的人的基礎。而所謂基督教國家則相反，既從政治的角度對待宗教，又從宗教的角度對待政治。當它把國家形式降為外觀時，也就同樣把宗教降為外觀。

為了闡明這一對立，我們來看一下鮑威爾根據對基督教日耳曼國家的觀察所得出的有關基督教國家的構思。鮑威爾說：

"近來有些人為了證明基督教國家的不可能性或非存在，常常引證福音書[9]中的一些箴言，這些箴言，（當前的）國家不僅不遵循而且也不可能遵循，如果國家不想使自己（作為國家）完全解體的話。" "但是，問題的解決並不那麼容易。那麼，福音書的那些箴言到底要求些什麼呢？要求超自然的自我否定、服從啟示的權威、背棄國家、廢除世俗關係。這一切也正是基督教國家所要求和實行的。它領悟了福音書的精神，即使它不用福音書借以表現這種精神的那些詞語來復制這種精神，那也只是因為它用種種國家形式來表現這種精神，就是說，它所用的這些形式雖然來自這個世界的國家制度，但它們經過一定要經歷的宗教再生過程，已

經降為單純的外觀。基督教國家是對國家的背棄，而這種背棄是利用國家形式實現的。”（第55頁）

鮑威爾接着闡明：基督教國家的人民只是一種非人民，他們已經不再有自己的意志，他們的真實存在體現於他們所隸屬的首腦，但首腦按其起源及本性來說是與他們相異的，就是說，他是上帝所賜，他降臨於人民面前並沒有得到他們本身的幫助；這樣的人民的法律並不是他們的創作，而是實際的啟示；他們的元首需要在自己和本來意義上的人民即群眾之間有一些享有特權的中介人；這些群眾本身分成許多偶然形成並確定的特殊集團，這些特殊集團是按各自利益、特殊愛好和偏見區分的，並且獲準享有彼此不相往來的特權，等等（《猶太人問題》第56頁）。

但是，鮑威爾自己卻說：

“如果政治只應當成為宗教，那麼它就不再可能是政治了，正像把刷鍋洗碗的事看做宗教事務，這種事就不再可能是家務事一樣。”（《猶太人問題》第108頁）

但是，要知道，在基督教日耳曼國家，宗教是“家務事”，就像“家務事”是宗教一樣。在基督教日耳曼國家，宗教的統治就是統治的宗教。

譯註

① 布·鮑威爾原著的語句是：“就像七月革命以來經常……”

② 布·鮑威爾《猶太人問題》1843年不倫瑞克版第3頁和第61頁。

③ 布·鮑威爾《猶太人問題》1843年不倫瑞克版第19~21頁，見本卷第38頁。

④ 古斯塔夫·博蒙《瑪麗或美國的奴隸制》1835年巴黎版第1卷第218~221頁，亞·德·托克維爾《美國的民主制》1835年巴黎第2版第2卷第209~234頁，托·漢密爾頓《美國人和美國風俗習慣》1834年曼海姆版第2卷第241~244頁。

⑤ 德文"Freistaat"，為"共和國"。在這句話中，這個詞在字面上也含有"自由國家"的意思。

⑥ 布·鮑威爾《猶太人問題》1843年不倫瑞克版第65頁。

⑦ 托·漢密爾頓《美國人和美國風俗習慣》1834年曼海姆版第1卷第146頁。

⑧ 布·鮑威爾《現代猶太人和基督徒獲得自由的能力》，見《來自瑞士的二十一印張》1843年蘇黎世—溫特圖爾版第1卷第57頁。

⑨ 指《新約全書》中的《馬太福音》、《馬可福音》、《路加福音》、《約翰福音》。

（二）

把"福音書的精神"和"福音書的詞語"分割開來，是不信宗教的行為。國家迫使福音書使用政治詞語，即與聖靈的詞語不同的詞語，這是褻瀆行為，即使從人的眼光來看不是這樣，但從國家自身的宗教眼光來看就是這樣。應該用聖經的字句來反駁把基督教奉為自己的最高規範、把聖經奉為自己的憲章的國家，因為聖經的每個字都是神聖的。這個國家，就像它所依靠的庸碌無用之輩一樣，陷入了痛苦的、從宗教意識的觀點來看是不可克服的矛盾：有人要它注意福音書中的一些箴言，這些箴言，國家“不僅不遵循而且也不可能遵循，如果國家不想使自己作為國家完全解體的話”。那麼，國家究竟為什麼不想使自己完全解體呢？對這個問題，它本身既不能給自己也不能給別人作出答復。由於自己固有的意識，正式的基督教國家是個不可實現的應有；這個國家知道只有通過對自身扯謊來肯定自己存在的現實性。因此，它對自身來說，始終是一個可疑的對象，一個不可靠的、有問題的對象。可見，批判做得完全正確，它迫使以聖經為依據的國家陷於神志不清，連國家自己也不再知道自己是幻想還是實在，國家的世俗目的——宗教是這些目的的掩蓋物——卑鄙性，也同它的宗教意識——對這種意識來說，宗教是世界的目的——的真誠性發生了無法解決的衝突。這個國家只有成為天主教會的警士，才能擺脱自己的內在痛苦。面對着這種主張世俗權力機關是自己的僕從的教會，國家是無能為力的，聲稱自己是宗教精神的支配者的世俗權力機關也是無能為力的。

在所謂基督教國家中，實際上起作用的是異化，而不是人。唯一起作用的人，即國王，是同別人特別不一樣的存在物，而且還是篤信宗教的存在物，同天國、同上帝直接聯繫着的存在物。這裏佔統治地位的關係還是信仰的關係。可見，宗教精神並沒有真正世俗化。

但是，宗教精神也不可能真正世俗化，因為宗教精神本身除了是人的精神某一發展階段的非世俗形式外還能是什麼呢？只有當人的精神的這一發展階段——宗教精神是這一階段的宗教表現——以其世俗形式出現並確立的時候，宗教精神才能實現。在民主制國家就有這種情形。這種國家的基礎不是基督教，而是基督教的人的基礎。宗教仍然是這種國家的成員的理想的、非世俗的意識，因為宗教是在這種國家中實現的人的發展階段的理想形式。

政治國家的成員信奉宗教，是由於個人生活和類生活之間、市民社會生活和政治生活之間的二元性；他們信奉宗教是由於人把處於自己的現實個性彼岸的國家生活當做他的真實生活；他們信奉宗教是由於宗教在這裏是市民社會的精神，是人與人分離和疏遠的表現。政治民主制之所以是基督教的，是因為在這裏，人，不僅一個人，而且每一個人，是享有主權的，是最高的存在物，但這是具有無教養的非社會表現形式的人，是具有偶然存在形式的人，是本來樣子的人，是由於我們整個社會組織而墮落了的人、喪失了自身的人、外化了的人，是受非人的關係和自然力控制的人，一句話，人還不是現實的類存在物。基督教的幻象、幻夢和基本要求，即人的主權——不過人是作為一種不同於現實人的、異己的存在物——在民主制中，卻是感性的現實性、現代性、世俗準則。

在完成了的民主制中，宗教意識和神學意識本身之所以自認為更富有宗教意義、神學意義，這是因為從表面上看來，它沒有政治意義、沒有世俗目的，而只是關係到厭世情緒，只是理智有局限性的表現，只是任意和幻想的產物，這是因為它是真正彼岸的生活。在這裏，基督教實際表現出自己包羅一切宗教的作用，因為它以基督教形式把紛繁至極的世界觀匯總排列，何況它根本不向別人提出基督教的要求，只提出一般宗教而不管是什麼宗教的要求（《瑪麗或美國的奴隸制》博蒙）[①]。宗教意識沉浸在大量的宗教對立和宗教多樣性之中。

可見，我們已經表明，擺脱了宗教的政治解放讓宗教持續存在，雖然不是享有特權的宗教。任何一種特殊宗教的信徒同自己的公民身份的矛盾，只是政治國家和市民社會之間的普遍世俗矛盾的一部分。基督教國家的完成，就是國家表明自己是國家，並且不理會自己成員信奉的宗教。國家從宗教中解放出來並不等於現實的人從宗教中解放出來。

因此，我們不像鮑威爾那樣對猶太人説，你們不從猶太教徹底解放出來，就不能在政治上得到解放。相反，我們對他們説，因為你們不用完全地、毫無異議地放棄猶太教就可以在政治上得到解放，所以政治解放本身並不就是人的解放。如果你們猶太人本身還沒作為人得到解放便想在政治上得到解放，那麼這種不徹底性和矛盾就不僅僅在於你們，而且在於政治解放的本質和範疇。如果你們局限於這個範疇，那麼你們也具有普遍的局限性。國家，雖然是國家，如果要對猶太人採取基督教的立場，那就要宣講福音，同樣，猶太人，雖然是猶太人，如果要求公民的權利，那就得關心政治。

但是，如果人，儘管是猶太人，能夠在政治上得到解放，能夠得到公民權，那麼他是否能夠要求並得到所謂人權呢？鮑威爾否認這一點。

“問題在於：猶太人本身，就是說，自己承認由於自己的真正本質而不得不永遠同他人分開生活的猶太人，他是否能夠獲得普遍人權，並給他人以這種權利呢？”

“對基督教世界來說，人權思想只是上一世紀才被發現的。這種思想不是人天生就有的，相反，只是人在同迄今培育着他的那些歷史傳統進行鬥爭中爭得的。因此，人權不是自然界的贈品，也不是迄今為止的歷史遺贈物，而是通過同出生的偶然性和歷史上一代一代留傳下來的特權的鬥爭贏得的獎賞。人權是教育的結果，只有爭得和應該得到這種權利的人，才能享有。”

“那麼猶太人是否真的能夠享有這種權利呢？只要他還是猶太人，那麼使他成為猶太人的那種狹隘本質就一定會壓倒那種把他作為人而同別人結合起來的人的本質，一定會使他同非猶太人分隔開來。他通過這種分隔說明：使他成為猶太人的那種特殊本質是他的真正的最高的本質，人的本質應當讓位於它。”

“同樣，基督徒作為基督徒也不能給任何人以人權。”（《猶太人問題》第19~20頁）

依照鮑威爾的見解，人為了能夠獲得普遍人權，就必須犧牲“信仰的特權”②。我們現在就來看看所謂人權，確切地說，看看人權的真實形式，即它們的發現者北美人和法國人所享有的人權的形式吧！這種人權一部分是政治權利，只是與別人共同行使的權利。這種權利的內容就是參加共同體，確切地說，就是參加政治共同體，參加國家。這些權利屬於政治自由的範疇，屬於公民權利的範疇；而公民權利，如上所述，決不以毫無異議地和實際地廢除宗教為前提，因此也不以廢除猶太教為前提。另一部分人權，即與droitsducitoyen（公民權）不同的droitsdel’homme（人權），有待研究。

信仰自由就屬於這些權利之列，即履行任何一種禮拜的權利。信仰的特權或者被明確承認為一種人權，或者被明確承認為人權之一——自由的結果。

1791年人權和公民權宣言第10條：“任何人都不應該因為自己的信仰，即使是宗教信仰，而遭到排斥。”1791年憲法第I編確認“每個人履行自己信守的宗教禮拜的自由”是人權。

1793年人權……宣言第7條把“履行禮拜的自由”列為人權。是的，關於公開表示自己的思想和見解的權利、集會權利和履行禮拜的權利，甚至這樣寫道：“宣佈這些權利的必要性，是以專制政體的存在或以對它的近期記憶為前提的。”對照1795年憲法第XIV編第354條。

賓夕法尼亞憲法第9條第3款：“人人生來都有受自己信

仰的驅使而敬仰上帝這種不可剝奪的權利，根據法律，任何人都不可能被迫違背自己的意願去信奉、組織或維護任何一種宗教或任何一種宗教儀式。任何人的權力在任何情況下都不得干涉信仰問題或支配靈魂的力量。”

新罕布什爾憲法第5、6條：“自然權利中的有些權利，按其性質來說是不能讓渡的，因為它們無可替代。信仰的權利就是這樣。”（《瑪麗或美國的奴隸制》博蒙，第213~214頁）

在人權這一概念中並沒有宗教和人權互不相容的含義。相反，信奉宗教、用任何方式信奉宗教、履行自己特殊宗教的禮拜的權利，都被明確列入人權。信仰的特權是普遍的人權。

Droits de l’homme，人權，它本身不同於droits du citoyen，公民權。與citoyen（公民）不同的這個homme（人）究竟是什麼人呢？不是別人，就是市民社會的成員。為什麼市民社會的成員稱做“人”，只稱做“人”，為什麼他的權利稱做人權呢？我們用什麼來解釋這個事實呢？只有用政治國家對市民社會的關係，用政治解放的本質來解釋。

首先，我們表明這樣一個事實，所謂的人權，不同於droits du citoyen（公民權）的droits de l’homme（人權），無非是市民社會的成員的權利，就是說，無非是利己的人的權利、同其他人並同共同體分離開來的人的權利。請看最激進的憲法，1793年憲法的說法：

人權和公民權宣言。

第2條：“這些權利等等〈自然的和不可剝奪的權利〉是：平等、自由、安全、財產。”

自由是什麼呢？

第6條：“自由是做任何不損害他人權利的事情的權利”，或者按照1791年人權宣言：“自由是做任何不損害他人的事情的權利。”

這就是說，自由是可以做和可以從事任何不損害他人的事情的權利。每個人能夠不損害他人而進行活動的界限是由法律規定的，正像兩塊田地之間的界限是由界樁確定的一樣。這裏所說的是人作為孤立的、自我封閉的單子的自由。依據鮑威爾的見解，猶太人為什麼不能獲得人權呢？

“只要他還是猶太人，那麼使他成為猶太人的那種狹隘本質就一定會壓倒那種把他作為人而同別人結合起來的人的本質，一定會使他同非猶太人分隔開來。”③

但是，自由這一人權不是建立在人與人相結合的基礎上，而是相反，建立在人與人相分隔的基礎上。這一權利就是這種分隔的權利，是狹隘的、局限於自身的個人的權利。

自由這一人權的實際應用就是私有財產這一人權。

私有財產這一人權是什麼呢？

第16條（1793年憲法）：“財產權是每個公民任意地享用和處理自己的財產、自己的收入即自己的勞動和勤奮所得的果實的權利。”

這就是說，私有財產這一人權是任意地（à son gré）、同他人無關地、不受社會影響地享用和處理自己的財產的權利；這一權利是自私自利的權利。這種個人自由和對這種自由的應用構成了市民社會的基礎。這種自由使每個人不是把他人看做自己自由的實現，而是看做自己自由的限制。但是，這種自由首先宣佈了人權是

"任意地享用和處理自己的財產、自己的收入即自己的勞動和勤奮所得的果實"。

此外還有其他的人權：平等和安全。

平等，在這裏就其非政治意義來說，無非是上述自由的平等，就是說，每個人都同樣被看成那種獨立自在的單子。1795年憲法根據這種平等的含義把它的概念規定如下：

第3條（1795年憲法）："平等是法律對一切人一視同仁，不論是予以保護還是予以懲罰。"

安全呢？

第8條（1793年憲法）："安全是社會為了維護自己每個成員的人身、權利和財產而給予他的保障。"

安全是市民社會的最高社會概念，是警察的概念；按照這個概念，整個社會的存在只是為了保證維護自己每個成員的人身、權利和財產。黑格爾正是在這個意義上才把市民社會稱為"需要和理智的國家"。

市民社會沒有借助安全這一概念而超出自己的利己主義。相反，安全是它的利己主義的保障。

可見，任何一種所謂的人權都沒有超出利己的人，沒

有超出作為市民社會成員的人，即沒有超出封閉於自身、封閉於自己的私人利益和自己的私人任意行為、脫離共同體的個體。在這些權利中，人絕對不是類存在物，相反，類生活本身，即社會，顯現為諸個體的外部框架，顯現為他們原有的獨立性的限制。把他們連接起來的唯一紐帶是自然的必然性，是需要和私人利益，是對他們的財產和他們的利己的人身的保護。

令人困惑不解的是，一個剛剛開始解放自己、掃除自己各種成員之間的一切障礙、建立政治共同體的民族，竟鄭重宣佈同他人以及同共同體分隔開來的利己的人是有權利的（1791年《宣言》）。後來，當只有最英勇的獻身精神才能拯救民族、因而迫切需要這種獻身精神的時候，當犧牲市民社會的一切利益必將提上議事日程、利己主義必將作為一種罪行受到懲罰的時候，又再一次這樣明白宣告（1793年《人權……宣言》）。尤其令人困惑不解的是這樣一個事實：正如我們看到的，公民身份、政治共同體甚至都被那些謀求政治解放的人貶低為維護這些所謂人權的一種手段；因此，citoyen（公民）被宣佈為利己的homme（人）的奴僕；人作為社會存在物所處的領域被降到人作為單個存在物所處的領域之下；最後，不是身為citoyen（公民）的人，而是身為bourgeois（市民社會的成員）的人，被視為本來意義上的人，真正的人。

“一切政治結合的目的都是為了維護自然的和不可剝奪

的人權。”（1791年《人權……宣言》第2條）“政府的設立是為了保障人享有自然的和不可剝奪的權利。”（1793年《人權……宣言》第1條）

可見，即使在政治生活還充滿青春的激情，而且這種激情由於形勢所迫而走向極端的時候，政治生活也宣佈自己只是一種手段，而這種手段的目的是市民社會生活。固然，這個政治生活的革命實踐同它的理論還處於極大的矛盾之中。例如，一方面，安全被宣佈為人權，一方面侵犯通信秘密已公然成為風氣。一方面“不受限制的新聞出版自由”（1793年憲法第122條）作為人權的個人自由的結果而得到保證，一方面新聞出版自由又被完全取締，因為“新聞出版自由危及公共自由，是不許可的”（小羅伯斯比爾語，見畢舍和盧·拉維涅《法國革命議會史》第28卷第159頁）。所以，這就是說，自由這一人權一旦同政治生活發生衝突，就不再是權利，而在理論上，政治生活只是人權、個人權利的保證，因此，它一旦同自己的目的即同這些人權發生矛盾，就必定被拋棄。但是，實踐只是例外，理論才是通則。即使人們認為革命實踐是對當時的關係採取的正確態度，下面這個謎畢竟還有待解答：為什麼在謀求政治解放的人的意識中關係被本末倒置，目的好像成了手段，手段好像成了目的？他們意識上的這種錯覺畢竟還是同樣的謎，雖然現在已經是心理上的、理論上的謎。

這個謎是很容易解答的。

政治解放同時也是同人民相異化的國家制度即統治者的權力所依據的舊社會的解體。政治革命是市民社會的革命。舊社會的性質是怎樣的呢？可以用一個詞來表述：封建主義。舊的市民社會直接具有政治性質，就是說，市民生活的要素，例如，財產、家庭、勞動方式，已經以領主權、等級和同業公會的形式上升為國家生活的要素。它們以這種形式規定了單一的個體對國家整體的關係，就是說，規定了他的政治關係，即他同社會其他組成部分相分離和相排斥的關係。因為人民生活的這種組織沒有把財產或勞動上升為社會要素，相反，卻完成了它們同國家整體的分離，把它們建成為社會中的特殊社會。因此，市民社會的生活機能和生活條件還是政治的，雖然是封建意義上的政治；就是說，這些機能和條件使個體同國家整體分隔開來，把他的同業公會對國家整體的特殊關係變成他自己對人民生活的普遍關係，使他的特定的市民活動和地位變成他的普遍的活動和地位。國家統一體，作為這種組織的結果，也像國家統一體的意識、意志和活動即普遍國家權力一樣，必然表現為一個同人民相脱離的統治者及其僕從的特殊事務。

政治革命打倒了這種統治者的權力，把國家事務提升為人民事務，把政治國家組成為普遍事務，就是說，組成為現實的國家；這種革命必然要摧毀一切等級、同業公會、行幫和特權，因為這些是人民同自己的共同體相分離的眾多表現。於是，政治革命消滅了市民社會的政治性質。它把市民社會分割為簡單的組成部分：一方面是個體，另一方面是構成這些個體的生活內容和市民地位的物質要素和精神要素。它把似乎是被分散、分解、溶化在封建社會各個死巷裏的政治精神激發出來，把政治精神從這種分散狀態中匯集起來，把它從與市民生活相混合的狀態中解放出來，並把它構成為共同體、人民的普遍事務的領域，在觀念上不依賴於市民社會的上述特殊要素。特定的生活活動和特定的生活地位降低到只具有個體意義。它們已經不再構成個體對國家整體的普遍關係。公共事務本身反而成了每個個體的普遍事務，政治職能成了他的普遍職能。

可是，國家的唯心主義的完成同時就是市民社會的唯物主義的完成。擺脱政治桎梏同時也就是擺脱束縛住市民社會利己精神的枷鎖。政治解放同時也是市民社會從政治中得到解放，甚至是從一種普遍內容的假象中得到解放。

封建社會已經瓦解，只剩下了自己的基礎——人，但這是作為它的真正基礎的人，即利己的人。

因此，這種人，市民社會的成員，是政治國家的基礎、前提。他就是國家通過人權予以承認的人。

但是，利己的人的自由和承認這種自由，實際上就是承認構成這種人的生活內容的精神要素和物質要素的不可阻擋的運動。

因此，人沒有擺脱宗教，他取得了信仰宗教的自由。他沒有擺脱財產，他取得了佔有財產的自由。他沒有擺脱經營的利己主義，他取得了經營的自由。

政治國家的建立和市民社會分解為獨立的個體——這些個體的關係通過法制表現出來，正像等級制度中和行幫制度中的人的關係通過特權表現出來一樣——是通過同一種行為實現的。但是，人，作為市民社會的成員，即非政治的人，必然表現為自然人。Droits de l'homme（人權）表現為droits naturels（自然權利），因為有自我意識的活動集中於政治行為。利己的人是已經解體的社會的消極的、現成的結果，是有直接確定性的對象，因而也是自然的對象。政治革命把市民生活分解成幾個組成部分，但沒有變革這些組成部分本身，沒有加以批判。它把市民社會，也就是把需要、勞動、私人利益和私人權利等領域看做自己持續存在的基礎，看做無須進一步論證的前提，從而看做自己的自然基礎。最後，人，正像他是市民社會的成員一樣，被認為是本來意義上的人，與citoyen（公民）不同的homme（人），因為他是具有感性的、單個的、直接存在的人，而政治人只是抽象的、人為的人，寓意的人，法人。現實的人只有以利己的個體形式出現才可予以承認，真正的人只有以抽象的citoyen（公民）形式出現才可予以承認。

可見盧梭關於政治人這一抽象概念論述得很對：

“敢於為一國人民確立制度的人，可以說必須自己感到有能力改變人的本性，把每個本身是完善的、單獨的整體的個體變成一個更大的整體的一部分——這個個體以一定的方式從這個整體獲得自己的生命和存在——有能力用局部的道德存在代替肉體的獨立存在。他必須去掉人自身固有的力量，才能賦予人一種異己的、非由別人協助便不能使用的力量。”（《社會契約論》1782年倫敦版第2卷第67頁）

任何解放都是使人的世界即各種關係回歸於人自身。

政治解放一方面把人歸結為市民社會的成員，歸結為利己的、獨立的個體，另一方面把人歸結為公民，歸結為法人。

只有當現實的個人把抽象的公民復歸於自身，並且作為個人，在自己的經驗生活、自己的個體勞動、自己的個體關係中間，成為類存在物的時候，只有當人認識到自身“固有的力量”是社會力量，並把這種力量組織起來因而不再把社會力量以政治力量的形式同自身分離的時候，只有到了那個時候，人的解放才能完成。

譯註

① 古斯塔夫·博蒙《瑪麗或美國的奴隸制》1835年巴黎版第1卷第181~182、196~197和224頁。

② 布·鮑威爾《猶太人問題》1843年不倫瑞克版第60~61頁。

③ 布·鮑威爾《猶太人問題》第38頁。

（三）

鮑威爾在這個標題下探討了猶太教和基督教的關係，以及它們對批判的關係。它們對批判的關係是它們“對獲得自由的能力”的關係。

結論是：

“基督徒只要跨越一個台階，即跨越自己的宗教，就可以完全廢除[①]宗教”，因而就可以獲得自由，“相反，猶太人不僅要摒棄自己的猶太本質，而且要摒棄自己宗教的趨於完成的發展，即摒棄自己宗教的那種始終與自己相異的發展”（《現代猶太人和基督徒獲得自由的能力》《來自瑞士的二十一印張》第71頁）。

可見，鮑威爾在這裏把猶太人的解放問題變成了純粹的宗教問題。誰更有希望得救，是猶太人還是基督徒？這個神學上的疑慮問題，在這裏以啟蒙的形式再現：他們中間誰更有能力獲得解放？的確，已經不再是這樣提問：使人獲得自由的，是猶太教還是基督教？而是相反：什麼使人更加自由，是對猶太教的否定還是對基督教的否定？

“如果猶太人想要獲得自由，那麼他們不應該信奉基督教，而應該信奉解體了的基督教，信奉解體了的宗教，即信奉啟蒙、批判及其結果——自由的人性。”（同上第70頁）

這裏談的還是關於猶太人應該有所信奉，但信奉的不再是基督教，而是解體了的基督教。

鮑威爾要求猶太人摒棄基督教的本質，正像他自己所說的，這個要求不是從猶太本質的發展中產生的。

鮑威爾在《猶太人問題》的結尾處認為猶太教只是對基督教的粗陋的宗教批判，因而從猶太教找到的“僅僅”是宗教意義。既然如此，不難預見，猶太人的解放在他筆下也會變成哲學兼神學的行動。②

鮑威爾把猶太人的理想的抽象本質，即他的宗教，看做他的全部本質。因此，他有理由作出這樣的結論：

“如果猶太教徒輕視自己的狹隘戒律”，“那如果他廢除自己的整個猶太教，那就不會對人類有任何貢獻”（同上第65頁）。

照此說來，猶太人和基督徒的關係是這樣的：基督徒對猶太人的解放的唯一興趣，是一般的人的興趣、理論的興趣。猶太教在基督徒的宗教眼光中是個侮辱性的事實。一旦基督徒的眼光不再是宗教的，這個事實也就不再是侮辱性的了。猶太人的解放本身不是基督徒要做的事情。

相反，猶太人要想解放自身，不僅要做完自己的事情，而且要做完基督徒的事情，學完《符類福音作者的福音故事考證》、《耶穌傳》，等等。

“他們自己可以看到：他們自己將決定自己的命運；但歷史是不讓人嘲弄自己的。”（同上第71頁）

我們現在試着突破對問題的神學提法。在我們看來，猶太人獲得解放的能力問題，變成了必須克服什麼樣的特殊社會要素才能廢除猶太教的問題。因為現代猶太人獲得解放的能力就是猶太教和現代世界解放的關係。這種關係是由於猶太教在現代被奴役的世界中的特殊地位而必然產生的。

現在我們來考察一下現實的世俗猶太人，但不是像鮑威爾那樣，考察安息日的猶太人，而是考察日常的猶太人。

我們不是到猶太人的宗教裏去尋找猶太人的秘密，而是到現實的猶太人裏去尋找他的宗教的秘密。

猶太教的世俗基礎是什麼呢？實際需要，自私自利。

猶太人的世俗禮拜是什麼呢？經商牟利。他們的世俗的神是什麼呢？金錢。

那好吧！從經商牟利和金錢中解放出來——因而從實際的、實在的猶太教中解放出來——就會是現代的自我解放了。

如果有一種社會組織消除了經商牟利的前提，從而消除經商牟利的可能性，那麼這種社會組織也就會使猶太人不可能存在。他的宗教意識就會像淡淡的煙霧一樣，在社會這一現實的、生命所需的空氣中自行消失。另一方面，如果猶太人承認自己這個實際本質毫無價值，並為消除它而工作，那麼他就會從自己以前的發展中解脫出來，直接為人的解放工作，並轉而反對人的自我異化的最高實際表現。

總之，我們在猶太教中看到普遍的現代的反社會的要素，而這種要素，經由有猶太人在這一壞的方面熱心參與的歷史發展，達到自己目前這樣的高度，即達到它必然解體的高度。

猶太人的解放，就其終極意義來說，就是人類從猶太精神[3]中解放出來。

猶太人已經用猶太人的方式解放了自己。

"例如在維也納只不過是被人寬容的猶太人，憑自己的金錢勢力決定着整個帝國的命運。在德國一個最小的邦中可能是毫無權利的猶太人，決定着歐洲的命運。各種同業公會和行會雖然不接納猶太人，或者仍然不同情他們，工業的大膽精神卻在嘲笑這些中世紀組織的固執。"（《猶太人問題》第114頁）

這並不是個別的事實。猶太人用猶太人的方式解放了自己，不僅因為他掌握了金錢勢力，而且因為金錢通過猶太人或者其他的人而成了世界勢力，猶太人的實際精神成了基督教各國人民的實際精神。基督徒在多大程度上成為猶太人，猶太人就在多大程度上解放了自己。

例如，漢密爾頓上校說：

"新英格蘭的虔誠的和政治上自由的居民，是類似拉奧孔那樣的人，拉奧孔沒有作出最起碼的努力去掙脱纏住他的兩條蛇。瑪門是他們的偶像，他們不僅口頭上，而且整個身心都崇拜它。在他們的眼裏，塵世無非是個交易所，而且他們確信，在這塵世間，他們除了要比自己鄰居富有而外，沒有別的使命。經商牟利佔據了他們的全部思想，變換所經營的貨品，是他們唯一的休息。比如說，他們在旅行的時候也要背上自己的貨物或柜台，而且所談的不是利息就是利潤。

即使他們一時沒考慮自己的生意，那也只是為了要探聽一下別人的生意做得怎樣。"④

的確，在北美，猶太精神對基督教世界的實際統治已經有了明確的、正常的表現：宣講福音本身，基督教的教職，都變成了商品，破產的商人講起了福音，富起來的福音傳教士做起了買賣。

"你看到的那位主持體面的佈道集會的人，起初是個商人，經商失敗以後他才成了神職人員。另一個人，起初擔任神職，但當他手裏有了些錢，他就離開佈道台而去經商牟利。在大多數人的眼裏，神職真是一個賺錢的行業。"（博蒙《瑪麗或美國的奴隸制》第185~186頁）

鮑威爾認為，

"這種情況是虛假的：在理論上不給予猶太人以政治權利，實際上他卻有很大的權力，而且在很大的範圍內顯示自己的政治影響，雖然這種影響在一些細節上被縮小了。"（《猶太人問題》第114頁）

猶太人的實際政治權力同他的政治權利之間的矛盾，就是政治同金錢勢力之間的矛盾。雖然在觀念上，政治凌駕於金錢勢力之上，其實前者是後者的奴隸。

猶太教之所以能保持與基督教同時存在，不僅因為它是對基督教的宗教批判，不僅因為它體現了對基督教的宗教起源的懷疑，而且因為猶太人的實際精神——猶太精神——在基督教社會本身中保持了自己的地位，甚至得到高度的發展。猶太人作為市民社會的特殊成員，只是市民社會的猶太精神的特殊表現。

猶太精神不是違反歷史，而是通過歷史保持下來的。

市民社會從自己的內部不斷產生猶太人。

猶太人的宗教的基礎本身是什麼呢？實際需要，利己主義。

因此，猶太人的一神教，在其現實性上是許多需要的多神教，一種把廁所也變成神律的對象的多神教。實際需要、利己主義是市民社會的原則；只要市民社會完全從自身產生出政治國家，這個原則就赤裸裸地顯現出來。實際需要和自私自利的神就是金錢。

金錢是以色列人的妒嫉之神；在他面前，一切神都要退位。金錢貶低了人所崇奉的一切神，並把一切神都變成商品。金錢是一切事物的普遍的、獨立自在的價值。因此它剝奪了整個世界——人的世界和自然界——固有的價值。金錢是人的勞動和人的存在的同人相異化的本質；這種異己的本質統治了人，而人則向它頂禮膜拜。

猶太人的神世俗化了，它成了世界的神。票據是猶太人的現實的神。猶太人的神只是幻想的票據。

在私有財產和金錢的統治下形成的自然觀，是對自然界的真正的蔑視和實際的貶低。在猶太人的宗教中，自然界雖然存在，但只是存在於想象中。

托馬斯·閔採爾正是在這個意義上認為下述情況是不能容

忍的：

“一切生靈，水裏的魚，天空的鳥，地上的植物，都成了財產；但是，生靈也應該獲得自由。”⑤

抽象地存在於猶太人的宗教中的那種對於理論、藝術、歷史的蔑視和對於作為自我目的的人的蔑視，是財迷的現實的、自覺的看法和品行。就連類關係本身、男女關係等等也成了買賣對象！婦女也被買賣。

猶太人的想象中的民族是商人的民族，一般地說，是財迷的民族。

猶太人的毫無根基的法律只是一幅對毫無根基的道德和對整個法的宗教諷刺畫，只是對自私自利的世界採用的那種徒具形式的禮拜的宗教諷刺畫。

在這個自私自利的世界，人的最高關係也是法定的關係，是人對法律的關係，這些法律之所以對人有效，並非因為它們是體現人本身的意志和本質的法律，而是因為它們起統治作用，因為違反它們就會受到懲罰。

猶太人的狡猾手法，即鮑威爾在塔木德24中發現的那種實際的狡猾手法，就是自私自利的世界對統治着它的法律之間的關係，狡猾地規避這些法律是這個世界的主要伎倆。⑥

的確，這個世界在它這些法律的範圍內的運動，必然是法律的不斷廢除。

猶太精神不可能作為宗教繼續發展，即不可能在理論上繼續發展，因為實際需要的世界觀，按其本性來說是狹隘的，很快就會窮盡。

實際需要的宗教，按其本質來説不可能在理論上完成，而是只能在實踐中完成，因為實踐才是它的真理。

猶太精神不可能創造任何新的世界，它只能把新的世間創造物和世間關係吸引到自己的活動範圍內，因為以自私自利為明智的實際需要是被動的，不能任意擴大，而是隨着社會狀況的進一步發展而擴大。

猶太精神隨着市民社會的完成而達到自己的頂點；但是市民社會只有在基督教世界才能完成。基督教把一切民族的、自然的、倫理的、理論的關係變成對人來説是外在的東西，因此只有在基督教的統治下，市民社會才能完全從國家生活分離出來，扯斷人的一切類聯繫，代之以利己主義和自私自利的需要，使人的世界分解為原子式的相互敵對的個人的世界。

基督教起源於猶太教，又還原為猶太教。

基督徒起初是理論化的猶太人，因此，猶太人是實際的基督徒，而實際的基督徒又成了猶太人。

基督教只是表面上制服了實在的猶太教。基督教太高尚了，太唯靈論了，因此要消除實際需要的粗陋性，只有使它升天了。

基督教是猶太教的思想升華，猶太教是基督教的鄙俗的功利應用，但這種應用只有在基督教作為完善的宗教從理論上完成了人從自身、從自然界的自我異化之後，才能成為普遍的。

只有這樣，猶太教才能實現普遍的統治，才能把外化了的人、外化了的自然界，變成可讓渡的、可出售的、屈從於利己需要的、聽任買賣的對象。

讓渡是外化的實踐。正像一個受宗教束縛的人，只有使自己的本質成為異己的幻想的本質，才能把這種本質對象化，同樣，在利己的需要的統治下，人只有使自己的產品和自己的活動處於異己本質的支配之下，使其具有異己本質——金錢——作用，才能實際進行活動，才能實際生產出物品。

基督徒的天堂幸福的利己主義，通過自己完成了的實踐，必然要變成猶太人的肉體的利己主義，天國的需要必然要變成塵世的需要，主觀主義必然要變成自私自利。我們不是用猶太人的宗教來說明猶太人的頑強性，而是相反，用猶太人的宗教的人的基礎、實際需要、利己主義來說明這種頑強性。

因為猶太人的真正本質在市民社會得到了普遍實現，並已普遍地世俗化，所以市民社會不能使猶太人相信他的宗教本質——這種本質只是實際需要在觀念中的表現——的非現實性。因此，不僅在摩西五經或塔木德中，而且在現代社會中，我們都看到現代猶太人的本質不是抽象本質，而是高度的經驗本質，它不僅是猶太人的狹隘性，而且是社會的猶太人狹隘性。

社會一旦消除了猶太精神的經驗本質，即經商牟利及其前提，猶太人就不可能存在，因為他的意識將不再有對象，因為猶太精神的主觀基礎即實際需要將會人化，因為人的個體感性存在和類存在的矛盾將被消除。

猶太人的社會解放就是社會從猶太精神中解放出來。

譯註

① 引文中的“廢除”（aufheben）一詞，在布·鮑威爾的文章中是：“放棄”（aufgeben）。

② 布·鮑威爾《猶太人問題》1843年不倫瑞克版第114~115頁。

③ 馬克思這裏說的“猶太精神”，德文是Judentum。在本文中，馬克思在兩種不同的意義上使用Judentum一詞：一種是在宗教意義上，指猶太人信仰的宗教，中文譯為“猶太教”；一種是在世俗意義上，指猶太人在經商牟利的活動中表現出的唯利是圖、追逐金錢的思想和習氣，中文譯為“猶太精神”。

④ 托·漢密爾頓《美國人和美國風俗習慣》1834年曼海姆版第1卷第109~110頁。

⑤ 托馬斯·閔採爾《為反駁維滕貝格的不信神、生活安逸、以歪曲方式剽竊聖經從而使可憐的基督教慘遭玷污的人而作的立論充分的抗辯和答復》1524年紐倫堡版。馬克思的引文援自萊·蘭克《宗教改革時期的德國史》1839年柏林版第2卷第207頁。

⑥ 參看布·鮑威爾《猶太人問題》1843年不倫瑞克版第24~30頁；《現代猶太人和基督徒獲得自由的能力》，見《來自瑞士的二十一印張》1843年蘇黎世—溫特圖爾版第1卷第60~62頁。

恩格斯論反猶太主義

本文是恩格斯在馬克思死後發表的一封寄往維也納的信件[①]，收入《馬克思恩格斯全集》第22卷。

馬克思的祖父、外祖父都是猶太教拉比（牧師）。但是馬克思的父親改信基督教接受洗禮，馬克思也於6歲接受基督教洗禮，因此，自馬克思的父親（海因里希·馬克思或亨利希·馬克思）一代起，馬克思家族是基督徒而不是信仰猶太教的猶太人。這種改變宗教的猶太族系人，在歐洲有一個特有的名稱——“馬蘭諾（marranos），改宗猶太人”。在此信中，恩格斯說馬克思是猶太人，是指的其祖先的族系。

實際上，弗里德里希·恩格斯就族系看也具有猶太血統，因為弗里德里希本身是一個有猶太血緣的姓氏。韋伯、尼采都是猶太人而且姓弗里德里希。恩格斯在信中說，有雜誌說他是猶太人，而他並不反對。從此信的觀點看，恩格斯反對反猶太主義。這一點，與青年時代馬克思在《論猶太人問題》中表達的反猶太傾向具有明顯的不同。

此外，此信中還特別提到猶太富翁“路特希爾德”

家族，但是認為該家族並非世界上最富有的“路特希爾德Rothschild家族”（在《貨幣戰爭》中談到的大名鼎鼎羅斯切爾德家族）。目前這是我在《馬恩全集》中所見的第一處談到羅氏家族的語句。但我認為路特希爾德家族（Rothschild）即羅斯切爾德家族——世界著名金融世家，在歐洲許多國家設有銀行。

恩格斯信的原文

……

然而難道反猶太主義不是給您帶來害處多好處少嗎？這就是我要請您認真考慮的問題。反猶太主義，這是文化落後的標誌，因而只是在普魯士和奧地利，還有俄國，才有它的地位。如果是在英國這裏，或者是在美國，有誰打算鼓吹反猶太主義，那他簡直會被人恥笑，而在巴黎，德留蒙先生的著作（這比德國反猶太主義者的作品高明得無法比擬），也只是微不足道地和毫無影響地暫時聳動了一下聽聞。況且，現在當他以市鎮參議員候選人身分出現的時候，他本人也不能不表白，他要像反對猶太人的資本那樣地反對基督徒的資本！不過要知道，即使德留蒙先生說出相反的意見，也還是有人讀他的著作。

在普魯士，反猶太主義的傳播者，是一些收入1萬馬克、支出2萬馬克，因而落到高利貸者手中的小貴族、容克地主；

在普魯士和奧地利隨聲附和反猶太主義者的，是一些因大資本的競爭而沒落的小資產者：行會手工業者和小店主。如果說資本在消滅社會上這些反動透頂的階級，那末它是在做它應該做的事，而且是在做一件好事——不管這資本是猶太人的還是雅利安人的、是行割禮的還是行洗禮的，反正都是一樣；它在幫助落後的普魯士人和奧地利人前進，促使他們最終達到現代發展水平，在這種發展水平下，先前的一切社會差別溶化成資本家與僱傭工人之間的一個巨大對立。

只有在這種情況還沒有發生的地方，即在還不存在強有力的資本家階級，因而也不存在強有力的僱傭工人階級的地方；只有在資本還薄弱得不能支配全國的生產，因而證券交易所是它的主要活動舞台的地方；也就是說，只有在生產還是掌握在農民、地主、手工業者以及諸如此類由中世紀保存下來的階級手裏的地方，——只有在這種地方，猶太人的資本才佔優勢，也只有在這種地方才有反猶太主義。

整個北美有一些很難用我們的可憐的馬克、古爾登、或法郎來表現其財富的百萬富翁，在這些百萬富翁之中沒有一個猶太人，同這些美國人比較起來，連路特希爾德家族（即羅斯切爾德家族）也簡直是叫化子。即使在英國這裏，譬如說同韋斯明·斯特公爵（Dukeoee Westminster, 1825~1899年，政治活動家，自由黨人，大地主）比較起來，路特希爾德也只能算是一個家財微薄的人。甚至在我們的萊茵河兩岸，95年以前我們靠法國人的幫助曾從這裏趕走了貴族並建立了現代工業，而在這裏又何嘗有猶太人？

由此可見，反猶太主義無非是中世紀的、垂死的社會階層反對主要由資本家和僱傭工人組成的現代社會的一股反動逆流；因此，反猶太主義戴上偽裝的社會主義假面具，只為反動的目的效勞；這是封建社會主義的畸形變種，我們同它不可能有任何共同之處。如果反猶太主義在某一個國家能夠存在，那只證明那個國家的資本還不夠發達。現在，資本和僱傭勞動是彼此密不可分地聯繫着的。資本愈強大，僱傭工人階級也愈強大，從而資本家的統治也就愈接近滅亡。

因此，我希望我們德意志人（我把維也納人也算在裏面）能夠真正蓬勃地發展資本主義經濟，而絕不希望它停滯不前。況且反猶太主義還歪曲事情的真相。它甚至不了解這些它所聲嘶力竭反對的猶太人。否則它就應該知道，在英國這裏和在美國由於東歐的反猶太主義者，在土耳其由於西班牙的宗教裁判所，而有着成千上萬的猶太無產者，而且正是這些猶太工人在受着最殘酷的剝削，過着最貧困的生活。在我們這裏，即在英國，最近一年裏發生了三起猶太工人罷工事件[②]，——怎麼能把反猶太主義說成是反對資本的鬥爭手段呢？

此外，我們還有很多地方得感謝猶太人。海涅和白爾尼不待說，馬克思是一個純粹的猶太人；拉薩爾也是猶太人。在我們的最優秀的人物中有許多都是猶太人。我的朋友維克多·阿德勒（他為了效忠於無產階級事業目前正在維也納坐牢）、倫敦"社會民主黨人報"的編輯愛德華·伯恩施坦、我們最優秀的帝國國會議員之一保爾·辛格爾——所有這些人我都因為同他們建立了友誼而感到自豪，而他們全都是猶太人！《涼亭》[3]雜誌甚至把我也算做猶太人，假使要我選擇的話，我無論如何情願做一個猶太人，而不願做一個"貴族老爺"！

弗里德里希·恩格斯

1890年4月19日於倫敦

譯註

① 這封信是恩格斯給奧地利一個銀行職員埃倫弗羅伊恩德的復信；後者在1890年3月21日給恩格斯的信裏說，在他所在的維也納銀行和信用機關官員俱樂部的成員當中，以及在一部分維也納居民當中，反猶太主義以宣傳反對猶太人的資本的形式傳播很廣。恩格斯給埃倫弗羅伊恩德的復信以"弗里德里希·恩格斯論反猶太主義"為題發表在1890年5月9日"工人報"第19號上。發表時附有編輯部的註示："大概不需要指出，我們刊載這封信是徵得作者和收信人雙方同意的。"收信人的姓名在發表時沒有指出。恩格斯的信以同樣的標題轉載於1890年5月13日《柏林人民報》第109號和德國社會政治週刊"勞動權利"（Das Rechtaue Arpbeit）1890年5月28日第315號第58頁。

② 恩格斯指倫敦猶太工人舉行的下面幾次罷工：1889年8~9月裁縫和毛皮製品工人的罷工，1889年11月麵包師的罷工和1890年3~4月鞋匠的罷工。這幾次罷工都以業主滿足工人的要求而結

束。裁縫、毛皮製品工人和麵包師達到了規定以10小時工作日代替原先的14~16小時工作日的目的，鞋匠達到了以在作坊裏勞動代替在家裏勞動和業主同意實行勞動仲裁的目的。

③ 《涼亭》（*Die Gartenlaube*）是德國一家小資產階級文學插圖週刊，1853年起在萊比錫出版。

“猶太人”是一個民族概念嗎？

作者：江曉美

猶太銀行家和猶太人不是一回事

無情的策略

“現在，如果有國家反對我們（此處指與會的銀行家族），那只是在我們的控制下的一種形式，因為我們需要他們的反猶運動以幫助我們獲取對整個猶太民族的控制權。我不想對此作進一步說明，因為這個問題在我們內部也引起了反復爭論。”——《錫安長老會紀要》

有關“猶太人”的概念，有許多誤解，“猶太人”到底是個什麼概念，是如何形成的，至今很多人不理解。在西方社會，不能批評任何一個“猶太銀行家族”，否則就是“反猶主義”。但實際上猶太族群是猶太銀行家族欺壓和危害最大的一批人。《錫安長老會紀要》是古典共濟會成員莫里斯·喬利公佈的一份所謂的“現代共濟會”的會議紀要（裏面就有上面這個會議的發言記錄）。一句話：猶太銀行家和猶太人不是一回事。

古典共濟會在人類文明的進步與發展上，客觀上有過一定的貢獻，他們中的一些人比如：大文豪雨果、作家莫里斯·喬利等人也堅定地反對所謂的“現代共濟會”，道理很簡單：這是一個跨國銀行家建立的秘密組織，聽命於世襲的金融僭主家族。猶太民族的苦難，不過是猶太銀行家蓄意“打造”的政治鎧甲，他們才是猶太民族苦難的根源和始作俑者。

殘酷的掠奪

“瑞士國際金融地位的奠定得益於銀行保密法。瑞士銀行之所以能夠吸納來自世界各個角落的巨額財富得益於銀行保密法。瑞士受攻擊和批評最多之處，也是這個銀行保密法。銀行保密法制定於1934年。當時的德國，納粹政權已開始執行其迫害猶太人的政策。歐洲一些國家反猶情緒抬頭，對猶太人的財產存頗多覬覦之心。此種形勢下，猶太人便把財產陸續轉移至十萬大山組成的小國瑞士，以求穩妥。……據最新材料揭露，納粹特工部門蓋世太保第二次世界大戰中曾在瑞士信貸銀行開設有秘密賬號，把大筆款項交由該銀行代管，使瑞士銀行是納粹銀行之說有了新證。另有消息說，納粹負責從集中營犯人和焚屍爐死者身上掠取黃金及貴重首飾的德國DWB公司，也同該銀行有過密切合作。所謂從死難者嘴裏撬取金牙的事兒就是DWB公司幹的，熔化後鑄成金條，上交第三帝國銀行，後輾轉到瑞士銀行換成瑞士法郎，再到國際市場上購買納粹所需的戰爭物資。

上述材料是最近在前民主德國的國家檔案館裏發現的，歷史學家此前從未接觸過。蓋世太保在瑞士信貸銀行的賬號為54941，負責人名叫萊奥·沃爾克，是蓋世太保精鋭部隊負責財務的高級軍官，與瑞士銀行單線聯繫。局外人根本不知情。”（林恩〈揭開瑞士銀行之謎〉《南方週末》2008~4）。

問題在於，這些瑞士的猶太銀行家族的做法正如“德國猶太人中央理事會主席布比斯”指責的那樣：“瑞士銀行接收納粹黃金是令人憤慨的分贓行為。”歐洲的許多猶太家庭積累了很多財富，這是包括猶太壟斷銀行家族在內的跨國壟斷金融資本資助希特勒上台，對其進行資本凝結的根本原因。

馬克思評猶太銀行家的“信仰”

馬克思是地地道道的猶太人，他熱愛猶太民族“馬克思出生於德國萊茵省的特利爾城，祖父馬克思·利維是該城有名的拉比，祖母愛·里沃夫更是出生於拉比世家。母親罕麗達·普列斯波格也出生於荷蘭的一個拉比家庭（“拉比”是猶太教的神職人員，類似於基督教中的“神父”）。父親原名希爾舍·馬克思。1817年，35歲的希爾舍·馬克思接受了基督教洗禮，並把自己的猶太名字“希爾舍”改為基督徒常用的“亨利希”。1824年，亨利希·馬克思讓他的6個兒子都接受了洗禮，時年馬克思年僅6歲。……馬克思一直對猶太人的處境表示出強烈的同情心，他極力反對當時流行的一些反猶言論。馬克思擔任《萊茵報》主編時，曾以報紙為陣地，對猶太人爭取解放的鬥爭給予了很大的輿論支持。

1843年3月，科隆猶太社團的代表找到馬克思，希望他給當地的政府機構寫一份請願書，呼吁改善猶太人的處境，馬克思欣然同意。鮑威爾（曾是馬克思的老師）的文章發表後，馬克思再也無法抑制自己的激情，他於1843年秋天就寫成了《論猶太人問題》，作為對鮑威爾的直接挑戰與反擊。由此可見，《論猶太人問題》問世的直接動因，是關注歐洲猶太人的命運，探討猶太人問題的解決途徑，而不是為反猶太主義製造理論根據。

馬克思對猶太人的同情與關心態度，從他1854年4月15日寫給《紐約每日論壇報》的一篇文章也可以體現出來。他把猶太人問題作為東方問題的一個方面而提出，特別強調："耶路撒冷的猶太人所遭受的貧困和痛苦非筆墨所能形容，他們居住在耶路撒冷最骯臟的地區，即錫安山和莫里亞山之間的一個叫做哈萊特·厄爾·雅胡德的地區"（那裏有他們的教堂）（張倩紅《從"論猶太人問題"看馬克思的猶太觀》中國社會科學院世界歷史研究所·世界歷史.2004~6）。

馬克思在1854年談到猶太人，充滿同情地提到了"貧困"，這絕非偶然。美第奇銀行讓"佛羅倫薩共和國"主導整個歐洲的時候，富有到令人炫目的意大利，卻是田地荒蕪、城鎮消亡、奴隸制重新出現的凄慘時刻，這就是金融戰役史中很常見的虛擬經濟與實體經濟逆向對比、金融資本“富有化”與社會各階層“貧困化”的現象。

馬克思對猶太銀行家的評價，簡單深刻“猶太的世俗基礎是什麼呢？實際需要，自私自利。猶太人的世俗偶像是什麼呢？做生意。他們的世俗上帝是什麼呢？金錢。既然這樣，那麼從做生意和金錢中獲得解放——因而也是從實際的、現實的猶太人中獲得解放——也就是現代的自我解放。……猶太人的解放，就其終極意義來說，就是人類從猶太中獲得解放”（《論猶太人問題》《馬克思恩格斯全集》第1卷第446頁人民出版社.1956）。

上面這句話，最後一句“從譯文字面上看，似乎有點拗口，不知道是什麼意思”，黑體字的“猶太”是什麼意思呢？（這個黑體為本文添加，以突出原文的譯註，非原始文獻所有）實際上原文在446頁下有一個“編者註”：“馬克思指的是人類從做生意、從金錢勢力下解放出來。馬克思這裏所用的‘猶太’（Judentum）一字意味着做生意，因為德文的‘Jude’除了‘猶太人’、‘猶太教徒’這個基本含義外，還有‘高利貸者’、‘商人’的意思”。

所以，馬克思這句話“猶太人的解放，就其終極意義來說，就是人類從猶太中獲得解放”的含義就清楚了——即貧困的猶太人民要得到解放，就必須和人類一樣，從金錢的枷鎖下得到解放。這個“編者註”的“猶太”在原文德語中，尤指“高利貸者”，實際上就是銀行家。其真正的含義是“金錢”，但不是普通小孩口袋中的幾枚硬幣，而是“跨國壟斷銀行家族”主導的跨國壟斷金融資本。很顯然，馬克思天才地預見到“金錢”和“金融資本”最後將成為猶太民族和人類解放的共同障礙。

馬克思一語雙關、洞察人性，這種充滿人文關懷的說法的深刻性和前瞻性，直到今天也不一定能夠為所有人理解和接受，因為私有制太根深蒂固了，即便資本的凝結已經構成了可怕的世襲，已經用現代虛擬經濟阻礙了實體經濟的發展，人們也很難在拋開黃金鐐銬的自由人和世襲金融僭主的奴隸之間作出理智的選擇。唯一可以肯定的是：與此同時，人類的智慧正在經受大自然母親的選擇。

猶太民族與猶太社團

猶太民族和世界其他民族有所不同。他們並不是以人種、膚色和語言作為民族的統一性內涵。比如“希伯來語”是第二次世界大戰以後，逐漸挖掘並恢復起來的一個早就消亡的古代語言。事實上，現在的“希伯來語”恐怕和古代存在過的“古希伯來語”已經無法畫等號了，因為沒有錄音和古代文獻，這是否就是古代猶太民族的語言都無從考證。

同為閃米特族的中東其他民族，與猶太民族卻界限分明（尤其是第二次世界大戰以後），而早期獨立的猶太國家歷史，卻是聖經的《舊約》，本書不討論宗教，從歷史角度來說：聖經中經常和"上帝"見面的猶太國大衛王並不存在，古猶太國的最早存在時間都有待考古證據來考證。比如：比大衛王早得多的古埃及、古中國的歷史都有大量的文物、典籍和建築可以考證，"大衛王"雖然有美第奇銀行養活的共濟會成員米開朗琪羅著名的大衛雕像給出了感性的認識，但歷史上卻沒有這個大衛和他的國家的任何痕跡，至少目前沒有宮殿、墳墓、典籍、文物、鼎文作為考古學的證據，一切僅存在於《舊約》，這就超出本書的討論範圍了。

所以，今天的猶太民族究竟是不是傳說中的古猶太國居民，都無法考證，僅能說有關係。

猶太民族有各種膚色，在世界各地都有猶太社團存在，這是猶太民族絕對不同於其他民族概念的一個特有的現象。聯絡現代猶太民族的紐帶更多的是商業利益、家族和聯姻、猶太教等，這就讓猶太民族也具有類似一個跨國社團組織的民族特徵。

這種獨一無二的民族特徵，無疑給猶太民族的跨國商業活動和資本積累帶來的許多便利和好處，但也給生活在歐洲的猶太民族帶來了深重的災難。原因很簡單：這種商業活動有排他性，在利潤豐厚的領域更是如此，具有"零和博弈"的商業活動特徵，尤其在金融領域，沒有一個國家、企業和個人自願拱手讓出金融、貨幣、經濟權利，較量不可避免。

歐洲人的反猶和猶太人的反歐

古代歐洲就一直有實用主義的傳統，對猶太民族一直按照貧富分為“三六九等”。

1.第二金融國家 西班牙阿拉貢王國斐迪南二世時期，就排斥猶太人，但他的海軍遠征軍司令哥倫布卻是猶太人。

2.普魯士的腓特烈二世（1712.1.24~1786.8.17）就把猶太人分成四等，對不同等級待遇自然不一樣（這就是金融貴族體制對傳統貴族體制的“階級壁壘”的“移植”和“繼承”，並不稀奇），他本人就是現代共濟會成員（他本人也聽得懂希伯來語）。

古代歐洲早期的“反猶現象”，主要來源於古羅馬對外擴張（猶太人的老家不在歐洲，而是被羅馬佔領的中東地區）中，“蔑視異族”和“被抓奴隸”的“傳統”，後期就複雜化了。

歐洲的猶太人有些是古代到歐洲經商而留下的，但也有些是以古羅馬軍事貴族奴隸的形式，或因為古羅馬導致的中東戰亂而流離失所跑到歐洲去的。這些猶太家族對歐洲就有了一些抵觸，後來這種“抵觸情緒”逐漸與古代歐洲的“反猶情緒”相互作用，發生了一系列複雜和深刻的演變——只能說這是歷史老人的一個筆誤。

猶太人問題的歷史

作者：寧鄉一夫

關注猶太人

我為什麼特別關注“猶太人問題”，這要從60多年前我生了一場大病的事說起。

1946年5月，華中大學第二批教職工在父親的帶領下從云南大理喜洲返回武昌。可能是水土不服的緣故，我從雲南帶回來的瘧疾病（俗稱“打擺子”）頻頻發作：一忽兒冷得打顫，蓋3床被子也無濟於事；一忽兒發熱，高燒39、40多度，頭暈頭疼，躺在床上，只覺眼前一股黑旋風徑向天花板牆角鉆去，迷迷糊糊，胡言亂語；一把一把地服用奎寧也壓不住瘧疾的發作。大約隔一週發作一次，延續了兩個多月；嚴重貧血；若蹲下站起來，頭腦發炸，兩眼金光四射，心慌意亂，站立不穩！

依稀記得大約是炎熱的7月，我在廳堂裏，凝視着窗外草坪上飛動的紅綠蜻蜓，忽然倒地，覺得右手指和整個手臂像擰麻花似的絞動起來，我心慌意亂，恐懼地連喊兩聲“爸爸”就喪失了意識。我醒來時，發現是父親半跪着抱我在懷，他的左手緊握我的右手，右手拿着剛擦去嘴唇白沫的手帕，把我放在客廳長沙發上，“躺下休息會兒吧！”他慈祥地對我説。我躺了會兒就站起來到院子裏去了，像不曾發生過什麼似的。

此後，又發作過兩三次。父母告訴我患了癲癇病，俗名叫“羊角風”，難以預料何時發作，所以不能上學。1946年下半年輟學在家養病，心裏十分着急。父親四處求醫，後來經校醫介紹到漢口，請來一位中等身裁、戴付金絲邊眼鏡的外國醫生。他身穿黑色長外套，還繫條腰帶，下巴有點鬍鬚，大約50多歲吧。父親招呼他坐下，他方才摘下圓頂寬沿的黑色呢帽，將黑色出診藥箱放在茶几上。他一邊用中文詢問我的病情，翻翻眼皮，看看舌頭，敲敲膝蓋，還量了體溫，一邊和父親用英文和德文交談我的病情。臨走前拿出一瓶鎮靜藥水，囑咐一日三次，一次一小勺。此後，這位醫生還來過兩三次，每次除給鎮靜藥水外，還給一種叫“白藥君”（伯氨喹）的白色小藥片，大概是每天餐後服一片，一日三次。連續服了三個月左右，我就痊愈了，不僅沒有再發作羊角風，連瘧疾病也根治了。我這是不幸中之萬幸。

我父親後來告訴我，這要感謝那位德國猶太人醫生。他説我患的癲癇是突然發作的短暫性的大腦功能紊亂的病症，一般分為大發作、小發作、精神運動發作、局限性發作4種。

發病原因主要是顱內腫瘤、寄生蟲誘發、腦膜炎、腦炎、顱腦損傷及其後遺症等，部分患者病因不明。你是惡性瘧疾病後發生癲癇，顯然是瘧原蟲幼蟲經血液進入大腦引發的癲癇，所以服用"白藥君"可殺滅之。

這位猶太醫生的名字我忘了，但他準確地判斷我的病因，對症下藥，一舉治好了我的難症，我永世難忘！從此我特別注意猶太人的信息，十分關注猶太人的命運。

鏈接http://www.mitbbs.com/article_t/History/31919751.html，有對猶太人一些研究資料。

德系、英系以及美國的很多所謂的猶太人，從血統上說，根本就不是猶太人，這就是猶太人不敢拿血統，而是拿宗教信仰來劃分的原因了，德系、英系及殖民地的猶太人是東歐民族Khazars（哈扎爾人），他們在中世紀全民族皈依了猶太教，但是血統上跟閃族猶太人完全是兩碼事。

可這Khazars（哈扎爾人）據考證，原來也不是東歐人，而是西逃的突厥人。這樣一算，愛因斯坦會是"中國人"後代？我也覺得奇怪，當時英國才1千多萬人口，但是被屠殺的猶太人就有600多萬，那這樣算，猶太人至少過千萬啊？千年以來一直受打壓的民族，人口怎麼可能那麼多？

現在給大家扼要分析一下。

原始猶太人是個很小的閃米特部落，與阿拉伯人同出一系，比周圍的其他閃族部落還要落後些，可以把原始猶太人看成一種阿拉伯人。（如舊約裏Philistines比猶太人文明程度高的多。）

宗教—舊約把猶太人黏在一起。後來就散到北非，中東，伊朗各地。（後來都歸到Sephadi Jews的名下）其實只有Sephardi Jews是真正的猶太後人。但西班牙Reconquista光復後，Sephardi Jews又給攆出歐洲了。Sephardi Jews還曾和Ashkenazi Jews聯絡過，但是發現德系猶太根本不是猶太。現在的猶太人，統統是Ashkenazi Jews（Sephardi Jews和英猶攀親）。

Ashkenazi Jews血統上是Khazars人的後代，發源地是北高加索。但Khazar人建立國家時，信了猶太教。

（就好比XZ人信南亞來的佛教，用梵語字母，但語言人種還是漢羌）Khazars西遷，根據地是東歐斯拉夫世界日耳曼世界，語言就是德語（當然猶太人説是Yiddish，還有用希伯來字母拼的）。

英國國王砍了頭，威廉三世從荷蘭（德語世界）帶猶太管家到英國。從此開始了Ashkenazi Jews在英國的慢慢侵蝕篡國過程（這個過程到Benjamin Disraeli當上首相正式完成）。

Ashkenazi Jews搭載英帝擴張，成了全世界的主子。Ashkenazi Jews假戲真做，誰能證明自己和猶太沾點邊都可以利用的。

東南亞的海上貿易幾千年都是阿拉伯人控制。英國人武力控制印度後，這些阿拉伯商人就自稱猶太，和英猶攀親，打起了猶太牌，兩代後變成了英國老爺。舊上海巨富哈同、沙遜都是伊拉克的阿拉伯人（最多沾點Sephardic的邊）；在印度變成猶太，到中國變成英國人。

現在中國再一次門戶大開，急需忠心的代理人。英美猶再次重復在印度的操作罷了。除了Sephardi jews和Ashkenazi jews，還有eastern jews，哈同應該就屬於是東方猶太人。今天的以色列裏，有大約50%的猶太人是東方猶太人。

Sephardi jews也應該是eastern jews的後代，他們是當初隨着阿拉伯人對西班牙的征服，進入西班牙的。

話說過來，猶太人和阿拉伯人同文同種，搞不好今天以色列當地的阿拉伯人的猶太血統，比猶太人的猶太血統還純。其實從北非到中東到伊朗的這些猶太人，一直只是作為一種阿拉伯人存在着，和周圍阿拉伯人並沒有大的區別。語言，血統一樣的。問題的關鍵是德系猶太人在英國發家以後，一派胡吹亂吹，搞得好像這些生活在阿拉伯/伊斯蘭世界的猶太人怎麼鶴立雞群，怎麼了不得一樣；最後恨不得把歷史中阿拉伯/伊斯蘭世界高明點的好事，都歸功到猶太頭上。

猶太人屬閃米特人的一支，信奉猶太教，古時活動在地中海東岸。猶太民族有比較古老的歷史，聖經中的記載的就是猶太人祖先的傳說。儘管從上帝造人開始講起，但是談得上可信的大致不會早於大衛於公元前1000年左右在耶路撒冷建城。

古猶太國只能算是個城邦國家，談不上強盛，先後臣服於亞述人和埃及人。當時的猶太人實在沒有什麼可以驕傲的，但是就是看不起其他文明，哪怕自己是人家的二等公民。

到了公元前六世紀，巴比倫的偉大國王尼布甲尼撒攻下了耶路撒冷，尼布甲尼撒對耶路撒冷的這些井底之蛙又氣又好笑，索性把猶太人押往巴比倫去接受再教育。猶太人見識到巴比倫的輝煌後，無地自容，但是劣根性不改，心想我雖不如你，我的祖輩大概也不如你，但是我信奉的神大概要比你強。於是這批猶太人就群策群力，想像連帶傳說，開始編寫，把自己描述成上帝選擇的種族，還對巴比倫人極力詆毀，有案可查的便是指巴比倫人建通天塔冒犯了上帝，於是上帝就懲罰人類而讓人類講不同的語言。不過這些猶太人沒想到的是，分別在600年和1100年後，有兩個江湖人以他們寫的為依據，創立了基督教和伊斯蘭教，反過來給猶太人的子孫帶來災難無窮。

猶太人在巴比倫受了60年再教育，以後巴比倫被波斯征服了。波斯王居魯士解放了囚禁在巴比倫的猶太人。但是，猶太人在回到耶路撒冷之後，日子未必比在巴比倫時好過，只能進一步地意淫。公元70年，羅馬總督提圖斯攻下耶路撒冷，同時毀了城裏的神殿，猶太人被迫離開耶路撒冷，從此散落到世界各地。

突厥人的歷史要比猶太人短得多，有關它的來歷有幾種說法，一種說法講突厥之先居於漠北的索國，乃狼所生；其後代娶冬神、夏神之女，所生的子孫之一阿史那被推為首領，遂繁衍成強大的突厥王族。另種說法講匈奴之別種，突厥之先為平涼雜胡，後因北魏太武帝滅沮渠氏，遂逃難至金山，也就是現在的阿爾泰山，充當柔然人的鐵工，從而發展為突厥族。還有種說法更離奇，講某部落被鄰國所滅，只剩下一個失去雙足的10歲小孩；母狼將他養大，並與之交合，生育後代，在高昌之北的山穴中繁衍出突厥阿史那氏族。所以當你唱那首“來自北方的狼”時，如果有那麼種感應的話，你身上可能流有突厥人的血。

到了公元6世紀中葉，中土南北朝時期，那時鮮卑人佔據了北方，建立了北魏王朝，而原先居住在匈奴北邊的丁零人南下，佔據了原匈奴人待的地方，與魏王朝對峙，成立了柔然漢國，是大草原的主人。突厥人在丁零人手下當差，時逢高車人叛亂，突厥人打敗了高車人，並以此向丁零人邀功，要求聯姻，但是讓柔然大漢阿那瑰羞辱了一番，因此懷恨在心，改向西魏聯姻。突闕人有了西魏撐腰後，就大舉進攻柔然，丁零人大敗，阿那瑰自殺。這丁零人也是爽快，立即順着匈奴的步伐往西方跑，沒幾年就到了匈牙利平原，西方人把他們稱作阿瓦爾人（AVAR），如果說匈奴人的西遷造成了西羅馬的滅亡的話，這阿瓦爾人卻是差點把東羅馬給滅了，不過這是另外的故事了。

再說突厥人滅了柔然漢國（552年）後，東征西戰，僅用了30年的時間就建立了東起遼海（遼東半島），西至西海（今中亞里海）的龐大草原帝國，連取代東、西兩魏的周、齊兩朝都要給它當兒子。但是帝國因繼位問題而分裂，形成東、西兩突闕，更倒霉的是此時楊堅代周建隋（公元581年），隨後重新統一中土。這楊堅有文功武略，利用突闕人的矛盾，先是遠交近攻，唆使西突闕進攻東突闕，待東突闕被打敗後又抑強扶落，幫東突闕打西突闕，將中土戰略戰術發揮得淋漓盡致，沒幾年就把突闕帝國弄得土崩瓦解，東突闕不得不歸屬於大隋。可惜楊堅死後（公元604年），楊廣無道，天下大亂，突闕再興，此時中原各大勢力都要巴結突闕人，包括唐主李淵。公元626年，李世民發動政變奪取皇位，正逢突厥頡利可汗發動騎兵遠征，9月23日，突厥10萬鐵騎突然直抵長安城北門外便橋下。此時長安軍力空虛，根本無力抵抗，不料李世民親自出城，廖廖數語，說得頡利退兵。對於這件有關大唐生死存亡的大事，史書上是這樣記載的："乃與侍中高士廉、中書令房玄齡、將軍周范等馳六騎出玄武門，幸渭上，與可汗隔水語，且責其負約。群酋見帝，皆驚，下馬拜。俄而眾軍至，旗鎧光明，部隊靜嚴，虜大駭。帝與頡利按轡，即麾軍卻而陣焉。蕭禹以帝輕敵，叩馬諫，帝曰：'我思熟矣，非爾所知也。夫突厥掃地入寇，以我新有內難，謂不能師。我若闔城，彼且大掠吾境，故我獨出，示無所畏，又盛兵使知必戰，不意我能沮其始謀。彼入吾地既深，懼不能返，故與戰則克，和則固，制賊之命，在此舉矣！'是日，頡利果請和，許之。翌日，刑白馬，與頡利盟便橋上，突厥引還。"

李世民雖然大智大勇，不過頡利如此輕易退兵，則是難以想象，事實真相可算是千古之迷了。據當代歷史文學想象大師黃易的考證，突厥人實際上並沒有把李世民放在眼裏，他們怕的卻是與李世民一起出城的另外兩個人：寇仲和徐子陵！這寇仲和徐子陵原來是揚州城裏的混混，因際遇（也就是天命）獲得高麗長生功訣，由此煉成絕世武功。早年兩混混游闖大草原，熟識草原上的各部落，那些部落首領不是吃過兩人的苦頭就是受過兩人的恩惠，其中不少還是兩混混拜把子兄弟，此時看到兩人突然隨李世民出現，自然下馬便拜了。之前突厥首領們還以為兩混混是與大唐作對的，此番隨頡利南下還有點助寇仲與李家爭天下的意思，他們並不怕李世民，但是要和兩混混作對，這下輩子是沒有太平日子過了。頡利見手下怯戰，只好按兵不動。當晚頡利與寇、徐見面，要求兩人退出江湖，但同意退兵並與唐簽三年互不侵犯條約，顯然小看了李世民。大唐就此度過難關。三年後，李世民緩過氣，派李靖出兵，大破頡利，滅了東土厥，接着出兵西征，破了西土厥。

但是，這突闕人和猶太人又有什麼關係呢？這裏就必須提到可薩人（KHAZAN）。這可薩人是突闕人的一個部落，當年突闕人西進時，可薩部擔任先鋒，大約在公元七世紀20年代可薩人到達西海以西，黑海以東地帶。當時拜占庭帝國和波斯薩撒帝國的戰爭正值高潮，東羅馬拜占庭在波斯人和阿瓦爾人的夾擊下，節節敗退，丟掉了敘利亞、巴勒斯坦和埃及，公元626年，波斯和阿瓦爾聯軍兵臨君士坦丁堡城下。

拜占庭皇帝希拉克留斯正走投無路，可薩人的到來無疑是救命稻草，希拉克留斯就帶了大量黃金珠寶親自前往可薩人處借兵。看在金錢的份上，加上宿敵丁零人，可薩人借給了希拉克留斯4萬騎兵。不過東羅馬人不知道該怎麼使用騎兵，行動小心遲緩，戰況毫無進展。可薩人耐不住了，就教了羅馬人一招從東土學來的圍魏救趙，於是4萬鐵騎調頭南下，直插波斯腹地，波斯主力被迫撤圍君士坦丁堡。公元627年，波斯軍隊在回防途中，在今天伊拉克的莫蘇爾附近遭可薩鐵騎圍殲。這一戰挽救了東羅馬，但波斯薩撒帝國卻元氣大傷，再也無力抵擋阿拉伯人的入侵。

公元7世紀30年代，阿拉伯人作為一支新興力量出現在歷史舞台上。滅了波斯薩撒帝國後，自然就要和可薩人面對面了。從公元642~652年，阿拉伯人為了打通征服歐洲的側翼北上，和可薩人在高咖索山脈一帶激戰，此前戰無不勝的阿拉伯人在可薩人面前摸不着北，屢戰屢敗。無奈之下，阿拉伯人轉向進攻拜占庭帝國，分別於公元670年和公元716年兩次圍攻君士坦丁堡，終因君士坦丁堡地勢險要，易守難攻，而無功而返。退兵後，阿拉伯人又開始找可薩人晦氣，從公元722~737年，雙方又展開拉據戰。可薩人儘管不斷取勝，但是面對穆斯林狂熱的宗教信仰支撐下的冒死進攻，陷入了消耗戰，最終遭阿拉伯人擊潰。好在阿拉伯國內暴發起義，可薩人逃過一關。

Reference:

1. Kevin Alan Brook, *The Jews of Khazaria* (Jason Aronson, 1999)
2. Norman Golb and Omeljan Pritsak, *Khazarian Hebrew Documents of the Tenth Century* (Cornell University Press, 1982)
3. Jonathan Shepard, "The Khazars' Formal Adoption of Judaism and Byzantium's Northern Policy." *Oxford Slavonic Papers*, New Series 31 (1998)
4. "Archaeological Finds Add Weight to Claim that Khazars Converted to Judaism." *The Jerusalem Report* (June 21, 1999)
5. Ruth Ellen Gruber, *Jewish Heritage Travel*, 3rd edition (Jason Aronson, 1999)

反猶的歷史根源和社會特點

《共產黨宣言》、《資本論》的作者馬克思，理論物理學家愛因斯坦，精神分析學家弗羅伊德，哲學家斯賓羅薩以及宇宙火箭專家馮·布勞恩，奉行"秘密外交"的基辛格……等都是猶大人。猶太人的生活基本上是在流亡中度過的。全世界猶太人1300多萬，佔世界總人口數不過0.26%，而在諾貝爾獎獲獎人中，有18.76%是猶太人；世界上70%的財富在猶太人手裏。

美國每4個富豪中，就有1個猶太人。於是，我腦子裏出現的第一個問題是：為什麼猶太人是世界上最富裕極具智慧的民族？

猶太人把智慧當成猶太人生存發展的法寶。為什麼？由於歷史上猶太人四處流浪，他們深感物質財富隨時都可能被偷走、搶走，但唯有知識智慧永遠相伴。他們堅信，無論命運如何坎坷，不管流浪到哪裏，只要有智慧、有知識，就不怕沒有財富。他們所到之處，唯一的支撐就是自己頭腦中的知識，從而創造財富來為自己爭得一方生存發展的空間。

那麼智慧哪裏來？從學習中來。猶太教中，勤奮好學不只是僅次於敬神的一種美德，而且是敬神本身的一個組成部分。這種宗教虔誠般的求知精神在商業文化中的滲透，內化為猶太人孜孜不倦、探索求實、銳意進取的創新意識。猶太人一向認為雙親和教師都像是巍峨的高山，十分敬重。猶太人特別重視學校建設，他們認為學校無異於一口保持猶太民族生命之水的活井。以色列教育投資佔國民生產總值的8%以上，這在世界上也是罕見的。他們堅持終身學習，認為學問的追求是永無止境的，不斷學習是一種神聖使命；肯學習的人比知識豐富的人更偉大。

這樣一個有智慧、受教育程度比較高的民族為什麼歐洲人不歡迎他們，甚至驅趕屠殺他們？我查閱了一些有關資料，其原因極其複雜，歸結起來是歐州“反猶主義思潮”作祟。

所謂“反猶主義”一詞在英文中為“anti-semitism”，其動詞形式為“anti-semite”，它是由前綴“anti”和詞根“Semite（閃米特族）”組合變化而來，從字面意思上看，應是“反閃主義”。但是由於歷史的原因，人們都習慣於用這一詞匯來指代反猶主義。有學者認為這一詞匯是在19世紀由德國記者威廉·馬爾因在《猶太教戰勝德意志社會》中首先提出來的，儘管這一詞匯出現於19世紀，對猶太人的迫害早在上古時期就已出現。我們一般認為反猶主義是一種把整個猶太人作為迫害和排擠對象的社會現象、社會思潮和社會行為，反猶主義在不同的社會時期有着不同的表現形式和內涵。在歷史上，歐洲的反猶主義最為嚴重，對歷史的影響也最大，歐洲之所以會頻頻發生反猶的惡浪，是由其深刻的歷史根源和社會特點所決定的，大概可歸納如下：

歷史的慣性作用

歐洲對猶太人的大規模迫害始於希臘羅馬時期，當時主要是為了推行希臘化政策，鎮壓猶太人的抵制和反抗。羅馬帝國滅亡以後，一方面帝國內長期推行的反猶政策在社會中形成的反猶排猶思潮並沒有一下子消失；另一方面羅馬帝國推行的反猶措施被後羅馬時代各國所繼承。日耳曼部落打敗羅馬帝國以後，最初並沒有積極的學習希臘羅馬的優秀文化，而是去繼承和發展基督教，也包括對被稱為“異教徒”的猶太人的迫害。例如在公元438年生效的羅馬提奧爾西法典中規定的針對猶太人的附加條款，後來就成為一些人反猶的法律依據。

經濟上的偏見和短視

由於猶太人一直被視為魔鬼和異教徒，所以他們的就業和經營也受到了很大限制，不少人只能去從事商業和金融業，特別是高利貸行業。流散到各地猶太人憑借着自己的聰明才智和努力，很快就聚斂起大量財富，但這又會成為當地人妒嫉和仇視的對象。基督教禁止基督徒進行放貸食息，所以猶太人的放貸一直被視為是“罪惡勾當”，實際上“這是一個為自己掘墓的怪圈，其背後則是基督教歐洲對猶太民族的宗教迫害和種族歧視。”歐洲統治者一方面迫害猶太人，另一方面又把猶太人作為“敲竹杠”的榨取對象。法國統治者在這方面的表現尤為突出，從公元1182~1321年，法國曾4次驅逐猶太人，為了財稅收入又4次召回猶太人。1361年法國國王約翰（Jeanle Bon）被英國俘虜，為了籌集巨額贖金，允許猶太人返回法國，1394年又把他們驅逐了出去。以色列著名歷史學家阿巴·埃班在《猶太史》中曾寫道“他們（猶太人）在英國短暫的定居史逼真而深刻地反映了中世紀猶太人的命運：始則受鼓勵，繼而受辱，受迫害，最後則遭驅逐。”近代歐洲資本主義興起以後，猶太人在經濟競爭中的優勢也成為非理性反猶的新借口，一些反猶組織通過聯合抵制的辦法反對猶太人，把猶太人排除在一些行業和社團組織之外。在奧地利，一些反猶主義者在報紙上和集會上就公開打出“不從猶太人處購貨”的口號。法國反猶分子愛德華·阿道夫·德律蒙在《法國猶太人》一書中竟然提出：法國的經濟蕭條和社會貧困是猶太人的罪過。他認為猶太人在法國人口中雖然只佔0.25%，可是他們卻掌握着法國一半以上的財富，所以要徵收猶太人“顯然用非法手段牟取的財產”。這本書在出版的當年就售出了10萬冊，在社會上起到了極大的蠱惑作用。

政治地位的缺乏

猶太人在客居地基本上都是以少數族裔的面目出現的，他們的經濟地位凸顯了他們這一群體的獨特性，但他們始終沒有完全獲得相應的政治權利來保障自身的利益，這使得他們始終是一個脆弱的群體，再加上一些當權者別有用心的縱容和挑唆，猶太人常常會無端的成為權力爭鬥的犧牲品。在中世紀，一些歐洲國家統治者為了討好基督教教會，不遺餘力地迫害猶太人。到了近代，歐洲各國的統治者為了轉移國內社會矛盾和階級鬥爭的視線，又往往拿猶太人作為“替罪羊”。19世紀末20世紀初俄國的沙皇政權就利用反對猶太人來轉移國內的不滿，在當時的反猶浪潮中起到了推波助瀾的作用。20世紀30年代，希特勒的納粹勢力同樣是利用人們對猶太人的仇視來一步一步奪取權力的。從歷史上來看，凡是猶太人有一定政治地位的時候，其權利就可以得到較好的維護，就可以有效的抵禦反猶主義的攻擊。

宗教文化上的不兼容性

公元4世紀，隨着基督教被羅馬帝國宣佈為國教後，它就逐漸在歐洲取得了統治地位。但其地位一直受到來自猶太教的質疑，被基督教奉為經典的《新約》和基督耶穌一直為猶太教所否認，這種否認實際上就是對基督教合法性的一種質疑。這是基督教佔統治地位的歐洲社會所不能容忍的。

其次是宗教傳說中猶太人對基督耶穌的迫害，以及一些人別有用心的把猶太人附會成為出賣耶穌的猶大的後裔（其實猶大是加略人）。這些宗教傳說不論其真實與否，在基督教會不厭其煩的鼓吹下，都在一定程度加深着基督徒對猶太人的偏見，並導致了一種強烈的宗教復仇情緒。天主教、東正教、新教，都有大量反猶分子，譬如馬丁·路德就是一個臭名昭著的極端反猶者。

最後是在宗教價值觀上的對立。猶太人自認為是上帝的“特選子民（the Chosen People）”，與上帝有着某種契約關係；基督教雖脱胎於猶太教，但已演變成一種普世的宗教，它認為所有的人都可以歸化為上帝的子民，基督徒負有拯救人類和世界的使命。所以，當基督教與具有優越感的猶太教迎頭相撞時，衝突就不可避免了，要麼猶太教徒被歸化，要麼成為“萬惡不赦”的異教徒。正因為如此，那些狂熱的十字軍戰士在東征時就提出了“幹掉一個猶太人，以拯救你的靈魂”的口號，基督教會也想盡辦法包括使用暴力手段，來迫使猶太人改變信仰乃至消滅掉他們。

猶太人由於在宗教和價值觀上的獨特性，在社會生活的各個方面，都表現出了有別於基督教世界。這種差異使他們往往被視為是“非我族類”，進而形成一種深刻的偏見。希臘羅馬以後，基督教在歐洲世界佔據社會思想的主體地位，其偏執和非理性因素，對異質的猶太人和文化表現出了強烈的排斥而不是寬容。這樣，以兩種不同宗教信仰為主體的社會，在文化生活上表現出的差異竟然成了一種現實衝突的借口。

歐洲信奉基督教的基督徒們仇視猶太人，所以文藝復興時代的歐洲的那些大文豪們，在自己的作品當中總是把猶太人寫得很壞。當希特勒開始迫害猶太人時，歐洲及美洲地區的基督教國家，都共同參與了迫害猶太人的行動。在希特勒發動戰爭之前，歐洲許多國家都應德國的要求將本國的猶太人集中送往德國，由德國人進行工廠化的大屠殺。

德國人屠殺猶大人有更現實的需要。20世紀30年代爆發了世界性經濟危機這使德國經濟遭受重創，同時激化了國內階級矛盾。德國壟斷資產階級希望通過對外擴張，轉嫁國內矛盾，並獲得更廣闊的生存空間，稱霸世界。當時猶太人在歐洲十分富有，希特勒等納粹分子利用歐洲人傳統的反猶情緒，加以渲染，宣稱猶太人是罪惡的民族，劣等民族，就這樣把矛頭對準了猶太人，給所有的社會問題提供了一個發洩轉嫁的渠道，並借此大量掠奪猶太人的財產，為稱霸世界打下了經濟基礎。同時，反馬克思主義是希特勒反猶的又一政治原因。希特勒認為猶太人利用馬克思主義把民族劃分為階級，搞階級鬥爭，是洪水猛獸，因此若不“肅清馬克思主義”德國就不能重新崛起。巧合的是馬克思也是猶太人。

當然還有希特勒的個人因素。他早年流浪於維也納和慕尼黑，缺乏良好的教育，鑄就了自私、狂妄的性格。脾氣暴躁是他的典型性格，與他的極端的民族主義和反猶主義思想結合起來，這就造成了他的狠毒和殘忍。希特勒是一個嚴重心理變態的政治狂人。

任何歷史事件都是多種因素合力的結果，也就是人們常說的“多因一果”。一方面希特勒瘋狂反猶的變態心理來自於歷史成見、宗教情節和現實原因；另一方面這三大原因又把希特勒瘋狂變態心理推向了頂峰，從而引發了一場人類歷史的悲劇。

阿以衝突

我的第三個疑惑是：阿以衝突的來由，為什麼衝突延續幾十年，至今難以解決？

阿拉伯和以色列的衝突是中東地區衝突的熱點之一，衝突的背後隱藏着深刻的歷史根源，既有宗教的、民族的因素，更重要的是大國干預等外部因素，各種因素互相影響、激化，使得巴以衝突的複雜性非同一般。

阿以衝突的由來

巴勒斯坦位於亞洲西部地中海沿岸，古稱迦南，包括現在的以色列、加沙、約旦河西岸和約旦。歷史上，猶太人和阿拉伯人都曾在此居住過。公元前20世紀前後，閃米特族的迦南人定居在巴勒斯坦的沿海和平原地區，成為巴勒斯坦最早的居民。公元前13世紀末，希伯萊各部落遷入巴勒斯坦，並曾先後建立希伯萊王國及以色列王國。此後巴勒斯坦又先後被亞述人、巴比倫人、波斯人及羅馬人佔領和統治。

公元前1世紀羅馬帝國侵入，絕大部分猶太人流亡世界各地。公元7世紀巴勒斯坦地區成為阿拉伯帝國的一部分。阿拉伯人不斷移入，並和當地土著居民同化，逐步形成了現代巴勒斯坦阿拉伯人。此後的1000多年，巴勒斯坦一直是由巴勒斯坦阿拉伯人居住，直到現在。期間他們抗擊十字軍等侵略者，付出了大量的犧牲。

猶太人根據《舊約聖經》認定巴勒斯坦地區曾是猶太人的故鄉，因此他們認為返回巴勒斯坦定居是天經地義的事。《舊約聖經》經典所記載的完全是猶太人祖先的故事，雖然大多數歷史學家們都認為這些故事難以證實它的真實性；再者，《聖經》只是一種信仰的產物。不過，由於大部分內容都被現今的猶太人所接受，所以我們有必要仔細地了解故事的輪廓，因為今天的衝突以及耶路撒冷問題與宗教原因息息相關。

故事開始於上帝告訴亞伯拉罕離開自己的故鄉美索不

達米亞，遠赴迦南，即現在的巴勒斯坦地區，去開始新的生活，於是亞伯拉罕帶領他的妻子和兒子們來到迦南。就這樣，猶太人認為亞伯拉罕是他們的始祖，是巴勒斯坦地區的主人。亞伯拉罕的兒子艾薩克（Isaac）和孫子雅各布（Jacob）也都被認為是猶太人的祖先。雅各布有12個兒子，由於約瑟夫夢見在收穫時，哥哥們的麥捆圍着他的麥捆一圈，並且哥哥們的麥捆全部倒向中心倒向了他的麥捆。於是約瑟夫預示，哥哥們甚至父親都會向他臣服。這使得11個哥哥們全都非常憎恨他們的兄弟約瑟夫，認為他自命不凡，於是把他賣到埃及當奴隸。不過約瑟夫有一個解夢的本領，深得埃及國王的喜愛，於是他被封作宰相。後來雅各布和他的兒子們來到埃及投靠約瑟夫，並大量繁衍他們的後代，這些後代就第一次被稱作以色列人（Israel，意思是上帝為其鬥爭或者是與上帝作鬥爭）。埃及國王看到繁盛的猶太人，視他們為威脅，為了除掉這個隱患，他找借口把這些以色列人貶為奴隸。痛苦的服役生活使可憐的猶太人反抗了，於是就有了摩西，也有了摩西十誡，帶領以色列人返回故鄉的故事。大約在公元前13世紀，以色列人建立了第一個統一的王國——以色列王國，而他們有兩位出色的國王，大衛和他的兒子所羅門。他倆在位期間，發展貿易，以武力維持其統治，使以色列發展到鼎盛。更為重要的是，這個時候王國定都耶路撒冷，被確立為猶太民族的神聖之地，這就成為阿以衝突症結難解的宗教根源。

19世紀末，猶太復國主義運動興起，主張分散在世界各地的猶太人重返巴勒斯坦，建立猶太人為主的國家。1917年英國佔領巴勒斯坦，當時這個地區阿拉伯人66萬人，猶太人僅9萬人，但英美為控制巴勒斯坦地區和蘇伊士河，竭力支持猶太復國主義運動。在他們的策劃下已經在世界各地定居的猶太人大批移居巴勒斯坦，從此，阿、以兩個民族間的矛盾日益加深，不斷發生流血事件。1947年11月29日，在美英操縱下的聯合國大會通過181號決議，規定巴勒斯坦在1948年結束英國的委任統治後，建立猶太國（約1.52萬平方公里）和阿拉伯國（約1.15萬平方公里），耶路撒冷（176平方公里）國際化。按照民族人口和國土面積的比例，顯然這個決議是極不公平的，阿拉伯世界廣泛反對這個決議，沒有建立巴勒斯坦國，也堅決反對猶太人建國。而猶太人卻於1948年5月14日宣佈在巴勒斯坦地區建立以色列國。5月15日，阿拉伯聯盟國家埃及、約旦、伊拉克、黎巴嫩和敘利亞5國相繼出兵巴勒斯坦，拉開了巴勒斯坦戰爭的序幕，又稱第一次中東戰爭，結果阿拉伯國家失利，埃及、約旦、敘利亞和黎巴嫩先後同以色列簽訂停戰協定。戰爭結束後，卻遺留下被佔領土地、難民等許多問題，這樣，逐步引發了第二、第三、第四、第五次中東戰爭。

曲折艱難的阿以和平談判

在5次中東戰爭中，阿以雙方共死傷近20萬人，近200萬阿拉伯人流離失所。屢戰屢敗的嚴酷事實使阿方感到，不可能將有美國作後盾的以色列“趕入地中海”。至於以色列，雖然通過戰爭佔領了大片領土，擴大了戰略縱深，但由於同周圍的阿拉伯國家長期處於敵對狀態並沒有獲得絲毫的安全感。因此，雙方都意識到，只有通過政治途徑，用和平的方式才能真正解決問題。但是，事實已經證明這條和平之路是曲折而又艱難的。

戴維營協議開闢了阿以和平談判的先河。經過幾次中東戰爭，以色列也付出了慘重代價，資源枯竭，經濟混亂，統治集團內部矛盾重重，以色列人民的反戰情緒高漲。而埃及因長期與以色列在政治上對立，軍事上對峙，這需要維持龐大的軍費開支，給埃及經濟建設帶來嚴重影響。另外，埃及還有收復西奈半島的願望。以上這些促使以埃雙方走上了和平談判之路。1978年9月10日，在美國總統斡旋下，埃以雙方在美國戴維營會見，談判兩個月之久，最後簽署了“戴維營協議”，以色列將西奈半島歸還埃及，之後簽署了和平條約，建立了大使級外交關係。

戴維營協議結束了阿以30年的全面衝突的狀態，開闢了和平談判解決阿以衝突的先例。儘管埃及因此受到阿拉伯世界的巨大壓力，薩達特總統為此獻出了生命，但戴維營協議所開闢的和平之路，畢竟是一條現實的出路。

馬德里和會促進了阿以談判。戴維營協議後，阿拉伯國家也隨着局勢的發展調整了對以色列的戰略。1982年在非斯召開的阿拉伯國家首腦會議改變了“不承認以色列，不同它和解，不同它談判”的“三不政策”。1989年埃及又回到阿拉伯聯盟，並相繼同阿拉伯國家恢復了外交美系。

1991年10月30日至11月1月，在美蘇主持下，在西班牙馬德里召開了中東和會。這次中東和會確立了關於阿以談判的“馬德里框架”；包括開幕式、雙邊談判和多邊談判三部分。其中雙邊談判是指以色列通過與巴勒斯坦、約旦、敘利亞和黎巴嫩等四方分別進行直接談判，討論解決“領土”與“安全”等涉及雙邊切身利益的問題。

馬德里和會後，中東和平進程便在“馬德里框架”下艱難地進行。敘利亞與以色列談判主要是歸還戈蘭高地問題，經過1991年、1999年、2000年多次不同級別的雙邊談判，因涉及水源控制問題，始終未能達成協議。以色列與黎巴黎談判的焦點，是以軍撤出第五次中東戰爭中所佔領的黎南部“安全區”的問題（以軍當時將所佔領的850平方公里的“安全區”，由以軍和親以軍的南黎巴嫩軍駐守）。2000年5月，以單方面撤軍後交由南黎巴嫩軍駐守，嫩巴嫩尚未取回管轄權。約旦與以色列經過談判，於1993年9月14日簽署了一項和平框架協議，規定將進一步討論難民、水資源、教育、勞工和環境等問題。1994年7月，在美國的推動下，約以雙方領導人簽署了《華盛頓協議》，宣佈結束兩國長達46年的交戰狀態。同年10月，約以正式簽署和平條約，建立了外交關係。

中世紀歐洲的猶太人

中世紀歐洲對於猶太人壓迫的厲害，不準擁有土地，不準當兵，不準擁有房屋，不準擔任公職——沒本事的早就餓死了，活下來能繁殖後代的都是JY，事實上甚至連繁殖後代，領主對於猶太人都採取配額制，如法蘭克福市限時準許12對25歲的猶太人結婚，注意，還不是每年都準許。

從教義上，天主教會宣揚“猶太人殺了耶穌基督”（教會隱瞞了一個事實，耶穌基督也是猶太人，出生後8天即按照猶太人習俗，行了割禮，事實上“聖包皮”被教會視為聖物供奉起來了）；從法律上看，猶太人是法外人，罵或者打猶太人不違法，因此是最好的發洩情緒的工具；從社會實況看，猶太人事實上被禁止從事除商業以外的任何職業，是賤民，但是問題在於經商的往往比當兵、務農的有錢，出賣耶穌基督的賤民還能有錢，當然要引發“正義人士”不滿了。

巴以談判一波三折

巴勒斯坦與以色列的談判是整個阿以談判的最核心部分。自馬德里和會以來雙方進行了多次談判，簽署了一系列相關協議。1993年9月13日，巴以雙方簽署了《臨時自治安排原則宣言》（又稱奧斯陸協議），巴方作出了較大讓步。1994年5月巴以在開羅簽署了《關於實施加沙—傑里科自治執行協議》（又稱開羅協議），其第一階段談判結束。1995年9月，巴以雙方在埃及塔巴簽署了《巴以第二階段自治協議》（又稱塔巴協議），確定了以軍分階段撤出西岸地區的時間表。1996年1月20日，巴勒斯坦人在被佔領土上舉行了自由選舉，選舉產生了相當於立法機構的巴勒斯坦委員會，標誌着巴勒斯坦自治政權的正式誕生。1997年1月，巴以簽署了《希伯倫協議》，規定以色列從希伯倫市撤軍。1998年10月，雙方又簽署了《懷伊協議》，規定以軍分三階段撤出西岸13.1%的土地。然而，又因以色列提前大選，協議的實施剛剛啟動又陷入停滯。1999年5月巴拉克上台，巴以談判恢復並取得進展，雙方又簽署了執行《懷伊協議》的《沙姆沙依赫備忘錄》。1999年11月8日，巴以正式開始最終地位談判，但未取得任何進展。

2000年3月5日，以色列根據聯合國安理會第425和426號決議，單方面決定在當年7月份以前完成從南黎巴嫩撤軍。5月24日以色列當局提前完成了從黎巴嫩撤軍。以軍撤離的地區由聯合國駐黎巴嫩臨時部隊駐紮。黎、敘認為，以軍還應撤出黎—敘—以停火線交匯處的謝巴地區。以軍認為已經撤到聯合國安理會第425號決議規定的地方。兩國之間的另一個分歧是關於劃分邊境河流水資源的問題。

2000年5月中旬，由於以方拒絕繼續釋放被關押的巴勒斯坦人，於是在被佔領領土上爆發了巴勒斯坦人的大規模示威，與以色列安全部隊發生了流血衝突。2000年7月，巴以領導人應美國總統克林頓邀請舉行三方會談，由於巴以雙方在歸還土地和遣返難民的關鍵問題上，仍存在嚴重分歧，因而也未能就巴勒斯坦領土的地位達成最終協議。於是，巴方決定於2000年9月單方面宣佈建立獨立的巴勒斯坦國。而以色列威脅要採取嚴厲的"回應措施"。結果巴方只得放棄宣佈建國。

2000年9月28日，在巴以談判出現停滯的背景下，以色列在野黨"利庫德"集團領導人沙龍造訪阿克薩清真寺，引發巴以大規模流血衝突。巴勒斯坦人死傷慘重。同年12月，談判在美國的調停下恢復，但無進展。

2001年1月，巴以在埃及城市塔巴就巴勒斯坦最終地位問題進行了秘密談判。雙方根據第242號決議，就領土問題、耶路撒冷問題、難民問題進行了談判，但無實質性的進展。

2002年3月，阿拉伯國家聯盟第十四次峰會在貝魯特召開。會議最終通過的決議規定，以土地換和平，在以色列撤出1967年所佔領的土地之後與阿拉伯各國建立外交關係。

2002年4月聯合國安理會通過了關於中東局勢的4份決議——第1397、1402、1403和1404號決議。決議呼吁衝突各方停止暴力，與俄羅斯、美國、歐盟和聯合國的代表合作，歡迎這些國際調停人為"建立全面、公正、持久的地區和平"所做的努力。第1397號決議對現階段中東問題的解決具有關鍵意義。聯合國安理會在該決議裏首次肯定，未來主權的以色列和巴勒斯坦必須在安全與公認邊界框架內實現和平共存。

2002年夏天，以色列着手在巴勒斯坦領土上修建了200多公里的"隔離墻"，佔用了大量的巴勒斯坦土地，並波及到一些以色列定居點。2003年10月21日，聯合國大會特別會議以壓倒多數票通過決議，要求以色列停止修建違反國際法的“隔離墻”。

為了恢復和平努力，2003年4月30日，四個國際調停人制定了關於在三年內分階段解決巴以衝突和在2005年前建立獨立的巴勒斯坦國的《路線圖》和平計劃。2004年11月19日，聯合國安理會第1515號決議通過了這一計劃，賦予其國際法地位。巴勒斯坦方面也批準了計劃，而以色列政府雖然總體上予以批準，但聲明有權在未來的談判過程中堅持對其所做的修改（共14處），致使《路線圖》沒有得到完全實施。

2004年10月26日，以色列議會批準了沙龍關於單方面與巴勒斯坦人劃清界線的計劃，首次從法律上確認從在“六日戰爭”中所佔領的土地上撤軍並取消定居點。這為基於中東《路線圖》重新向和平邁進創造了先例。以色列在一個月內實施了計劃，從加沙地帶的21個定居點和約旦河西岸北部的4個定居點疏散了8500名以色列人。還從加沙地帶撤出了所有的以色列軍人，從而結束了38年的佔領。

2007年11月27日，中東問題國際會議在美國安納波利斯（馬里蘭州）召開，來自50個國家和國際組織的代表參加了會議。在雙邊會晤過程中，巴勒斯坦民族權力機構首腦馬赫穆德·，阿巴斯與以色列總理艾胡德·奧爾默特就開始關於在2008年底之前建立獨立的巴勒斯坦國進行談判達成了協議。

但談判進程由於2008年12月至2009年1月，以色列在加沙地帶採取代號為“鑄鉛”的軍事行動而中斷。以色列採取這次行動是為了回擊哈馬斯恢復對以色列領土的火箭襲擊。在行動過程中有超過1400名巴勒斯坦人被打死。

2010年9月，在近兩年的中斷之後，在華盛頓恢復舉行了第一輪巴以直接談判。以色列總理本尼亞明·內坦尼亞胡和巴勒斯坦民族權力機構首腦馬赫穆德·阿巴斯商定，開始就巴勒斯坦最終地位問題制定框架協議，並在以後定期舉行雙邊會談。但是，同年12月初，以色列又變卦了，拒絕暫停在所佔領土地和爭議土地上建設定居點，即使美國副總統D·拜登親自登門勸說也無濟於事，巴以雙邊談判走進了死胡同。

2011年2月，根據阿拉伯國家集團的提議，聯合國安理會試圖通過特別決議，制止以色列在其所佔領領土上建設新定居點的行動。在議案表決時，美國在得不到歐洲盟友們支持的情況下使用了否決權。

但目前已有100多個國家承認獨立的巴勒斯坦國的地位。阿巴斯行政當局估計到2011年9月之前將有不少於150個國際關係主體承認巴勒斯坦，這使他能夠宣佈建立自己的獨立國家。

以色列於2012年11月14日發起的代號為“防務之柱”的大規模軍事行動，是回應巴勒斯坦武裝分子愈加頻繁的火箭彈襲擊。持續多天的巴以加沙衝突中，巴勒斯坦哈馬斯的火箭彈，與以色列國防軍的“鐵穹”攔截系統攻防大戰吸引了外界的眼球。以色列共遭到了哈馬斯武裝分子發射的737枚火箭彈襲擊，其中245枚被“鐵穹”成功攔截，攔截率達33%。

以軍戰機對加沙城區、拉法地區、貝特拉西亞地區一些目標以及位於加沙地帶中部的一座難民營，累計實施1350輪轟炸，死傷慘重。而巴勒斯坦兩支抵抗力量——伊斯蘭抵抗運動（哈馬斯）和伊斯蘭聖戰組織（傑哈德），連日來已經向以境內發射至少1700枚火箭彈，只殺傷以軍5人。

2012年11月20日、21日在埃及的斡旋下，雙方達成停火協議，但以色列不會結束對加沙的封鎖。因以色列是西方釘在阿拉伯世界的一個楔子。

近兩年來，中東局勢異常錯綜複雜。俄羅斯已經介入中東，與美國展開了新的博奕。阿以談判進程受阻，和談前景堪憂。

阿以矛盾錯綜複雜

苦難的中東，歷經五次中東戰爭、幾十年的流血衝突，以及埃及總統薩達特、以色列總理拉賓的死，使阿以雙方都認識到和平談判是歷史的必然，政治解決是唯一出路。然而，伴隨着流血衝突的幾十年談判，是和而不決，決而不行。他們究竟在什麼問題上糾纏不休呢？

猶太人和阿拉伯人都是全民族信奉一種宗教，而且是宗教傳統極強的民族，隨着領土爭端而引發的衝突加劇，激發了雙方民族和宗教的矛盾；另一方面，這種民族宗教矛盾，隨着衝突的發展變化而影響到阿以關係的各個方面。與此同時，各種國內外勢力粉墨登場，嚴重地影響了和平進程。所有這些，都使阿以衝突問題極其錯綜複雜，加大了其解決的難度。

猶太復國主義與阿拉伯民族主義的衝突

產生於19世紀的猶太復國主義，是阿以衝突的直接導因。猶太人“回歸家園”，是侵佔了阿拉伯人的土地，侵佔了阿拉伯人的權益，激發了阿拉伯民族主義對猶太復國主義的仇恨，再加上大國支持等等外部因素的作用，從而引發了長達60多年的衝突。

以阿拉伯民族的獨立與統一為目標的阿拉伯民族主義，產生於20世紀初期。第一次世界大戰後，帝國主義瓜分阿拉伯地區的陰謀，促進了阿拉伯統一理論的發展。第二次世界大戰後，猶太復國運動加快，阿以矛盾上升，阿拉伯民族主義中加上了反對猶大復國主義的內容。巴勒斯坦民族主義，是阿拉伯民族主義的組成部分，面對猶太復國主義的直接威脅，更激發了巴勒斯坦人民的憂患意識。

猶太復國主義運動，得到全世界1000多萬猶太人的支持。他們有錢出錢，有人出人，甚至作為志願者參加中東戰爭。美國等國的一些猶太人游説集團、財團，都全力支持以色列。中東地區的阿拉伯各國，也都全力支持巴勒斯坦民族主義的鬥爭。流散到阿拉伯各國的200多萬難民，已經成為反以鬥爭的中堅力量。

這兩個主義的衝突，是兩種思潮的衝突，也是兩個民族意識形態的衝突。

猶太教與伊斯蘭教的衝突

猶太復國主義與阿拉伯民族主義衝突的核心（實質），是兩種宗教的衝突，也即猶太教與伊斯教的衝突。宗教對兩個民族獨特的影響，滲透在他們的政治、歷史、文化乃至日常生活之中。

猶太教認為，猶大人是上帝的“特選子民”，巴勒斯坦是上帝賜給猶太人的“應許之地”，是“流着蜜和奶的地方”；取路撒冷是猶太民族的根，是猶太人兩次建國的首都，是猶太教的聖殿。散落世界各地的猶太人，總是念念不忘“祖先的家園”，向往錫安山（耶路撒冷聖殿），“希望有朝一日能返回巴勒斯坦，實現自己的鳳願。”重返巴勒斯坦是猶大復國主義的核心，猶太人的宗教復國恩想植根於猶太教。不僅如此，他們還鼓吹恢復古希伯來王國的邊界，建立一個“大以色列國”。為此，以軍“理直氣壯”地侵佔了巴勒斯坦（包括耶路撒冷）和阿拉伯國家的大片土地。

伊斯蘭教是政治性的宗教，被許多國家立為國教。整個伊斯蘭世界視巴勒斯坦阿拉伯人是自己的兄弟，是命運的共同體：巴勒斯坦人民的合法權益被侵犯是不能容忍的；耶路撒冷是伊斯蘭教第三大聖地被以色列佔領，更是不能容忍的。2000年9月28日，以色列總理沙龍強行“造訪”阿克薩清真寺，引發了長時間的流血衝突。總之，巴勒斯坦問題，被全球穆斯林視為伊斯蘭世界面臨的最重大問題。阿以衝突爆發以來，許多阿拉伯和伊斯蘭國家把支援阿拉伯人民當作自己的神聖義務。沙特、埃及、約旦、伊拉克、突尼斯、摩洛哥等國政府和阿盟，海灣合作委員會、伊斯蘭會議組織、伊斯蘭發展銀行等地區組織發揮了重大作用。當前在巴勒斯坦問題上，伊斯蘭世界的聲音基本上是一致的。

耶路撒冷凝結着猶太人和阿拉伯兩大民族的宗教靈魂，對雙方都有特殊意義，誰都不願意放棄。在阿以衝突發生的許多重大事件，都是圍繞耶路撒冷發生的，這也使耶路撒冷的歸屬問題，成為當前巴以最終地位談判中最棘手、最為敏感的問題。

阿以衝突難以解決

由於帶有世界性的“兩種主義”和“兩種宗教”的長期衝突，造成兩個民族根深蒂固的仇恨和相互的不信任感，雖然在國際社會的調解下，雙方曾簽定過不少和平協議，但總是在談判的最後階段因為耶路撒冷的歸屬問題、猶太人定居點、巴勒斯坦難民回歸、巴以邊界劃定等棘手問題上分歧太大，所以巴以雙方至今沒有達成永久性和平協議，而且各個調解方案和協議也都因為有關方面的有意拖延而不了了之。

耶路撒冷地位

耶路撒冷位於巴勒斯坦地區中部，是猶太教、基督教和伊斯蘭教的共同聖地。1947年11月聯合國大會通過巴勒斯坦分治決議，規定耶路撒冷為國際化城市，由聯合國管理。第一次中東戰爭結束後，耶路撒冷被阿以雙方的停火線由北向南切割為東、西兩個部分，巴勒斯坦人居多數的東區被約旦（當時叫外約旦）佔領，猶太人為主體的西區被以佔領。1967年以佔領東耶路撒冷，1980年7月以議會通過法案，宣佈耶路撒冷是以色列永久首都。巴勒斯坦自20世紀60年代就宣稱耶路撒冷是巴領土的一部分，以必須全部放棄。1988年11月，巴勒斯坦全國委員會第19次特別會議通過《獨立宣言》，宣佈建國，耶路撒冷為巴勒斯坦國首都。

邊界劃分

1947年11月聯合國大會通過第181號決議，決定在2.7萬平方公里的巴勒斯坦地區建立一個“猶太國”和一個“阿拉伯國”，其中，“猶太國”佔約1.49萬平方公里，“阿拉伯國”佔約1.15萬平方公里。1948年5月14日，以色列國宣告成立。但“阿拉伯國”因阿拉伯人拒絕分治決議沒有誕生。在隨後爆發的第一次和第三次中東戰爭中，以佔領了包括約旦河西岸、加沙地帶和東耶路撒冷等在內的全部“阿拉伯國”領土。聯合國安理會先後通過第242號和第338號決議，要求以撤出所佔領土。長期以來，巴方堅持並決心將在1967年戰爭爆發前的邊界內建立獨立的巴勒斯坦國，但以政府則堅持未來以巴邊界不能回到1967年戰爭前的狀態。

猶太人定居點

以色列是世界上唯一以移民定居而形成的國家。1967年第三次中東戰爭結束後，以開始在被佔領土上修建猶太人定居點。以內政部統計數據顯示，從1972年至2008年，約旦河西岸地區的猶太人定居點人口，從1182人增加到了28.58萬人，東耶路撒冷定居點人口已達到將近20萬人。2005年8月，以曾在實施單邊行動計劃時，撤出位於加沙地帶的全部21個定居點和4個位於約旦河西岸北部的定居點；但在此後幾年中，以並沒有停止定居點建設。長期以來，巴方堅持要求，以必須拆除全部定居點，而以方強調定居點建設是根據“自然增長”的需要。按照巴以1993年簽署的“奧斯陸協議”，以定居點擴建只能在人口“自然增長”的基礎上進行。

難民回歸

巴難民問題是歷次中東戰爭特別是第一次和第三次中東戰爭的產物。戰爭先後導致100多萬巴勒斯坦人流離失所。據聯合國有關部門統計，巴難民已超過470萬人，除約旦河西岸和加沙地帶外，這些難民主要分佈在約旦、黎巴嫩、敘利亞。根據聯合國1948年通過的第194號決議，巴難民具有回歸權。但難民能否回歸、回歸多少，將涉及巴勒斯坦、以色列等中東相關國家的民族構成、人口比重和社會安全等重大利益。因此，在巴以和談中，以方堅持巴難民就地安置，反對回歸。

水資源分配

巴勒斯坦地區60%以上屬於乾旱和半乾旱地區，包括地表水、河流和地下水等可再生水資源總量，估計為20億立方米。在數量上，以佔有和消耗全部水資源的80%，巴只能享用剩餘的20%。另外，巴以關於水資源分配，還涉及邊界劃分、猶太人定居點前途等問題。因此，以反對徹底同巴進行水資源再分配，主張共同管理水資源，以保證以水資源安全不受威脅。巴則堅持收回所有加沙地帶和約旦河西岸水利設施的所有權，拒絕接受與以共同管理水資源。

美蘇爭奪中東

從歷史的角度看，阿以衝突是在美英干預下產出的苦果，從最初的猶太復國主義，到聯合國的分治決議直至以色列建國，英、美等國家出自各自利益的考慮，扮演了極不光彩的角色。自分治決議產生之後，美蘇兩國又把中東地區作為激烈爭奪和抗衡的舞台，把中東開闢為自各的“域外戰場”。

前蘇聯在以色列建國前後支持過以色列，宣佈與以色列國建立外交關係。1956年第二次中東戰爭，蘇又改變了中東政策，聲稱以色列若不停止侵略，將危及自己的存在。美國雖然偏袒以色列，但又不願意得罪阿拉伯國家，所以對以施加壓力，迫使撤出西奈半島，將其歸還埃及。蘇伊士戰爭之後，英法由於失敗撤出中東舞台，蘇聯乘機站穩了腳跟，美國也取代英法成為中東的主要力量。

美國為遏制蘇聯的影響拋出了“艾森豪威爾主義”，武裝以色列，拉攏阿拉伯親美君主國，以抗衡蘇聯的滲透。而蘇除向埃及、敘利亞提供軍援與之抗衡外，還挑撥阿以關係。待阿以發生“六五戰爭”後，他又聽憑以色列把埃、敘、約逐一打敗。這充分說明，60年代中後期前蘇聯與美國抗衡中處於劣勢狀態。

70年代初，美蘇兩國在全世界搞緩和，表面上不希望中東再發生戰爭，美國為維持“不戰不和”局面，採取抑阿扶以政策。而蘇聯為贏得阿方好感，向為收復領土心切的埃及送去包括飛毛腿導彈在內的大批先進武器。因此當時爆發的第四次中東戰爭實際上是美蘇各自扶持慫恿一方的結果，實際是美蘇各自新式武器的較量。

進入90年代，美蘇兩國共同努力促成了馬德里和會，為政治解決阿以衝突，起到了積極的作用。蘇聯解體後，美國迅速將勢力擴及整個中東，並以海灣戰爭和伊拉克戰爭為契機，進一步確立了它在中東的主導地位。

進入21世紀以來，特別是美國陷入金融危機後，國力衰退，美軍撤離伊拉克，將戰略重心轉入亞太地區。俄羅斯開始崛起，再次介入中東地區。伊朗核問題談判無進展。敘利亞武裝衝突，天天流血，並波及鄰國，形勢極其復雜。據2014年3月24日新聞報道，土耳其方面擊落一架敘利亞越境戰機，伊拉克武裝人員擊斃敘利亞反對派十數人。敘利亞的化學武器僅運出來一半。總之，敘利亞問題的調解進程，難以逆料。在這個混亂的局勢下，巴以和談沒有進展，還經常發生流血衝突事件。截至2014年3月16日，加沙地區的哈巴斯，還向以色列發射了火箭彈。

極端勢力的影響

巴勒斯坦問題直接刺激了各自極端主義勢力的發展，使衝突更進一步宗教化、極端化，促使雙方矛盾向更加尖銳的方向發展，增加了解決問題的難度。而中東衝突的歷史留下了足夠的教訓，歷次和平進程的中斷大多是雙方極端勢力干擾的結果。1995年11月，巴以和平先驅者之一，以色列前總理拉賓就是死在猶太極端分子手裏。10年來，和平進程的中斷或倒退，不是因為以色列強硬派的上台，就是由於哈馬斯等組織製造了暴力事件。哈馬斯強烈反對中東和平進程，主張通過“聖戰”消滅以色列，解放全部被佔巴勒斯坦領土，在巴勒斯坦建立一個伊斯蘭國家。抱着建立“大以色列國”為目標的猶太人，以“宗教聖地”為由不願意交還耶路撒冷東區，以安全為由不願意全部退出強佔的領土。阿以雙方這種排他性的主張，往往使和談中斷，或議而不決，或決而不行。

阿以衝突也是中東地區阿拉伯國家眾多激進組織產生的

誘因。埃及的穆斯林兄弟會、黎巴嫩的真主黨、本·拉登的“基地”組織等，都以積極支持巴勒斯坦抵抗運動，打擊西方和反以色列為核心目標。美國把這些組織一律視為恐怖組織。

解決衝突的前景

近兩三年來，中東局勢日趨複雜混亂。伊朗核談判尚無定論，埃及政局正在變化中，敘利亞內戰流血衝突開始波及鄰國，巴以流血衝突至今不斷，……以上任何一個國家的動亂或變局，都密切關係着阿以衝突的解決。更何況美國、俄羅斯、歐盟都為各自的利益介入中東事務，是否能夠公平公正地解決矛盾，還難以逆料。

即使上述各國問題都擺平了（當然不可能），阿以民族根深蒂固的仇恨和相互的不信任感也難以消除，以致流血衝突還會繼續下去，阿以和平談判進程是曲折艱難的。

只有讓事實繼續證明，讓巴以雙方都真誠接受“和則兩利，鬥則兩亡”的必然結果，從而致力於消除民族仇狠，放棄雙方堅持了幾十年的排他性條件，以偉大的曼德拉精神（即不同民族和諧共存的精神）為指導，共同建立一個阿拉伯以色列聯合民主共和國。由於阿拉伯人和以色列人都承認是先知亞伯拉罕的後裔，就取名亞伯拉罕民主共和國，免得在排名前後問題上又爭論不休。世界上許多國家都是多民族組成的，兩個民族組成一個國家也是完全可以的。

猶太人與英國

作者：李泱

將英國肢解

英格蘭於公元1688年爆發的所謂光榮革命，實質上是猶太人發動顛覆英格蘭王權的外敵入侵，當然猶太人是在暗處用金權的無形之手操控代理人完成的。在此之後，英格蘭亡國而淪為猶太人的殖民地。至今還被英國及世界津津樂道的“光榮革命”非但沒有絲毫的光榮，反而是英國乃至全人類的恥辱！

猶太人在“光榮革命”之後成為了英格蘭的主人，而後利用英格蘭在公元1707年吞併了蘇格蘭，成立了所謂的聯合王國，這就是近代英國。英國作為島國對歐洲大陸獨天得厚的地理優勢，成為了猶太人堅實的根據地。此後，迅速崛起的倫敦金融城，就是猶太人建立起的帝都行政區。

猶太人以英國作為老巢，開始了征服世界的征程。首先在北美通過滅絕印第安人，建立起了完全屬於猶太人的殖民領地——美國，而後經過200多年的時間，在一戰之後終於一統天下。一戰之後，歐洲一片破敗，而美國遠離戰爭，並以其龐大的國土資源和眾多新銳的人力資源後來居上，崛起為世界首屈一指的工業、科技、金融大國。由於對歐洲多國發放戰爭貸款並作為戰勝國，美國成為了戰後歐洲最大的債權國。此後的歐洲已不再是世界的中心，一戰前世界上最富裕的歐洲，變成了美國的金融奴隸，美國開始取代歐洲成為世界的中心。英國已不再適宜作為猶太金權帝國的帝都所在地，華爾街後來居上取代倫敦金融城，成為了金融資本統治下的人類世界的心臟。那麼猶太金權帝國遷都也只是時間問題。

二戰對包括英國在內的歐洲各國造成的創傷，遠高於一戰。一戰，是猶太人最終一統天下的決戰；二戰，則是猶太人精心策劃用於重創各個被殖民種族，以強化全球殖民帝國統治權力的殘酷殺戮。猶太帝都所在的英國同樣被列為毀滅之地，因為美國已經取代了英國的地位成為了猶太世界陰謀的全新策源地。那麼在此之前，猶太人自然要把帝都遷出英國，新的帝都所在地，無疑就是已取代倫敦金融城而成為世界心臟的華爾街所在的美國。

倫敦金融城也並非被棄之不用，在二戰之後作為猶太金權帝國的陪都行政區，依然對歐洲和世界的金融市場起着相當的調控作用。但在公元2008年美國次貸危機引發的世界金融危機之後，倫敦金融城在世界金融領域所能起到的作用，已經越發微弱，其對猶太人的利用價值已是今非昔比。猶太人的帝國核心已完全移至以華爾街為心臟的美國，留在英國的陪都實質已經撤銷。倫敦金融城，先是作為猶太帝國至高無上的帝都行政區，而後淪為陪都行政區，最後隨着陪都的撤銷而輝煌散盡。如何對待棄之不用的舊都城及其所在地，換作其他種族這絕不是一個問題，無非是政治地位的喪失而已；但對於老謀深算，有着深邃目光和周詳佈局的猶太人來說，就絕沒有那麼簡單。

倫敦金融城當然可以棄之不用，但作為猶太人征服世界的帝都行政區，其城及英國在兩百多年的時間裏一直都是猶太人的老巢和陰謀策源地。猶太人在此所構建的經濟、金融、政治、法律、科技體系曾經都是世界上最先進的現代文明，所以猶太人才能統領英國征服幾乎整個世界，建立起幾乎覆蓋整個世界的日不落帝國。正因如此，以猶太人深邃精密的思維和高瞻遠 的目光，是絕不容許自己所創造出的文明，反過來危害到自身未來權益的。

正是由於倫敦金融城以及整個近現代英國，都是猶太人創造的產物，而它們又都保留着猶太人征服世界的各種有形和無形的經典經濟、金融、政治、法律、科技體系，雖然美國已後來居上，但英國依然保留着這些經典傳統。這無疑是猶太人的一大長遠威脅，猶太帝都遷出英國，接任的英國本土統治者雖然也是猶太人的奴僕，但他們完全可以繼承猶太金權帝國用以征服世界的各種制度、體系和征服思維及意志。一旦英國本土統治者借助猶太人留下的衣缽成長壯大，迅速崛起，那無疑將對猶太金權帝國形成極為可怕的威脅。英國本土新崛起的統治集團完全可以毒攻毒，用猶太人的手段，甚至在此基礎之上創新出更為高明和惡毒的手段造猶太人的反。所以極善於長遠算計的猶太人就一定要避免這種情況的發生。

因而才要利用英格蘭與蘇格蘭的歷史夙願將英國肢解，使之相互牽制，將曾經不可一世，幾乎征服了整個世界的日不落帝國從內部瓦解。蘇格蘭獨立之後，英國將失去三分之一的國土和幾乎整個北海油田以及極為重要的海軍基地，英國在歐洲也將淪為二流國家。如此一來英國非但不能繼承猶太人的衣缽迅速崛起，反而被分裂弱化為不同的國家，並都被局限在英倫三島，且相互爭鬥不止。所以這才有了公元2012年10月15日英國首相卡梅倫簽署蘇格蘭獨立公投協議，蘇格蘭定於公元2014年9月18日舉行獨立公投，而這一年也正是蘇格蘭戰勝英格蘭的第一次獨立戰爭勝利700週年。所謂的民意及獨立公投結果，自然是由猶太人用金權這隻無形之手在幕後所操控的。

在蘇格蘭公投的最後時段，英國卻突然與中國簽署協議，由英國在其本土發行20億元人民幣債券，這是歷史上的首次由它國在海外發行人民幣債券，並且中英還簽署了24億英鎊的合同，具體內容暫未公開。中國的金融危機已在爆發的前夜，英國與中國簽署如此的金融合作協議無異於引火燒身。猶太人如此的佈局，就是要在未來對被肢解之後的英倫三島繼續予以沉重打擊，使之無翻身之力。而蘇格蘭公投獨立對歐洲數國，乃至世界多國的分離勢力，都起着極具誘惑力的榜樣效應，這嚴重威脅着各個猶太傀儡國家的領土完整。猶太人一面極力推動席捲世界的全球化浪潮，一面又在不斷肢解各個傀儡國家，這就使得有限世界中的傀儡國家數量越來越多，而每一個傀儡國家的實力卻越來越小。這樣任何一個傀儡國家對猶太人的最高權力所能構成的威脅，就越發微弱，猶太金權帝國的統治權力就越發穩固和強大。

猶太人如此高明的長遠規劃，就是為了防止下級崛起壯大，在未來對金權帝國構成威脅。英國雖然為猶太人征服世界立下了不世之功，但卸磨殺驢一貫是作為商人的猶太人的本性。所有的一切對於猶太人都是商品化的，而商品對於商人只分為有價值和沒有價值，以及價值的多少。作為頂級商人的猶太人活着的唯一目的，就是為自己創造財富以征服世界，這正是猶太教教義的核心所在，而絕不會留戀任何喪失價值的人、事、物！

拿破侖就是作為商品對於猶太人喪失利用價值的悲慘下場！

繼續保持英國的領土完整

猶太金權帝國通過蘇格蘭獨立公投這一極具煽動性的全民運動，從心理和政治、經濟權利上造成英格蘭與蘇格蘭的離心離德和極度對立。英國首相卡梅倫在取得蘇格蘭獨立公投的"險勝"之後，為了能長久挽留蘇格蘭，就不得不在政治和經濟權力上對蘇格蘭做出極大的讓步，這將造成英國實質上的分裂，為將來猶太人重打蘇格蘭獨立公投這張牌埋下了伏筆。

猶太人最終選擇這一策略而沒有將英國肢解，最根本的原因是緣於英國獨特的地理位置。英國位於歐洲大陸的西方，是唯一有能力制衡歐洲大陸數位強國的一枚棋子，正如猶太人用位於亞歐大陸東方的日本制衡中、俄一樣。如果將英國肢解，那麼歐洲大陸的強國經過角逐，一旦有勝出者就能整合統領整個歐洲大陸，那將對猶太帝國的西方世界構成極大的威脅，比如曾經不可一世險些與猶太金權帝國公然為敵的拿破侖帝國。歷史上英國的重要作用之一，就是作為歐洲大陸之外一張有力的王牌，以制衡任何一個崛起的歐洲大陸強國，乃至整個歐洲大陸，而絕不使任何一個國家能夠一統歐洲大陸，這就是早已被英國定為基本國策的大陸政策。

但是猶太人對於有可能繼承猶太金權帝國衣缽，從而崛起以致脱離其統治的英國，是絕不會掉以輕心的，但又要英國繼續執行制衡歐洲大陸的大陸政策。所以這才興師動眾的上演了一出獨立公投的戲劇：一面用蘇格蘭獨立公投造成英國內部的分割對立，使之無法脱離猶太人的統治而崛起壯大；一面又保持英國的領土完整，使之繼續執行制衡歐洲大陸的大陸政策。

猶太帝王及其高參的這一策略看似高明，但猶太帝王千萬不要忘記：

你們作為可薩突厥，正是因為繼承了猶太人的衣缽，才得以在亡國之後依然能夠通過運用並發展猶太教的智慧一統天下，而向你們傳授猶太教的猶太人，反倒淪為了你們手中的工具。

英國雖然是你們的傀儡，但卻是在你們的統領下曾經征服了幾乎整個地球的日不落帝國！你們的靈魂早已深深地附體在英國體內，你們的滲透顛覆策略早已被英國純熟運用，你們創造出的經濟、金融、政治、法律、科技體系早已被英國繼承！

況且英國現在依然是一個世界強國，英鎊的地位僅次於美元。既然如此，英國如何就不能將意圖獨立的蘇格蘭逐漸消化，並最終完全吸收，繼而以你們征服世界的方式，甚至在此基礎之上，進化出更高明的策略去征服世界，最終顛覆你們可薩突厥、歷經近千年的磨難與嘔心瀝血才締造出的金權帝國！

共濟會與科學文化教育

共濟會與英國皇家學會

作者：金字塔的眼睛

石匠行業在歐洲中世紀時期是最具備科學知識的團體，他們能夠建造升降機、起重機，能用化學製劑給玻璃着色，他們的團體中還有大量的數學家、幾何學家。

皇家學會The Royal Society在英國是科學的同義詞，前身是由一些科學家及愛好者在倫敦討論弗朗西斯·培根《新亞特蘭蒂斯》中新科學的小團體，1661年在克里斯多佛·雷恩爵士主持的一次演講後正式成立。

英國皇家學會由1641年加入共濟會的羅伯特·莫雷爵士（Sir Robert Moray）帶來了國王的口諭，同意成立“學院”，並擔任會長；約翰·塞菲爾斯·德薩利耶（John Theophilus Desaguliers）擔任秘書長，他是1717年共濟會總會的締造者，同時也是牛頓的密友。

1666年倫敦大火後，整個倫敦新城由克里斯多佛·雷恩爵士設計，他於1691年加入共濟會。（http://freemasonry.bcy.ca/

biography/wren_c/wren_c.html）

約翰·塞菲爾斯·德薩利耶（John Theophilus Desaguliers），1719年被選為第三任共濟會總大師，是《1734年共濟會憲章》開篇致辭的作者。

托馬斯·斯坦福·萊佛士爵士（Sir Thomas Stamford Bingley Raffles），1811年加入共濟會，新加坡的創建者，還建立倫敦動物學會（The London Zological Society，1826年），倫敦動物園造型和共濟會符號相關。

共濟會光明會控制美國教育

作者：丹尼斯·克倫肖（Dennis Crenshaw）

編譯：Julie

共濟會在文教體育和文藝娛樂界的控制系統是“光明會”。共濟會對我們（美國）生活的控制讓常人難以理解。我們生活的方方面面，我們的政府、金融機構、大型企業，以及我們通過媒體收看的新聞，現在都是由秘密社團及其合伙的高層人士控制的。如果沒有對最重要的領域——我們的教育系統的控制，這些都將難以實現。

在整個美國，高等教育被按計劃地成功接管。到1960年代中期，幕後影子政府完全控制了美國的教育和科研方向。

當你談論如何追蹤一個正控制着世界的命運的組織的起源時，很顯然你必須要從這個重大事件開始醞釀的時間着手。過去已經發生以及目前正在發生的變化，不會在一夜之間突然發生。我們正在進行考察的這一組織：光明會，至少已經經歷了200多年的發展，為實現全球性的控制而攫取必要的權力和影響力，這一控制目前正在積極實施中。

這個組織的創始人叫做亞當·魏斯豪特博士（Dr. Adam Weishaupt），生於1748年2月6日。（《最後警告：新世界秩序的歷史》，David Allen Rivera著，1984年，第5頁）這個秘密組織的名字叫做"光明會"。

1776年5月1日，在羅斯柴爾德家族的領導下，魏斯豪特建立了巴伐利亞古代光輝知識會（Ancient Illuminated Seers of Bavaria），後來成為知名的光明幫，或者簡稱為"光明會（The Order）"。

根據Rivera的揭露，早在兩年前，魏斯豪特的一篇文章《Sidonii Apollinarus Fragment》裏就公佈了他的目標：

"不通過暴力，君主和民族將會從地球上消失。人類將變成一個大家庭，世界將變成理性人的住所。"

世界的統治者已經控制了歐洲的學校達數百年。同樣的，移民到美國追求“自由”的人們也必須被控制。經驗和常識都讓他們了解到，控制社會的最好方式是控制他們的教育體系。安東尼·薩頓在其著名的揭露陰謀的著作《光明會如何控制了教育（Howthe Order Controls Education）》（1985）中解釋說：

“任何一個組織想要控制美國社會的未來，必須先控制教育，這一切首先從耶魯開始。”

E. E. Slosson在他的著作《偉大的美國大學（*Great American Universities*）》（1910）中說：

“對耶魯的主要競爭者哈佛大學來說，這種成功非常明顯。”

事實上，這種成功是如此的明顯，1892年一位年輕的哈佛大學教師George Santanyana，Santanyana引用了一位哈佛校友的話，他打算把自己的兒子送到耶魯，“因為在實際生活中，所有哈佛的人都在為耶魯的人工作”。（《光明會如何控制了教育》第2頁）

根據薩頓的研究結果，控制美國的高等教育系統的行動始於三個人：

1. Timothy Dwight：1849年加入光明會，耶魯神學院教授，第12任耶魯大學校長。

2. Daniel Coit Gilman：1851年加入光明會，加利福尼亞大學第一任校長，約翰霍普金斯大學第一任校長，卡內基學院第一任校長。

3. Andrew Dickson White：1853年加入光明會，康奈爾大學第一任校長，美國歷史學會第一任會長。

在19世紀中期，這三個人都是共濟會——光明會的成員，他們被派往歐洲，在柏林大學學習哲學。那裏他們在威廉·馮特（Wilhelm Wundt，柏林大學生理學研究院）的指導下進行學習。共濟會員馮特是德國實驗心理學的開創者，後來他成為現代美國教育運動的晚期發起者，這一運動是由從德國萊比錫返回的10多位哲學博士開創的。（《光明會如何控制了教育》第3頁）

威廉·馮特是黑格爾哲學理論的擁護者。我在過去的報告中已經陳述過，為了控制人口，第一步就是要控制人民的活動。哥倫布發現新大陸之後，大批的民眾湧向美國。對控制者來說，這種事情不能再次發生。

控制是從相關聯的幾個方面進行實施的。首先是接管耶魯的設菲爾德科學學校。引用薩頓的話說，從歐洲返回以後，Daniel Coit Gilman在接下來的14年裏都“在耶魯及耶魯周邊，以鞏固光明會的權力”。

“1856年他的第一項任務是以拉塞爾信托聯合會（Russell Trust）的名義，將耶魯骷髏會（Skull & Bones）組建成為一個合法的實體。Gilman成了財務主管，共同創辦人William H. Russell則出任會長。值得注意的是，在Gilman的自傳以及公開的記錄裏都沒有提及光明會、骷髏會、拉塞爾信托聯合會以及其他任何有關秘密社團的活動。只要涉及到有關成員，光明會就會被列入機密。光明會很擅長保守它的秘密。光明會滿足陰謀論的第一項必要條件——它是一個秘密！”（《光明會如何控制了教育》第6~7頁）

鏈接：http://www.thehollowearthinsider.com/news/wmview.php?ArtID=18

18世紀共濟會的理想及其在音樂創作中的體現

作者：徐愛珍、蘇謝敏

共濟會是歐洲18世紀的一個十分活躍的組織。這一組織不僅有着明確的教義，對作為儀式的音樂運用也頗為講究。在其發展傳播之際，與音樂家結成的良好關係，得以將啟蒙運動思想通過教育活動和改革行動予以貫穿與實踐，從而在某種程度上影響了西方自古典主義以來音樂文化中自由思想的形成。受共濟會的反哺，音樂家也在創作上獲得極大的自由，如莫扎特就是典型一例。

共濟會（Freemason）是18世紀遍及整個歐洲十分活躍、極具影響的一個組織。這個組織通過共濟會的象徵主義信仰引導人們追求生活的美德。這種思想在17世紀末流行起來，在18世紀得到普及。

共濟會向前追溯到第一個人類亞當，以及古代的埃及人和希臘人。這種"歷史"表明了共濟會與自然神論的密切關係，把上帝看作宇宙的設計師的觀點，尤其體現出了共濟會與自然神論兩者的關係。他們的這種崇拜的特徵非常豐富地調和了不同的信仰，承認各種宗教和神秘啟示具有同樣的有效性，通過根本不相同的源泉，並將埃及的塔羅紙牌、傳統占星學、數學命理學、《可蘭經》、猶太法典《塔木德經》的起草和《聖經》等綜合在一起，提出了自己的章程。

1723年第一部共濟會章程在英國倫敦出版，既介紹了這個組織神化的歷史，又表明了共濟會的宗教信仰。諸如此類的原因，共濟會的淵源始終為一團迷霧所籠罩，其分會的活動和記錄也帶有神秘氣氛。正是他們最初設計並尋求的某些普遍宗教信仰，成了啟蒙運動理想的初步表達，這些理想有：宗教寬容、人類普遍的兄弟情誼、理性、進步、完美以及人道主義價值觀[①]。為了爭取實現這些理想，共濟會還設計了各種儀式。當然，對音樂藝術運用也是十分看重的。

總的來說，為共濟會成員（Masonic）的儀式和這個組織在社會職能中使用的音樂，就是共濟會音樂。追溯西方音樂史，許多著名的作曲家，從博伊斯（Wiliam Boyce）到20世紀末的人物，有不少都是共濟會成員，這其中尤其是莫扎特，他對共濟會音樂曲目的豐富作出了重大貢獻。

18世紀的共濟會被證明是中產階級政治和社會自由主義的理想的表現形式，像歌德、萊辛、偉大的弗雷德里希·唐逢德羅一世（Frederick, Don Pedro I，巴西的皇帝）、喬治·華盛頓和本傑明·富蘭克林以及許多音樂家和作曲家等都是著名的共濟會成員。也正是因為有了這些成員的參與，這個組織通過教育活動和改革行動，在傳播啟蒙運動思想的過程中起了自覺的決定性作用。音樂藝術的啟蒙，在某種程度上也是源自共濟會的積極活動，像海頓、莫扎特與共濟會的密切關係[②]就可以反映這一點。

根據上面所述，我們看到，共濟會具有某種教義，尤其在德語地區這一特徵十分明顯[③]。如此一來，共濟會音樂具有了某些儀式性的地位與作用。換言之，由於音樂是為共濟會儀式的使用而創作的，諸多描述共濟會音樂的作品中，共濟會內容必須與共濟會意圖聯繫。或者說，有共濟會象徵意味或含義的音樂以及在儀式中實際使用的音樂，被認為是“共濟會音樂”。所以，作為儀式的共濟會音樂是首先要被強調的。

共濟會及其音樂

起初，因為共濟會章程的出版而要求創作一些作品，其中，通過對“和聲”手法的運用來裝飾或加強共濟會儀式的音樂。有時唱讚歌，而且被認為（在自然神論者的分會）是祈禱的延伸。進入高一級組織的共濟會的入會儀式（譬如加入到第30級大選騎士K-H等級）裏，規定在儀式過程中要使用15種樂曲。在聖安德魯斯（St Andrews）的皇家主教牧師會的描述包括提到在分會中音樂的使用（1821）：“在這些儀式中，演唱幾首讚歌和一首頌歌。”（該引文選自Cecil Hill/

Roger J. V. Cotte：'Masonic Music', in Stanley Sadie, The New Grove Dictionary of Music and Musicians. London: Macmillan, 2001.以下引文中未注明出處的皆據此書。)

在分會的會議記錄和賬本中有時提到僱傭樂手，表明這些分會的音樂只限於無伴奏演唱。根據記載，歐洲大部分地區的分會中沒有管風琴師，也許是由於管風琴的相對稀缺，這個崗位似乎是沒有規定義務的唯一的一個。在19世紀，英國的分會安裝了幾台管風琴（但法國卻沒有），眾多英國分會的工作人員中僅有一名管風琴師。

在共濟會分會實際使用的許多音樂中，都不約而同地沿用了法國"卡維努"（Caveau）風格的分節歌曲形式（如街歌，來自流行或喜歌劇的歌曲、舞蹈和讚歌等）以及專門為共濟會使用而創作的讚歌。在18世紀和19世紀初，在各個國家出版了許多選集從出版的共濟會讚美詩集的證據來看，似乎許多樂譜是為了適應具體的流行讚歌而創作的。例如，在英國和蘇格蘭，共濟會樂譜的常見拍子是6：6：4：66：6：4，在出版的讚美詩集中最常標明的音調是"上帝救了我們的國王偉大的喬治"，這一作品就顯示出了這一拍子的實際應用。在法國，一些流行歌曲和拉莫歌劇中的詠嘆調也是廣泛使用的來源。在歐洲大陸，這些改編本是非常常見的，尤其在18世紀最早的共濟會歌出現在斯佩諾蒂（Sperontes）的《給繆斯神的讚歌》（*Singende Muse an der Pleisse* 1736），隨後出現了類似街歌的選集，包括後來在明顯的共濟會選集印刷的“我們的命令”的等選集，如《上帝拯救國王》和高德瑞（Richard Gaudry）的《共濟會歌曲選集》（*A Collection of Masonic Songs*, 1795）等。臨近20世紀，為了分會儀式上使用以及為了證明對共濟會音樂的宣傳，又出現了許多創作的作品和選集，包括洛茲金（Lortzing）為萊比錫分會100年創作的《慶祝康塔塔》（1841），以及西貝柳斯的作品113號（1927）等。

莫扎特的音樂創作

像在啟蒙運動時期奧地利的許多當代人一樣，莫扎特發現共濟會的理想非常具有吸引力。儘管他是天主教教徒，1784年12月11日在維也納的“慈善”分會（Zur Wohltatigkeit）加入共濟會的第一級“學徒”（Lehrling）。然而，在他入會前，他與共濟會就有聯繫：早在1773年，他為蓋布勒爾（T. P. Gebler）的共濟會劇《泰莫斯——埃及之王》（*Thamos, Konig in Agypten*）創作了配樂（K345/336a）；在1778年，他打算為傑明根（Otto von Gemmingen）具有共濟會意味的台本創作一部情節劇（傑明根後來成了莫扎特所在的第一個分會的負責人）。

莫扎特在加入共濟會早期階段的進步是非常快的：到1785年4月，他達到了第三級“大師”，他對分會的貢獻之一就包括音樂演出。例如，莫扎特和他的朋友以及分會兄弟斯塔勒爾（Anton Stadler，單簧管演奏員）一起，於1887年10月20日為他們所在的分會組織了一切音樂會，其中所用到的節目包括專門的共濟會作品——讚歌，莫扎特的康塔塔《共濟會員》（*Die Maurerfreude*, K.471）和共濟會成員萬利茲基（Paul Wranitzky）的兩部交響樂，以及明顯的非共濟會作品，尤其是為獵犬角和單黃管創作的兩首協奏曲——然而，這兩種樂器，在共濟會界得到高度評價。

除了這樣的演出活動外，莫扎特為威尼斯分會的特殊場合創作了許多作品，尤其是在他擔任會員的前兩年。康塔塔（K.429/468a）是為歡迎新的成員格塞倫（Gesellen）加入共濟會的第二級而創作的，《共濟會員》是在1785年為奧地利大分會的秘書、維也納的知識和道德精英人物伯恩（Ignaz von Born）而創作的。

簡短的《共濟會葬禮音樂》（*Maurerische Trauermusik*, K.477/479a），現在被認為是為一位大師的就職而創作的，因為儀式包括喪禮意象，正如音樂所表明的，不是為莫扎特的兩個分會兄弟的紀念活動而創作的（它是在後一種場合演奏的，但在他的兄弟去世前的幾個月的1785年7月創作的這些作品），以及後來的康塔塔（K.619）和《自由共濟會小康塔塔》（*Laut verkünde unsre Freude*, K.623）被明確地認為是共濟會音樂，因為它們確定是為儀式的各個方面使用而創作的，具有典型的共濟會音樂的特徵。奇怪的是，在共濟會儀式中使用的許多莫扎特的作品不是這樣的，包括K.148/125h

《升階經》（*Sancta Maria*, K.273）《c小調的柔板和賦格》（K.546）《c小調的柔板和回旋曲》（K.617）和《經文歌》（*Ave verum cor pus*, K.618）。

莫扎特作品中的共濟會意象的音樂，反映在他的最著名的共濟會作品《魔笛》。由共濟會的一個成員席卡內德（Emanuel Schikaneder）創作的台本，其表現手法值得密切注意。這是一部帶有共濟會精神和理想的作品，兩對夫婦要經歷的嘗試，被認為是重復了共濟會入會的不同階段。加入共濟會的神秘世紀的世俗和精神的相對成功，反映在不允許帕帕蓋諾和帕帕蓋娜以及塔米諾和帕米娜入會，由於他們的角色的力量和願意得到更多智慧，被歡迎加入兄弟會，表現在薩拉斯特羅領導的牧師合唱隊上，這個角色被認為是以伯恩（上文提及的奧地利大分會的秘書）為原型的夜女王（Queen of Night），代表未受啟發的狀態。最後，黑暗之神也具有一樣的表現特徵和象徵意味。歌劇中的每一個人物都是某種特定觀念的代表。

在莫扎特的音樂中可以找到與共濟會儀式和形象直接相關的音樂象徵主義。有研究學者，如Chailley就認為歌劇的音調設計，反映了角色的不斷變化的態度以及強調他們世俗的或精神的雄心④。因此，降E大調是一個相當完美的共濟會音樂的音調，調號的三個降號反映了三次入會儀式和“人文地方分會”的三個支柱，其關係小調（C）表示沒有完全掌握共濟會的理想，而偏高的調則被認為代表世俗的興趣，根據夏利（Chailley）的研究，C大調居於中間調上，是作為深奧說明的背景調性。

這種強聲部仍然是純理論的，但可能由這樣的事實，即大多數莫扎特明顯的共濟會音樂，如康塔塔K.429/468a和K.471採用共濟會音調降E大調來佈局，有節奏主題中的共濟會音樂象徵主義的另一個方面，反映在歌劇《魔笛》中。數字3在共濟會中有各種儀式含義，但最常見的是與第三級或分會大師相關，表示地方分會的3個支柱，這通過各種有節奏的觀點表示，其中和弦的3次重復是最明顯的。

從莫扎特的創作中，我們不難發現他與共濟會的關係。特別是根據《魔笛》更能有力地説明這一關係。在這部歌劇中，整個情節動作包含3個層面：其一，共濟會神父的人性思想，試圖在具有崇高意念的人當中征募新的信徒；其二，夜後的疆域，與共濟會神父的世界相反；其三，那些不被提升至人文主義高度的凡夫俗子，他們必須以自己簡單的方式尋找和得到幸福與德行⑤。作曲家運用音樂語言成就了這部歌劇，也成就了自己對共濟會理想的告白。

受影響的其他作曲家

海頓在1785年2月成為共濟會的成員，在埃斯特哈齊分會入會，他的興趣得到了他的密友P.萬利茲基的更大刺激，P. 萬利茲基是埃斯特哈齊伯爵宮廷的音樂指導。海頓在入會後，似乎沒有參加任何共濟會活動，也沒有為共濟會創作任何音樂，雖然有人認為其作品《創世紀》（*The Creation*）有某些種共濟會象徵主義的證據，但無確論。1787年，海頓的會員資格終止了。

貝多芬對共濟會儀式的了解，比熟悉他所生活的那個時代流行的思想要更深。有材料指出作曲家貝多芬“是共濟會成員，只是在他的晚年在共濟會不再活躍”。他創作了幾部顯然受共濟會啟發的作品，尤其是弦樂四重奏（Op.59 No.1）的柔板《菲黛里奧》（*Fidelio*）中的一些樂句，以及《第九交響樂》的終曲樂章等，都是對共濟會經文譜的曲。

19世紀作曲家中參加共濟會的有很多，李斯特就是一個典型的代表。他在1841年加入法蘭克福的“Zur Einigkeit”分會，1842年在柏林的“Royal York”分會被提升為工匠，然後1870年在布加勒斯特的“Zur Einigkeit”分會被提升為大師。他對共濟會的興趣受到瓦格納《帕西法爾》（*Parsifal*）的一些方面的影響，這部作品被認為是瓦格納有意在從入會和煉金角度創作的。在1872年前後他一到達柏林，就要求加入這個城市的一個分會，但謹慎的壓力使他放棄這種想法。古諾，雖然是位實踐天主教徒，對共濟會象徵主義非常感興趣，創作了一部“準共濟會”歌劇。這部作品的樂譜非常類似於《魔笛》的韻律因素和管弦樂特徵。音樂學家胡戈·里曼（Hugo Riemann）也是位著名的共濟會成員。

作為一個社會組織，共濟會中所強調的某些思想，確實在某種程度上影響了西方自古典主義以來音樂文化中自由思想的形成，因而使得18世紀的音樂出現一種理想主義的風格，它體現在奧地利人的親切隨和虔誠敬神的結合之中。作曲家們憑借自己的創作，展示了他們對世俗音樂在風格與形式方面的關注，進而把他們追求的自由精神融入他所生活的那一時代的語彙之中。

參考文獻

① 彼得·鮑爾，艾倫·威爾遜，劉北成，王皖強.啟蒙運動　百科全書（M）.上海人民出版社，2004.16。

② 保羅·亨利·朗，顧連理，張洪島，楊燕迪，湯亞汀.西方文明中的音樂（M）.貴州人民出版社，2001.411。

③ 同①，16~17。

④ J. Chailley: 'Joseph Haydn and the Freemasons', Studies in Eighteenth Century Music: a Tributeto Karl Geiringer, ed. H. C. R. Landon and R. E. Chapman. New York and London, 1970, PP. 117.

⑤ 同②。

附錄

答讀者問

2011年，我在海外和國內分別出版了關於系統研究神秘組織共濟會的第一部漢語著作《統治世界：神秘共濟會揭秘》。

有讀者閱讀此書後給作者發信，對於這個神秘組織的存在和作用，表示將信將疑。還有人發信提出一些問題。

對此，茲略答覆如下：

（1）共濟會究竟是一個虛構故事，還是一種確定無疑的歷史存在？

共濟會是一個非常真實的存在實體。要想找到其存在的權威性書面證據——讀者可查閱《大不列顛百科全書》或《簡明大不列顛百科全書》的相關條目。

另外，我研究共濟會的其它著作也已经完成，書中我將提供更加翔實、更加豐富也更加可怕的大量歷史和現實資料，揭露這個超人類的全球最大恐怖組織的存在。

（2）許多人懷疑或者不相信關於共濟會的力量和能力。

作為一個歷史悠久的跨國性秘密經濟、政治和宗教組織，共濟會非常強大——事實上，它比人們所能想象地要強大得多。

（3）懷疑共濟會的最高端成員有世界頂尖的猶太富豪和國際金融家，包括人們耳熟能詳的世界級大富豪羅斯切爾德、洛克菲勒、摩根、比爾蓋茲、索羅斯、默多克等。

共濟會實質是歐、美、日本最有錢的一批超級富豪的秘密精英會社、兄弟會和俱樂部。蘇聯解體後，這個秘密組織還吸納了俄羅斯的超級富豪和精英成員。例如戈爾巴喬夫、葉利欽以及現任的俄羅斯總統。

（4）一些天真的中國人（包括一些中國的小富豪們）問我他們有沒有可能加入共濟會？

據我所知，中國人具備加入共濟會資格的人士很少。香港華裔共濟會和台灣的美生會都只能看作國際共濟會的華裔外圍組織，或共濟會設立在華人區域的較低級組織。

事實上，共濟會組織極為嚴密而封閉。共濟會從不對自願參加者開放。只會挑選被它認為已經具備資格者，並主動邀請他們加入。

（5）可以隨意加入和退出共濟會嗎？

入會不自由，退出也不自由。對歐、美、日的精英來說，能加入共濟會是很光榮的，意味着他們進入了一個範圍極小、吸納了頂級國際精英人士的封閉性圈子。

但是，共濟會沒有退出機制。極少數要求退出者，必須承諾即使脱離組織也會終身恪守有關共濟會的內部禮儀和秘密，包括對家人嚴守機密。否則退出者將會付出神秘死亡甚至株連家人遭遇不幸的可怕代價。共濟會完全有能力對任何叛教者實施最嚴厲可怕的懲罰。

（6）共濟會成員有什麼信仰？

共濟會的信仰是一種神秘的宗教。這種宗教的最高端信仰與猶太教有關。只有上升到最高級別（30級以上）的共濟會員，才能參與國際共濟會的核心事務的討論，或者才能參證最機密的核心教義。

（7）共濟會非常有錢嗎？

——事實上，共濟會控制着西方的各大銀行，包括IMF，包括貌似中立的瑞士銀行。共濟會也控制着西方所有的大基金會，控制着全世界的黃金、貨幣、資本市場以及金融體系。

（8）共濟會與政治有關嗎？

共濟會滲透並操控着世界政治。通過金錢支持、財政和債務控制以及贊助選舉，共濟會操縱並控制着歐、美、日的政治精英和政府。

(9) 共濟會可以控制哪些事物？

共濟會通過一系列學術性基金組織控制着歐美日的學術主流、教育主流、媒體主流。

——也就是說，共濟會控制着歐、美、日的腦和嘴以及筆。

(10) 共濟會與諾貝爾基金會是什麼關係？

共濟會通過控制諾貝爾基金會，而控制着諾貝爾獎的授予。

(11) 共濟會的能力表現在哪裏？

共濟會可以控制美國、英國和法國的情報機構、國家強力機構。例如FBI、CIA和英國軍事情報局，以色列摩薩德都是直接受控於共濟會的。

(12) 共濟會與黑社會是什麼關係？

共濟會可能會讓許多人眼鏡掉落的是——事實上共濟會滲透、參與、間接操控着世界黑道的主流力量。包括意大利和美國的黑手黨，以及拉美和亞洲金三角地區的販毒黑幫。

(13) 共濟會能影響國際社會哪些領域？

共濟會控制着世界石油市場、黃金市場，控制着世界糧食市場、醫藥市場、高級消費品市場和鉆石的生產、流通和認證體系，共濟會控制着世界主要的軍火和毒品市場。

共濟會也控制着世界衛生組織。

(14) 共濟會了解中國嗎？

必須指出，共濟會很早就已經進入並參與了中國歷史。

在這裏順便談一件不久前我經歷的事情。

2011年夏季的一個夜晚，在北京某會所我有幸遇到一位意大利銀行家——在交談中我發現，這位人士顯然是共濟會的一位高級成員。在交談中，這位意大利人士告訴我，他剛從俄羅斯來，會見了俄羅斯總統。我說：梅總統是共濟會員，從屬於與意大利共濟會有關的馬耳他騎士團。我便隨手在紙上畫了一個馬耳他騎士團的象徵徽記給這位意大利人士看。這位意大利金融家承認：意大利總統、總理、大法官以及眾多高級官員都是“梅森尼克”——意大利共濟會的成員。

在交談間，這位意大利金融家顯然感到驚異——一個中國人居然對共濟會了解這麼多。但有趣而且耐人尋味地是，他同時提醒我說——其實最早的歐洲共濟會與古代中國的秘密組織以及政治和宗教也早有關係。

遺憾的是，不少歷史學家對此恐怕一無所知。中世紀的猶太共濟會，事實上的確與元末在中國民間流行的摩尼教和明教（發源於古代西亞地區的光明教，影響18世紀歐洲啟蒙時代的光明會）有關。

而大明王朝的建立以及推翻元帝國的紅巾軍，也都與明教和摩尼教——以及與其有關聯的歐洲共濟會，有神秘複雜的互動和關係。

共濟會還與明清民國時代的洪門會黨和兄弟會有關。實際上，金庸的某些新武俠作品中關於江湖秘密幫派的描寫，顯示出與共濟會傳聞有關的某些依稀影子和輪廓。（從一些論著看，金庸與南懷瑾顯然是了解神秘組織共濟會之存在的。）

（15）共濟會真有控制和改造未來世界的計劃嗎？

共濟會真有一個全面控制和改造未來世界，包括圖謀消除地球上的垃圾種族、多餘人口，統治全人類的系統化計劃。這個計劃一直在毫不動搖地實施之中。

（16）共濟會能力到底有多强？

關於共濟會的操控和滲透能力，我在此還說出一個實例當做答案。

1998年設計人民幣壹元幣背面右上角圖案中，有一個不起眼不顯著但分明無誤的六芒星符號，不知道這個符號是誰的設計，設計這個六芒星是否無意識？

如果不了解共濟會與國際金融的緊密關係，或者不了解共濟會的神秘象徵性符號體系，那麼對此是不會產生任何聯想或者懷疑的。但是，研究共濟會的符號系統就知道，六芒大衛星是國際金融共濟會最主要的象徵性暗號之一。大衛星出現在以色列的國旗上。共濟會非常在乎通過某些密語、暗號和特殊標記隱秘顯示它的存在。在上世紀30年代設計壹美元幣時，共濟會曾經在圖案中納入了許多與共濟會有關的暗號和密碼。

那麼，1998年中國正在加速推進對外金融開放和改革，而此時新版人民幣壹元幣上也出現了一個隱晦的六芒星標記。當然，這或許純只是一種偶然，是一種無意識和無意義的巧合而已。但願如此，阿門！

作者著譯年表

書名	出版社	年代
《諸神的起源》	三聯書店	1986
《神龍之謎：東西方思想文化研究與比較》	延邊大學出版社	1987
《藝術現象的符號——文化學闡釋》	人民文學出版社	1987
《中國遠古神話與歷史新探》	黑龍江教育出版社	1988
《何新集——反思·挑戰·創造》	黑龍江教育出版社	1988
（註：收入開放叢書· 中青年學者文庫，本文庫何新任主編）		
《中外文化知識辭典》	黑龍江人民出版社	1988
《中國文化史新論》	黑龍江人民出版社	1988
《龍：神話與真相》	上海人民出版社	1989
《談龍》	香港中華書局	1989
《世紀之交的中國與世界——何新與西方記者談話錄》	四川人民出版社	1991

《東方的復興》（第一卷）	黑龍江人民出版社 黑龍江教育出版社 聯合出版	1991
《東方的復興》（第二卷）	黑龍江教育出版社	1992
《反思與挑戰》	台灣風雲時代出版社	1991
《巨謎的揭破》	台灣風雲時代出版社	1991
《愛情與英雄》	四川人民出版社	1992
《何新政治經濟論文集》（註：白皮書，內部發行）	四川人民出版社	1993
《論何新》（內部發行）	四川人民出版社	1993
《何新政治經濟論集》	黑龍江教育出版社	1995
《何新畫集》	亞洲畫廊	1992
《中華復興與世界未來》（上、下卷）	四川人民出版社	1996
《為中國聲辯》	山東友誼出版社	1997
《危機與反思》（上、下卷）	國際文化出版公司	1997
《諸神的起源——中國遠古太陽神崇拜》	光明日報出版社	1996
《致中南海密札》	香港明鏡出版社	1997
《孤獨與挑戰》（第一卷）	山東友誼出版社	1998
《何新戰略思想庫·新戰略論》（共三冊）	四川人民出版社	1999
《龍：神話與真相》（再版）	上海人民出版社	2000

《大易通解》	澳門出版社	2000
《大易新解》	四川人民出版社	2000
《思考：我的哲學與宗教觀》（第一卷）	時事出版社	2001
《思考：新國家主義的經濟觀》（第二卷）	時事出版社	2001
《藝術分析與美學思辨》	時事出版社	2001
《何新古經新解》（共六冊）	時事出版社	2001
《美學分析》	中國民族攝影出版社	2002
《論中國歷史與國民意識——何新史學論著選集》	時事出版社	2002
《全球戰略問題新觀察》	時事出版社	2002
《論政治國家主義》	時事出版社	2003
《聖與雄：何新考古新論》	金城出版社	2003
《何新集——反思·挑戰·創造》（新版）	時事出版社	2004
《風·華夏上古情歌》	時事出版社	2003
《孔子論人生新解》	時事出版社	2003
《談龍説鳳》	時事出版社	2004
《泛演化邏輯引論》	時事出版社	2005
《何新國學經典新解系列》（共十四冊）	時事出版社	2007
《思與行·論語新解》	北京工業大學出版社	2007

《天行健·易經新解》	北京工業大學出版社	2007
《宇宙之道·老子新解》	北京工業大學出版社	2007
《諸神的起源》	北京工業大學出版社	2007
《我的哲學思考：方法與邏輯》	時事出版社	2008
《何新國學經典新考系列》（共十五冊）	中國民主法制出版社	2008
《何新論金融危機與中國經濟》	華齡出版社	2008
《反主流經濟學》（上、下卷）	時事出版社	2010
《哲學思考》（上、下卷）	時事出版社	2010
《何新國學經典新考叢書》（精裝版）	中國民主法制出版社	2010
《匯率風暴：中美貨幣戰爭內幕揭秘》	中國書籍出版社	2010
《匯率風暴：中美貨幣戰爭揭秘》	中港傳媒出版社	2010
《誰統治著世界——神秘共濟會與新戰爭揭秘》	中港傳媒出版社	2010
《何新論美》	東方出版社	2010
《何新論中國經濟》	東方出版社	2010
《統治世界：神秘共濟會揭秘》	中國書籍出版社	2011
《手眼通天：世界歷史中的神秘共濟會》	中港傳媒出版社	2013
《奮鬥與思考：何新人生自述》	萬卷出版公司	2011
《孔丘年譜長編》	同心出版社	2012

《論孔學》	同心出版社	2012
《聖者·孔子傳》	同心出版社	2012
《希臘偽史考》	同心出版社	2012
《神秘共濟會：掌握世界的黑色心臟》	台灣人類智庫出版社	2012
《消滅劣等人種》	台灣人類智庫出版社	2012
《統治世界2：手眼通天共濟會》	同心出版社	2013
《哲學思考》	萬卷出版公司	2013
《新國家主義經濟學》	同心出版社	2013
《反主流經濟學》	萬卷出版公司	2013
《新邏輯主義哲學》	同心出版社	2014
《老饕論吃：何新談美食》	萬卷出版公司	2014
《〈心經〉新詮》	同心出版社	2014
《〈夏小正〉新考》	萬卷出版公司	2014
《希臘偽史續考》	中國言實出版社	2015
《內聖外王——世界歷史中的神秘共濟會》	中港傳媒出版社	2015
《有愛不覺天涯遠：何新品〈詩經〉中的情詩》	中國文聯出版社	2015
《溫柔敦厚雅與頌：何新品〈詩經〉中的史詩》	中國文聯出版社	2015
《大而化之謂之聖：何新品〈論語〉》	中國文聯出版社	2015

《野無遺賢萬邦寧：何新品《尚書》》	中國文聯出版社	2015
《舉世皆濁我獨清：何新品〈楚辭〉》	中國文聯出版社	2015
《道法自然天法道：何新品〈老子〉》	中國文聯出版社	2015
《奇書推演天下事：何新品〈易經〉》	中國文聯出版社	2015
《天地大美而不言·何新品〈夏小正〉》	中國文聯出版社	2016
《路漫漫其修遠兮·何新品〈離騷〉》	中國文聯出版社	2016
《兵法之謀達於道·何新品〈孫子兵法〉》	中國文聯出版社	2016

外文著作年表

Democracy And Socialism Form the Eyes of AChinese Scholar	New Star Publishers	1990
《諸神的起源》（韓文版）洪熹譯	韓國東文堂	1990
《諸神的起源》（日文版）後滕典夫譯	日本東京樹花舍	1998
《中華的復興》（韓文版）	白山私塾	1999

譯作年表

《培根論人生》		
（英）弗蘭西斯·培根著	上海人民出版社	1983
《人生論》		
（英）弗蘭西斯·培根著	湖南人民出版社	1986
《人性的探索》		
（英）弗蘭西斯·培根著	黑龍江人民出版社	1988
《培根人生隨筆》		
（英）弗蘭西斯·培根著	人民日報出版社	1996
《培根人生論》（中英文版）		
（英）弗蘭西斯·培根著	中國友誼出版公司	2001
《培根人生論》		
（英）弗蘭西斯·培根著	陝西師範大學出版社	2002
《培根人生論》		
（英）弗蘭西斯·培根著	中國友誼出版公司	2004
《人生論》		
（英）弗蘭西斯·培根著	貴州師範大學出版社	2009
《培根人生論》		
（英）弗蘭西斯·培根著	湖南文藝出版社	2012

關於何新的評論與研究

《研究與評估：何新批判》	四川人民出版社	1998
《中國高層智囊：影響當今中國發展進程的十一人》	陝西師範大學出版社	2001
《中國高層文膽》	浙江人民出版社	2008